LE DROIT CONSTITUTIONNEL

Jean-Louis ESAMBO KANGASHE

LE DROIT CONSTITUTIONNEL

academia
L'Harmattan

D/2013/4910/16 ISBN 13 : 978-2-8061-0101-3

Grand'Place, 29
B-1348 Louvain-la-Neuve

www.editions-academia.be

À la mémoire du professeur
Victor Jean-Claude DJELO EMPENGE-OSAKO

AVANT-PROPOS

Branche, par excellence, de droit public, le droit constitutionnel est, au sens classique, une discipline qui étudie la Constitution entendue comme norme fondamentale qui aménage la dévolution et l'exercice du pouvoir dans un État.

Même si, dans sa forme actuelle, la Constitution écrite n'est apparue, notamment pour les nécessités de stabilité juridique des États, qu'au XVIIIe siècle, le droit constitutionnel existait déjà, sous une configuration coutumière. Ce cadre organique de l'autorité n'avait donc pas besoin d'être formalisé dans un corpus de règles destinées à régenter la vie politique.

Plus qu'une science normative, le droit constitutionnel s'est, progressivement, occupé de l'analyse du pouvoir politique et des institutions politiques consacrées ou non par la Constitution.

Droit normatif ou institutionnel, le droit constitutionnel est essentiellement un droit politique même si, à cette époque, il s'occupait moins de la question de la promotion et de la protection des droits de l'homme et des libertés publiques pourtant indispensables à sa compréhension.

Le souci d'assurer une efficace promotion des droits de l'homme et des libertés publiques a ainsi facilité l'établissement d'une attache entre la Constitution et les droits de l'homme et libertés publiques mais également entre ces derniers et le juge chargé de leur protection ; pour que soit aisément constaté un lien fertile entre les droits de l'homme et libertés publiques et le droit constitutionnel.

Ce processus d'extension et de mutation du champ opératoire de la discipline débouche indubitablement sur le passage d'un droit constitutionnel virtuel vers un droit constitutionnel réel, celui qui vit et se vit.

La prise en charge des droits de l'homme et des libertés publiques participe, aujourd'hui plus qu'hier, de leur prestige et de leur force. Se justifie un engouement très prononcé vers le contentieux juridictionnel à la simple évocation ou constatation des violations des droits de l'homme et des libertés publiques.

Le rôle que joue le juge dans la protection de ces droits et des libertés donne un nouveau tournant au droit constitutionnel qui cesse d'être un droit dogmatique, imagé se servant du dispositif juridique abstrait (*droit constitutionnel*) au profit d'un droit concret, celui qui vit et se vit (*le droit constitutionnel*).

Cette nouvelle perception imposée à la discipline conduit inévitablement à la réorientation de son enseignement obligé de s'intéresser, désormais, à la question de promotion et de protection des droits de l'homme et des libertés publiques (*droit constitutionnel des libertés publiques*) en plus des pré-acquis formés du cadre normatif (*droit constitutionnel normatif*) et institutionnel (*droit constitutionnel institutionnel*) de la dévolution et de l'exercice du pouvoir.

C'est, assurément, la mobilisation du droit constitutionnel en direction de la protection juridictionnelle des droits de l'homme et des libertés publiques que convoite l'intitulé de l'ouvrage, « *le droit constitutionnel* ».

PRÉFACE

Il s'agit d'un livre à vocation pédagogique, une forme de manuel de quelque 340 pages qui, certes, passe en revue les thèmes traditionnels d'enseignement et de recherche en droit constitutionnel : l'État, la constitution, le pouvoir politique, la limitation du pouvoir, les régimes politiques, les partis politiques et groupes de pression. Mais, quelles que soient les qualités que je reconnaisse à ces présentations et analyses d'un contenu somme toute classique, il me semble que les vertus innovantes de ce livre se trouvent ailleurs.

Je vais, peut-être au-delà du rôle traditionnel du préfacier, engageant une réflexion ouverte sur le renouvellement de la pensée constitutionnaliste et le rôle du constitutionnaliste en République Démocratique du Congo. Dans cette dimension spécifique, je retiendrai quelques-unes de ses problématiques, notamment le lien établi entre, d'une part, constitution, droit constitutionnel et droits et libertés individuels et, d'autre part, le phénomène de juridicisation, et, même, de judiciarisation, de la vie politique à travers le droit constitutionnel considéré comme un droit « politique ».

Mais, avant cela, ce ne serait pas sans intérêt que le lecteur pourrait utilement prêter son attention aux développements consacrés aux régimes politiques, spécialement sur la typologie des régimes politiques d'où il ressort que les régimes politiques « africains » sont un type de régime politique à part. L'auteur met en exergue le phénomène de l'hypertrophie de la présidence qui avait marqué les constitutions post-coloniales. Surtout, l'on constatera que même ceux de ces régimes issus du « renouveau démocratique » ont toujours une particularité qui se justifie par leur « africanité », ce que le professeur Jean-Louis Esambo appelle « des traits communs qui assurent leur unité géographique et politique ainsi que leur originalité ».

Sur cette base, l'auteur propose « quelques grilles de présentation » ; mais, Jean-Louis Esambo avoue que ces régimes ne sont pas classables dans les typologies traditionnelles. Tout observateur remarquera que ces régimes théoriquement différents mais proches par cette inclassabilité, ont, même si l'auteur ne l'explicite pas, une caractéristique commune indépassable : toutes les combinaisons conçues ou inventées ont toujours eu pour objet ou pour effet de renforcer les pouvoirs présidentiels, soit dans le cadre de l'hyper présidentialisation d'un régime dont l'ossature ferait penser au régime présidentiel ou de prépondérance présidentielle, que la mentalité politique des acteurs renforce au-delà du régime classique en atténuant tout ce qui pourrait établir des contrepoids ou des garde-fous : il n'y a pas un seul pays dans lequel, quels que soient les qualificatifs juridiques, tout ne tourne pas autour du chef de l'État. On n'est pas vraiment, dans l'ensemble, éloigné des diverses formes du régime dit « présidentialiste » longtemps considéré, non sans raison, comme caractéristique de l'Afrique ; ces régimes s'éloignent assez de typologies classiques pour que l'auteur en fasse un groupe à part. Pas grand-chose n'a changé.

Le lien entre constitutionnalisme, constitution, droits de l'homme et libertés individuelles. Je peux dire que, si ailleurs ces notions sont mises ensemble pratiquement de façon artificielle sans justification logique autre que la volonté de faire des droits de l'homme et libertés publiques l'un des contenus et des objets du droit constitutionnel, en tant qu'ils sont garantis et, parfois, réglementés par la constitution, le professeur Esambo s'engage avec bonheur dans la voie ouverte par quelques-uns parmi nous en mettant en lumière le lien logique, et co-naturel, de par l'histoire même du constitutionnalisme, entre constitution et droits et libertés individuels.

C'est ici que l'auteur trouve dans l'histoire non seulement l'origine du cours de droit *constitutionnel* mais aussi du *droit constitutionnel* et de la constitution elle-même. Dans le propos préliminaire il dit que « le souci d'assurer une efficace promotion des droits de l'homme et des libertés publiques a facilité l'établissement d'une attache, tout à la fois théorique et pratique, entre, d'une part, la constitution et les droits de l'homme et les libertés publiques et, d'autre part, entre ces derniers et le juge chargé de leur protection ». De la même manière, il découvre que la création d'une chaire de droit constitutionnel coïncide « avec quelques événements qui ont marqué la deuxième moitié du XVIIIe siècle au cours de laquelle il est observé une réclamation de plus en plus accrue de la liberté contre l'autorité détenue et exercée par le monarque ».

En fait, c'est là toute l'histoire et tout le sens des constitutions dans l'évolution de l'organisation des communautés humaines en États. C'est que, dans son origine, le constitutionnalisme était loin de ne signifier que le fait banal d'établissement ou de processus d'établissement des constitutions : il avait plutôt, de par les circonstances historiques de son apparition, une signification et une fonction idéologique et sociétale précises, à travers notamment le but recherché par les promoteurs américains et français du mouvement constitutionnel[1].

Cette idée a, dès le départ, conduit les promoteurs des constitutions révolutionnaires américaine et française à assigner à la constitution une fonction aussi bien idéologique que politique, celle de limiter le pouvoir des gouvernants et de promouvoir et garantir les libertés des gouvernés

---

[1] Lire à ce sujet, MAMPUYA KANUNK'a-TSHIABO A., *Espoirs et déception de la quête constitutionnelle congolaise. Clé pour comprendre le processus constitutionnel du Congo-Kinshasa*, AMA éd. BNC, Nancy-Kinshasa, 2005.

ainsi promus à la citoyenneté. Au point où les révolutionnaires français de 1789 ont lié l'établissement d'une constitution et les droits de l'homme, et vice-versa, ainsi que le prescrit la Déclaration des droits de l'homme et du citoyen de 1789 en son article 16 : « *Toute Société dans laquelle la garantie des Droits n'est pas assurée, ni la séparation des Pouvoirs déterminée, n'a point de Constitution* ». L'existence d'une constitution devient ainsi le symbole de la garantie des droits et libertés ainsi que de la limitation du pouvoir par la « séparation des pouvoirs » si connue aujourd'hui. L'équation, simple, était donc « sans constitution, pas de liberté ; pas de liberté sans constitution ». C'est ce que, toujours les révolutionnaires français expriment par ailleurs : « *Tout peuple qui n'a pas de constitution n'est point un peuple libre* ».

Depuis, on a pris l'habitude de consacrer certaines dispositions constitutionnelles aux droits de l'homme, droits humains ou droits du citoyen et libertés fondamentales. La première pratique sur ce point fut assez simple, consistant à faire figurer des « déclarations de droits » dans les constitutions, tel fut le cas de la pratique américaine depuis la constitution de 1787, même si, depuis, des « amendements » sont venus compléter le mécanisme par l'insertion de droits nouveaux dans la constitution. Tel fut également et est encore la pratique française, qui consiste à faire figurer en tête de la constitution une déclaration assez succincte des droits du citoyen et, même par la simple référence à la « Déclaration des droits de l'homme et du citoyen de 1789 », étant entendu que depuis la constitution du 27 octobre 1946, dite de la IVe République, une nouvelle déclaration, des droits récents notamment les droits économiques, sociaux et culturels, ainsi qu'une Charte de l'environnement adoptée en 2004 sont venues s'ajouter, au fronton de la constitution du 4 octobre 1958, comme une sorte de préambule. Si, dans bien des pays, l'on se contente de l'évocation de la Déclaration universelle des droits de l'homme adoptée par les Nations Unies en 1948, un certain nombre de pays, même européens, ont innové en consacrant tout un titre ou chapitre de la constitution aux droits de l'homme, cette fois-ci alors détaillés et comprenant les droits traditionnels et les droits de conception plus moderne (droits économiques, sociaux et culturels, droits dits « communautaires » relatifs à la paix, au développement et à l'environnement et, en général, à la qualité de la vie). Le Congo-Kinshasa s'est rallié à cette dernière pratique et consacre tout le titre II de sa constitution du 18 février 2006 aux « droits humains, libertés fondamentales et devoirs du citoyen et de l'État ».

Alors que des spécialistes français venus à la rescousse en 2005, suivis en cela par une partie d'experts congolais, « conseillaient » de ne pas « alourdir » le texte avec des matières qui, selon eux, ne devaient pas y figurer, une autre partie d'experts expliqua le bien-fondé de ce titre qui tient compte des « réalités congolaises », à savoir la propension des politiques congolais à méconnaître la constitution (a fortiori les choses non explicitées) et qui, d'ailleurs, continuait une tradition déjà ancrée dans l'histoire constitutionnelle congolaise.

On voit cependant une innovation, avec cette insertion, aujourd'hui assez généralisée dans les constitutions africaines, des devoirs des citoyens, déjà présente dans une déclaration française de 1793, et que la constitution du Congo-Kinshasa amplifie en « devoirs du citoyen et de l'État ». En fait cette tradition a surtout été suivie par des États dictatoriaux (comme fut le régime de 1793 que les Français ont abandonné aussitôt), acceptant avec réticence les droits du citoyen et en atténuant la portée par ces « devoirs du citoyen » comme si les droits naturels de l'homme ne peuvent lui être garantis que contrebalancé par des devoirs ; tandis que ces soi-disant « devoirs de l'État » ne traduisent que des devoirs « réflexes » des droits reconnus au citoyen.

Il est vraiment bon que le professeur Jean-Louis Esambo Kangashe ait fait connaître à nombre de nos concitoyens et, sans doute, à nombre de nos dirigeants et législateurs, cette réalité ignorée d'eux que la fonction de la constitution est avant tout de garantir les droits des citoyens et de limiter le pouvoir de l'État, réalité aujourd'hui confortée par le droit international qui consacre aux droits et libertés plusieurs instruments juridiques obligatoires. Dans ce sens, bien des textes qui se font appeler « constitution » n'en sont pas vraiment. Il s'en suit, et nous en verrons ci-après par l'importance qu'en manifeste l'auteur, que la méconnaissance, par la violation, de la constitution porte largement atteinte aux droits et libertés des citoyens.

Autre point méritant : l'identification par l'auteur du Droit constitutionnel comme un droit « politique » met en exergue la juridicisation et la juridiciarisation de la vie politique. L'auteur cherche à expliquer le lien, qui paraît caractéristique du droit constitutionnel, entre ce dernier et la politique. Cette affirmation est exacte : en tant qu'il s'intéresse aux phénomènes de pouvoir politique et d'État, on peut dire que la matière du droit constitutionnel est la politique. C'est, me semble-t-il, dans cette signification matérielle-objective qu'il faut entendre l'expression « droit politique ». Certes, en se frottant à la chose politique, même, comme il le faut, avec des questionnements et éclairages sociologiques, le droit constitutionnel peut se voir teinté par la politique, mais il n'en devient pas pour autant de la science politique. C'est pourquoi l'auteur analyse les rapports entre le droit constitutionnel et les autres branches des sciences sociales et en marque nettement les différences ; ainsi, en affirmant qu'on a, avec le droit constitutionnel, un droit « politique », il faut entendre par là qu'il s'agit d'un corps de normes juridiques qui « se rapporte au gouvernement de l'État », à la chose et à la vie politiques. C'est vrai que, à ce titre, comme l'écrit Jean-Louis Esambo, le droit constitutionnel « est un ensemble de *règles juridiques* applicables au pouvoir politique dans un État donné. *Il encadre* les pouvoirs et les acteurs politiques » (c'est moi qui souligne).

On peut, dès lors, affirmer que le droit constitutionnel, en soumettant la vie politique à des normes juridiques (contenues dans la constitution), juridicise la vie politique et en fait un objet du droit et un cadre d'application du droit. On ne peut donc pas, comme le font certains politiciens, prétendre que la politique n'a rien à voir avec le droit, au point de complexer des juristes qui osent scruter les pratiques politiques à l'aune du droit, c'est-à-dire essentiellement à l'aune du respect ou non de la constitution et des lois de la République. Pourtant, le bon sens c'est qu'il n'est pas possible de prétendre faire la politique en écartant le droit alors que la vie politique, les acteurs politiques et leur action sont encadrés par la constitution : la politique doit respecter la constitution ; ou alors on réintègre la jungle où il n'y a ni foi ni loi. On pourrait tenir le même jugement pour ceux qui, toujours très nombreux chez-nous, opposent politique à morale, prônant et pratiquant l'amoralisme et, dans la foulée, l'immoralisme. On pourrait dire la même chose de l'incompatibilité que les mêmes décrètent entre politique et raison, prônant le sentimentalisme, l'empirisme et l'improvisation comme principes et moteurs de la politique.

Mais en nous en tenant aux deux ordres normatifs, le juridique par la constitution, et le moral par l'éthique, nous remarquons que leur négation comme régulateurs de la vie politique conduit aux dérives que nous déplorons : violations massives du droit et immoralité gestionnaire ambiante ainsi qu'impunité ; d'ailleurs, droit et morale sont intimement liés même en politique, car l'observation du droit par les acteurs politiques et les dirigeants est la première règle de l'éthique politique ou de l'éthique de la gouvernance des cités. Merci à Jean-Louis Esambo d'avoir porté ces vérités à raison desquelles je me suis toujours insurgé contre les conceptions et pratiques rétrogrades sur le rapport de la politique au droit : droit « politique » ne signifie pas droit « dominé par la politique » ou « au service du politique », mais cela signifie un droit dont l'objet est de réglementer la vie politique, le pouvoir, l'État, les questions de dévolution (suffrage et élections) et d'exercice du pouvoir ; parce qu'il s'agit d'un DROIT, il doit être respecté.

C'est ce qui permet à l'auteur d'attacher à la constitution, aux droits de l'homme et aux libertés publiques le contrôle par le juge. La vie politique est aujourd'hui traversée par le droit, l'existence de celui-ci entraîne automatiquement celle du juge chargé d'assurer la suprématie de la constitution et des droits et libertés qu'elle garantit. D'où, l'importance et le rôle du contrôle de constitutionnalité, de la soumission des politiques et des gouvernants au droit et de leur obligation de se soumettre au contrôle.

Car, comme l'écrivait The Federalist (un recueil d'articles, écrit entre 1787 et 1788 par James Madison, Alexander Hamilton et John Jay, publié en vue d'une promotion de la nouvelle Constitution des États-Unis d'Amérique) : « Si les hommes étaient des anges, il n'y aurait pas besoin de gouvernement. Si les anges devaient gouverner les hommes, il n'y aurait pas besoin de contrôle ». Sans doute, ces patriarches du constitutionnalisme avaient oublié que même les anges pèchent et auraient besoin d'être contrôlés, la preuve c'est qu'ils ont été les premiers occupants de l'enfer.

En politique, la première forme de contrôle est le contrôle parlementaire qui met en jeu la responsabilité politique des gouvernants devant la représentation nationale. Mais, s'y est ajouté progressivement le contrôle judiciaire ou juridictionnel en matière pénale (graves infractions de corruption, concussion, détournement, ou toutes autres de droit commun...) ou politique et constitutionnelle (contentieux électoral, inconstitutionnalité, haute trahison, etc.). On peut dire que, par ce rôle actif joué par le juge et les juridictions, après avoir été juridicisée, soumise au droit, la vie politique se juridictionnalise ou se judiciarise, elle est contrôlée par les juridictions, elle devient objet de contrôle juridictionnel ou judiciaire et va être ponctuée et marquée par de plus en plus de décisions de justice. La juridictionnalisation ou judiciarisation est aujourd'hui une conséquence normale de l'évolution du droit constitutionnel ; c'est un bonheur qui ne doit pas être terni par la fausse crainte d'un soi-disant « gouvernement des juges » que feignent d'afficher certains, y compris des constitutionnalistes.

De telle sorte que tout celui qui détient une parcelle du pouvoir d'État doit être soumis et se soumettre de bonne grâce au contrôle institué par la constitution, sans que son évocation n'effarouche personne et ne soit considérée comme un crime de lèse-majesté. Le contrôle ne doit pas effrayer, il ne doit pas être considéré comme une malveillance ou de la méfiance à l'égard de qui que soit, il n'insinue pas que les dirigeants ainsi soumis au contrôle soient malhonnêtes ; c'est une culture qu'il faut acquérir et il doit, à ce titre, être inculturé dans la vie politique comme facteur positif et exigence de la bonne gouvernance.

Mais, ainsi que le montrent les exemples retenus par Jean-Louis Esambo dans l'exposé sur le contrôle de constitutionnalité, il doit s'agir d'un contrôle institutionnel, de sorte que le contrôle qui dépend du bon vouloir d'un seul n'en est pas vraiment un ; le contrôle doit également être réel et effectif, sans se limiter à une disposition dont les conditions d'application rendent celle-ci impossible : une disposition pour rien ou pour faire semblant ou destinée intentionnellement à ne pas être appliquée.

Nous apprenons de l'auteur que, sans tous ces mécanismes qui garantissent, par un contrôle effectif, l'autorité et la suprématie de la constitution « contrariée par les violations fréquentes des règles », peut se poser le problème de « l'utilité de la constitution », sentiment que les Congolais expriment très souvent. Il écrit, en effet, que « les dispositions constitutionnelles ne valent que par l'usage qu'on en fait. Une constitution ne doit pas se résumer en un creuset de dispositions programmatrices ne renfermant que des vœux pieux insusceptibles d'application par le juge chargé justement de recevoir les doléances des gouvernés sur les violations (des dispositions) », au risque de « amener les citoyens à désobéir aux gouvernants », sous diverses formes pouvant aller de la simple désobéissance à un coup de force, en passant par la révolte et la révolution.

Il convient de terminer cette réflexion inspirée de l'ouvrage du professeur Esambo en partageant ses préoccupations concernant le rôle du constitutionnaliste et, en particulier, de l'enseignant du droit constitutionnel, à partir de toutes ces considérations, notamment de celles que j'ai signalées ici comme d'heureuses innovations. Notamment, l'auteur constate que, par cette promiscuité entre le droit constitutionnel et le couple politique-vie politique, le maniement, par le constitutionnaliste et l'enseignant, des instruments de droit constitutionnel aux confins avec la politique, est délicat.

Se pliant à cela, nous voyons que, le plus souvent, l'enseignant congolais a ignoré la fonction idéologique du droit constitutionnel en tant que le constitutionnalisme a historiquement accompagné les conquêtes dans le domaine de la reconnaissance et de la protection des droits fondamentaux des citoyens. Alors que, par ses compétences techniques en la matière et ses convictions, le constitutionnaliste, loin de se faire l'expert institutionnel limité par une lecture purement littéraliste et, au mieux, exégétique, des règles statiques du fonctionnement des États, devrait prendre en compte ce qui, par l'essor du constitutionnalisme révolutionnaire, caractérise aujourd'hui le droit constitutionnel, c'est-à-dire la formidable percée du mouvement, de l'idéologie et du droit des droits de l'homme.

L'ouvrage de Jean-Louis Esambo, arrivant dans cette voie après celui d'Ambroise Kamukuny[2] démontre la nécessité d'un nouvel éclairage sur le constitutionnalisme, le rôle et la fonction idéologique du droit constitutionnel, en tout cas chez les constitutionnalistes congolais jusque-là formatés par le formalisme traditionnel dans l'enseignement du droit constitutionnel au Congo. Au lieu de chercher à tout prix à devenir, comme dit le professeur Kamukuny, « les chouchous » au sein de l'élite du pouvoir, les constitutionnalistes devraient, dans ces perspectives du vrai constitutionnalisme, mettre à nu la pratique de la constitution par ceux qui sont chargés de sa mise en œuvre mais qui s'évertuent au contraire à creuser le clivage entre les idéaux et valeurs constitutionnels et les déviances et violations que, fallacieusement, certains assimilent à la « coutume constitutionnelle ». Tant il est vrai, comme l'écrit le professeur Évariste Boshab, que « les dirigeants politiques, qui auraient pu s'ériger en protecteurs indiqués des dispositions constitutionnelles, semblent plutôt préoccupés par la patrimonialisation du pouvoir de sorte qu'il s'en suit une personnalisation à outrance, insusceptible de favoriser une meilleure applicabilité des textes »[3].

---

[2] KAMUKUNY MUKINAY A., *Droit constitutionnel congolais*, Kinshasa, Éditions Universitaires Africaines, 2011.

[3] Préface à l'ouvrage de KAMUKUNY MUKINAY A., *Contribution à l'étude de la fraude en droit constitutionnel congolais*, Louvain-la-Neuve, L'Harmattan-Academia, 2011.

C'est à ce prix que l'on pourra encore ressentir ce que le professeur Esambo appelle « l'utilité de la constitution » et, bien évidemment, du droit constitutionnel. Puisse le constitutionnaliste, face à l'omniprésence des violations et à la prétention des politiques de s'émanciper du respect de la constitution, continuer, envers et contre tout, d'affirmer la suprématie de la constitution et d'en dénoncer sans relâche les violations.

Auguste MAMPUYA KANUNK'a-TSHIABO
Professeur de Droit Public

LISTE DES SIGLES ET PRINCIPALES ABRÉVIATIONS

Al : alinéa
Alii : autres
ARC : Armée Révolution du Congo
Art : article
Bull : Bulletin des Arrêts
Bur : Bureau
CÉDÉAO : Communauté Économique des États d'Afrique de l'Ouest
CDHC : Campagne pour les Droits de l'Homme au Congo
CDU : Christlich Demokratische Union
CNDP : Convention Nationale pour la Défense du Peuple
CPP : Convention Peoples Party
CSU : Christlich Soziale Union
CÉI : Commission Électorale Indépendante
CÉNA : Commission Électorale Nationale Autonome
CÉNI : Commission Électorale Nationale Indépendante
CNCÉ : Commission Nationale de Centralisation des Élections
Col : Colonne
Coll. : Collection
CRÉDILA : Centre de Recherche, d'Étude et de Documentation sur les Institutions et les Législations Africaines
CSJ : Cour Suprême de Justice
D.L : Décret Législatif
Dir : Ouvrage rédigé sous la direction de
Éd : Édition
Élecam : Élection Cameroun
ÉNA : École Nationale d'Administration
ÉU : Éditions Universitaires
ÉUA : Éditions Universitaires Africaines
HCDH : Haut-Commissariat des Nations-Unies aux Droits de l'Homme
Ibidem : auteur cité deux fois successives dans une même page
Idem : auteur cité pour la deuxième fois
In : œuvre tirée de
LGDJ : Librairie Générale de Droit et de la Jurisprudence
M23 : Mouvement du 23 mars
MNSD : Mouvement National pour la Société du Développement

MPR : Mouvement Populaire de la Révolution
N° : numéro
NORAF : Nouvelles Rationnalisés Africaines
Op.cit : ouvrage déjà cité
P : page
PP : de la page à la page
PCT : Parti Congolais du Travail
PDCI : Parti Démocratique de Côte d'Ivoire
PDGE : Parti Démocratique de Guinée-Équatoriale
PP : de la page x à la page y
PPT : Parti Progressiste Tchadien
PUC : Presses Universitaires du Congo
PUF : Presses Universitaires de la France
PUK : Presses Universitaires de Kinshasa
R.A : Rôle administratif
RE : Rôle électoral
RCE : Rôle de contentieux électoral
RCE/DN : Rôle de contentieux électoral /Députation nationale
R. Const : Rôle constitutionnel
SF : siège fictif
SR : siège réel
SS : pages suivantes
T : tome
TSR : Toutes sections réunies
UDR : Union pour la Démocratie et la République
UDPM : Union Démocratique du Peuple Malien
UÉMOA : Union Économique et Monétaire Ouest-Africaine
UNC : Union Nationale Cameroun

SOMMAIRE

Chapitre VI : Les régimes politiques

Section 1 : La notion de régime politique
Section 2 : La théorie de la séparation des pouvoirs
Section 3 : La typologie des régimes politiques

Chapitre VII : Les partis politiques et les groupes de pression

Section 1 : Les partis politiques
Sections 2 : Les groupes de pression

INTRODUCTION

La recherche de l'origine du droit constitutionnel permet d'identifier l'objet de la discipline et l'intérêt qu'elle présente auprès des étudiants en droit et en science politique mais également des pouvoirs publics et des citoyens. Le choix d'une méthodologie adaptée aux besoins de l'enseignement rend compte de la nécessité d'imbriquer, dans un seul corps des règles juridiques, des phénomènes jadis séparés : l'internationalisation du droit constitutionnel répond ainsi à ce besoin d'uniformatisation des modèles constitutionnels dans un monde devenu, par l'effet de la mondialisation, de plus en plus interdépendant.

1. L'origine du droit constitutionnel

L'origine du droit constitutionnel est difficile à établir tant la doctrine n'est pas encore parvenue à imposer, avec exactitude, une date à partir de laquelle on peut situer la naissance de cette discipline. Les recherches paraissent, a priori, contre-productrices même pour identifier les pères fondateurs.

Devant cette gêne pourtant surmontable, on se contentera d'indiquer que, contrairement aux autres branches de droit notamment le droit civil, le droit privé ou le droit pénal dont l'établissement remonte à des siècles, sinon à des millénaires, la création d'une chaire de droit constitutionnel est un phénomène relativement récent. Elle n'est pas loin de coïncider avec quelques événements qui ont marqué la deuxième moitié du XVIIIe siècle au cours de laquelle il s'est observé une réclamation, de plus en plus accrue, de la liberté contre l'autorité détenue et exercée par le monarque.

Sous l'influence des publicistes et des philosophes des Lumières, ce siècle a, ensuite, sonné le glas d'une époque où l'exercice de la liberté ne pouvait franchir les limites que lui imposaient les prescriptions mais également les us et coutumes d'une monarchie préoccupée, par ailleurs, par la création d'un corps de règles destinées à régenter la vie publique. La garantie de la protection et de la promotion des libertés publiques et des droits fondamentaux des citoyens relevait ainsi des matières de seconde zone.

L'exercice, dans un même espace et peut-être en même temps, de la liberté et de l'autorité créera, enfin, le besoin pour chaque État de disposer d'un paquet de règles destinées à y régir les différents rapports sociopolitiques. La conquête et l'exercice de la liberté vont largement influer sur la mise en place du constitutionnalisme entendu comme mécanisme d'établissement des Constitutions.

Initialement produit par la doctrine anglo-saxonne, le constitutionnalisme a fini par conquérir toute l'Europe occidentale et le reste du monde. Son expansion s'est accompagnée de l'évolution de son contenu : le concept cesse d'être cette technique de production constitutionnelle pour se situer dans la perspective de la limitation, du contrôle et de l'encadrement du pouvoir par la voie de l'écriture constitutionnelle.

La revendication, enfin, d'un document contenant l'ensemble d'ordonnancements juridiques relatifs à la dévolution et à l'exercice du pouvoir ainsi qu'à la garantie et à la protection des droits de l'homme et des libertés publiques va enrichir les réflexions sur la création, en droit et, plus tard, en science politique, d'une discipline dont l'objet serait l'étude de la Constitution.

Une précision s'impose à ce niveau : il est faux d'affirmer qu'avant le XVIIIe siècle, les États ne disposaient pas de Constitution. En Europe comme ailleurs, les rapports sociaux au sein des Empires et Royaumes traditionnels étaient régis par des règles coutumières obligatoires et imposables à tous. Ces sociétés n'avaient donc pas besoin de se doter d'une Constitution écrite pour conduire la dévolution et l'exercice du pouvoir.

Le XVIIIe siècle constitue, cependant, une étape décisive qui consacre la victoire de la liberté sur l'autorité et l'exigence, pour chaque État, de disposer d'une Constitution écrite sur laquelle repose l'ordre juridique de tout État. Il décline, ensuite, un indicateur indispensable à la connaissance et à l'évolution du mouvement de production, à travers le monde, des Constitutions écrites.

À peine consacré, le droit constitutionnel éprouve déjà des difficultés à s'affirmer comme discipline autonome, sans doute, en raison des vicissitudes qui ont souvent entouré son enseignement.

2. L'objet du droit constitutionnel

Bien que d'origine relativement récente, le droit constitutionnel conserve, tout de même, une place de première importance parmi les disciplines juridiques. Il est, hiérarchiquement, supérieur aux autres branches de droit.

Traditionnellement tourné vers l'étude de l'État en tant qu'institution organisée dans et par la Constitution, le droit constitutionnel avait une portée limitée à l'étude de l'État-nation consacré, jusque-là, au XVIe siècle. Malgré la clarté et la précision dans la fixation des repères assignés à la discipline, cette conception du droit constitutionnel ne couvre pas tous les aspects de la question. Elle apparaît, donc, par l'évolution de la société, dépassée.

Actuellement, on attribue au droit constitutionnel un objet plus large dépassant la simple analyse de l'État-nation, pour s'occuper d'une matière si sensible qu'est le pouvoir politique, naturellement, exercé dans un cadre organisé. L'organisation d'une société en État confère ainsi au pouvoir politique toute sa légitimé, son caractère institutionnalisé et contraignant.

Loin de se repousser, ces deux conceptions de la discipline se rejoignent au contraire : le droit constitutionnel ne se limite plus à l'étude de la Constitution de l'État, il établit un lien entre la Constitution et le pourvoir politique dans sa triple dimension génétique (au moment de sa naissance), organisationnelle (pendant sa dévolution) et fonctionnelle (dans son exercice et peut-être à l'occasion de sa perte).

L'exercice du pouvoir politique est, par les divers avantages qu'il procure, source de convoitises et, parfois, de dérapages. Il importe de lui imposer des limites qui permettent d'assurer son contrôle au bénéfice du constitutionnalisme. Une telle ambition peut être aisément réalisée au moment de l'établissement d'une Constitution qui consacre, par ailleurs, la séparation des pouvoirs, la limitation et le contrôle du pouvoir ainsi que la protection et la promotion juridictionnelle des droits de l'homme et des libertés publiques.

De tout temps, en effet, on remarque que les règles constitutionnelles ne s'accommodent pas toujours de la pratique du pouvoir ; un divorce plus ou moins profond est souvent constaté entre les prescriptions constitutionnelles et l'exercice du pouvoir.

Un double sentiment se dessine donc au tour du constitutionnaliste. Il lui revient, d'une part, d'inventorier et de diffuser, au profit des pouvoirs publics et surtout des citoyens, les matériaux indispensables à la connaissance, dans un État, du processus de dévolution et d'exercice du pouvoir ; ceci, d'autre part, peut le placer, parfois, en porte à faux avec les gouvernants qui redoutent, non sans raison, ses analyses et critiques sur la dévolution et l'exercice de leur pouvoir.

Étant donné que l'étude du pouvoir politique peut conduire au dévoilement, voire à la démystification des conditions et de la procédure qui ont présidé à son accession ou à son exercice, la responsabilité du constitutionnaliste apparaît, du point de vue moral et, même politique, exigeante.

Si l'étude du droit constitutionnel revêt particulièrement un caractère délicat en raison de son objet qui porte sur le pouvoir politique, une mise en perspective pédagogique s'avère indispensable. Elle révèle l'impression de facilité d'une discipline a priori connue de tous eu égard à la familiarité apparente que l'on a des questions qui y sont abordées (État, Constitution, pouvoir politique, élection, démocratie, régime politique, partis politiques, société civile…) et qui sont généralement relayées par la presse, les périodiques, des divers matériaux produits à l'occasion des ateliers, des conférences ou réunions politiques. Plus qu'une invention des institutions ou des organes politiques, ces questions sont le reflet des données que la société offre à la science constitutionnelle.

L'impression de facilité que recouvre l'enseignement du droit constitutionnel contraste avec une complexité déduite de la connaissance simultanée d'autres disciplines telles que la science juridique, la philosophie du droit, la psychologie juridique, l'histoire du droit, la géographie politique, la science politique ou la sociologie politique.

Toutes ces disciplines proposent au constitutionnaliste un ensemble de matières nécessaires à la meilleure perception des phénomènes constitutionnels et politiques de sa société.

3. L'intérêt de l'étude du droit constitutionnel

En droit tout comme en science politique, l'enseignement du droit constitutionnel présente un intérêt certain et évident. Cet intérêt tient à plusieurs facteurs.

On relève, tout d'abord, que le destin de chaque nation semble reposer sur l'importance et le volume des pouvoirs accordés à ceux qui en assurent la commande ou qui ont le pouvoir de vouloir pour les citoyens. L'on croit, en effet, que le développement d'une nation est largement tributaire des prérogatives dont bénéficient les détenteurs du pouvoir : plus les gouvernants disposent de pouvoirs importants dans la conduite des affaires de l'État, plus, en théorie, les citoyens sont portés à en tirer un bénéfice en termes de développement dont ils ont besoin.

Qu'il s'agisse de la crise économique et financière internationale, de révolutions provoquées en Europe orientale par la perestroïka, de la conquête de la liberté en Asie et en Amérique latine, de la vague des conférences nationales africaines ou du printemps arabe en Afrique du Nord…, la solution aux problèmes de la gestion de l'État met en exergue la responsabilité des institutions consacrées par la Constitution. Le droit constitutionnel apparaît ainsi comme le cadre le mieux indiqué pour en percevoir le bien-fondé et y suggérer les solutions adéquates.

Étant donné que le droit constitutionnel s'occupe, ensuite, de l'étude des règles sur la dévolution et l'exercice du pouvoir, il contribue, dans une certaine mesure, à l'encadrement politique et civique des citoyens. La connaissance par ces derniers de leurs droits constitutionnels est un indicateur important de leur participation à la conduite aussi bien qu'à la gestion des affaires de l'État.

Dans sa perception actuelle, le droit constitutionnel est tout à la fois un droit passéiste et tourné vers l'avenir. Contrairement au droit privé dont la plupart des règles constituent des standards, dévoilant par là leur caractère statique, le droit constitutionnel est dynamique. Les questions y abordées exigent le dépassement de la simple analyse normative ou exégétique des textes pour se situer dans l'examen des faits constitutionnels offerts par la société.

Le droit constitutionnel se définit, enfin, comme un ensemble des règles juridiques applicables au pouvoir politique dans un État donné. Il a vocation à encadrer le comportement des acteurs politiques et des pouvoirs publics. Dans la mesure où ce sont, précisément, les gouvernants qui font les lois, édictent des normes réglementaires opposables à tous, lesquelles sont interprétées par les décisions des cours et tribunaux, on peut affirmer que le droit constitutionnel est à la source de toutes les autres branches du droit (droit civil, droit pénal, droit commercial, droit du travail, etc.)[4].

Procureur de la lumière et de l'énergie nécessaires à l'existence d'autres disciplines juridiques, le droit constitutionnel les conditionne : il passe, en définitive, pour un droit fondamental et supérieur. Cette supériorité est, certes, contrariée par les violations fréquentes des règles qu'il a mises en place, ce qui pose le problème de l'utilité de la Constitution. Si, en effet, la violation des stipulations contractuelles ou des dispositions légales en matière pénale paraît, à première vue, facile à sanctionner, il n'en est pas de même pour la transgression des règles constitutionnelles.

Les faiblesses constatées dans la cohérence entre les dispositions constitutionnelles et la pratique du pouvoir conduisent à penser à l'inexistence, en droit constitutionnel, des sanctions contre la violation de la Constitution.

L'observation incite, néanmoins, à soutenir l'effectivité des contraventions aux règles édictées par la Constitution. Cette effectivité dépend, en effet, de la manière dont la Constitution, elle-même, a été mise en place et des objectifs qu'elle s'est assignés.

Dans l'agencement des pouvoirs entre les différents organes de l'État, la Constitution peut être amenée à assurer l'équilibre institutionnel empêchant l'abus du pouvoir au bénéfice d'une institution. Elle favorise ainsi l'harmonie et la cohésion institutionnelle avec, en toile de fond, la possibilité de contrôle des unes vis-à-vis des autres. Dans un régime présidentiel, par exemple, la consécration de la séparation des pouvoirs ou le contrôle de la constitutionnalité des lois constituent des garde-fous contre tout abus du pouvoir. Il en est, également, ainsi de la responsabilité politique ou pénale des gouvernants, en régime parlementaire, et qui dévoile l'idée d'assurer l'effectivité des *sanctions juridiques organisées.*

Norme fondamentale de tout État, la Constitution aménage la surveillance du pouvoir par l'agencement des mécanismes de contrôle de constitutionnalité des lois et des autres textes qui en tiennent lieu. Modulée par la Constitution ou par des lois spécifiques, cette double responsabilité peut conduire à une sorte de « *juridictionnalisation* » de la vie politique[5]. Les sanctions qui pourraient en découler sont, sans doute, *juridiquement non organisées.*

---

[4] Le POURHIET, A.-M., *Droit Constitutionnel,* Paris, 2e éd., Economica, 2008, p. 1.

[5] COMMAILLE J., DUMOULIN L. et ROBERT C., *La juridicisation de la politique*, Paris, LGDJ, Lextenso Éditions, Coll. Droit et Société, 2010, pp. 14-15.

Les dispositions constitutionnelles ne valent que par l'usage qu'on en fait. Une Constitution ne doit pas se résumer en un creuset des dispositions programmatrices ne renfermant que des vœux pieux insusceptibles d'application par le juge chargé, justement, de recevoir les doléances des gouvernés sur leurs violations[6].

En principe, la Constitution ne demande pas au législateur de prendre des mesures particulières pour assurer l'effectivité des droits qu'elle consacre. La jouissance de ces droits étant normalement immédiate, la méconnaissance autorise la victime de s'en prévaloir devant le juge en vue d'obtenir une sanction adéquate.

Ces droits permettent, donc, à toute personne de faire échec à tout individu ou groupe d'individus qui prendraient le pouvoir par la force ou qui l'exerceraient en violation de la Constitution. Bien que constitutionnellement organisés, ces droits risquent d'apparaître, en l'absence des lois d'application, comme une fiction, leur plein exercice étant subordonné à l'édiction, par le législateur, de lois spécifiques. Il en est ainsi du droit à la désobéissance civile ou à la résistance à l'oppression.

Dans un régime démocratique, la Constitution est le fondement, par excellence, du pouvoir politique. L'interruption ou la méconnaissance de l'équilibre institutionnel qui y est consacré peut amener les citoyens à désobéir aux gouvernants. Cette désobéissance est susceptible de couvrir les modalités diverses allant de la rébellion au coup d'État en passant par la révolution, le coup de force ou le putsch et le coup de balais.

En droit constitutionnel, la rébellion procède d'une résistance organisée ou pas, utilisant la violence ou les voies de fait comme moyen pour s'opposer à un gouvernement régulièrement établi ou pour accéder au pouvoir.

À la différence de la rébellion, la révolution consiste en un mouvement social réalisé brusquement par la force populaire, en méconnaissance des règles constitutionnelles ou légales en vigueur et, ayant pour but le changement violent et complet de l'ordre constitutionnel établi. Elle conduit, généralement, au remplacement d'un gouvernement légal par un autre. La révolution se distingue, également, du coup d'État en ce qu'elle a pour auteur le peuple et non une autorité constituée.

Par coup d'État, on entend un acte par lequel une autorité constituée (parlement, gouvernement ou pouvoir judiciaire) s'empare, de manière brutale, du pouvoir ou s'y maintient illégalement. Le coup d'État vise, donc, une prise du pouvoir par des moyens illégaux en recourant souvent à la force armée.

---

[6] ESAMBO KANGASHE, J.-L., *La Constitution Congolaise du 18 février 2006 à l'épreuve du constitutionnalisme. Contraintes pratiques et perspectives,* Louvain-la-Neuve, Academia-Bruylant, Coll. Bibliothèque de droit africain, 2010, pp. 180-181.

Synonyme de putsch, le coup de force est un procédé par lequel une partie de l'armée décide de prendre le pouvoir ou de s'y maintenir en violation des règles établies. Il aboutit à l'établissement, sans effusion de sang, d'un nouveau régime. Contrairement au coup de force, le coup de balais fait intervenir, non pas une unité de l'armée mais un groupe d'officiers dans le processus de prise ou de maintien au pouvoir.

N'étant pas consacrées par la Constitution, ces différentes modalités d'accession ou de maintien au pouvoir constituent des *sanctions politiques inorganisées.*

4. Les méthodes de recherche en droit constitutionnel

La nature et le nombre des méthodes en droit constitutionnel divisent encore la doctrine. La controverse a atteint son paroxysme avec la confusion délibérément entretenue entre une méthode et une approche. Une opinion a, d'ailleurs, affirmé qu'en droit, il n'existe que deux méthodes de sciences sociales (juridique et sociologique), les autres n'étant que des techniques[7].

Sans méconnaître l'apport, combien important, qu'offrent le droit et la sociologie dans l'appréhension des questions constitutionnelles, une opinion suggère de recourir à d'autres méthodes, notamment la comparaison, l'histoire, la dialectique, la diachronique ou la systémique.

Un auteur pense, à juste titre, qu'il n'existe pas une seule méthode de travail en droit public. Et quand bien même cette méthode existerait, elle risque de se transformer en un dogme sclérosant la pensée du chercheur[8].

Souscrivant à cette position affirmée, dix-neuf ans auparavant par Feyerabend[9], l'auteur adhère à l'idée de pluralité de méthodes en droit public, lesquelles varient selon la personnalité du chercheur et l'objet de son étude.

Cette controverse conduit à une distance, obligatoirement nécessaire, à prendre à l'égard d'un dogmatisme méthodologique et à considérer qu'en cette matière, il n'y a pas de « prêt-à-porter » ni de « copier-coller ». Aussi, convient-il de soutenir la terminologie « approche » qui paraît plus large que « méthode ».

L'étude du droit constitutionnel suggère, donc, que l'on fasse appel à une double approche, juridique et de science politique.

---

[7] KITETE KEKUMBA OMOMBO A., *Droit Constitutionnel et Institutions Politiques*, Kinshasa, EU, 2010, p. 1.

[8] COHENDET CHASLOT, M.-A, *Les méthode de travail en droit public*, Paris, 3e éd., Montchrestien, 1998, pp. 13-15.

[9] FEYERABEND P., *Contre la méthode, esquisse d'une théorie anarchiste de la connaissance*, Paris, Seuil, Coll. Sciences, 1979, pp. 35-40.

4.1. L'approche juridique

L'approche juridique comporte plusieurs méthodes. Traditionnellement portée sur l'analyse des textes, la méthode exégétique s'impose au juriste et l'invite à rechercher, en toutes circonstances, le droit positif applicable à la question posée. La démarche se limite donc à une simple analyse grammaticale ou littérale du texte constitutionnel dans sa forme normative.

Cloisonné dans une sorte de juridisme opaque, le juriste ne devrait pas s'occuper d'explorer d'autres recettes, en dehors de la loi, susceptibles de l'aider à répondre à la question qui lui est soumise.

Il faut bien se garder de considérer la référence à la méthode exégétique comme une chasse gardée des juristes. Les chercheurs d'autres domaines, notamment, les philosophes et les théologiens s'en servent à l'occasion de l'interprétation des textes. Le recours à cette méthode permet, toutefois, de connaître la direction donnée à la Constitution par ses auteurs.

L'étude du droit constitutionnel ne se réduit pas à la seule connaissance du droit positif, elle doit tendre vers une perception plus générale des réelles intentions du constituant. Fondée sur le contexte de son élaboration, l'étude de la Constitution procure, par cette méthode, l'avantage de la maîtrise du cadre dans lequel s'opère l'établissement des normes constitutionnelles.

L'examen de la Constitution, dans sa globalité, évite de tomber dans une sorte de « *patrimonialisme constitutionnel* »[10]. Le recours à la méthode holistique favorise la mise en perspective des dispositions constitutionnelles avec les valeurs qu'elles comportent. Par elle, en effet, le constitutionnaliste est suffisamment outillé pour connaître l'esprit et la lettre du texte qu'il étudie.

Cette gamme de méthodes juridiques demeure, toutefois, insuffisante pour cerner l'entièreté du phénomène constitutionnel, ce qui ouvre les portes de la recherche à l'approche de science politique.

4.2. L'approche de science politique

Si l'approche juridique gravite sur la précision des repères assignés au droit constitutionnel, celle de science politique convie à situer la discipline dans le processus intégral et évolutif. Elle suggère le recours à la méthode de sociologie politique pour examiner les faits politiques tels qu'ils sont produits par la société. Leur influence sur les règles constitutionnelles passe par la méthode empirique.

Les règles de droit ne valent que ce qu'en font les utilisateurs. La convocation, ensuite, de la méthode behavioriste favorise l'analyse et

---

[10] Ce néologisme désigne l'opération par laquelle on parvient à interpréter la Constitution en ne s'appuyant que sur les dispositions qui lui paraissent bénéfiques sans se préoccuper de l'esprit ni des valeurs édictées par celle-ci.

l'interprétation des comportements et attitudes politiques à l'égard des prescriptions constitutionnelles.

La méthode diachronique vise à dégager les interactions entre les exigences de la normalité juridique et le phénomène naturel et omniprésent qu'est l'exercice du pouvoir politique. Elle insiste sur l'élément temporel dans l'analyse du pouvoir politique pour qu'à partir d'une certaine périodicité, il soit possible d'identifier les problèmes qu'il pose et les solutions qu'il convient de suggérer aux décideurs.

Le droit constitutionnel intéresse, enfin, l'historien et le philosophe. Le droit comparé paraît lui réserver un espace d'expression intéressant, à la condition d'éviter de tomber dans une sorte de mimétisme. La disponibilité qu'offrent les méthodes analytique et systémique amènent à tempérer le risque d'un mimétisme servile.

5. La problématique de l'internationalisation du droit constitutionnel

Le recours à la double approche (juridique et sociologique) dans l'étude du droit constitutionnel africain a convaincu de l'idée que les institutions africaines n'auraient pas la capacité de régenter, de manière durable, la vie politique du continent sans une référence ou, à tout le moins, un apport des institutions occidentales. Surtout, c'est certainement une illusion d'analyser ou vouloir expliquer la vie politique et institutionnelle des États africains par la seule référence conceptuelle occidentale.

Une triple illusion d'une démocratie mathématique totalement décollée des réalités locales procède de l'arithmétique, de l'algèbre et de la géométrie politiques.

L'illusion de l'arithmétique politique tient à la croyance que l'on a de la magie des résultats électoraux en Afrique. On croit, comme en Occident, que le taux de participation et le pourcentage, souvent élevés, obtenus à l'issue des élections organisées sont un indicateur de la démocratie.

Contrairement à la perception que l'on se fait, en Europe, du suffrage universel, le pourcentage obtenu aux élections ne correspond pas, souvent, à la réalité. En effet, il est constaté que le vainqueur proclamé n'est pas toujours la personne effectivement élue comme en témoignent les contestations accompagnant, régulièrement, la proclamation des résultats des élections et qui peuvent conduire à des révolutions ou coup d'État. On relève, donc, qu'à l'opposé de l'Occident où la victoire aux élections comporte une valeur idéologique, en Afrique, elle est thématique : peur de l'inconnu, maintien au pouvoir, besoin de stabilité politique et institutionnelle ou préservation de l'unité nationale et de l'intégrité territoriale.

L'illusion de l'algèbre politique prend appui sur certaines équations politiques qui, en Afrique, rimeraient avec la démocratie. On pense, en effet, qu'il n'y a de régime démocratique que dans un système où s'exerce la compétition politique. Ainsi, l'instauration du multipartisme serait assimilée à la démocratie et le parti unique à la dictature.

Cette appréhension est erronée : la consécration d'un système à plusieurs partis politiques n'est pas une garantie suffisante pour l'exercice de la démocratie. Elle peut amener à la dictature d'un parti politique qui, pour plusieurs raisons, se révèle soit comme parti dominant ou parti attrape-tout.

L'illusion de la géométrie politique découle d'une forte croyance que l'on attache à l'ingénierie constitutionnelle pour établir la démocratie. On croit, à cet égard, que l'habilité apportée dans la rédaction de la Constitution conduit, nécessairement, à un régime démocratique.

Ainsi, on considère qu'une Constitution est, a priori, porteuse des valeurs démocratiques par le seul fait d'avoir été rédigée par les hommes de métier et selon les règles de l'art. Ce n'est, en réalité, qu'une illusion car, bien qu'élaborée par les techniciens, une « *Constitution démocratique* » a vocation de refléter un ensemble de valeurs partagées par la majorité de ses destinataires et de résoudre les vrais problèmes qui ont été à la base de sa naissance.

Il s'en suit que, à force de vouloir juger de la vitalité des institutions politiques africaines à leur ressemblance aux institutions correspondantes dans le monde occidental, on court le risque de tomber dans un mimétisme institutionnel servile et sans contenu opérationnel réel.

Même dans la doctrine occidentale, on est, finalement, convaincu du caractère relatif du mimétisme dans l'étude des institutions politiques africaines. Analysant la problématique du mimétisme postcolonial et la démocratie en Afrique, un auteur a eu des mots justes pour reconnaître :

> *qu'au-delà des similitudes que l'on pourrait rencontrer, la convocation systématique au mimétisme devient de plus encore caduque pour rendre compte d'une Afrique déjà, en elle-même, multiple mais qui apparaît, de plus en plus, diverse, du moins, si l'on veut bien appréhender le politique en Afrique en lui-même et non pas à travers un prisme finalement déformant et dangereux*[11].

En cette phase d'internationalisation du droit constitutionnel[12], on assiste, dans chaque continent au rapprochement des pratiques et modèles institutionnels pour que l'idée d'un mimétisme unilatéral ne fasse plus du chemin. Tout comme l'on voit des pratiques ou conceptions considérées jusque-là comme « africaines » reprises, ailleurs, dans les projets de réforme sans que l'on sache si cela relève du mimétisme ou d'un mouvement de convergences.

Dans l'étude du droit constitutionnel, en effet, on insiste, moins sur l'imitation des pratiques et modèles constitutionnels et institutionnels que

---

[11] de GAUDUSSON J.-B., « Le mimétisme post colonial et après ? », *La démocratie en Afrique*, *Pouvoirs*, n° 129, 2009, p. 55.

[12] Le thème a occupé les travaux de la quatrième conférence annuelle du Réseau Africain de Droit constitutionnel tenue, du 2 au 4 février 2011, à Rabat au Maroc.

sur la diffusion, la réception et l'inspiration desdits pratiques et modèles ; se découvre ainsi un mimétisme constitutionnel mondial. La constatation est réelle pour que l'on perçoive, aisément, la construction, à côté du mimétisme européen, des mimétismes africain, interaméricain, afro-asiatique ou, encore, afro-européen.

Aussi, hier unilatéral[13], le mimétisme constitutionnel est-il, à l'heure actuelle, une donnée réelle de la mondialisation des normes juridiques, un patrimoine commun partagé par tous mais variant entre l'universalisme et les particularismes.

Cette nouvelle perception du droit constitutionnel dégage, en même temps, les limites du mimétisme occidental pour l'Afrique. Le développement des nouvelles référentielles constitutionnelles et institutionnelles influe, naturellement, sur une autre vision de la discipline en Afrique.

La présentation des données constitutionnelles et politiques (chapitre I) permet de circonscrire le cadre du pouvoir (chapitre II), son aménagement (chapitre III), ses modalités d'exercice (chapitre IV) et les limites qui lui sont imposées (Chapitre V). L'étude des régimes politiques (chapitre VI) précédera naturellement celle des partis politiques et groupes de pression (chapitre VII) qui leur servent parfois d'escalier.

---

[13] Du continent européen vers le reste du monde.

CHAPITRE I

LES DONNÉES CONSTITUTIONNELLES ET POLITIQUES

La référence à la double approche juridique et sociologique dans l'étude du droit constitutionnel influe sur la perception que l'on peut avoir de l'objet de cette discipline. Si la démarche poursuivie est essentiellement juridique, l'objet du droit constitutionnel aura certainement tendance à privilégier l'analyse de l'État considéré comme une entité juridiquement organisée. Cette tentation semble, depuis longtemps, l'avoir emporté sur l'intitulé de l'enseignement qui porte sur « *le droit constitutionnel* » reléguant au second plan l'analyse des institutions politiques.

Lorsque cette démarche dérive de la science politique ou de la sociologie politique, une évolution dans la perception du droit constitutionnel s'observe. La discipline ne se limite plus à l'étude de l'État comme cadre des institutions politiques pour s'occuper, cette fois-ci, du pouvoir politique et de ses différentes manifestations.

Du coup, « *les institutions politiques* » précèdent naturellement le « *droit constitutionnel* » dans la conception de l'enseignement[14]. L'inversion des concepts est, d'ailleurs, heureuse et, même, porteuse d'une richesse dans le vocabulaire juridique : le droit constitutionnel cesse d'être un droit uniquement étatique pour devenir une discipline que convoitent les forces politiques et sociales mais également l'évolution de la société.

Droit du pouvoir ou de l'État, le droit constitutionnel est, avant tout, une science normative pour s'occuper, ensuite, des institutions politiques.

---

[14] Lire notamment, ARDANT P. et MATHIEU B., *Institutions Politiques et Droit Constitutionnel*, Paris, 24e éd., LGDJ, Lextenso Éditions, 2012 ; ARDANT P., *Institutions Politiques et Droit Constitutionnel*, Paris, 17e éd., LGDJ, 2005 ; DUVERGER M., *Institutions Politiques et Droit Constitutionnel*, Paris, 18e éd., PUF, 1996 ; MPONGO BOKAKO BAUTOLINGA E., *Institutions Politiques et Droit constitutionnel, tome I. Théorie générale des Institutions Politiques de l'État*, Kinshasa, EUA, Coll. Droit et Société, 2001 ; PACTET P., *Institutions Politiques et Droit Constitutionnel*, Paris, 15e éd., Armand Colin, 1996 et PRELOT M., *Institutions Politiques et Droit Constitutionnel*, Paris, 5e éd., Dalloz, 1984.

Ainsi se découvrent les liens étroits qu'il entretient avec la science politique.

Section 1 : Le droit constitutionnel

Le droit constitutionnel est, au sens classique, une branche du droit public qui étudie l'organisation de l'État, la dévolution et l'exercice du pouvoir.

Le caractère approximatif de la définition aide, néanmoins, à appréhender le fait que le droit constitutionnel est, d'abord, une discipline juridique, ensuite, une branche du droit public qui, enfin, s'occupe de l'État.

§1. Le droit constitutionnel est une discipline juridique

Discipline juridique par excellence, le droit constitutionnel dont la compréhension exige, au préalable, celle du droit, comporte des particularités dictées par l'objet de son étude.

A. La définition du droit

Le droit est un concept polysémique et difficile à saisir. Il peut évoquer l'idée objective de la justice ou de l'équité ou s'apparenter à l'ordre imposé aux citoyens par une autorité établie. La notion préjuge aussi, sous un aspect subjectif, des avantages ou des privilèges reconnus, dans une société, à un individu ou à un groupe d'individus. Le concept décline, en outre, téléologiquement, une somme de valeurs dont la protection est assurée contre toute atteinte et garantissant l'ordre public.

Cette difficulté dévoile, en même temps, la persistance d'un éventail de perceptions de l'appréhension de la notion. On note, par exemple, que la conception naturelle du droit est dictée par le souci d'aménager, dans une société, les prescriptions morales et philosophiques qui consacrent des privilèges et avantages conférés à leurs utilisateurs.

Le droit naturel s'analyse, donc, en un ensemble de facultés et prérogatives reconnues comme appartenant, sans distinction, à tout être humain. L'État est ainsi appelé à en assurer la garantie et la protection.

La conception naturelle du droit permet d'opérer une distinction entre les droits de l'homme relevant d'un ordre moral, supérieur et extérieur à l'État et les libertés publiques devant être reconnues et garanties par les autorités publiques. On peut donc dire que les droits de l'homme existent indépendamment de leur consécration juridique (droit à la vie, droit à la santé) alors qu'une liberté publique a besoin, pour être effective, d'une reconnaissance constitutionnelle ou législative (liberté d'expression ou de réunion, droit de se marier avec la personne de son choix, droit à la propriété intellectuelle, droit d'être électeur ou éligible, droit d'exercer le commerce, droit au travail rémunéré...).

Dans sa *conception objective*, le droit décline un ensemble de règles de conduite sociale édictées par l'autorité publique et sanctionnée, en cas de méconnaissance ou de violation, selon les formes et procédures préalablement arrêtées. On évoque ainsi l'interdiction d'infliger à une personne un traitement dégradant ou humiliant, l'incitation à la haine raciale, ethnique ou en considération de ses opinions politiques ou religieuses, voire le respect de la propriété privée.

Au *sens subjectif*, le droit emporte une prérogative individuelle ou collective reconnue par le droit objectif. Le droit subjectif est, en conséquence, constitué d'un ensemble de privilèges et avantages reconnus à une personne lui permettant, du coup, de faire, d'exiger ou d'interdire, dans son propre intérêt ou dans celui d'autrui, la survenance d'un fait ou d'un acte juridique.

L'exercice d'un droit constitutionnel peut conduire soit à un abus, soit à la violation de la Constitution ou encore à la fraude à la Constitution. L'abus de droit correspond à l'exercice d'un droit subjectif entraînant ainsi une faute qui appelle, naturellement, une sanction.

L'abus de droit s'exprime, donc, par l'usage excessif d'un droit subjectif qui attente, par ailleurs, aux droits des autres. Il peut constituer un piège pour tous ceux qui, prenant la Constitution pour prétexte, tentent de tourner à leur avantage l'exercice d'un droit. Entrent dans cette catégorie, l'usage abusif et excessif du contrôle parlementaire (interpellation, motion de défiance ou de censure) sur le gouvernement dans un régime parlementaire ou l'instabilité gouvernementale entretenue, en un régime présidentiel, dans le seul but d'accentuer l'autorité du président de la République sur le gouvernement.

Dans le domaine constitutionnel, l'abus de droit se traduit par la méconnaissance de la limitation imposée aux autorités publiques dans la mise en œuvre de leurs compétences constitutionnelles. Il découle de l'utilisation excessive d'un droit subjectif sous la forme d'une permission d'agir ou de s'abstenir[15].

À la différence d'un abus de droit, la violation de la Constitution découle de la méconnaissance, dans l'exercice de son (ses) droit (s) constitutionnel (s), d'un ou de plusieurs dispositions constitutionnelles. L'entreprise décèle la volonté de se soustraire d'une obligation constitutionnelle. Elle rime, souvent, avec la pratique de faire échapper l'exercice d'un droit subjectif de la Constitution qui en constitue, pourtant, le fondement. L'accession au pouvoir, par un coup d'État ou par d'autres procédures non expressément prévues traduisent, en régime démocratique, une violation de la Constitution.

---

[15] ECK L., *L'abus de droit en droit constitutionnel*, Paris, L'Harmattan, 2010, p. 32.

L'exercice d'un droit constitutionnel peut porter atteinte à l'esprit d'une ou de plusieurs dispositions constitutionnelles au point d'induire une fraude à la Constitution : elle apparaît, généralement, à l'occasion de la révision constitutionnelle quand, au lieu de se limiter au simple changement de la Constitution, elle débouche sur le changement de Constitution[16].

La conception positive du droit fait de la règle juridique un dispositif édicté, dans une société donnée et à une époque déterminée, par une autorité établie et reconnue. Une règle de droit entretient donc des rapports étroits avec le temps.

Le rôle du temps dans la perception d'une règle juridique est capital. Le temps peut se révéler destructeur de l'édifice social ; il peut, à l'inverse, constituer un élément de protection et de stabilisation institutionnelle. Une règle juridique ne peut, dans ce cas, être trop conservatrice ni totalement futuriste. Le droit positif joue ainsi le rôle de régulation de la vie sociale et revêt, de ce fait, un caractère contraignant.

B. Les caractères de la règle juridique

La règle juridique renferme la particularité d'être générale, impersonnelle et contraignante.

Le *caractère général* d'une règle juridique exclut toute application individuelle ou sectorielle, la règle étant, sauf exception formellement prévue, établie pour toute la communauté nationale sans aucune distinction.

En plus de sa marque générale, la règle juridique est, en principe, édictée indépendamment de l'identification spécifique éventuelle des destinataires ou utilisateurs. Elle est, par conséquent, *abstraite et impersonnelle*. Sa promulgation, par une autorité compétente, lui confère un caractère obligatoire et imposable à tous.

Le *caractère contraignant* d'une règle juridique résulte du fait qu'une fois élaborée selon la procédure prescrite, elle s'impose aux pouvoirs publics et aux citoyens. C'est la marque essentielle qui lui défère toute son efficacité en ce que toute violation appelle naturellement une sanction. Celle-ci est assurée par l'État à travers les institutions et structures compétentes.

Discipline juridique par excellence, le droit constitutionnel renferme le triple caractère d'une norme générale, impersonnelle et contraignante, ce qui facilite l'étude de ses rapports tant avec la morale que la coutume qui sont d'autres ordres normatifs.

---

[16] Par changement de la Constitution, il faut entendre le changement de la norme fondamentale par la révision du texte existant. Le changement de constitution procède, quant à lui, à l'abrogation de l'ancienne Constitution et son remplacement par une nouvelle. Lire, en droit comparé notamment sénégalais, MADIOR FALL I., *Évolution constitutionnelle du Sénégal de la veille de l'indépendance aux élections de 2007,* Dakar, CREDILA, 2007, p. 89.

C. Les rapports entre les règles juridique, morale et coutumière

Tout en ayant une origine morale, la règle juridique s'en démarque aussi bien par ses destinataires, ses buts que les sanctions qu'elle institue. En rapport avec leurs destinataires, la règle de droit établit des rapports entre les individus vivant au sein d'une société alors que la règle morale se préoccupe des relations entre les individus et, entre ces derniers et la divinité.

La règle morale poursuit la perfection dans une société en devenir tandis que le droit est, par son caractère perfectible, centré moins sur une société virtuelle que sur celle qui existe effectivement.

Du point de vue de la sanction, on relève que la violation d'une règle morale est sanctionnée par la conscience, la punition étant de nature interne et, partant, invisible. La méconnaissance d'une règle juridique est sanctionnée par l'autorité publique et selon les procédures qu'elle prescrit. Cette sanction peut prendre une forme répressive, réparatrice ou compensatrice.

À la différence de la règle juridique, la norme coutumière se traduit par les pratiques, les usages et les traditions régissant les rapports sociaux. La coutume s'appuie sur les habitudes qui, à force de se répéter, acquièrent une force obligatoire.

§2. Le droit constitutionnel relève du droit public

Branche du droit public, le droit constitutionnel constitue un cadre, par excellence, de l'étude des rapports entre le droit public et le droit privé. Ces rapports peuvent être situés dans la triple dimension organique, matérielle et formelle.

Sur le plan organique, la distinction s'appuie sur la qualité des personnes appelées à établir les règles de conduite sociale et, notamment, celles se rapportant à l'organisation de l'État et des organismes publics ainsi qu'à la structure et à l'activité desdits organes. Ainsi, on note, par exemple, que les règles de droit public sont édictées par les autorités publiques (président de la République, parlement, gouvernement, gouverneur, maire...) alors que celles dérivant de droit privé sont décrétées par les particuliers.

Du point de vue matériel, le droit public se distingue du droit privé en raison non seulement du contenu mais également de la finalité assignée aux règles juridiques qui en constituent, par ailleurs, le fondement. Ainsi, les règles de droit public s'appliquent aux services publics et poursuivent l'intérêt général ou communautaire alors que le droit privé tend à la protection et à la satisfaction des intérêts privés des parties à l'accord. Il se dégage que, d'un côté, le droit public s'applique aux gouvernants et, plus généralement, aux pouvoirs publics et, de l'autre, le droit privé régit les rapports entre les particuliers.

Au plan formel, le droit public se démarque du droit privé par la forme que prennent les règles qu'il édicte. Les règles de droit public ont une portée unilatérale, autoritaire et impérative tandis que celles de droit privé sont constituées sur une base égalitaire et volontaire des parties concernées.

À l'analyse, on note qu'aucun critère n'est parvenu à s'imposer de manière péremptoire sur d'autres et dans toutes les hypothèses, de sorte qu'il n'a pas été possible de dégager une superposition du droit public sur le droit privé et vice-versa.

La distinction fondée sur le critère organique, par exemple, ne détermine pas, de façon permanente, des règles de conduite qui relèveraient uniquement du droit public. L'utilisation du procédé autoritaire a, en effet, cessé d'être la seule condition d'établissement d'une règle de droit public ; elle tient compte de la volonté d'autres partenaires des pouvoirs publics que l'on retrouve dans les organisations non gouvernementales et, plus généralement, dans la société civile.

On peut, en revanche, opiner qu'en dépit de la stabilité apparente qu'il procure pour le droit positif, le critère organique tend, de nos jours, à favoriser le rapprochement entre le droit public et le droit privé dans l'identification des organes (publics ou privés) chargés de l'édiction des règles juridiques ou l'implication des personnes privées dans l'exercice des fonctions d'intérêt public. Nombreux sont, en effet, des organismes ou entreprises privés dans lesquels l'État est soit partenaire, soit participant.

On s'accorde à soutenir que l'intervention de l'État dans la vie privée et l'association des particuliers dans l'accomplissement des tâches jadis confiées à l'État ont amené le législateur à édicter, par exemple, que tel organe pourra être considéré comme relevant ou non du droit public. Si une telle précision n'est pas apportée, il faut s'attendre à ce que le critère formel tente de prendre le dessus sur d'autres.

Le critère matériel n'échappe pas non plus à la critique tant et si bien que, traditionnellement confiée aux pouvoirs publics, l'édiction des règles de droit public et notamment de droit constitutionnel a, depuis quelques décennies, pris soin d'associer certains acteurs privés avec en toile de fond la référence à ce que Pierre Avril appelle les conventions de Constitution[17].

Négociées en dehors du cadre juridique établi, les conventions de Constitution sont constituées des accords politiques conclus entre acteurs politiques comportant des engagements et des principes auxquels le constituant se réfère souvent à l'occasion de la formulation des dispositions constitutionnelles.

Elles forment, donc, une catégorie particulière des sources formelles d'une norme constitutionnelle laquelle reflétera, naturellement, une dose

---

[17] AVRIL P., *La Convention de la Constitution*, Paris, PUF, 1997, p. 114.

de compromis pour satisfaire non pas l'intérêt général, au sens classique, mais plutôt celui des acteurs engagés à son élaboration. En République Démocratique du Congo, on relève que la Constitution de la transition du 3 avril 2004 a été élaborée sur pied d'un Accord politique signé, le 17 décembre 2002, à Pretoria en Afrique du Sud entre les différents acteurs sociaux et politiques congolais.

L'article 1er de cette Constitution précise que :

> *La Constitution de la transition de la République Démocratique du Congo est élaborée sur la base de l'Accord global et inclusif sur la Transition en République Démocratique du Congo. L'Accord global et inclusif et la Constitution constituent la seule source du pouvoir pendant la transition en République Démocratique du Congo. Durant la période de Transition, tous les pouvoirs sont établis et exercés de la manière déterminée par l'Accord global et inclusif ainsi que par la présente Constitution.*

Bien plus, l'évocation, en droit constitutionnel, des concepts tels que « *la fraude constitutionnelle* », « *l'abus de droit constitutionnel* » ou « *la responsabilité politique ou pénale des gouvernants* » ne peut faire oublier leur origine, traditionnellement, privatiste.

S'agissant du critère formel, la règle de droit public ne s'accommode plus uniquement à son caractère unilatéral et autoritaire, les pouvoirs publics ayant compris le besoin de fonder certaines de leurs actions sur la consultation préalable des citoyens intéressés.

Malgré la circonscription du droit public dans ses rapports avec le droit privé, la discipline comporte tout de même une acception plus large traitant, d'une part, des relations entre les États, entre ces derniers et les organisations internationales ou entre les États et les individus et, d'autre part, des rapports entre l'État, personne morale et les structures qui sont subordonnées ou les citoyens.

La distinction entre le droit public interne et le droit public international se rapporte à la notion d'ordre juridique entendu comme un ensemble de règles juridiques se rapportant à un même centre d'intérêt juridique. Les ordres juridiques peuvent se superposer les uns sur les autres, de même qu'un ordre juridique peut contenir plusieurs autres. L'ordre juridique dit de la communauté internationale renferme, en son sein, les différents ordres juridiques des États, de même que l'ordre juridique d'un État peut englober et se constituer des préoccupations des citoyens de cet État.

La superposition des ordres juridiques a été à la base, dans les relations internationales, d'un débat apparemment inachevé sur la suprématie de l'ordre juridique international sur les ordres juridiques nationaux.

Jadis séparées, les deux orientations du droit public ont fini, depuis quelques décennies, par se fondre dans une sorte d'internationalisation des droits publics nationaux et l'intégration, dans les droits publics nationaux, des normes juridiques internationales.

Cette précision faite, on note que le droit public interne est constitué d'un paquet des disciplines dont les principales sont le droit constitutionnel, le droit administratif, le droit fiscal et les finances publiques.

Le droit constitutionnel étudie l'organisation et la dévolution du pouvoir dans l'État mais également la promotion et la protection des droits de l'homme et des libertés publiques. Ce contenu fait qu'il soit, hiérarchiquement, supérieur aux autres branches de droit.

Tout en dépassant et conditionnant les autres branches de droit, le droit constitutionnel semble limité, du point de vue juridique, dans la répression des fréquentes violations de la Constitution. Cette constatation paraît à la fois évidente et paradoxale pour un droit aussi fondamental. Souvent en mauvaise postule, le droit constitutionnel touche généralement à la politique alors que les détenteurs du pouvoir répugnent, trop souvent, à voir les entorses qu'ils imposent à la Constitution être sanctionnées.

Le droit administratif détermine l'organisation des différents services publics appelés à mettre en œuvre l'action de l'État et règle les rapports entre l'administration et ses agents avec les particuliers[18]. Il est le prolongement de droit constitutionnel qui lui procure les principes fondamentaux de l'organisation de l'État. Si le droit constitutionnel a comme fondement la Constitution, le droit administratif tire principalement sa substance de la loi et des règlements.

Une mise au point dans le rapport entre le droit administratif et la science administrative est indispensable : l'un et l'autre s'occupent des règles auxquelles l'autorité politique assujettit la réalité administrative et la pratique de l'action administrative. Il importe de relever, cependant, que les deux disciplines se rejoignent lorsque les analyses portent sur les faits, potentiellement ou effectivement, soumis au droit. Il reste que leur optique est différente et, en quelque sorte, inversée. Le juriste administrativiste étudie la règle administrative entant que telle, c'est-à-dire comme une règle d'autorité : il analyse le fait administratif à travers le droit. Le chercheur en science administrative s'occupe plus des faits et ne fait référence au droit que dans la mesure où il s'incorpore auxdits faits : c'est le point de vue de la sociologie juridique qui prime.

Comme les deux disciplines poursuivent un même objectif, il est apparu une collaboration, mieux, un rapprochement entre le droit administratif et la science administrative. Cette collaboration tient au fait que l'administration est étroitement insérée dans le droit qui lui sert à la fois de support et de cadre. Le spécialiste de la science administrative ne peut négliger cet aspect de choses. Il en est de même du juriste appelé à comprendre que les règles de droit administratif ne fonctionnent qu'au sein de la réalité administrative.

---

[18] CHETIEN P. et CHIFFLOT N., *Droit administratif*, Paris, 13e éd., Sirey, 2012, p. 13.

Le droit fiscal a pour vocation de déterminer le montant, ainsi que les dispositions particulières relatives à leur recouvrement, des différents impôts et taxes (notamment la taxe sur la valeur ajoutée, la taxe sur les revenus locatifs, les relevés de la retenue locative, etc.) auxquels les personnes physiques ou morales de droit privé sont assujetties afin de permettre à l'État de disposer des moyens de sa politique. L'implication de l'État et d'autres personnes de droit public dans le prélèvement, l'exécution et le contrôle des impôts et taxes induit le caractère public attaché au droit fiscal.

Les finances publiques s'apparentent au droit budgétaire, à la législation financière ou à la science financière tout court. La discipline s'occupe de règles portant sur les finances publiques en y étudiant notamment la manière dont sont préparés, votés, exécutés et contrôlés les budgets de l'État et de toutes les personnes publiques.

L'étude des finances publiques ne se réduit pas uniquement aux aspects techniques et comptables du budget. Elle concerne aussi et, peut-être, fondamentalement, les aspects politiques, économiques et sociaux rattachés au budget. Dans ce cas, la discipline relève plus du droit public que du droit privé.

Une catégorie des disciplines juridiques sont à cheval entre le droit public et le droit privé. Il s'agit notamment du droit pénal, du droit social, de l'organisation judiciaire et de la législation économique.

En règle générale, *le droit pénal* définit les comportements anti-sociaux et qui constituent, au moment de leur commission, des contraventions à la loi pénale. Il sanctionne par des peines d'amende ou d'emprisonnement les auteurs des activités illicites et interdites. Étant donné que le délinquant se trouve, dans un procès pénal, en face de l'État représenté par le ministère public, les règles de procédure et de fond de l'espèce examinée relèvent plutôt du droit public.

Il n'en est pas ainsi lorsque, dans un même procès pénal, s'affrontent le délinquant et la victime, personne privée. Même si la présence de l'officier du ministère public est une garantie de la protection sociale et de l'ordre public, la condamnation d'un délinquant à la réparation du préjudice subi par la victime induit au caractère privé d'un procès qui, au départ, était public. Ainsi, comportant les aspects répressif et civil, le procès pénal dérive simultanément des règles du droit public et du droit privé.

Le droit social décline un ensemble de règles et de pratiques organisant l'action sociale d'un pays. Depuis plus de deux siècles, on assiste au développement, à travers le monde, des législations sociales mettant côte à côte les individus et les services spéciaux de l'État chargés d'attribuer à ceux qui en sont bénéficiaires les avantages prévus à cette fin.

En contrepartie des avantages reçus, les bénéficiaires de la législation sociale sont tenus d'accomplir certaines obligations, notamment, les contributions pécuniaires permettant de faire fonctionner les services de l'État chargés de la distribution des divers avantages organisés par le code social.

Ayant pour finalité principale la satisfaction des intérêts individuels, le droit social relève du droit privé. La nécessité d'assurer un équilibre entre les bénéficiaires des avantages sociaux et l'implication des organes étatiques dans cette mission d'équilibre font ressortir le caractère public des actions menées. La discipline appartient ainsi au droit public et au droit privé.

Dans chaque système juridique, *l'organisation judiciaire* est, généralement, appréhendée dans le cadre de la procédure civile et pénale dont les matières sont, traditionnellement, rangées dans le droit privé. La discipline n'est pourtant pas étrangère au droit public dans certains de ses aspects, notamment, la fixation du taux des amendes transactionnelles, l'organisation et le fonctionnement des greffes de juridictions et des secrétariats des parquets ainsi que l'organisation et le fonctionnement des services pénitentiaires.

La législation économique emprunte, elle aussi, la plupart de ses procédés au droit public lorsqu'elle consacre l'intervention de l'État dans la vie économique (fixation des prix sur les marchés) alors que celle-ci est, habituellement, l'apanage des personnes privées qui y accomplissent des actes relevant du droit privé, à savoir l'importation, le commerce et l'exportation des marchandises soumis à un régime des contingentements et des licences en vigueur dans un pays.

Il en est de même du contrôle, exercé par le gouvernement, des prix des marchandises sur les marchés. La politique étatique des aides et subsides accordées aux entreprises consacre également l'intervention de l'État dans la vie économique.

§3. Le droit constitutionnel étudie l'État

Traditionnellement, le droit constitutionnel étudie l'État tel que constitué à partir du XVIe siècle. Or, la connaissance de l'État implique celle de plusieurs disciplines de sciences sociales avec lesquelles le droit constitutionnel entretient des rapports étroits. Ces matières lui permettent, par ailleurs, d'asseoir son fondement et son autorité.

La discipline est, avant tout, une science juridique. Sa maîtrise suppose, naturellement, une bonne perception des textes constitutionnels et, plus généralement, du droit positif ainsi que la classification des mécanismes et des principes organisés par lesdits textes. On y décèle ainsi un rapprochement entre le droit constitutionnel et la science du droit.

Le rôle que les individus sont appelés à jouer au sein d'une société politique et la connaissance des doctrines philosophiques qui préparent ou sous-tendent les Constitutions offrent un meilleur espace de collaboration entre le droit constitutionnel et la philosophie politique, voire la philosophie du droit.

L'organisation d'une société en État révèle un lien étroit entre le droit constitutionnel et la sociologie. Dans cette société, en effet, la Constitution est appelée à jouer sa partition : elle ne se limite pas à décrire des dispositions applicables aux pouvoirs publics, aux élections, aux partis politiques, aux groupes de pression ou au droit de grève pour apparaître comme la traduction d'un programme économique et social des gouvernants.

Le droit constitutionnel a des liens resserrés avec l'histoire. Même si la connaissance des faits antérieurs engage la responsabilité primaire de l'historien, une Constitution manquerait de fondement si on la séparait du contexte historique de son établissement. On peut dire qu'une bonne interprétation de la Constitution implique la connaissance objective des faits historiques qui en constituent le soubassement.

Section 2 : Les institutions politiques

Une bonne appréhension de la notion d'institution politique conduit à établir ses différentes modalités d'expression.

§1. La notion d'institution politique

Traditionnellement, une institution est constituée par ce qui est établi par la volonté humaine. Une institution est, par essence, tout ce qui est créé par l'homme à l'exception d'une donnée naturelle. Si l'existence de l'homme peut apparaître, au même titre que les calamités naturelles, comme des données dictées par la nature des choses, il n'en demeure pas moins qu'à l'exception de ceux qui renvoient tout à la divinité, le mariage ou la naissance des enfants sont des institutions.

Il importe d'observer que toute création humaine ne constitue pas une institution ; elle doit, pour se faire, être établie de manière durable, permanente, combinant à la fois l'union de volontés individuelles et le but commun poursuivi. Par l'union de volontés, on peut être en mesure de créer une organisation durable et des organes sociaux chargés de la conduire.

Cette convergence de volontés et de finalités préfigure le caractère durable et permanent de l'institution qui en résulte. Associée à l'organisation et au fonctionnement d'une société politique, une création humaine acquiert la qualité d'institution politique. Elle doit, en plus de son intégration dans une société politique, être durable et permanente.

Ainsi née, une institution politique peut être différente d'une institution judiciaire et administrative.

L'institution politique et celle administrative se distinguent, actuellement, non par le caractère général ou individuel des mesures prises mais plutôt par la nature, le contenu et l'importance des décisions. Dans ce sens, on peut dire que le domaine politique concerne les décisions fondamentales ou les principes, les orientations générales, alors que l'administration concentre toute son activité sur l'application, dans les détails, des décisions prises par les autorités politiques.

La nature et l'importance de ces mesures placent les institutions politiques au-dessus des institutions administratives. Par ailleurs, si la liberté et l'instabilité caressent, en raison de divers avantages qu'il procure, l'exercice des fonctions politiques, la continuité et la permanence caractérisent généralement l'accomplissement des tâches administratives. Il va s'en dire que la rémunération attribuée aux agents administratifs apparaît souvent inférieure, voire dérisoire, par rapport aux personnes politiques.

Il faut, enfin, noter que les autorités administratives sont régulièrement appelées à participer (par la préparation en amont) à la prise des décisions au niveau politique pour qu'il soit exclu à leur propos un caractère absolu d'apolitisme.

La distinction entre le politique et le pouvoir judiciaire est relativement facile à établir, dans la mesure où les magistrats sont affranchis de l'exercice de la politique : ils ont pour mission de dire, en toute indépendance, le droit, c'est-à-dire d'appliquer les lois et règlements aux conflits qui leur sont soumis.

L'apolitisme des juges est, dans la pratique, relative ; car, en matière du contentieux constitutionnel ou électoral et dans la mise en jeu de la responsabilité pénale du président de la République, le pouvoir judiciaire peut parfois être amené, par ses décisions, à réguler la vie politique. Ses décisions peuvent ainsi participer à la juridicisation et même à la judiciarisation de la vie publique.

Différente d'une institution administrative ou judiciaire, une institution politique peut, dans une société organisée, se manifester de plusieurs manières.

§2. Les différentes manifestations d'une institution politique

En droit constitutionnel, une institution politique peut s'exprimer sous la forme d'institutions-corps, d'institutions-organiques ou d'institutions-personnes et d'institutions-choses ou institutions-mécanismes.

Les « *institutions-personnes* » sont également connues comme « *institutions-organiques ou institutions-corps* ». Généralement constituées sur la base des programmes gouvernementaux, ces institutions sont établies par l'État en vertu des règles fixes et soumises à une autorité reconnue. Personne morale, l'État est la première institution politique en ce que sa naissance permet une mise en œuvre aisée des mécanismes d'agencement des règles permanentes et objectives.

Les « *institutions-choses* » ou « *institutions-mécanismes* » sont des techniques par lesquelles agissent les institutions-corps. Elles sont, en quelque sorte, les différentes formes d'expression des institutions-personnes ou plus exactement les mécanismes sociaux par lesquels il est pourvu au bien commun grâce à l'action des institutions-corps.

Conçues comme des techniques institutionnelles favorisant la matérialisation de la volonté exprimée par les institutions-corps, les institutions-choses sont le relais indispensable du fonctionnement d'un régime politique. Dans le régime parlementaire, par exemple, la responsabilité politique du gouvernement devant la chambre basse du parlement peut apparaître comme une institution-corps, alors que le déclanchement d'une motion de censure est une institution-chose.

En droit de la famille, on peut convenir que le mariage soit constitué comme une institution-corps tandis que le choix de régime matrimonial illustrerait bien l'expression d'une institution-chose.

Section 3 : Les rapports entre le droit constitutionnel et la science politique

Traditionnellement tourné vers l'étude de la Constitution, le droit constitutionnel s'est progressivement occupé des institutions politiques consacrées ou non par la Constitution. La démarche a débouché sur l'institution d'un « droit constitutionnel-institutionnel » qui donne aux institutions politiques leur véritable physionomie.

Il convient, néanmoins, d'indiquer que le concept « *politique* » est polysémique et, parfois, difficile à appréhender. Il est le fruit de l'histoire.

Étymologiquement, la politique vient du grec « polis », ce qui signifie Cité, État ou gouvernement considéré comme un corps organisé. Les Romains l'identifiaient par la « *Res Publica* ». Pendant que Jean Bodin utilisait, pour la première fois, le mot « *République* » au XVIe siècle, Machiavel introduisit le concept État dans le langage courant.

Le XVIIIe siècle vint avec l'extension de l'usage du mot politique et de ses dérivés. Ainsi, la politique signifierait l'art ou la science qui étudie le gouvernement des États ou des affaires publiques.

Utilisé comme adjectif, le concept se ramène au gouvernement. Le droit politique traduirait alors une règle de droit qui se rapporte au gouvernement de l'État. Il est inclus dans le droit constitutionnel pour se rapprocher des droits politiques entendus comme des droits en vertu desquels les citoyens d'un pays participent au gouvernement de l'État. On pense ainsi à la liberté des réunions ou des manifestations, au droit d'être électeur ou éligible, etc.

Dans ses rapports avec la science politique, le droit constitutionnel s'est tantôt occupé de l'État, tantôt du pouvoir. Une tendance médiane s'est, toutefois, dégagée dans la perspective de l'extension de la conception minimaliste et de la restriction de la conception maximaliste.

§1. La conception restrictive de la science politique

Dès son origine, la science politique s'est fixé comme objet de la recherche l'étude de l'État-souverain. Conçue par Aristote et développée, à partir du XVIIIe siècle, par Jean Bodin, cette conception restrictive assigne à la science politique un domaine précis, à savoir l'État considéré comme une entité juridiquement organisée.

Bien auparavant, les spécialistes de science politique se sont rendu compte des insuffisances des organes et procédures institués par la Constitution à assurer le fonctionnement régulier de l'État. Il était, donc, indiqué que soit dépassée l'optique, strictement, juridique pour se tourner vers l'examen des réalités sociologiques sous-jacentes.

Il importe de noter que la souveraineté, sur laquelle portent les recherches politiques, introduit une différence de taille entre le pouvoir exercé dans l'État et celui assuré dans d'autres groupes sociaux. L'État détenant seul la qualité de « souverain », il est naturel qu'il fasse l'objet d'une étude spéciale par la science politique. Ainsi, se dégage un lien logique entre la conception juridique de l'État souverain et la définition de la science politique comme science de l'État.

Cette conception est loin d'emporter l'adhésion des publicistes contemporains qui lui reprochent la méconnaissance des données sociologiques dans l'étude des phénomènes politiques. Le développement de la coopération internationale, avec son corollaire l'évolution du droit des gens et des institutions internationales, a considérablement influé sur la théorie de la souveraineté de l'État.

En dépit de la précision qu'elle procure dans l'identification du cadre géographique de la science politique (l'État), cette conception ne permet pas d'appréhender, dans sa globalité, le phénomène omniprésent qu'est le pouvoir dans ses différentes et variables manifestations. Ce constat a été justement fait par certains publicistes contemporains parmi lesquels Georges Burdeau ou Maurice Duverger dont les analyses ont aidé à substituer à la conception minimaliste, une autre, qualifiée de maximaliste.

§2. La conception extensive de la science politique

Cette conception fait du phénomène « pouvoir » l'objet de la science politique. Soutenue par les auteurs comme Platon et Machiavel, après la fin de la deuxième guerre mondiale, cette conception se fonde sur la notion sociologique de l'État. Le pouvoir y est analysé comme étant le commandement que certains hommes exercent sur d'autres qui leur sont, en revanche, soumis.

La définition du pouvoir et de l'autorité étant faite en fonction du contenu psycho-social du commandement-sujétion, cette conception ne procède pas du droit mais de la sociologie et de la psychologie.

D'après elle, la science politique cesse d'être la science de l'État pour devenir celle du pouvoir. Plus large et, donc, plus dynamique, cette conception a l'avantage d'élargir le champ de la recherche au-delà du simple cadrage étatique en vue de percevoir plus objectivement le phénomène du pouvoir. Elle pèche par son imprécision qui risque de diluer, dans une nappe sans contour précis, le pouvoir politique dont l'exercice effectif et efficace est, largement, tributaire de l'environnement dans lequel il est appelé à se mouvoir.

L'utilisation de la notion du pouvoir dans une acception large pour définir l'objet de la science politique n'est pas, à tout point de vue, soutenable. On relève, d'abord, que le concept « pouvoir » est fluide et, parfois, imprécis pour être à même de rendre compte de tous les aspects (formels et informels) du pouvoir politique.

Ensuite, l'ambiguïté du terme « *pouvoir* » suggère qu'on lui adjoigne un synonyme tel que la puissance, la domination, la force, l'autorité ou la souveraineté ou qu'on lui colle une épithète comme « pouvoir politique », « *pouvoir économique* », « *pouvoir législatif* », « *pouvoir exécutif* », etc.

Malgré un effort de neutralisation qui l'accompagne souvent, le concept reste, enfin, dominé par des considérations idéologiques. Il revêt souvent un caractère énigmatique qui rend parfois sa perception difficile.

§3. La conception intermédiaire de la science politique

Présentée, à partir du XXe siècle, par Marcel Prélot, la conception intermédiaire propose la restriction de la conception maximaliste et l'extension de la conception minimaliste.

La première opération consisterait à réaliser un cadrage de l'objet de la science politique en direction d'un pouvoir doté de la contrainte physique ou de la contrainte la mieux organisée mais exercée dans une société complexe. Cette précision permet de distinguer le pouvoir de l'État de celui pratiqué dans des entités infra-étatiques ou dans d'autres ordres ou groupes sociaux.

L'extension de la conception restrictive autorise à affirmer que, même si la science politique doit désormais s'occuper du pouvoir, celui-ci comporte une part importante d'énigmes en ce qu'il est exercé dans une société complexe, globale ou quasi-globale. La société complexe est constituée d'un agrégat de groupes élémentaires ou restreints ayant des interférences entre eux. La société globale est celle qui a capacité de fédérer et de prendre en charge les besoins des différentes sociétés qui lui sont subordonnées. La société globale doit, en outre, disposer des moyens de faire régner l'ordre et la paix par une contrainte légale ou la mieux organisée. Elle est alors quasi-globale et s'identifie aisément à l'État.

L'extension de la conception minimaliste procède de la mise en perspective, dans l'étude de la science politique, des phénomènes qui débordent le cadre strictement étatique. Ces phénomènes peuvent se retrouver dans les différentes manifestations du pouvoir en tant que préfiguration de l'avènement ultérieur de l'État (phénomènes pré-étatiques). Ils apparaissent également à l'occasion de la substitution ou du remplacement de l'État (phénomènes paraétatiques). On note, à ce sujet, que certaines fonctions politiques qu'exerce l'État (organisation des services d'état civil, d'assistance sociale ou d'enseignement) ont été au Moyen âge et aux Temps modernes assumées par d'autres organisations sociales comme les églises qui, à ce jour, parviennent à y jouer un rôle de substitution.

Les phénomènes infra-étatiques sont aussi concernés par l'analyse tant ils émergent des structures politiques subordonnées à l'État, telles les personnes morales non étatiques mais dotées, dans le cadre de la fédération (États fédérés) ou de la décentralisation (entités territoriales décentralisées), de la personnalité juridique.

La science politique devait, selon cette conception, en toute logique, s'occuper, enfin, de phénomènes super ou supra-étatiques qui résultent des interactions des États dans la vie internationale.

Il se dégage qu'à l'instar du droit constitutionnel, la science politique étudie le pouvoir politique institutionnalisé et exercé dans un État.

CHAPITRE II

L'ÉTAT

Mieux que toute structure sociale, l'État est, de nos jours, considéré comme la formule la plus perfectionnée et la plus achevée de l'expression du pouvoir politique. Il permet, ensuite, à la société qui s'en prévaut de s'assurer de son autonomie et, partant, de sa souveraineté.

Le besoin de disposer d'un État indépendant et souverain est un processus historique relativement récent. Il remonte à la deuxième moitié du XVIIIe siècle. Sa formation obéit à une évolution qu'il convient d'étudier. Une fois les idées sur la notion d'État fixées, il sera, ensuite, possible d'envisager l'analyse de ses différentes formes et fonctions.

Section 1 : La notion d'État

L'État est à la fois une réalité perceptible et une abstraction. Une réalité, l'État participe à l'encadrement de plusieurs domaines de la vie sociale et, une abstraction, parce qu'il constitue, à bien des égards, le support du pouvoir politique en même temps qu'il aide à établir les rapports organiques et fonctionnels entre les pouvoirs publics et les citoyens.

§1. L'origine et la définition de l'État

L'État est difficile à définir tant il subsiste encore, en doctrine, plusieurs acceptions qui prétendent en circonscrire la portée réelle. On observe qu'à l'étymologie du concept se greffent des acceptions de nature aussi bien diverse que variée.

Traditionnellement, on situe les premières expressions du concept dans l'antiquité romaine pour se rendre effectivement compte que le mot dérive du latin « status » qui signifie ce qui est stable et équilibré. La notion a fini par occuper une place significative dans le domaine politique. Déjà, à cette époque, on parlait de la « rei romanae », de la « rei publicae » ou encore de la « res publica » pour désigner l'État considéré comme une chose appartenant uniquement aux romains ou comme la chose publique, propriété de la République.

Au fil du temps, l'État va s'apparenter au statut des gouvernants. Utilisé pour la première fois en Italie par Nicolas Machiavel, le concept se révélera comme le dénominateur commun sur lequel les hommes au pouvoir pouvaient maintenir leur domination sur leurs sujets.

Introduit dans le langage moderne par Marcel Prélot, l'État est une institution politique située au-dessus des particuliers. Le contenu de cette définition a été transposé en Allemagne et en Angleterre sous les dénominations de straat et de state.

De cette multitude d'acceptions prêtées au concept, il est apparu que l'État peut être perçu d'un triple point de vue. Au sens large, il représente une collectivité humaine organisée ayant comme support sociologique la nation. Au sens restreint, le concept désigne les pouvoirs publics, les gouvernants par opposition aux citoyens, aux gouvernés : c'est la conception de l'État-gouvernement.

Au sens plus restreint encore, la notion décline, dans une société organisée, l'élément central des pouvoirs publics par rapport aux collectivités territoriales qui lui sont inférieures : ville, commune, secteur ou chefferie[19].

En rapport avec l'origine de l'État, plusieurs théories se sont disputé la paternité. Certaines la situent du point de vue naturel, d'autres dans l'accord intervenu entre les membres d'une société, d'autres encore dans les événements accidentels.

Les premières considèrent l'origine de l'État comme relevant d'un fait naturel insusceptible d'explication juridique. Qu'il s'agisse, en effet, de la thèse de conflit ou la thèse marxiste, on affirme qu'à l'origine, les membres d'une société vivaient égaux et en harmonie entre eux. L'antagonisme entre les différentes classes sociales et le besoin de disposer d'une plus-value économique conduiront à la domination d'une classe sociale sur d'autres au point d'imposer sa vision de la société.

Né dans ces circonstances, l'État ne peut être que le fruit de la stratification sociale et de la domination économique d'une minorité sur la majorité. Il est, naturellement, le reflet d'un phénomène extra-juridique.

Même si on se convient qu'il n'existe de véritable droit que celui qui s'exerce dans le cadre d'un ordre juridique positif et, notamment, constitutionnel, l'idée d'attribuer la naissance de l'État à l'établissement d'une nouvelle Constitution n'a pas cessé de hanter certains esprits (thèse du positivisme juridique), le droit n'étant que la consécration, dans un processus historique (théorie socio-historique) des rapports des forces sociales en présence.

Les secondes théories assignent à la naissance de l'État une origine conventionnelle ou contractuelle[20]. Elles considèrent l'État comme une forme politique voulue et acceptée par les membres de la collectivité mais dont la naissance doit obéir à certaines procédures juridiques.

---

[19] Art. 3, al. 2 de la Constitution de la République démocratique du Congo du 18 février 2006.

[20] De GUILLENCHMIDT M., *Droit Constitutionnel et Institutions Politiques*, Paris, Economica, 2005, pp. 30-38.

À des degrés divers et selon les fortunes variées, ces théories reconnaissent que l'État est le fruit d'un contrat négocié et conclu au profit soit d'un individu (le Léviathan) ou de l'ensemble de la communauté (théorie du contrat social), soit d'une organisation sociopolitique existante (théorie du contrat politique), l'accord des volontés étant au cœur de la naissance de l'État. Poursuivant la satisfaction de l'intérêt général, l'apparition de l'État s'accommode bien de l'idée de la fondation et de l'institution (théorie de la fondation et de l'institution) différente d'une entreprise lucrative.

Il faut se garder d'identifier l'État à une entreprise créée dans le but de satisfaire les intérêts quantifiables des bénéficiaires. Dans une entreprise, en effet, c'est la réalisation d'un bénéfice palpable qui est poursuivi, tel ne semble pas être le cas de l'État dont la poursuite de l'intérêt général ne s'accommode pas de l'organisation d'une entreprise privée.

Un cas singulier de la formation de l'État est apparu, en Afrique, à la suite de la décolonisation. Celle-ci peut résulter d'un acte unilatéral ou d'une négociation entre la colonie et la puissance colonisatrice. L'indépendance octroyée est, généralement, consécutive à un acte unilatéral du colonisateur ou de la communauté internationale (tutelle, mandat).

D'un côté comme de l'autre, l'État colonisé semble, sociologiquement, identique de l'État indépendant même si, du point de vue juridique et politique, ils sont nettement différents : l'État colonisé n'étant pas, avant la décolonisation, sujet de droit international mais une simple dépendance sans aucune personnalité juridique.

De toutes ces constructions doctrinales sur l'origine de l'État, on relève que toutes les théories se valent, chacune ayant, en un moment donné, occupé son terrain sans l'emporter définitivement sur d'autres. Dans le processus de formation de l'État, on a admis l'exploitation simultanée des considérations sociales, économiques, philosophiques, politiques, culturelles ou juridiques.

Une fois identifié, l'État est capable de traduire l'idée d'une communauté humaine qui, dans les limites d'un territoire donné, revendique, avec succès et pour son propre compte, le monopole de la violence. Il s'apparente à une société politique fixée sur un territoire, habitée par une communauté humaine relativement homogène et soumise à une autorité établie et reconnue.

§2. Les éléments constitutifs de l'État

La doctrine semble divisée sur la terminologie à retenir entre les éléments constitutifs de l'État et les conditions de son existence[21]. Pour cer-

---

[21] Même si la majorité des auteurs recourent encore à la terminologie « éléments constitutifs de l'État », certains comme PACTET P., *Institutions Politiques et Droit Constitutionnel,* Paris, 21ᵉ éd., Armand Colin, 2002, p. 43 sont demeurés attachés « aux conditions d'existence de l'État ».

tains, il s'agit de conditions sans lesquelles, il est illusoire de parler d'un État. L'explication est que les éléments présentés comme constitutifs de l'État sont, en réalité, les conditions (nécessaires et non suffisantes) sans lesquelles cette entité ne saurait exister.

Pour d'autres, la terminologie à adopter dépasse la simple question de conditions d'existence de l'État pour embrasser un ensemble d'éléments qui permettent d'identifier l'État en tant que structure socialement et politiquement organisée.

Les deux thèses ne s'opposent pas fondamentalement ; elles convergent, au contraire, sur l'essentiel : la recherche des éléments sans lesquels, on ne peut parler d'un État. La doctrine dominante[22] met, d'ailleurs, en exergue la terminologie « *éléments constitutifs* » de l'État plutôt que « *ses conditions d'existence* ». Ces éléments sont constitués du territoire, de la population et de l'organisation des pouvoirs publics. À eux seuls, ces éléments ne peuvent pas définir l'État qui, ainsi qu'on le sait, a besoin d'être identifié comme une entité autonome disposant de la capacité de s'auto-affirmer et de s'auto-administrer. Une attention sera également portée sur la nature de l'État africain postcolonial.

A. Le territoire

L'étude du territoire aide à dégager son rôle dans l'édification de l'État. L'inventaire de ses différents éléments constitutifs autorise d'esquisser une théorie du droit de l'État sur son territoire.

1. La notion du territoire

D'une manière générale, le territoire est un lieu où est située une communauté nationale. À l'exception de populations nomades[23], il est difficile, à l'heure actuelle, d'imaginer une population qui ne vit pas sur un territoire fixe. Le territoire sert donc de fondement sociologique à l'existence d'une société. Il constitue, en quelque sorte, une assise et la limite à l'autorité des gouvernants.

Aussi, pour servir de fondement à un État, le territoire doit-il être fixe, stable et limité. Le caractère fixe du territoire résulte du fait que c'est sur lui qu'est installée, de manière permanente, la communauté nationale. La

---

[22] Notamment, Le POURHIET A.-M., *Droit Constitutionnel, op. cit.*, pp. 4-17 ; GINESTE H.-S., *Le Droit Constitutionnel en Schéma*, Paris, 2e éd., Ellipses, 2008, p. 8 ; JACQUE J.-P., *Droit Constitutionnel et Institutions Politiques*, Paris, 6e éd., Dalloz, 2008, p. 44 ; CHANTEBOUT B., *Droit Constitutionnel,* Paris, 26e éd., LGDJ, 2006, p. 35 ; DJOLI ES'ENGEKELI J., *Droit Constitutionnel T. I. Principes structuraux,* Kinshasa, EUA, 2010, p. 111. ; NTUMBA LUABA LUMU A., *Droit Constitutionnel général*, Kinshasa, EUA, 2005, p. 30 ou MPONGO BOKAKO BAUTOLINGA E., *Institutions Politiques et Droit Constitutionnel, op. cit.,* p. 50.

[23] En Afrique et particulièrement au Sud du Sahara, on compte plusieurs peuples nomades constitués notamment des Mbororo à la recherche permanente du pâturage.

stabilité du territoire procède de l'interdiction faite aux autres États de porter atteinte à l'intégrité territoriale d'un État dont les limites ont été préalablement tracées et connues. Pour les États jadis colonies, l'idée a conduit à la proclamation, au niveau international, du principe de l'intangibilité des frontières héritées de la colonisation. La stabilité du territoire apparaît, en définitive, comme un indicateur indispensable au développement d'un État. Géographiquement limité, le territoire constitue, enfin, le cadre d'expression et d'exercice de l'autorité des gouvernants.

2. Le rôle du territoire

Dans la construction d'un État, le territoire n'a pas, historiquement, joué le même rôle. Plusieurs constructions doctrinales ont été imaginées pour servir de repères à l'identification du rôle que peut jouer le territoire dans l'État. Cette entité a été ainsi considérée soit comme un sujet de droit, soit comme un objet de droit, soit encore comme support sociologique de l'action des gouvernants. La recherche d'un espace territorial a, du point de vue historique, constitué un enjeu majeur dans le développement d'un État.

La première théorie est celle du *territoire-sujet*. Elle considère le territoire comme un élément de personnalité juridique d'un État. La théorie part de l'idée que, sans un territoire, l'État ne peut valablement et efficacement exister ou s'exprimer. Le territoire permet donc à l'État d'être maître de son destin. Grâce au territoire, un État peut prétendre à son indépendance, à sa souveraineté ou à son autonomie. La deuxième théorie est celle de *territoire-objet*. Elle voit dans le territoire un cadre de définition et d'exercice des droits et obligations de l'État. La troisième théorie fixe le territoire dans un périmètre au-delà duquel l'action étatique ne peut s'exprimer. La théorie de *territoire-limite* assure, donc, un bornage à l'action de l'État. Elle indique le périmètre au-delà duquel le pouvoir de l'État ne peut, ni s'exprimer encore moins s'exercer.

La théorie de *frontières naturelles* autorise l'État de fixer son territoire en tenant compte des éléments naturels frontaliers dont il dispose et qui sont, notamment, constitués des cours d'eau, des lacs ou des montagnes. Ces éléments contribuent à séparer deux ou plusieurs États. Sur pied de cette théorie, on note, par exemple, que la République Démocratique du Congo est séparée de la République du Congo par le fleuve Congo et de la République Unie de Tanzanie par le lac Tanganyika.

La théorie de *l'espace vital* admet qu'un État réclame un espace territorial supplémentaire indispensable à son développement. Bien qu'abandonné au XXe siècle à cause des inégalités et des conflits qu'elle génère, cette théorie hante encore certains États. Dans sa politique de colonisation des territoires occupés de la Palestine, l'Israël semble appliquer cette théorie. Des tentatives similaires ont été décelées dans le chef du Rwanda qui, à un moment donné de son histoire, a pensé ou penserait encore établir, à travers ses frontières avec la République Démocratique du Congo, un espace tutsiland.

3. Les éléments du territoire

Le territoire d'un État tire généralement son origine dans les traditions anciennes ou dans des traités internationaux qui en déterminent les frontières. La perception que l'on a de la notion en droit est plus large que dans le langage usuel. Dans le langage juridique, le territoire est composé d'une portion de la surface terrestre, de l'espace aérien qui surplombe cette portion de la surface terrestre et de son sous-sol. On y ajoute également pour un État côtier la bande de la mer adjacente à ses côtes appelée mer territoriale. Il s'ensuit que le territoire peut être terrestre, maritime ou aérien.

3.1. *Le territoire terrestre* est plus facile à identifier parce que constitué des frontières fixes et délimitées avec un minimum de soin par des commissions techniques ad hoc. La délimitation des frontières des États africains a été, par exemple, fixée à la conférence de Berlin de 1885 sans l'accord des potentiels bénéficiaires. Héritées de la colonisation, ces frontières ont été admises par l'organisation des Nations Unies comme étant intangibles et donc insusceptibles de violation ou de modification.

L'ancrage des frontières terrestres des États africains soulève la problématique de la délimitation des pays séparés soit par une frontière fluviale ou lacustre, soit par une délimitation artificielle divisant un seul et même peuple ainsi réparti entre deux États voisins. Les dispositions géographiques des Touaregs du Mali et du Niger, des Tutsi et Hutu du Burundi, de la République Démocratique du Congo et du Rwanda ainsi que des Kongo d'Angola, du Gabon, de la République Démocratique du Congo et de la République du Congo peuvent être citées en exemple.

3.2. Jadis, confondu avec la mer territoriale, *le territoire maritime* s'en démarque nettement : il est formé d'un espace marin sur lequel l'État côtier exerce une compétence, mieux une souveraineté réglementée. Le territoire maritime est, notamment, composé des eaux intérieures, des eaux historiques, des eaux archipélagiques, de la mer territoriale, du plateau continental, de la zone contiguë et de la zone économique exclusive institués par la Convention de Montegobay sur le droit de la mer[24].

La règlementation de ces eaux territoriales est conventionnelle[25]et relève du droit international public. On se contentera, pour l'instant, d'en examiner certaines, en raison de leur implication dans les rapports entre États côtiers et États tiers à savoir, les eaux intérieures, la mer territoriale,

---

[24] BONASSIES P. et SCAPEL C., *Traité de droit maritime*, Paris, 2e éd., LGDJ/Lextenso Édition, 2010, pp. 30-50.

[25] SAYEMAN B., *Le nouveau droit de la mer dans le contexte économique du Zaïre*, Kinshasa, 2e éd., NORAF, 1992, p. 15.

le plateau continental, la zone contiguë, la zone économique exclusive et la haute mer.

La perception des *eaux intérieures* est différente en droit interne et en droit international. Du point de vue du droit international, l'institution est composée des eaux situées en deçà de la ligne de base des eaux territoriales. Cette ligne de base étant elle-même définie par la Convention, le régime juridique des eaux intérieures est, en conséquence, organisé par le droit international. Les eaux intérieures comprennent, donc, les eaux portuaires, les rades, les bais et les échancrures de côtes.

En droit interne, la notion a une portée plus large parce que comprenant toutes les eaux englobées dans le territoire des États tels que les rivières, les fleuves, les canaux, les mers fermées ou les lacs. Le droit international admet que les eaux intérieures soient assimilées au territoire de l'État riverain qui y exerce une compétence exclusive. Le caractère absolu de cette souveraineté est cependant atténué par le libre accès des navires étrangers à ces espaces maritimes et la restriction imposée aux autorités locales qui ne peuvent y pénétrer pour y opérer un contrôle qu'avec discrétion et à la demande du capitaine.

La *mer territoriale* et la *zone contiguë* sont des espaces marins qui s'étendent immédiatement à partir de la ligne de base vers le large. La pratique internationale n'est donc pas uniforme sur la délimitation de ces deux zones. La doctrine et même les États s'accordent à admettre qu'elles font partie du territoire de l'État côtier qui y exerce une compétence reconnue, en ce compris l'espace aérien au-dessus d'elle ainsi que dans son sol et sous-sol.

Sur la mer territoriale, l'État dispose d'un droit de contrôle et de surveillance correspondant à des buts nettement déterminés, à savoir, la sécurité et la protection du territoire ainsi que la réserve, au profit des nationaux, de certaines activités économiques qui s'y déploient. Ces droits apparaissent comme de garde-fous contre des tentatives, souvent voilées, de quelques membres de la communauté internationale d'utiliser, à des fins non autorisées, cet espace maritime relevant pourtant de la juridiction exclusive de l'État. Celui-ci y exerce une souveraineté permanente.

On admet également que dans la mer territoriale, les États tiers jouissent, pour les navires de guerre, d'un droit de passage rapide et inoffensif. Les navires civils et commerciaux ne sont pas concernés par cette réglementation qui exige l'autorisation préalable de l'État côtier. Il en découle que toute violation de cette réglementation confère à l'État côtier le droit d'arraisonner tout navire contrevenant.

La longueur de la mer territoriale est fixée par la Convention de Montegobay du 10 décembre 1982 sur le droit de la mer à 12 miles marins équivalent de 20 km. Dans sa loi n° 09/002 du 7 mai 2009 portant délimitation des espaces maritimes, le législateur Congolais[26] fixe à 12 miles marins l'étendue de la mer territoriale[27]. La longueur, les droits et obligations de l'État côtier sur sa zone contiguë sont déterminés par chaque législation nationale.

Créée depuis 1945, *la zone économique exclusive* est un espace marin situé au-delà des eaux territoriales. Les États côtiers y exercent les droits exclusifs d'exploitation des ressources de la mer, des fonds marins et du sous-sol marin.

En vertu du droit conventionnel, l'État côtier a, sur cette zone, juridiction en ce qui concerne la protection et la préservation du milieu marin. Il a, de ce fait, le pouvoir d'assurer la protection écologique de l'ensemble de sa zone économique exclusive[28]. Il s'agit, donc, d'une juridiction expresse qui s'applique à diverses sources de pollution résultant, notamment, des activités d'exploitation des fonds marins tels que les ressources minérales ou pétrolières ou celle découlant du passage des navires battant pavillon des États tiers.

Le régime juridique de la zone économique exclusive est donc loin d'être le même que celui de la mer territoriale. On note à ce sujet qu'alors que l'État côtier exerce sur sa mer territoriale une totale souveraineté, réserve faite du droit de libre passage, il n'a sur sa zone économique exclusive que « *des droits souverains aux fins d'exploration, d'exploitation, de conservation et de gestion des ressources naturelles* »[29]. Cette souveraineté n'est pas, ainsi qu'on le voit, absolue.

Dans la pratique, l'exploitation d'une zone économique exclusive peut donner lieu à des conflits d'intérêts susceptibles de déboucher sur des conflits politiques et même frontaliers entre États voisins. Il existe, pour ce faire, des mécanismes bilatéraux (Commission mixte paritaire) et multilatéraux (Commission des Nations Unies sur la délimitation des frontières maritimes) habilités à régler les conflits nés de l'exploitation d'une zone économique exclusive d'un État. On pense, par exemple, au règlement du conflit qui a, longtemps, opposé, dans la presqu'île de Bakasi riche en pétrole le Cameroun et le Nigéria.

Le *plateau continental* est une plate-forme sous-marine qui prolonge le continent par une pente généralement douce[30]. Il est constitué en fait du fond marin prolongeant en quelque sorte le territoire terrestre sous la mer.

Affirmés pour la première fois par les États-Unis d'Amérique, à l'occasion de la déclaration faite, le 28 septembre 1945, par le président Truman, les droits de l'État côtier sur le plateau continental ont été fina-

---

[26] *Journal Officiel de la République Démocratique du* Congo numéro spécial du 9 mai 2009, pp. 5-11.
[27] Art. 5 de la loi.
[28] SAYEMAN B., *Le nouveau droit de la mer dans le contexte économique du Zaïre, op. cit.*, p. 15.
[29] Art. 56 de la Convention.
[30] BONASSIES P. et SCAPEL C., *Traité de droit maritime, op. cit.*, p. 48.

lement reconnus par la Convention des Nations Unies sur le droit de la mer : cet État y possède un droit de contrôle et de surveillance. À cette fin, il est autorisé d'arraisonner, par exemple, tout navire battant pavillon d'un État tiers qui déploierait sur son plateau continental des activités militaires sans son autorisation préalable. Il dispose, également, du droit de suite à ce compris celui de poursuivre jusqu'en haute mer un navire étranger impliqué à des activités illicites sur son plateau continental et de juger, au besoin, les auteurs des infractions commises selon sa législation nationale.

En raison de la nature diversifiée des richesses minérales et pétrolières que couvre, généralement, le plateau continental, leur exploitation est parfois en proie à des activités illicites ou à des conflits entre États voisins. L'exploitation unilatérale par l'Angola du pétrole se trouvant tant dans la zone d'intérêts communs que celle relevant de la juridiction de la République Démocratique du Congo a donné lieu à un conflit politique certes larvé mais perceptible entre les deux pays.

Dans tous les cas, la Convention de Montegobay autorise l'État côtier d'empêcher que le principe de liberté de navigation en haute mer soit, sans aménagements adéquats, étendu sur son plateau. Il a, de ce fait, le droit de déterminer la longueur de son plateau continental. Pour la République démocratique du Congo, la loi n° 09/002 du 7 mai 2009[31] fixe jusqu'à 350 miles marins à partir de la ligne de base ou à 100 miles marins à partir de l'isobathe de 2 500 mètres l'étendue du plateau continental de la République Démocratique du Congo[32].

La *haute mer* est, par sa position géographique, et conformément à la Convention des Nations Unies sur la mer, la propriété de tous les États. Son fond et son sous-sol constituent un patrimoine commun de l'humanité. La liberté de navigation y est la règle mais son utilisation à des fins non pacifiques peut être source de conflits entre États.

3.3. Le *territoire aérien* est formé d'une couche d'air atmosphérique qui surplombe les territoires terrestre et maritime d'un État. La navigation aérienne est actuellement réglementée par la Convention de Chicago du 7 décembre 1944 instituant l'Organisation sur l'aviation civile internationale. Aux termes de cette convention, le survol de l'espace aérien d'un État est assuré sous le contrôle de l'État survolé.

Cet espace est constitué, d'une part, des régions d'information de vol non contrôlé et, d'autre part, des régions de contrôle et des zones de contrôle[33]. En temps de guerre ou de paix, l'État exerce ses droits de contrôle et de surveillance de son espace aérien. Il a le droit d'interdire le survol de son territoire et les escales techniques effectuées par un aéronef étranger.

---

[31] Art. 5 de la loi.
[32] Art. 8 de la loi.
[33] Art. 83.

4. Le droit de l'État sur son territoire

Le rôle que l'État est appelé à jouer sur les différents éléments de son territoire soulève la question de la nature de son droit sur le territoire. Certains ont pensé que l'État exercerait un droit réel, d'autres, en revanche, sont portés sur l'idée d'un droit institutionnel. En réalité, le droit de l'État sur son territoire est à la fois réel et institutionnel. Ce droit est réel parce qu'il s'applique sur une chose, à savoir, un territoire considéré comme objet. Ce droit est, également, institutionnel dans la mesure où il ne peut être exercé que par une institution, juridique organisée, appelée l'État.

B. La population

Indispensable dans la constitution d'un État, la population que l'on confond, généralement, avec la communauté nationale est différente du peuple et de la nation. Dans le langage courant, *le peuple* est constitué d'un ensemble d'êtres humains vivant en société, habitant un territoire défini et ayant en commun un certain nombre de coutumes, d'institutions. En droit, le peuple est composé d'individus unis par un lien de citoyenneté et soumis à une autorité reconnue. Cette définition permet d'identifier, au sein d'une communauté, des nationaux à côté des étrangers. La notion de peuple est, habituellement, réservée aux nationaux.

La *population* est, en revanche, formée d'un ensemble de personnes des nationalités diverses vivant, en un moment donné, dans une société et soumises à une autorité établie. Ainsi définie, la population concerne aussi bien les nationaux que les étrangers.

La *nation* est constituée d'un groupe d'hommes auxquels on suppose une origine commune. Elle s'identifie, en outre, par la conscience qu'ont ces hommes de constituer une unité historique, sociale et culturelle ainsi que la volonté de vivre en commun. La nation regroupe, enfin, les individus ayant un lien historique et de citoyenneté avec leurs aïeux et les générations futures.

La perception du contenu de la notion divise la doctrine qui n'est pas encore parvenue à s'accorder sur l'élément déterminant au point de faire naître deux conceptions diamétralement opposées.

La conception objective de la nation part de l'idée que les individus ont en commun un certain nombre de valeurs matérielles (langue, origine ethnique) ou morales (appartenance à une même religion) et qui les distinguent des autres.

Essentiellement allemande, cette conception fonde l'existence d'une nation sur la base de la différence et, plus généralement, de la hiérarchie des races. Ne peuvent, ainsi, former une nation que les individus appartenant à la race aryenne, les autres races (blanche, mélangée ou noire) étant inférieures à la race pure, avec des signes physiques distinctifs de chaque race couleur de la peau, forme du nez, caractéristiques des cheveux, forme du crâne, etc.).

Utopique et anti-démocratique, cette conception a été notamment appliquée, en Allemagne et en Afrique sous la forme d'apartheid. Séquelle de la colonisation, l'apartheid s'appuie sur la ségrégation raciale et l'institutionnalisation de la suprématie permanente des colons blancs sur les autres races. Cette suprématie entraîne une nette ségrégation des races dans les relations sociales, l'habitat, les rapports économiques et l'enseignement.

Compte tenu des inégalités et des discriminations qu'elle a engendrées dans les rapports sociaux entre individus, la conception objective de la nation a été abandonnée et reléguée au musée de l'histoire.

Conçue et appliquée en France, *la conception subjective* de la nation favorise une solidarité entre les membres d'une communauté. Ainsi, les relations interpersonnelles ne sont plus fondées sur les signes extérieurs (taille, couleur de la peau ou de cheveux ou forme du crâne) mais plutôt sur les éléments spirituels (appartenance à une même religion) ou des souvenirs historiques tels que les guerres, les calamités, les échecs ou les réussites, la communauté d'intérêts. Elles tendent vers la recherche d'une volonté de construire « *l'unité politique* » et la solidarité fondées sur une vision commune de son histoire. L'entreprise aboutit, naturellement, au sentiment qu'ont les membres d'une société de vivre ensemble indépendamment de leurs différences économique, sociale, ethnique, raciale, religieuse ou linguistique, etc.

Habités par *ce vouloir vivre collectif*, les membres d'une société organisée sont capables de former, peu importe la forme qu'il peut revêtir, un État souverain, puissant et prospère. Cette force n'a pas, toujours, été utilisée dans la construction de l'État africain postcolonial.

L'observation conduit à soutenir que ce que l'on qualifie de conception objective est, en réalité, fondée selon ses auteurs sur des facteurs subjectifs liés aux considérations sentimentales et personnelles.

Dans la construction de l'État, son existence peut être un élément qui favorise l'avènement de la nation ou inversement. Déclarer, en effet, que la Nation doit nécessairement précéder l'État conduirait à ne reconnaître qu'aux seules démocraties occidentales la capacité de former des nations. Les démocraties d'Afrique seraient, dans ce cas, portées uniquement et prioritairement vers l'avènement d'un État fort capable de construire des nations tout aussi fortes. Cette conclusion paraît peu séduisante tant il est vrai qu'en Afrique précoloniale, l'existence d'une Nation antérieure à l'État n'est apparue qu'à la faveur de la colonisation.

L'hypothèse inverse est celle qui considère l'État comme un élément indispensable à la construction d'une nation. L'analyse est loin de couvrir toutes les hypothèses d'école. Si, on peut convenir que l'État doit nécessairement précéder la Nation, un texte juridique, en l'espèce la Constitution, doit avoir prévu pareille situation. Loin d'être généralisée, l'hypothèse est susceptible de trouver des échos sectoriels en Europe et en Afrique où l'État a précédé la Nation.

Dans la dialectique entre Nation-État, la connaissance du système d'organisation d'une société est un élément déterminant.

C. L'organisation des pouvoirs publics

Généralement, trois éléments entrent en ligne de compte dans l'organisation des pouvoirs publics, à savoir, le souverain, la puissance publique et l'autorité des gouvernants.

Le souverain est une qualité politique qui fixe l'idée de droit et l'ordre à faire régner dans une société. Il est constitué d'un individu ou un groupe d'individus détenant une volonté sans laquelle l'idée de droit ne peut être édictée au sein d'une société. Le souverain naît, généralement, d'un ensemble de circonstances qui, au sein d'une société, sont à la base de l'équilibre social. Le souverain existe toujours, si pas régulièrement, en dehors du droit positif en ceci que c'est qui est porteur, mieux, procureur de l'idée de droit, susceptible d'être intégré dans le droit positif.

L'État, mode particulier d'organisation politique d'une société, exerce à l'intérieur de ses frontières une puissance exclusive. On relève que, d'une part, la notion de souveraineté s'attache au territoire (souveraineté territoriale) qui permet à l'État de se sentir seul maître à l'intérieur de ses frontières à l'exception d'autres États et, d'autre part, la souveraineté se saisit de l'institution État comme « cadre supérieur » autour duquel se construit toute organisation sociale.

La puissance publique est un pouvoir général de direction et de coercition que détient l'État pour édicter des règles de conduite et toutes les mesures nécessaires à la gestion des affaires de la communauté. Elle signifie, également, un pouvoir exclusif grâce auquel l'État parvient à imposer ses décisions et à les faire exécuter, au besoin, par la force militaire (manu militari).

Dans l'exercice de sa puissance publique, l'État est seul capable de détenir le monopole de la continuité sur lequel réside, finalement, son attribut essentiel.

Si la puissance publique appartient à l'État, personne morale de droit public, elle s'exerce, au quotidien, par *les gouvernants* dont la légitimité des décisions est consacrée par la Constitution et, subsidiairement, par une loi.

L'autorité des gouvernants est ainsi constituée des personnes physiques à qui le constituant ou le législateur a conféré le pouvoir de vouloir pour le peuple. Ces personnes physiques doivent ainsi leur force à la confiance du souverain.

L'analyse des éléments autour desquels s'organisent les pouvoirs publics conduit à établir que, hiérarchiquement, le souverain conditionne la puissance publique, laquelle détermine l'autorité des gouvernants. Sur le plan strictement juridique, la puissance publique paraît plus déterminante en ce sens que c'est par elle que la volonté du souverain arrive à se concrétiser. C'est, également, de la puissance publique qu'émane l'autorité des gouvernants.

Dans cette perceptive, on peut convenir que, par son importance, la puissance publique confère l'unicité, la continuité, la légitimité et l'autonomie du pouvoir politique.

L'unicité de la puissance publique procède de son institutionnalisation. Elle résulte du fait que, nonobstant la pluralité de ses détenteurs (président de la République, parlement, gouvernement, cours et tribunaux) et les différents échelons (national, provincial, urbain, municipal et local) de son exercice, le pouvoir politique est *unique et total*.

La continuité de la puissance publique signifie que, malgré l'existence éphémère de ses dirigeants, l'État est présumé exister éternellement ; il confère, de ce fait, une légitimité à la puissance publique : cette légitimité n'appartient pas à un individu mais à la communauté tout entière représentée par et dans l'État.

L'autonomie de la puissance publique se matérialise par les caractères général, impersonnel et contraignant de ses décisions, ce qui autorise l'État à prendre des décisions unilatérales qu'il peut faire exécuter même au moyen de la contrainte matérielle.

D. La nature de l'État africain postcolonial

À la veille des indépendances, l'ensemble des États Africains étaient constitués de peuplades dont l'homogénéité n'était pas, a priori, assurée. Un peuple pouvait donc, se retrouver dans deux ou plusieurs États limitrophes.

Bien qu'éloignées les unes des autres par le fait colonial, ces peuplades étaient tout de même habitées d'un sentiment d'appartenir à une seule et même communauté.

Au moment de la rencontre entre l'Afrique et l'Occident, on a assisté à l'altération non seulement du pouvoir et de l'autorité traditionnels mais également de la forme et de la nature de l'État appelées à s'accommoder avec le modèle occidental.

La substitution des valeurs traditionnelles africaines a conduit à la redéfinition de la nature de l'État Africain elle-même. Si on peut affirmer que la colonisation a apporté à l'Afrique une certaine idée de l'État-nation, celui-ci n'a, cependant, pas permis de combattre l'antagonisme entre les différentes couches sociales et la désintégration culturelle qui a été, pourtant, renforcée.

Il en résulte que, contrairement à une certaine opinion, l'État-nation n'est pas étranger à l'Afrique traditionnelle précoloniale. Il a été plutôt détruit par la colonisation. La recherche d'un État fort a été préférée à la construction d'une nation africaine porteuse des valeurs de solidarité et de développement du continent.

C'est cette image d'un État africain à la recherche permanente d'une identité et dépourvu d'une véritable souveraineté que les Africains offrent au monde. Il demeure que, doté d'une personnalité juridique et d'une capacité d'agir, l'État africain pourra bénéficier d'une nature qui l'affranchisse de la domination et des sujétions occidentales.

E. Les critères pertinents de la définition de l'État

Création humaine et symbole de l'unité nationale et de la communauté d'intérêts, l'État est titulaire d'un pouvoir politique qui le prédispose à s'ériger, progressivement, en une personne juridique de droit public différente des personnes physiques qui le dirigent ou l'administrent, qualité qui fait de lui le centre des décisions politiques et administratives.

La constatation a été faite, au XVIIIe siècle, à la faveur de l'évolution de la société et du progrès technique qui ont marqué le monde et conduit à reconnaître à l'État une existence autonome, différente de ceux qui le commandent.

La personnalité juridique de l'État rend compte de sa capacité et de sa continuité. La capacité de l'État se décline par la faculté dont il dispose de vouloir et d'agir au nom de la collectivité, par une existence et une volonté indépendantes de celles de ses membres.

La continuité de l'État s'explique par le fait qu'en tant qu'entité juridique, l'État est permanent nonobstant les changements qui peuvent affecter les personnes appelées à en assurer la direction. C'est en vertu du principe de la continuité de l'État que les lois régulièrement votées par une assemblée législative, les actes administratifs édictés par un gouvernement, les traités et accords internationaux conclus avec une puissance étrangère survivent aux régimes qui en ont pris l'initiative. La continuité de l'État implique, donc, que chaque génération se trouve engagée par les obligations contractées par sa devancière.

Par son institutionnalisation, l'État parvient ainsi à imputer à la collectivité nationale les effets de droit qui résultent de l'activité des personnes physiques qui la représentent. L'exercice assure, en outre, le fonctionnement régulier et continu des pouvoirs publics indispensables à la sécurité des relations sociales et internationales.

En plus de la personnalité juridique, la souveraineté de l'État lui permet de disposer d'une puissance suprême et absolue de fixer librement les règles de conduite sociale et, notamment d'établir sa propre Constitution.

La souveraineté dont a besoin l'État a une double portée à la fois externe et interne. Sur le plan interne, la souveraineté évoque la possibilité qu'a l'État d'imposer sa volonté aux individus et aux groupements d'individus (publics ou privés) se trouvant à l'intérieur de son territoire, ce qui conduit à le distinguer des autres collectivités publiques non étatiques.

Cette souveraineté est loin de s'accommoder de l'omniprésence et de l'arbitraire. Si l'État peut se targuer d'être maître dans son organisation, il se doit, néanmoins, d'appliquer les règles qu'il a lui-même mises en place. Dans l'exercice de son pouvoir régalien, l'État est ainsi limité par les règles de droit qu'il a édictées.

La souveraineté externe de l'État se traduit par une indépendance complète, conséquence d'absence de toute sujétion étrangère. L'indépendance d'un État se matérialise par la pleine jouissance, l'autonomie et l'exclusivité de la liberté d'action dont il dispose en matière de fixation des règles relatives aux rapports sociaux qui s'expriment en son sein. Dans la pratique cependant, se constate le caractère relatif de la souveraineté des États, particulièrement ceux d'Afrique au sein des structures de l'Organisation des Nations Unies et notamment dans les organes de décision tel le Conseil de sécurité.

Condition indispensable de la définition de l'État, la souveraineté ne peut appartenir qu'à l'État. Elle affecte, de manière spécifique, sa naissance, son organisation et son fonctionnement. Dans une société organisée, seul l'État a la compétence de fixer librement sa Constitution et les règles de conduite qu'il peut faire exécuter, au besoin, par la force. La caractéristique essentielle d'un État réside en effet sur sa capacité de constituer une collectivité irréductible aux autres collectivités, que celles-ci appartiennent à l'ordre juridique interne ou international.

Section 2 : Les formes d'État

Les formes d'État correspondent, à bien des égards, aux différentes structures du pouvoir étatique. Celui-ci peut s'exercer dans une structure simple ou complexe. Le pouvoir politique peut, en outre, viser une fin (libérale ou socialiste) différente de ses modalités d'exercice (pouvoir présidentiel ou parlementaire). Il est vrai qu'entre les finalités du pouvoir et ses modalités d'exercice, il n'y a pas, nécessairement, commune mesure car les institutions politiques sont, en grande partie, commandées par les buts que s'assignent, généralement, les détenteurs du pouvoir.

Envisagée en fonction des buts poursuivis et des modalités de son exercice, la forme du pouvoir peut s'apparenter au régime politique qui, du point de vue formel, se caractérise souvent par l'agencement des rouages constitutionnels et, du point de vue matériel, par la substance de l'idée de droit qui en conditionne le fonctionnement réel.

Cette mise au point permet d'induire que la configuration de l'État est, habituellement, prise comme synonyme de la nature interne du pouvoir dont l'État apparaît comme le support indispensable.

En droit constitutionnel, il existe plusieurs formes d'État allant des plus simples (formes unitaires) aux plus complexes (formes composées). À côté de ces deux, se dessine une forme médiane combinant les éléments d'un État unitaire et ceux d'un État composé.

§1. L'État unitaire

L'État unitaire est souvent compris comme celui dont la construction repose sur une seule direction politique et administrative des affaires publiques. Cette forme d'aménagement étatique renferme plusieurs réalités susceptibles d'être ramenées à deux, à savoir l'État unitaire centralisé ou décentralisé.

A. L'État unitaire centralisé

Une mise au point conceptuelle sur la notion de la centralisation autorise à dégager les avantages et les inconvénients attachés à ce mode d'organisation administrative.

1. La notion de la centralisation

L'État unitaire centralisé est celui dans lequel l'organisation politique et administrative repose sur une triple unité du souverain, de la puissance publique et des gouvernants.

L'unité de la souveraineté étatique réside dans la collectivité, prise globalement, exception faite de la survenance éventuelle des diversités locales susceptibles de naître au sein de cette collectivité.

La puissance étatique est, également, unique dans la mesure où c'est par elle que s'exprime la force de l'idée de droit voulue par le souverain lui-même et qui s'exerce, de manière uniforme, sur l'ensemble du territoire.

L'unité concerne également l'organisation gouvernementale de l'État en ce sens que c'est sur les gouvernants qu'est incarnée l'unité de la puissance de l'État et des décisions qui l'engagent.

Dans un État unitaire centralisé, le pouvoir est « unique » dans son fondement, sa structure et son exercice : il n'existe qu'un seul centre des décisions politiques et administratives. La centralisation implique donc l'existence d'un seul détenteur du pouvoir politique et administratif.

2. Les avantages de la centralisation

Fonctionnant autour du principe de l'unité de commandement, l'État unitaire centralisé est apparu nécessaire d'un triple point de vue politique, pratique et technique.

Politiquement, la centralisation permet d'assurer au pouvoir étatique une autorité incontestée. Elle constitue, en même temps, un moyen indispensable de la réalisation et du maintien de l'unité de la collectivité nationale. Par elle, en effet, l'unité de droit est à même d'encourager celle de mentalités.

Du point de vue *pratique et administratif*, la centralisation aménage l'exercice des charges publiques en vue de leur équitable répartition entre divers utilisateurs. Elle présente, pour les administrés, un double avantage de régularité et d'impartialité.

La régularité tient au fait qu'à la faveur d'une organisation hiérarchisée des services administratifs, l'État est capable de s'assurer du contrôle et de la coordination des différentes activités qui s'y déploient, ce qui contribue à la réduction du coût de ces activités.

L'impartialité que procure une administration centralisée découle de l'éloignement du pouvoir de décision du cercle des intéressés. L'entreprise participe, à bien des égards, à la moralisation de l'action administrative en la mettant à l'abri des influences locales ou des pressions qui, en définitive, reposent sur les agents subalternes non-détenteurs du pouvoir de décision.

Techniquement, la centralisation garantit l'efficacité, la compétence et l'économie dans l'exercice de l'action administrative. Si l'efficacité encourage la satisfaction des besoins collectifs, la compétence exige des hommes de métier, ce qui est susceptible de rendre moins coûteuse l'activité administrative par la rationalisation des tâches à accomplir.

3. Les inconvénients de la centralisation

La centralisation évoque l'image d'une administration pyramidale au sommet de laquelle se trouvent les ministres. La direction de toutes les affaires administratives appartenant au pouvoir central (organe d'impulsion, de décision et de coordination), le rattachement direct des services administratifs à l'État devient, donc, aisé.

Dans la pratique cependant, on reproche à ce système une propension à la concentration, au profit d'un seul chef, de toutes les compétences politiques et administratives. La détention par l'État de la puissance publique absolue capable d'assurer une organisation administrative hiérarchisée opère, du coup, une concentration exagérée du pouvoir au préjudice des entités subordonnées. Cette situation s'observe aux plans administratif, politique et socio-économique.

Sur *le plan administratif*, la centralisation renforce, de façon démesurée, l'uniformisation des services et la méconnaissance des particularités locales. Contre-productive en raison de la lourdeur administrative qu'elle engendre, cette technique retarde la prise des décisions au moment opportun, le lieu d'émission étant souvent éloigné de celui où surgissent les problèmes de celui de l'application des décisions.

Du point *de vue politique*, la centralisation est antidémocratique, étouffe les initiatives privées et favorise l'autoritarisme du pouvoir. Une telle organisation administrative renforce le climat de découragement des administrés et la démobilisation des énergies et des ressources indispensables au développement de l'État.

Une centralisation à outrance est susceptible d'engendrer, *au plan socio-économique,* des injustices et des inégalités de diverses natures. Elle constitue un obstacle au développement harmonieux et équilibré du pays tout entier.

Ces griefs dirigés contre la centralisation expliquent pourquoi sauf quelques exceptions devenues des souvenirs historiques, l'existence d'un État unitaire totalement centralisé et concentré est hypothétique. À la place, on connaît, au sein des États, des organisations administratives qui atténuent les effets pervers d'une centralisation sans limite. Celles-ci mettent en place un système administratif centralisé, dans son principe, mais déconcentré, dans son application.

Mode d'assouplissement de la centralisation, la déconcentration opère un transfert d'attributions au profit des agents locaux soumis au pouvoir central. Ce mode de gestion des services administratifs autorise à confier, en raison des exigences d'une administration de proximité (promptitude et adaptation), à des agents de services d'État spécialisés, l'exécution des décisions prises par le pouvoir central.

La déconcentration allège donc la structure de l'État centralisé sans remettre en question le principe alors qu'on ne manque pas de lui reprocher de compromettre l'unité de vues dans la gestion administrative du pays et de faire prédominer les intérêts locaux.

De toute évidence, la centralisation se construit avec ou sans déconcentration. Dans la centralisation sans déconcentration, le pouvoir de décision appartient au centre, la périphérie ne se bornant qu'à leur préparation et exécution. On admet ainsi l'impossibilité pour les ministres, souvent éloignés de leurs administrés, de décider sur l'ensemble des affaires qui les concernent.

Le souci de décongestionner les organes centraux et d'assurer une meilleure expédition des affaires administratives de caractère régional ou local a, en revanche, encouragé l'organisation d'une administration, certes, centralisée mais déconcentrée. Elle apparaît comme une antichambre de la décentralisation.

B. L'État unitaire décentralisé

Forme d'organisation administrative qui se rattache à la démocratie, la décentralisation jouit, de nos jours, des faveurs de plusieurs États. Sa perception n'est cependant pas facile. Il convient d'en préciser les contours, de présenter les avantages et les limites auxquelles elle est soumise pour mieux circonscrire l'étude de ses différentes formes et le rôle de la tutelle administrative.

1. La notion de la décentralisation

Un État unitaire décentralisé est celui dans lequel les décisions administratives, pour l'exécution des lois et celles concernant les affaires locales sont prises par les autorités locales élues.

La décentralisation est un mode de gestion administrative qui réalise un transfert légal de certaines tâches aux autorités locales élues, le pouvoir central se limitant en assurer la surveillance et le contrôle. Elle traduit l'idée d'une certaine auto-administration des entités par des organes locaux.

Par la décentralisation, les entités inférieures à l'État sont dotées de la personnalité juridique et bénéficient d'une triple autonomie organique (elles disposent des organes locaux élus), administrative (la loi confère aux entités décentralisées une sphère de compétence propre) et financière(en raison notamment des ressources propres qu'elles génèrent) qui constitue, par ailleurs, les conditions indispensables à sa réalisation.

2. Les avantages de la décentralisation

Ce mode d'organisation administrative a vocation à rapprocher l'administration des administrés. Il garantit la participation citoyenne à la gestion des affaires publiques. Son exercice favorise un contrôle de l'action administrative par les personnes censées en bénéficier.

De ce point de vue, la décentralisation est susceptible de constituer une recette indispensable à l'expression démocratique et, même, au développement.

L'organisation décentralisée de l'État procure aux services publics une série d'avantages :

- Du point de vue *administratif*, la décentralisation allège la charge de l'État dans la gestion quotidienne des services publics en assurent leur prise en charge adéquate par les autorités les plus qualifiées et en adaptant leur gestion aux conditions du milieu. L'autorité de l'État se trouve ainsi renforcée.
- Sur *le plan social*, elle participe à l'éducation politique des citoyens. Elle offre une opportunité aux citoyens de s'imprégner des réalités politiques de leurs milieux et de connaître leurs dirigeants. La décentralisation est un moyen d'initiation à l'exercice prochain des charges publiques.
- Sous *l'angle politique*, cette organisation administrative légitime le pouvoir et lui procure un appui indispensable à l'accomplissement de ses charges. Tout en favorisant la participation populaire à l'exercice quotidien et non séquentiel du pouvoir, la technique renforce la liberté, condition indispensable à la limitation du pouvoir des gouvernants.

Ces mérites sont loin d'occulter les contraintes pratiques que rencontre la décentralisation.

3. Les limites de la décentralisation

Dans la pratique, la décentralisation ne couvre pas tous les domaines de la vie sociale. Quatre secteurs paraissent, a priori, échapper à son emprise.

L'on note, d'abord, que dans l'exercice de sa souveraineté, l'État fait éloigner quelques secteurs sensibles (les services de sécurité et de l'autorité) de la loi de décentralisation.

Dans la perspective, ensuite, de la mise en place d'une administration réellement décentralisée, l'élection joue un rôle de première importance. On peut donc affirmer qu'il n'ya pas de véritable décentralisation en l'absence d'une élection. Or, qui dit élection, dit politique.

En encourageant le choix direct des organes locaux, la décentralisation introduit, dans la gestion des services publics, l'élément politique, ce qui pourra constituer un handicap dans l'exercice par l'État de son pouvoir hiérarchique ou de tutelle sur les entités territoriales qui lui sont subordonnées.

Par ailleurs, l'élection comme condition indispensable à la matérialisation de la décentralisation emporte les contraintes financières et budgétaires. La prise en compte des considérations politiques (élection), économiques et financières (le coût très élevé) a convaincu certains pays d'Europe (la France, l'Autriche, la Russie) et d'Afrique (le Cameroun, la Côte d'Ivoire, le Gabon, le Mali ou le Sénégal) d'adopter une attitude de réserve à l'égard d'une décentralisation totale et brusque.

En plus, la complexité des besoins collectifs à laquelle les organes locaux sont régulièrement confrontés exige, également, des solutions arrêtées par l'État au niveau central.

Tandis que la technicité que requièrent les services publics vient, enfin, soulever la question de la fixation des critères du recrutement du personnel administratif au niveau local.

4. Les formes de la décentralisation

On distingue la décentralisation territoriale de la décentralisation technique.

La décentralisation territoriale repose sur une base géographique. Elle aboutit à la création par le constituant[34] ou le législateur de personnes morales de droit public, inférieures à l'État, dotées de la personnalité juridique et des organes propres.

Cette forme de décentralisation aménage, donc, les rapports entre le gouvernement central et les organes de direction des entités locales décentralisées. Le cadre juridique qui accompagne la décentralisation géographique procure aux entités territoriales décentralisées une triple autonomie financière, administrative et organique.

La décentralisation technique, fonctionnelle ou par service confère à une personne morale de droit public (établissement public ou entreprise publique), une activité déterminée. La réalisation des objectifs assignés à cette personne morale commande, en plus de la personnalité juridique, une

[34] L'art. 3, al. 2 de la Constitution de la République démocratique du Congo du 18 février 2006 énumère les entités territoriales décentralisées que sont la Ville, la Commune, le Secteur et la Chefferie.

autonomie de gestion. Elle se traduit par un désengagement partiel de l'État dans la gestion de certains établissements publics ou entreprises publiques au profit de leurs structures propres. Son organisation est souvent régie par une loi dans le cadre de l'exécution du programme gouvernemental. Le caractère hautement technique de cette forme de décentralisation fait que les citoyens ne la comprennent pas toujours et la considèrent très éloignée de leurs besoins immédiats.

Une fois établie, la personne morale décentralisée est automatiquement indépendante de l'autorité locale dans laquelle elle est installée. L'attribution, en sa faveur, de la personnalité juridique a comme conséquence logique son autonomie comportant une décentralisation des activités et des moyens. Celle-ci trouve son illustration dans la création des entreprises publiques bénéficiaires d'un démembrement de la puissance publique.

Territoriale ou par service, la décentralisation suppose l'exercice d'un contrôle de tutelle.

5. La tutelle administrative

La tutelle administrative est un contrôle que l'État exerce, dans les limites légales, sur les entités territoriales ou administratives décentralisées. Elle porte, en principe, sur les organes ou agents décentralisés et sur leurs actes.

La tutelle sur les actes consiste en leur approbation (avant la prise de la décision), leur annulation (après la prise de la décision), la réformation et, en cas de défaillance, le recours à la technique de substitution d'office par la prise des décisions par le pouvoir central lui-même. Sur les personnes, la tutelle s'exerce à travers le pouvoir disciplinaire (avertissement, blâme, suspension ou révocation) sur le personnel des organes décentralisés.

L'organisation de la tutelle administrative n'est pas uniforme pour tous les pays. En République Démocratique du Congo, par exemple, la loi organique n° 08/016 du 7 octobre 2008 portant composition, organisation et fonctionnement des entités territoriales décentralisées et leurs rapports avec l'État et les provinces aménage la tutelle du gouverneur de province sur les actes des entités territoriales décentralisées. Ce contrôle est, soit, a priori, soit, a posteriori.

Le contrôle sur les actes vise entre autres l'élaboration de l'avant-projet du budget afin de valider sa compatibilité avec les hypothèses macroéconomiques retenues dans les prévisions du budget national, les projections des recettes et la prise en compte des dépenses obligatoires.

Tombent également sous ce contrôle, la création des taxes, l'émission d'emprunt conformément à la loi sur la nomenclature des taxes, la loi financière, la création d'entreprises industrielles et commerciales, la prise de participation dans les entreprises.

Dans l'exercice du pouvoir tutélaire, le gouverneur de province vérifie, conformément à la loi, la régularité de la signature de contrat comportant des engagements financiers sous différentes formes de prises de participation, les règlements de police assortis de peine de servitude pénale principale, l'exécution des travaux sur les dépenses d'investissement du budget de l'État comme maître d'ouvrage délégué, les actes et actions pouvant entraîner des relations structurées avec les États étrangers, les entités territoriales des États étrangers, qu'elle qu'en soit la forme.

Cette tutelle s'exerce, enfin, sur la décision de recours à la procédure de gré à gré, par dérogation aux règles de seuil et de volume des marchés normalement soumis aux procédures d'appel d'offres, dans le respect de la loi portant Code des marchés publics [35]. Les autres actes que prennent les organes des entités territoriales décentralisées sont soumis au contrôle a posteriori.

De manière plus concrète, les actes soumis au contrôle a priori sont, avant d'être soumis aux délibérations des organes compétents, transmis au gouverneur de province qui en vérifie la conformité à la loi. L'autorité de tutelle dispose de vingt jours, à compter de la réception de l'acte concerné, pour faire connaître ses avis. Passé ce délai, le projet d'acte est soumis à délibération ou à exécution, selon le cas.

Il peut arriver qu'à l'examen d'un acte soumis à son contrôle, le gouverneur de province réserve une décision négative. La loi exige, en pareil cas, que la décision soit motivée. Elle est susceptible d'un recours administratif et/ou juridictionnel.

Le législateur précise que le silence de l'autorité de tutelle, endéans trente jours, constitue une décision implicite de rejet. Dans ce cas, l'entité territoriale décentralisée a la latitude de saisir, par un recours juridictionnel, la Cour administrative d'Appel du ressort.

L'élection étant le mode, par excellence, du choix des organes des entités territoriales décentralisées, aucune tutelle du gouverneur de province sur les personnes appelées à diriger ces entités n'est autorisée. En conséquence, le gouverneur de province ne peut disposer d'un pouvoir hiérarchique disciplinaire sur les chefs des exécutifs desdites entités.

La loi prévoit, en revanche, l'organisation par chaque gouverneur de province, au moins une fois l'an, une réunion avec les chefs des exécutifs des entités territoriales décentralisées en vue de se concerter et d'harmoniser leurs points de vue sur les matières relevant de leurs attributions[36].

Deux observations peuvent être faites à ce sujet. Élu dans les conditions semblables à celles des organes des entités territoriales décentralisées,

---

[35] Art. 97 de la loi du 7 octobre 2008.
[36] Art. 101 de la loi du 7 octobre 2008.

le gouverneur de province ne devait pas, logiquement, exercer un contrôle de tutelle absolue sur eux, à moins de réduire leur dépendance des assemblées délibérantes qui les ont choisis.

Le silence de l'autorité de tutelle, dans les trente jours de la transmission des actes des entités territoriales décentralisées soumis au contrôle a priori, devait conduire, non pas à une décision de rejet mais plutôt d'acceptation implicite, car qui ne dit mot consent.

Il en résulte que, constitutionnelle ou légale, la décentralisation permet au pouvoir central de se désengager de la gestion de certaines matières au profit des entités territoriales décentralisées. Elle assure une administration de proximité par le transfert des compétences et des moyens mais également des charges au profit des entités décentralisées.

Le contrôle de tutelle est tout à fait différent de celui que l'État ou ses représentants exercent sur les structures locales dans le cadre de la déconcentration, qui est un contrôle hiérarchique.

Trois éléments aident, en effet, à distinguer le contrôle hiérarchique du contrôle de tutelle, traçant par là une nette démarcation entre deux modes d'organisation administrative, l'une, déconcentrée et l'autre, décentralisée.

- Du *point de vue du cadre* sur lequel s'exerce la vérification, par l'autorité supérieure, des actes des organes et agents subordonnés, le contrôle hiérarchique s'opère au sein d'une personne morale (État) tandis que le contrôle de tutelle établit un lien entre deux personnes morales, à savoir, l'État et l'entité territoriale ou administrative décentralisée.
- *La source du contrôle* fait apparaître que la tutelle est obligatoirement organisée par une loi (il n'y a pas de tutelle sans loi, ni en dehors ou au-dessus de la loi). S'agissant du contrôle hiérarchique, l'exigence d'une loi particulière n'est pas admise tant et si bien que c'est le droit commun qui s'applique.
- En ce qui concerne *l'étendue du contrôle*, la tutelle porte sur la régularité, la légalité et, parfois, l'opportunité des décisions des entités décentralisées alors que l'autorité hiérarchique se limite à vérifier la régularité et l'opportunité des décisions entreprises devant elle.

§2. L'État régional

Il existe, de nos jours, une forme intermédiaire d'État né de la combinaison des mécanismes d'un État unitaire décentralisé et ceux d'un État fédéral[37]. Cette configuration étatique est diversement nommée. Certains y voient un fédéralisme composite, prudent ou abasourdi. D'autres l'assimilent au régionalisme constitutionnel, institutionnel ou politique. D'autres découvrent un État unitaire fortement décentralisé. D'autres

[37] Le POURHIET A.-M., *Droit Constitutionnel, op. cit.*, p. 24.

détectent un État régional, distinct du régionalisme considéré comme un mouvement politique qui va dans le sens de la décentralisation et d'une autonomie plus importante en faveur des régions qui détiennent alors d'un pouvoir législatif[38].

La richesse du vocabulaire attaché à cette forme de l'État dévoile une constance importante ; l'État régional se caractérisant par l'autonomie des régions, leur participation limitée à la législation nationale et le maintien de son caractère unitaire. Il évolue dans l'antichambre d'un État fédéral sans se détacher fondamentalement de sa forme unitaire décentralisée.

Antichambre d'un État fédéral, l'État régional confère à certaines entités territoriales inférieures au pouvoir central (provinces ou régions selon le cas), une autonomie politique limitée. Ayant une organisation politique et institutionnelle garantie par la Constitution (parlement et gouvernement), ces entités ne disposent, pourtant, pas du pouvoir constituant ni du pouvoir judiciaire différent et indépendant de celui organisé au niveau de l'État.

L'État régional fonctionne, ensuite, dans l'ombre d'un État unitaire décentralisé dans la mesure où le pouvoir central se voit obligé de se désengager dans l'exercice de certaines prérogatives relevant, jadis, de ses attributions régaliennes, notamment, dans le domaine de la tutelle administrative.

L'agencement des attributions des provinces dans un État régional conduit à l'aménagement des relations constitutionnelles entre l'État et les provinces ou régions, d'une part, et du contrôle de tutelle exercé sur les entités territoriales ou administratives décentralisées, d'autre part.

En dépit de ses mérites, l'État régional tel que conçu et appliqué en Europe (notamment en Belgique, en Espagne et Italie) a un contenu culturel, linguistique ou économique[39] bien différent de celui qu'on veut lui prêter en Afrique. Son transfert devait s'accompagner d'une adaptation conceptuelle.

§3. Les États composés

Les États composés sont, habituellement, structurés en raison de la rigidité ou non du lien qui unit les parties composantes. De ce point de vue, on assiste à la création, à côté des formules anciennes d'États composés, de nouvelles configurations.

---

[38] BARTHELEMY C., *Le régionalisme institutionnel en Europe. Droit comparé en Belgique, Espagne, Italie, Royaume-Uni, France*, Paris, L'Harmattan, Coll. Logiques Juridiques, 2009, p. 27.

[39] Dans ces pays, en effet, le régionalisme a vocation d'assurer une harmonieuse coexistence entre le droit à des nationalités et des régions (que l'on retrouve rarement en Afrique) et la solidarité entre elles au sein d'un grand ensemble appelé État.

1. Les formules anciennes d'États composés

Parmi les plus anciennes expressions de la forme composée d'États sur lesquelles l'étude, en dépit de leur faible écho actuel, ne manque pas d'insister, on retient « l'union personnelle » et « l'union réelle ».

1.1. L'union personnelle

L'union personnelle est constituée par la volonté de deux ou plusieurs États qui, à un moment donné, décident de s'unir pour former un État autour d'une seule et unique souveraineté, mais une souveraineté unique à travers le souverain ou le chef de l'État, tandis que les autres composantes des pouvoirs publics (gouvernement, parlement et pouvoir judiciaire) demeurent automnes et propres à chaque État membre de l'Union.

Finalement dans l'union personnelle, hormis l'existence d'un seul chef d'État commun, il n'y a unification des territoires ni celle des pouvoirs. C'est une survivance ancienne qui n'a plus, à ce jour, qu'un écho historique. On peut, à titre d'exemple, citer les unions personnelles établies, en 1714, entre l'Angleterre et le Royaume de Hanovre (à l'avènement au trône de Georges 1er) et, en 1837, à l'occasion de l'investiture de la Reine Victoria. On peut également citer l'Union personnelle entre le Pérou (indépendant en 1813), la Colombie (1814) et la Venezuela (1815) ou encore celle qui a existé de 1885 à 1908 entre le Royaume de Belgique et l'État indépendant du Congo.

1.2. L'union réelle

À la différence de l'union personnelle qui est souvent le fruit d'un accord de circonstance, l'union réelle se construit, en revanche, autour d'une rencontre de volontés de deux ou plusieurs États qui décident de disposer d'une seule souveraineté. Celle-ci couvre un certain nombre de domaines communs tels que les relations extérieures, la défense nationale ou les finances, d'autres secteurs restant gérés conformément aux législations particulières de chaque État.

Dans une union réelle, l'accord se réalise sur la direction (la désignation d'un chef commun) et sur la base sociologique, fondement de la souveraineté commune. On peut, à cet égard, rappeler l'union réelle mise en place, en 1867, entre l'Autriche et la Hongrie, renouvelée tous les dix ans jusqu'en 1918. On signale également qu'à la faveur du traité de paix de Tost de 1815, une union réelle a été créée, dans la Scandinavie, entre la Suède et la Norvège.

2. Les formes nouvelles d'États composés

À côté de l'État fédéral, la confédération d'États présente, à certains égards, une forme usuelle à laquelle on a tendance à recourir. Il convient d'examiner séparément ces deux formes d'États composés.

2.1. L'État fédéral

Pour mieux saisir la forme fédérale d'États, il importe de fixer les idées sur la notion, les motivations profondes, les principes et limites du fédéralisme.

2.1.1. La notion

Forme composée de l'État qui s'oppose, généralement à l'État unitaire, l'État fédéral n'est pas facile à définir tant il est souvent confondu avec le fédéralisme qui en constitue un moyen d'expression, mieux, une technique de réalisation, en tant que système qui fédère.

En l'absence d'une définition unanimement partagée en doctrine, on se contentera d'indiquer que l'État fédéral est une association d'États jouissant d'une triple autonomie constitutionnelle, législative et judiciaire[40]. Sur le plan juridique l'État fédéral se perçoit par l'agencement des organes qui le composent et le volume des compétences reconnues aux entités composées. En son sein coexistent, en effet, plusieurs États autonomes soumis, par ailleurs, à une structure pyramidale et hiérarchisée représentée par la fédération. Les rapports qui en résultent ne sont pas d'ordre diplomatique ; seul l'État fédéral détenant cette compétence mais plutôt à l'intérieur d'un même ensemble.

Les entités formant la fédération sont diversement nommées : provinces autonomes (Canada), régions (Belgique et Italie), länders (Allemagne) ou États fédérés (États-Unis d'Amérique). La variété d'appellations dévoile le degré d'autonomie accordée aux entités composées et de la forme de la fédération : une fédération avec autonomie totale ou partielle.

Aujourd'hui plus qu'hier, le monde entier connaît un engouement vers la constitution des États fédéraux. Sur tous continents, on voit se former des États fédéraux : l'Afrique avec le Cameroun, le Nigeria, l'Ouganda et la Tanzanie ; l'Amérique où se trouvent l'Argentine, le Brésil, le Canada, les États-Unis d'Amérique, le Mexique et le Venezuela tandis qu'en Europe, il y a l'Allemagne, l'Autriche, la Belgique, la Russie et, dans une certaine mesure, la Suisse et l'Asie avec la Birmanie, l'Inde et la Malaisie.

2.1.2. Les motivations qui accompagnent la création des États fédéraux

La convoitise que suscite la forme fédérale de l'État soulève le problème de son lien supposé avec le développement pour que l'on soit amené à se préoccuper de ses vertus. Trois raisons paraissent justifier l'attachement de bon nombre d'États au fédéralisme.

La notion semble, d'abord, s'inscrire dans une logique historique qui est un moyen de lutte contre les excès des souverainetés étatiques. Le fédéra-

[40] Le POURHIET A.-M., *Droit Constitutionnel*, *op. cit.*, p. 20.

lisme se prêterait, dans ce cas, comme une voie adaptée à la résolution d'éventuels conflits de compétence entre États souverains.

Dans un univers devenu planétaire, le besoin de former des grands ensembles offrirait, ensuite, un équilibre souhaité devant les difficultés économiques et politiques auxquelles sont généralement confrontés les « petits États ». On affirme ainsi que la force d'un État peut découler de la grandeur de son assise territoriale et de ses richesses. Plus un État est géographiquement grand, plus il est porté à se positionner comme une réelle force d'impulsion et de dissuasion dans le concert des nations. Les États-Unis d'Amérique et la Russie ont, en un moment donné de l'histoire, fondé leur développement sur le fédéralisme.

Enfin, la fédération procure aux États membres une garantie de sécurité contre l'émergence éventuelle des forces centrifuges. Le besoin de l'union est, en ce cas, plus ressenti dans le cadre des États multinationaux comme la Belgique ou le Canada où cohabitent plusieurs groupes ethniques ou culturels plus ou moins opposés.

Historiquement, la fédération peut se former par agrégation ou séparation. La première formule se réalise par la volonté clairement exprimée des États unitaires, jadis autonomes, de constituer un ensemble fédéral. On signale, à cet effet, la fédération créée, en 1787, par les treize anciennes colonies anglaises d'Amérique. On peut également citer un cas africain plus récent celui de la Tanzanie formée du Tanganyika et du Zanzibar.

L'éclatement d'un État unitaire en plusieurs États fédérés membres d'une même union explique le type de fédération par séparation ou par ségrégation ; c'est le cas du Royaume de Belgique.

Dans l'une ou l'autre hypothèse, la création d'un État fédéral suppose la réalisation de deux conditions : une volonté clairement exprimée par les États membres et, donc, de leurs populations, de construire et de préserver le cadre fédéral (élément psychologique) doublée d'un besoin d'assurer un partage équitable des compétences entre le pouvoir fédéral et les États membres (élément technique et juridique).

Peu importe la forme qu'il a empruntée (fédération par union ou par séparation), tout État fédéral est généralement assis sur un certain nombre de principes ou lois.

2.1.3. Les principes du fédéralisme

Autour d'un État fédéral, se sont constitués six principes, à savoir l'autonomie, la subsidiarité, la participation, la coopération, la complémentarité et la garantie.

À l'analyse, ces principes peuvent être ramenés à deux (l'autonomie et la participation) voire à un seul, la participation considérée comme le principe-clé.

a. L'autonomie

L'autonomie est un attribut reconnu à tout être humain (un individu ou une collectivité). Elle implique la souveraineté, l'indépendance et la liberté qu'a chaque État de concevoir son propre statut, d'élaborer sa propre Constitution et de se gérer comme il entend. L'autonomie renferme une série de démembrements allant de l'auto-affirmation à l'auto-gestion en passant par l'auto-définition et l'auto-organisation.

L'auto-affirmation résulte de la conscience et de la volonté qu'a une collectivité de s'identifier comme une entité autonome et par rapport à d'autres collectivités du même rang ou du même degré.

Lorsqu'une collectivité existe, elle doit dire ce qu'elle est. *L'auto-définition* complète l'auto-affirmation en ce qu'elle permet à une collectivité qui a déclaré son existence de s'identifier par rapport aux autres collectivités du même niveau.

La combinaison de l'auto-affirmation et de l'auto-définition conduit à une *auto-disposition* qui aide la collectivité autonome à se rapprocher de ses objectifs en la dotant de la capacité de poser des actes de gestion.

Le principe de *l'auto-organisation* induit qu'une collectivité n'est pleinement autonome qu'à partir du moment où elle est libre de fixer son statut. En droit constitutionnel, la liberté reconnue à une collectivité fédérée de se doter de son propre statut et, donc, d'élaborer son ordre constitutionnel, s'accommode de la notion du « *pouvoir constituant* » que se reconnaît l'entité fédérale ou qui lui est reconnue par le constituant fédéral.

L'auto-gestion est l'aboutissement logique de l'autonomie conférée aux États membres de la fédération. Elle autorise une collectivité fédérée de se gouverner et de s'administrer selon ses propres lois.

L'étude des modes d'exercice de l'autonomie trace la ligne de démarcation entre un État fédéral et un État unitaire décentralisé. La différence réside dans la nature et le volume de compétences dévolues aux collectivités fédérées et/ou décentralisées et dans la nature du texte qui organise l'autonomie.

Au niveau de la nature et du volume de compétences, l'État fédéral reconnaît aux États membres une autonomie politique à la différence d'une entité décentralisée qui ne jouit que d'une autonomie administrative.

Conséquence de la nature de l'autonomie, la collectivité fédérée n'est pas soumise à la tutelle qui couvre les activités des entités administratives décentralisées.

S'agissant de l'origine du texte qui organise l'autonomie, c'est la Constitution fédérale qui aménage l'autonomie des collectivités composant la fédération, alors que la décentralisation administrative est, généralement, organisée par la loi.

Si la loi de l'autonomie est indispensable dans la mise en place d'un État fédéral, son exercice est, toutefois, soumis à trois limites.

L'autonomie reconnue aux collectivités fédérées ne peut s'exercer que dans le cadre fixé par la Constitution. Elle doit respecter la répartition constitutionnelle entre, d'une part, l'État fédéral et les États membres et entre ces derniers, d'autre part. Cette autonomie doit, ensuite, se conformer à l'aménagement des règles de procédure en matière de révision constitutionnelle. Enfin, l'autonomie des collectivités fédérées ne s'accommode pas de la logique de la sécession, elle devra plutôt favoriser l'unité dans la diversité.

b. La subsidiarité

La subsidiarité est un mécanisme de répartition constitutionnelle des compétences entre l'État fédéral et les États membres. La mise en place d'un État fédéral confère à la collectivité de base des compétences qu'elle est capable de gérer, efficacement, sans nuire aux autres collectivités. La collectivité de base doit, également, transférer à la fédération ou à l'union les pouvoirs qu'elle n'est pas à même d'exercer convenablement. La collectivité bénéficiaire de ce transfert n'intervient qu'à titre subsidiaire et donc accessoire. Généralement, les entités fédérées jouissent de tous les pouvoirs et compétences ordinaires, tandis que l'État fédéral ne peut y intervenir que subsidiairement.

À l'opposé de l'État unitaire décentralisé, la fédération organise une délégation verticale (de la base au sommet) des pouvoirs au profit de l'autorité fédérale. L'exercice des compétences concurrentes entre l'État fédéral et les États membres dépend, toutefois, de l'autorisation de l'entité attributaire (loi d'habilitation) et de l'absence d'intervention de cette entité dans le domaine visé.

À y regarder de près, la loi de la subsidiarité est critiquable en raison de sa partialité, de son erreur et de son insuffisance.

La partialité du principe tient au fait que, dans une fédération, le pouvoir n'appartient pas absolument à la base. En l'affirmant, la loi de la subsidiarité ne couvre qu'une partie de la réalité, à savoir les fédérations existantes à l'exclusion de toute fédération à construire. Elle est, de ce fait, partiale et donne une arme redoutable pour les défenseurs de l'autonomie.

La subsidiarité est, ensuite, erronée dans la mesure où elle confère à la base ou au sommet la liberté d'assurer la délégation des pouvoirs. Dans la construction d'un État fédéral, cette opération est soigneusement organisée car la base et le sommet ne sont pas libres de déléguer ou non les compétences.

L'insuffisance de la subsidiarité consiste dans la prise en charge, certes, de l'exigence de la répartition des compétences en ignorant la nature, la qualité et la spécificité desdites compétences. Il s'ensuit que cette loi est loin d'être capable de régler, de manière durable, les conflits de compétences entre la collectivité composante et les collectivités composées.

Prenant en compte toutes ces critiques qu'elle s'efforce de corriger par la mise en place des mécanismes à même d'assurer l'efficacité et l'effectivité de la répartition des compétences entre l'État et les États fédérés, l'expression « *exacte adéquation* » est préférée à la subsidiarité qui a longtemps dévoilé ses limites.

c. La participation

La participation se réalise par l'association des collectivités fédérées à la prise des décisions au niveau de la fédération. Elle est constituée d'un ensemble de mécanismes constitutionnels et légaux qui assurent une participation des États membres à la gestion de la fédération. Deux raisons justifient cette opération : il s'agit, d'une part, d'assurer la liberté et l'égalité entre États membres et, d'autre part, de soutenir leur collaboration avec la fédération dans l'initiative de la révision constitutionnelle.

La participation est tantôt directe, décisionnelle ou décisoire, tantôt indirecte, institutionnelle ou organique. La participation directe insiste sur la nécessité pour les États fédérés d'assurer, eux-mêmes, la délibération sur les matières qui les concernent en prenant soin de se concerter, préalablement, avant la prise de décisions communes. Cette forme de participation procure aux États membres la certitude que leur volonté sera entendue.

La lourdeur que ce type de participation entraîne pour la gestion de la fédération, notamment dans le processus de révision constitutionnelle, a justifié son rejet au profit de la participation dite indirecte, institutionnelle ou organique. Cette dernière reconnaît à chaque État membre le droit de prendre, par les organes qu'il élit, une part active à l'élaboration des décisions au niveau central, ce qui renforce son autonomie. Elle permet de doter l'État fédéré d'organes propres. On rencontre cette forme de participation dans les fonctions législative, exécutive et juridictionnelle.

d. La coopération

Technique de matérialisation des rapports sociaux et intercommunautaires au sein de la fédération, la coopération a vocation à garantir l'idée de décisions consensuelles. Le compromis apparaît ainsi comme le mode, par excellence, de prise de décisions. Le consensus revêt deux formes. Il concerne les institutions ou se limite aux relations entre la fédération et les États membres. Dans l'une ou l'autre hypothèse, on assiste à une coopération institutionnelle ou relationnelle.

La coopération relationnelle

Cette forme de coopération met l'accent sur le besoin, pour les différentes composantes de la fédération, de multiplier des rencontres en vue d'identifier les problèmes communs et d'envisager des solutions appropriées.

La coopération relationnelle peut être horizontale ou oblique. Horizontalement, elle réunit les entités d'un même niveau (États membres ou provinces autonomes) et sur le plan oblique, cette coopération rassemble les individus ou les collectivités des niveaux différents.

La coopération relationnelle peut conduire à la conclusion d'actes (conventions, contrats ou accord de partenariat ou jumelage) ou à la définition d'une attitude à observer devant un problème. Elle permet, en définitive, une gestion partagée des services ou entreprises publiques communes. Dans la pratique, la coopération relationnelle produit les mêmes effets que la participation directe, décisionnelle ou décisoire.

La coopération institutionnelle

Conséquence de la participation organique, la coopération institutionnelle garantit le fonctionnement des institutions à travers les rapports régulièrement entretenus entre les organes de la fédération et ceux des États membres. La coopération organique renforce le sentiment de solidarité nationale en évitant, en même temps, de renforcer le déséquilibre entre les États membres.

e. La complémentarité

Dans une fédération, la loi de la complémentarité examine les compétences communes et concurrentes entre la collectivité composée et les États membres. Elle touche aux fonctions et mécanismes de fonctionnement des organes. Dans cette perspective, la loi fédérale est censée primer sur les lois des États fédérés (*le droit fédéral passe le droit du pays*).

La complémentarité s'appuie sur la répartition constitutionnelle des compétences entre la fédération et les États membres. Elle décline, par exemple, que, dans une matière concurrente, l'une ou l'autre collectivité peut librement légiférer. Si la fédération n'a pas encore légiféré sur une matière, les États membres sont autorisés à y pourvoir mais dès lors qu'elle est saisie du problème, les États fédérés sont obligés de se conformer à la législation fédérale.

Il arrive que l'exercice des compétences concurrentes affaiblisse l'importance de la complémentarité entre la fédération et les États membres qui risquent de se livrer à une rivalité parfois stérile. D'où l'importance d'organiser la garantie des compétences.

f. La garantie

Garantir une compétence, c'est pourvoir une collectivité des moyens juridiques, économiques et humains susceptibles d'assurer son autonomie. La garantie peut uniquement porter sur la nature des compétences (garantie des compétences) ou sur leur utilisation (garantie d'utilisation de compétences).

Les garanties des compétences

Les garanties des compétences obligent chaque collectivité (composante ou composée) à fixer ses actions dans les limites de ses compétences. L'exercice rappelle le respect de la règle de subsidiarité. Les garanties des compétences peuvent être coercitives, politiques et psychologiques.

Les garanties coercitives comportent la dimension normative (élaboration d'un cadre juridique garantissant les droits et obligations de chaque collectivité) ou juridictionnelle (création et installation des cours et tribunaux capables d'assurer, avec indépendance et efficacité, l'exécution d'une sentence).

Les garanties politiques et psychologiques exigent, pour leur effectivité, une éducation permanente de la population en vue d'obtenir son obéissance consciente et consciencieuse.

Les garanties d'utilisation des compétences

Elles offrent à chaque collectivité la possibilité d'exercer effectivement ses compétences. Par elles, on arrive à empêcher que, par un artifice juridique ou matériel, une collectivité fédérée soit privée des moyens indispensables à son développement.

Par la péréquation des charges et des ressources qu'elles procurent, les garanties d'utilisation des compétences obligent la fédération ou les collectivités riches à rétrocéder une partie de leur revenu aux États membres ou aux collectivités moins nanties pour les aider à résoudre leurs problèmes.

L'observation permet de se rendre à l'évidence que tous les six principes sont indispensables à l'établissement de la fédération. Ils se complètent et entretiennent, d'ailleurs, un lien logique. Ainsi, si la complémentarité autorise à la subsidiarité de s'affiner, celle-ci mesure, à son tour, le degré d'autonomie accordée aux collectivités fédérées. La participation concrétise l'autonomie et favorise la coopération, elle-même, renforcée par la garantie. Par ses diverses manifestations, la coopération (organique ou institutionnelle) est en étroite collaboration avec la participation (organique ou institutionnelle).

Il appert que, de ces principes, deux paraissent concrétiser l'idée de la fédération, à savoir l'autonomie et la participation. Le risque de la partition qui se dessine souvent derrière la réclamation de l'autonomie a convaincu sur le rôle de la participation comme principe clé de la fédération.

On doit se garder de considérer que le recours au fédéralisme soit l'unique remède à tous les problèmes qu'impose le développement des nations. Il dépend, en effet, de l'idée que l'on se fait et de la volonté de le réaliser. Sinon, à défaut d'être voulu, un fédéralisme imposé a toutes les chances de détruire ses propres vertus pour donner naissance à d'autres formes d'États que sont notamment l'État unitaire et la Confédération d'États.

2.2. La confédération d'États

On a souvent confondu la confédération d'États avec ce qu'on qualifie erronément d'État confédéral. Une confédération est une union de deux ou plusieurs États qui décident, pendant un laps de temps, de créer une seule souveraineté autour de certains objectifs communs. Dans une confédération chaque État est sujet de droit international et autorisé à entrer en relations directes avec d'autres États étrangers.

Découlant d'un traité ou d'un accord international, la confédération d'États se caractérise par l'absence d'une organisation étatique hiérarchisée et sa nature diplomatique.

Organisation d'essence internationale, la confédération regroupe les États conservant, chacun, leur indépendance et leur souveraineté. Elle est composée d'une Assemblée de délégués des États (la diète) et d'un Conseil des ministres, espèce de gouvernement de la confédération, qui se réunit périodiquement pour traiter des affaires communes.

La confédération ne forme donc pas un État distinct des États membres. Son fonctionnement est, toutefois, affecté par l'unanimité comme mécanisme de prise de décisions. C'est ce qui explique son caractère provisoire ou transitoire appelé à se transformer en un État fédéral jugé plus solide et cohérent.

La confédération est, en définitive, un système essentiellement égalitaire. Tous les États sont traités sur le même pied, quelles que soient leurs dimensions, forces, puissances, populations ou superficies.

L'exigence d'une égalité absolue des États membres fait, cependant, de la confédération une formule très peu efficace, chaque État étant capable de paralyser, par l'usage de son droit de véto, son fonctionnement ou refuser d'exécuter les décisions de la confédération.

Le bon fonctionnement du système confédéral dépend, donc, de la bonne volonté des États membres de se soumettre spontanément et de manière disciplinée. C'est pourquoi, les confédérations se transforment souvent en fédérations à défaut de se dissoudre.

La fédération américaine de 1787 a été précédée d'une confédération des anciennes colonies anglaises de l'Amérique du Nord qui a duré dix ans, soit de 1777 à 1787. L'actuelle fédération helvétique a succédé à une confédération dont les fondements ont été établis au XIVe siècle. Elle a duré jusqu'en 1848, année qui consacre sa transformation en un État fédéral en vertu de la Constitution du 12 septembre 1848.

3. Les critères de distinction entre les formes d'États

Cette distinction concerne l'État fédéral et l'État unitaire décentralisé, l'État fédéral et la confédération d'États ainsi que cette dernière et l'État unitaire décentralisé.

3.1. La distinction entre l'État fédéral et l'État unitaire décentralisé

Ces deux formes d'États se distinguent d'un double point de vue, politique et juridique.

- *Du point de vue politique*, le poids ou le volume des compétences dévolues aux collectivités composant la fédération (États membres) n'est pas le même que celui reconnu aux entités administratives décentralisées.

L'État fédéral reconnaît aux États membres une autonomie politique qui leur permet de se doter d'une Constitution. Tout en disposant du pouvoir constituant, ils ne sont pourtant pas sujets de droit international.

Le critère fondé sur le volume des compétences n'est pas déterminant parce qu'il existe des cas (régionalisme constitutionnel) où les collectivités décentralisées (cas de régions à statut spécial en Italie) sont pourvues de compétences quantitativement supérieures à celles des États membres d'une fédération.

- *Sur le plan juridique*, le mode d'exercice des compétences différencie une fédération d'un État unitaire décentralisé. À l'opposé d'une entité décentralisée sur qui pèse le contrôle de tutelle, un État membre de la fédération n'est soumis à aucune tutelle : il exerce librement ses compétences. Ce critère est plus opérant parce que fondé sur les éléments qualitatifs.

3.2. La différence entre l'État fédéral et la confédération d'États

La source et le siège de la souveraineté autorisent à différencier un État fédéral d'une confédération d'États.

À propos de la source, un État fédéral est organisé par une Constitution alors que la confédération d'États est créée par un traité ou un accord international. S'agissant du siège de la souveraineté, on note que, dans une confédération, la souveraineté appartient aux collectivités composantes, elle est multiple, ce qui n'est pas le cas dans une fédération où la souveraineté est uniquement détenue par le seul État fédéral.

3.3. La distinction entre la confédération d'États et l'État unitaire décentralisé

En plus de la nature de l'acte constitutif (accord international pour une confédération d'États et une loi pour un État unitaire décentralisé), les deux formes d'États se distinguent, également, en regard du siège de la souveraineté. Une entité administrative décentralisée n'est pas souveraine parce que soumise au contrôle de tutelle. L'État dont elle dépend conserve la souveraineté internationale. Il en est autrement de la confédération dont le fondement réside dans la souveraineté des États membres.

Section 3 : Les fonctions de l'État

Les fonctions assignées à un État peuvent varier d'un État à un autre et, au sein d'un même État, d'une époque à une autre.

L'étendue des fonctions de l'État dépend ainsi des idées dominantes du moment et des philosophies politiques partagées par les gouvernants et les gouvernés. Elles se sont considérablement étendues depuis la fin du XVIIIe siècle avant de s'accélérer au XIXe siècle.

L'État remplit, à travers ses éléments constitutifs, les fonctions de nature politique et juridique.

§1. Les fonctions politiques de l'État

Plusieurs défis ont jalonné le chemin de la formation de l'État. Celui-ci, pour les relever, a successivement accompli les tâches d'État-gendarme, d'État-providence et d'État responsable de l'équilibre et du progrès économique et social.

1. L'État-gendarme

Influencé par le principe du libéralisme économique et politique, l'État devait, au cours de la période qui a précédé les deux guerres mondiales, s'abstenir de s'ingérer dans la conduite des affaires publiques, notamment dans l'orientation et la gestion de l'économie. Celle-ci est, en revanche, gérée selon la loi de l'offre et de la demande.

Sur le plan politique, les fonctions régaliennes de l'État avaient plutôt un caractère résiduel essentiellement axé sur le maintien de l'ordre et la sécurité au sein de ses frontières grâce à la police, aux forces de sécurité et à la justice. Le pouvoir législatif se limitant, quant à lui, à l'élaboration des lois ayant pour but d'assurer la protection des biens et des personnes.

Au fil du temps, cette conception s'est révélée surannée et inadaptée aux réalités, sans cesse, changeantes de la vie sociale. En vue de procurer le bien-être aux citoyens, l'État est parvenu à accroître son intervention dans les domaines les plus variés pour lutter contre les abus de tous genres. Cette intervention apparaît désormais comme de la providence.

2. L'État-providence

Les conséquences liées à la mauvaise application du libéralisme ont été à la base, au plan économique, du désastre et, au plan politique, des bouleversements des alliances consécutives aux deux premières guerres mondiales.

Le besoin d'impliquer l'État dans la gestion des crises économiques a été d'autant plus ressenti que son intervention relevait, inévitablement, de la providence. Tout en préservant le caractère libéral de l'économie, l'État se doit, pour éviter l'anarchie, de prendre des mesures incitatives dans le domaine de la fixation des prix des biens et services ou dans celui des investissements.

Parmi ces mesures, on cite l'assistance étatique à l'endroit des entreprises en difficulté en vue de réduire les tensions sociales occasionnées, notamment, par le chômage, les licenciements collectifs ou ceux opérés pour des raisons économiques.

Dans le même ordre d'idées, l'État peut être amené à créer ou à améliorer son système de sécurité sociale comprenant, en l'occurrence, l'assistance sociale contre la maladie, l'assurance vieillesse, l'assurance contre les accidents ou les allocations familiales de nature diverse.

Dans le domaine social, l'intervention de l'État peut consister à l'élaboration des lois qui répriment les abus découlant de la fixation arbitraire des prix des denrées de première nécessité ou des rémunérations inférieures au salaire minimum garanti.

3. L'État partenaire, régulateur de l'équilibre et du progrès économique et social

Les années qui succèdent généralement les crises (notamment les deux guerres mondiales) ont fait naître dans l'État, le besoin d'assurer, conformément à sa vision politique, l'orientation et la direction de l'économie dans le but, sans doute, de procurer le développement économique et social à ses citoyens.

Loin de se limiter à l'orientation et à la direction de l'économie, l'État crée désormais des entreprises génératrices de revenus : il devient, lui-même, entrepreneur, un commerçant, mieux un partenaire dans la régulation de l'activité économique, l'équilibre et le progrès social.

Pour faire face aux défis de tous ordres (crises économiques, chômage, calamités naturelles), l'intervention de l'État est apparue nécessaire pour donner de l'impulsion à la vie économique nationale.

Au terme de cette évolution, l'État prend conscience qu'il contrôlait, par son budget ou par ceux des autres personnes publiques, une part importante du revenu national, voire des dépenses nationales. Il est responsable de l'équilibre et du progrès social et économique.

§2. Les fonctions juridiques de l'État

La théorie de séparation des pouvoirs a influé sur l'identification, au plan juridique, des fonctions que l'État est appelé à assumer. Selon cette théorie, les trois fonctions traditionnelles de l'État sont exercées par trois pouvoirs distincts, à savoir, le législatif, l'exécutif et le juridictionnel.

La fonction législative incombe au pouvoir législatif. Elle s'exprime par le vote des lois définissant des règles générales, abstraites et obligatoires à tous. Grâce au pouvoir exécutif, les lois votées par le parlement ont une existence effective et une force contraignante. La fonction juridictionnelle s'occupe de trancher les litiges nés de l'application ou de l'interprétation des lois. Elle est exercée par les Cours et tribunaux dont l'indépendance assure la sécurité juridique et la protection des droits de l'homme et des libertés publiques.

CHAPITRE III

LA CONSTITUTION

Dans toute société politique, il existe un corps de règles, écrites ou non, qui fixent les modalités d'acquisition et d'exercice du pouvoir politique. Ces règles sont rassemblées et codifiées dans un document appelé Constitution[41].

On se gardera d'affirmer que l'établissement du pouvoir dans l'État s'opère de manière uniforme, ce qui conduit à distinguer les procédés démocratiques (élection et dans une certaine mesure la cooptation) et non démocratiques (conquête, hérédité, coup d'État, coup de force, insurrection, rébellion, révolution, occupation étrangère, etc.) d'accession au pouvoir.

Mode par excellence d'établissement du pouvoir, la Constitution exige pour son étude la connaissance de la notion, de sa suprématie sur les autres normes juridiques et du contrôle de la constitutionnalité des lois.

Section 1 : La notion de Constitution

La notion de Constitution est difficile à appréhender. Elle a même une histoire, à la fois, riche et ambiguë[42]. On la rattache, généralement, à l'idée de « pacte » ou de « contrat social ». Le concept comporte, d'ailleurs, une multitude d'acceptions de nature juridique, politique, moderne et technique[43].

- *Juridiquement*, la Constitution est un document qui contient un faisceau de règles concernant l'organisation des pouvoirs publics et leur rapport avec les citoyens. Elle s'accommode de la notion d'État de droit qui oblige gouvernants et gouvernés à se soumettre au droit.
- *Au plan politique*, la notion est un fondement libéral et accentue la pensée individualiste. Par la Constitution, la garantie et la protection des libertés individuelles sont assurées parce que les pouvoirs de l'État et des gouvernants sont limités et soigneusement agencés.

---

[41] JACQUE J.-P., *Droit Constitutionnel et institutions politiques*, Paris, 5e éd., Mémento Dalloz, 2005, p. 42.
[42] ARDANT P. et alii, *Institutions Politiques et Droit Constitutionnel*, Paris, 17e éd., LGDJ, 2005, pp. 47-49.
[43] PACTET P., *Institutions Politiques et Droit Constitutionnel*, Paris, 13e éd., Masson, 1998, pp. 57-60.

• Dans son *acception moderne*, la Constitution établit un équilibre à l'intérieur de l'État. L'aménagement constitutionnel du pouvoir crédite, donc, l'idée du développement au bénéfice des citoyens.
• *Techniquement*, le concept Constitution décrit les organes de l'État et leurs relations réciproques.
De cette présentation, on retient que la Constitution est un corps de règles écrites relatives à la dévolution et à l'exercice du pouvoir dans l'État. Elle répartit les compétences entre les différents organes étatiques et garantit l'exercice, par chaque citoyen, de ses droits et libertés[44].

§1. La définition de la Constitution

Habituellement, on définit la Constitution en s'appuyant sur le critère matériel ou formel[45], ce qui permet de distinguer la Constitution matérielle de la Constitution formelle.

Du point de vue matériel, la Constitution est un document écrit qui regroupe l'ensemble de règles relatives à la dévolution et à l'exercice du pouvoir dans l'État. Ces règles concernent également la protection et la promotion des droits de l'homme et des libertés publiques.

Bien que logique dans sa formulation, cette définition qui s'appuie uniquement sur le contenu de la Constitution n'explique pas suffisamment la procédure de son élaboration.

Au plan formel, la Constitution est une loi fondamentale qui réglemente les institutions politiques et qui, par sa nature, ne peut être rédigée ou modifiée que par un organe spécial et suivant une procédure différente des autres formes d'établissement des règles juridiques. Pour caractériser la Constitution, on se réfère cette fois-ci, non pas au contenu, mais plutôt au contenant, c'est-à-dire, à la procédure de son élaboration.

Cette définition présente un double avantage de précision et de clarté en ce qu'une Constitution formelle ne comprend que des règles édictées selon une procédure particulière et par une autorité spécialement investie. Une telle appréhension fait courir le risque d'écarter de la norme constitutionnelle le paquet de règles touchant au fonctionnement de l'État.

De l'observation, on se rend bien compte que les deux définitions sont loin de se marier en toutes circonstances. Il arrive, en effet, que, bien qu'élaborée par un organe spécial et suivant une procédure particulière, la Constitution contienne des dispositions qui n'ont aucun lien avec l'organisation et l'activité de l'État. Ces dispositions relèvent, normale-

---

[44] PACTET P., *Institutions Politiques et Droit Constitutionnel, op. cit.*, p. 58.
[45] HAMON F., TROPER M. et BURDEAU G., *Droit Constitutionnel*, Paris, 27e éd., LGDJ, 2001, p. 39.

ment, du domaine de la loi ordinaire et la présence dans le texte de la Constitution leur confère une valeur formellement constitutionnelle.

À plusieurs reprises, la Constitution Helvétique protège les animaux des excès toujours possibles de l'activité humaine. Les secteurs concernés par cette protection sont le transport[46], l'agriculture[47] et le génie génétique[48]. La Constitution de la République Démocratique du Congo du 18 février 2006[49] limite à 48 heures de garde à vue, matière jadis relevant du domaine de la loi.

§2. Les formes de Constitution

Dans un État, les normes constitutionnelles se présentent sous diverses formes. On distingue ainsi les Constitutions coutumières de Constitutions écrites et de coutumes constitutionnelles. En raison de l'objet sur lequel elles portent (organisation et fonctionnement des institutions politiques consacrées par les Constitutions écrites) et de la procédure particulière de leur adoption (exigence d'une majorité qualifiée) et promulgation (contrôle préalable de constitutionnalité), les lois organiques constituent une forme singulière de Constitution.

1. Les Constitutions coutumières

Une Constitution est dite coutumière lorsque l'organisation de l'État et son activité reposent sur les usages, les pratiques et les traditions ayant, à l'égard des destinataires, une force obligatoire. Une Constitution coutumière est donc non écrite.

Ce type de Constitution existe notamment dans les sociétés traditionnelles d'Afrique mais également dans les sociétés occidentales. Dans cellesci, en effet, on signale que le fonctionnement des régimes parlementaires britannique et israélien est organisé, globalement, par des pratiques qui, à force de se répéter, ont acquis une valeur constitutionnelle obligatoire. En Grande Bretagne, par exemple, l'existence du poste de premier ministre et l'institution du contreseing ministériel ne sont pas, expressément, consacrées par une disposition constitutionnelle.

Il faut cependant se garder de considérer, qu'à cet égard, il existe un État totalement régi par une Constitution entièrement coutumière. Même si on s'accorde à soutenir que l'organisation et l'activité de l'État anglais sont, dans l'ensemble, régis par la coutume, il existe un nombre important de documents écrits qui jalonnent l'évolution constitutionnelle et institutionnelle britannique. On cite, à cet égard, la Grande Charte de 1215, le

---

[46] Art. 84, al.1er de la Constitution du 18 avril 1999.
[47] Art. 104 de la Constitution du 18 avril 1999.
[48] Art. 120 de la Constitution du 18 avril 1999.
[49] Art. 18, al. 4 de la Constitution.

bill of right de 1888, le Parlement Act de 1911, de 1919 et du 13 février 1958, relativement tous de l'ordre et de la matière constitutionnels.

2. Les Constitutions écrites

Il y a de Constitution écrite lorsque les règles relatives à l'organisation et à l'activité de l'État sont rassemblées dans un document officiel ayant une valeur contraignante.

On admet, de nos jours, que la première Constitution écrite dont l'État moderne a pu se doter est celle qui consacre, en 1781, la confédération américaine qui deviendra, six ans plus tard, c'est-à-dire en 1787, la Constitution des États-Unis d'Amérique.

L'idée de faire de la Constitution un instrument de garantie et de protection de la liberté contre l'autorité semble avoir hanté les auteurs de la Révolution française du 1789 au point d'encourager l'émergence du constitutionnalisme entendu comme mouvement de production constitutionnelle connu, à partir du XVIIIe siècle.

Par rapport aux Constitutions coutumières, les Constitutions écrites présentent une série d'avantages évidents.

On note, d'abord, que l'établissement d'une Constitution écrite procure aux institutions qui y sont consacrées une plus grande stabilité et une sécurité certaine. Dans une Constitution écrite, la règle de droit est porteuse de précision et de clarté. À sa lecture, on connaît mieux les règles du jeu pour que la sécurité des institutions se trouve raffermie.

Tout ordre juridique d'un État reposant en principe sur la Constitution, son élaboration renforce, ensuite, sa suprématie sur toute autre norme juridique.

La mise en place d'une Constitution écrite réalise, également, une garantie contre l'arbitraire dans la mesure où cette norme fondamentale définit les droits (droits constitutionnels) et les devoirs du citoyen pour que les pouvoirs soient obligés de se soumettre.

Une Constitution écrite offre, enfin, une plus grande accessibilité aux citoyens en même temps qu'elle leur donne, en cas de référendum, une opportunité de se prononcer sur son élaboration ou sa révision.

3. La coutume constitutionnelle

La coutume constitutionnelle n'est pas à confondre avec une Constitution coutumière. Elle est constituée d'un ensemble d'usages et de traditions nés de la pratique d'une Constitution écrite et considérés comme ayant une valeur obligatoire.

Pour que la coutume soit constitutionnelle, elle doit remplir un certain nombre de conditions. L'acceptation d'une coutume constitutionnelle exige, d'abord, la répétition, pendant un laps de temps relativement long, de la même attitude ou interprétation d'une disposition constitutionnelle.

Un fait isolé ou circonstanciel ne peut faire naître une coutume constitutionnelle. La constance de la même attitude ou de la même interprétation constitutionnelle, renforce, ensuite, la soumission des citoyens à la règle coutumière. Les motifs évoqués à l'appui d'une règle coutumière doivent, également, être clairs (et non équivoques) pour qu'on y adhère facilement. L'exigence d'un consensus au sein des organes constitués et de l'opinion procure, enfin, à la coutume constitutionnelle une force obligatoire : elle les lie.

Comme il n'y a pas, en toutes circonstances, des Constitution écrites parfaites, il existe toujours des pratiques et des usages en marge des textes mais qui apparaissent, en définitive, déterminants dans la conduite des affaires de l'État. Ils peuvent soit suppléer aux carences constatées dans une Constitution écrite, soit permettre une interprétation complémentaire d'une disposition constitutionnelle, soit assurer une adaptation des certaines dispositions constitutionnelles. Dans l'un ou l'autre cas, la coutume constitutionnelle est tantôt supplétive, tantôt interprétative, tantôt modificative[50].

La limitation constitutionnelle du mandat du président des États-Unis d'Amérique est le fruit d'un usage introduit, dans la vie politique et institutionnelle américaine, par Georges Washington qui a refusé de briguer un second mandat. En dépit de l'exception fournie par la présidence de Franklin Roosevelt, la constance de la pratique a fini par convaincre de son intégration dans la Constitution américaine.

Le domaine réservé (dans les affaires de défense nationale et des affaires étrangères) que s'est attribué le président de la République française, à l'exception des périodes de la cohabitation, n'est nullement consacré par la Constitution. C'est une coutume constitutionnelle instaurée par le Général de Gaulle qui voulait, au moment de la guerre froide, faire de la France une puissance internationale tampon entre les États-Unis d'Amérique et l'ancienne Union des Républiques Socialistes Soviétiques.

Devant la force ou la pesanteur de certaines pratiques constitutionnelles, le problème de la valeur juridique d'une coutume constitutionnelle devient réel. On observe, d'une part, que les lacunes constatées dans certaines dispositions constitutionnelles sont complétées par la pratique politique. À force de se répéter, cette pratique peut entraîner la modification de la Constitution. Le recours à la coutume peut, d'autre part, servir de technique d'interprétation de certaines dispositions constitutionnelles qui prêtent à controverse. De part et d'autre, la pratique constitutionnelle remplit une triple fonction de coutume complémentaire ou supplétive, interprétative ou additive et modificative de la Constitution écrite[51].

[50] Le POURHIET A.-M., *Droit Constitutionnel, op. cit.*, pp. 60-65.
[51] Le POURHIET A.-M., *Droit Constitutionnel, op. cit.*, pp. 60-64.

4. Les lois organiques

Une forme particulière de Constitutions écrites, les lois organiques ont pour objet de préciser l'organisation et le fonctionnement des pouvoirs publics. Elles doivent, de ce fait, respecter la Constitution et plus généralement tout principe et règle de valeur constitutionnelle.

S'interposant entre la Constitution et les lois ordinaires, les lois organiques sont obligatoirement soumises au contrôle de constitutionnalité. En République Démocratique du Congo, par exemple, les lois organiques sont, avant leur promulgation soumises à la Cour constitutionnelle qui se prononce sur leur conformité à la Constitution[52]. Elles sont votées et modifiées à la majorité absolue des membres composant chaque chambre[53]. Comme on le voit, une loi organique s'élabore différemment d'une loi ordinaire ; exigeant pour ce faire une majorité différente de celle des lois ordinaires, c'est une forme particulière de constitution écrite.

§3. L'objet de la Constitution

La Constitution aménage l'exercice du pouvoir. Elle peut comporter un ensemble de principes appelés à guider l'action des pouvoirs publics. L'une ou l'autre fonction de la Constitution sont décrites dans ses deux parties, d'abord, philosophique et, ensuite, règle du jeu.

1. La Constitution-règle de jeu

La première fonction de la Constitution est de déterminer le statut des gouvernants, la procédure de leur désignation et la répartition des compétences entre les organes constitués ; bref les règles selon lesquelles fonctionne l'État.

L'ensemble de dispositions qui s'y trouvent sont réparties en parties, titres, chapitres, sections et, au besoin, en paragraphes. Elles déterminent le statut des gouvernants. Par la Constitution, il est permis d'identifier la lettre du texte qui porte le nom.

Loi fondamentale d'un pays, la Constitution décrit les mécanismes gouvernementaux en leur donnant une orientation. La Constitution sert de fondement aux prérogatives des gouvernants en même temps qu'elle leur fixe les bornes.

Il s'ensuit que la Constitution renferme bien l'idée de pacte dans lequel sont contenues les règles juridiques relatives à la dévolution et à l'exercice du pouvoir dans l'État. Elle a pour vocation de répartir les compétences entre les différents organes de l'État et de garantir l'exercice à chaque ci-

---

[52] Art. 160, al. 2

[53] Art. 124.

toyen de ses droits et libertés. Elle constitue en fait ce qu'on peut appeler « règles du jeu ».

2. La Constitution-philosophie

La Constitution ne se limite pas à la seule description des mécanismes gouvernementaux, elle en détermine l'esprit. La partie philosophique de la Constitution assigne à celle-ci un objectif global, celui de préciser les principes fondamentaux qui doivent guider, dans la pratique, l'action des pouvoirs publics. Elle est formée de l'exposé des motifs et du préambule.

L'exposé des motifs circonscrit le contexte de l'élaboration de la Constitution, présente les défis auxquels le constituant était confronté et les solutions proposées. Le préambule est, quant à lui, constitué d'un ensemble de principes, de déclarations des droits et d'engagements pris par le constituant. Le recours aux travaux préparatoires peut aider à dégager l'esprit de la Constitution.

La question que l'on se pose est de savoir si ces déclarations et engagements contenus dans le préambule ont une valeur constitutionnelle pour que le juge puisse connaître de leur éventuelle violation.

Dans la pratique, les recettes ne sont pas identiques, elles dépendent d'un système à un autre. Certains systèmes reconnaissent aux déclarations des droits une valeur constitutionnelle. Leur violation peut, donc, être portée devant le juge chargé du contrôle de la constitutionnalité. D'autres les considèrent comme des simples énoncés philosophiques dépourvus de valeur juridique et, donc, insusceptibles d'intéresser le juge constitutionnel.

Cette difficulté peut être évacuée en faisant une distinction entre les déclarations des droits intégrées dans le dispositif constitutionnel de celles qui ne le sont pas. Les premières ont une valeur constitutionnelle et le juge est compétent en cas de violation. Les secondes ne servent, en revanche, que de repère au juge sans le lier nécessairement.

Une précision doit, cependant, être faite autour de la différence entre une valeur constitutionnelle et un principe constitutionnel. Concept peu étudié en droit constitutionnel, la « *valeur constitutionnelle* » est, au départ, un principe, une aspiration, mieux une orientation philosophique sans force obligatoire.

La Constitution espagnole du 27 décembre 1948[54] semble la première à s'être intéressée à la notion de valeur constitutionnelle. Elle a été suivie par le constituant français du 4 octobre 1958 qui utilise indistinctement les deux concepts.

Dans le domaine constitutionnel, la transformation d'un principe en une valeur constitutionnelle s'opère par sa reconnaissance par le pouvoir

---

[54] Telle que modifiée par le DL n° 521, 1990 du 27 avril 1990.

constituant comme une norme constitutionnelle obligatoire et opposable à tous.

Section 2 : La suprématie de la Constitution

Dans l'organisation de l'État et du pouvoir ou plus exactement, dans l'aménagement du pouvoir étatique, la Constitution représente tout aussi le fondement en même temps qu'elle en constitue le système. Or, pour déterminer le contenu de ce système, il faut retracer l'histoire et la hiérarchie des normes, tout en gardant à l'esprit que dans cette hiérarchie, les normes inférieures doivent obligatoirement être conformes aux normes supérieures desquelles elles tirent leur validité.

De l'obligation de conformité des règles inférieures aux règles supérieures, découle la conséquence de la suprématie de la norme constitutionnelle sur d'autres et, conséquemment, sur leur validité[55]. L'entièreté de l'ordre juridique reposant sur la Constitution, on peut en déduire qu'au-dessus d'elle, il n'existe aucune norme[56].

Placée au sommet de la hiérarchie des normes juridiques, la Constitution s'impose à tous les organes de l'État, ce qui implique, tout d'abord, sa rigidité et, ensuite, sa protection en tant que norme suprême[57] ; cette suprématie revêtant une double dimension à la fois matérielle et formelle.

Du point de vue matériel, on considère que l'ordre juridique d'un État repose sur la Constitution pour que soit renforcé le respect des règles constitutionnelles. Ainsi, tout acte contraire à la Constitution est-il dépourvu de valeur juridique. De même, un organe investi d'une prérogative constitutionnelle ne peut, proprio motu, en déléguer l'exercice à un autre. Il est de coutume que l'on ne peut déléguer qu'un pouvoir dont on dispose, or les gouvernants n'ont pas de pouvoir propre sur leurs fonctions. Ils le tirent de la Constitution. Se perçoit en filigrane une nette différence entre la délégation du pouvoir et la délégation de signature, la première étant institutionnelle, objective et impersonnelle tandis que la seconde subjective et personnelle.

La suprématie formelle de la Constitution, encadrée par la procédure d'élaboration et de révision de la Constitution, concourt au respect du principe de la hiérarchie des normes et de l'État de droit[58]. Elle lie à la logique formelle de la hiérarchie des normes, celle substantielle fondée sur la souveraineté nationale[59]. D'elle, en effet, on peut distinguer la Constitution rigide de la Constitution souple. Une Constitution rigide est celle dont la modification est soumise aux conditions particulières de procédure no-

[55] HAMON F., TROPER M. et BURGEAU G., *Droit Constitutionnel*, *op. cit.*, p. 11.
[56] *Idem*, p. 12.
[57] LECLERCQ C., *Droit Constitutionnel et Institutions Politiques*, Paris, 5e éd., Litec, 1992, p. 106.
[58] GINESTE H.-S., *Le Droit Constitutionnel en Schéma*, *op. cit.*, pp. 67-82.
[59] VERPEAUX M., *Manuel de Droit Constitutionnel*, Paris, PUF, 2010, p. 295.

tamment l'exigence d'une majorité, généralement, qualifiée, ce qui est différent d'une Constitution souple dont la procédure de révision est la même que celle d'usage pour les lois ordinaires. Une telle Constitution est révisable ad nutum et selon les humeurs des détenteurs du pouvoir, tel au Royaume-Uni.

Dans un État de droit, les deux suprématies sont liées ; la suprématie formelle garantissant la suprématie matérielle. Renforcée par la suprématie formelle, la suprématie matérielle se réalise au moment de l'élaboration ou de la révision de la Constitution.

§1. L'élaboration de la Constitution

L'élaboration d'une Constitution est un phénomène relativement récent. Il ne date pas avant l'indépendance des anciennes colonies britanniques d'Amérique. Une opinion affirme, à juste titre, qu'à partir du XVIIIe siècle, est né le courant constitutionnel moderne[60].

Une fois établie, la Constitution organise le pouvoir et les modalités de son exercice. Elle fonde la légitimité du pouvoir. Dans ce cas, la Constitution sert de cadre organique au statut des gouvernants[61].

En droit constitutionnel, on admet que c'est le pouvoir constituant originaire qui élabore une Constitution. Il est initial, autonome et inconditionné. Le caractère initial du pouvoir constituant réside dans le fait qu'il n'existe, au-dessus de lui, ni en fait ni en droit, aucun autre pouvoir. C'est par ce pouvoir, en effet, que s'exprime la volonté du souverain.

Le pouvoir constituant est, ensuite, autonome en ce qu'il détient la puissance publique qui lui permet d'orienter la vie civile et politique. De lui, découle donc l'idée de droit valable pour une collectivité donnée.

Le pouvoir constituant est, enfin, inconditionné parce que son existence et son fonctionnement ne sont soumis à aucune condition de forme et de fond.

Ce pouvoir apparaît au moment de la naissance d'un nouvel État, du démembrement d'un État unitaire en plusieurs États autonomes (fédéralisme par séparation), de la fusion de deux ou plusieurs États jadis autonomes (fédéralisme par agrégation) ou du changement de régime politique.

Dans la pratique, le pouvoir constituant originaire est détenu et exercé par un individu, un monarque ou un prince ou par un groupe d'individus mandatés ou non par le peuple mais se réclamant de lui décident de prendre et d'exercer le pouvoir de l'État avec l'accord express ou tacite des citoyens.

---

[60] HAMON F., TROPER M. et BURDEAU G., *Droit Constitutionnel*, *op. cit.*, p. 43.

[61] AVRIL P. et GICQUEL J., *Lexique de Droit Constitutionnel*, Paris, 1e éd., PUF, Coll. Que sais-je ?, 2003, p. 82.

Il existe, selon le degré de participation des citoyens, trois procédés d'élaboration des Constitutions écrites. Ces procédés sont soit monarchiques, soit démocratiques, soit encore mixtes.

1. Les procédés monarchiques ou autoritaires d'élaboration des Constitutions

De portée essentiellement historique, les procédés autoritaires n'assurent pas la participation du peuple dans l'œuvre constituante. On les reconnaît à travers les techniques d'octroi et de pacte.

L'octroi autorise un individu, généralement le monarque, d'élaborer la Constitution qui organise, juridiquement, la dévolution et l'exercice de son pouvoir. Le peuple n'est pas associé à l'établissement de la Constitution qu'on lui donne comme un cadeau. L'observation conduit à soutenir que ce n'est, généralement, pas par leur bon plaisir que les monarques concèdent des Constitutions octroyées, ils y sont souvent contraints par la conjoncture politique.

Plus proche de la démocratie, le pacte associe timidement le peuple au processus constituant : il existe une sorte de contrat entre le peuple ou ses représentants et le monarque. Par cette technique, l'élaboration de la Constitution cesse d'être une action unilatérale du souverain pour devenir partagée avec le peuple. Elle assure, dans cette sorte de négociation, une égalité théorique entre le peuple et le Roi. La réalisation du pacte est, généralement, subordonnée à l'accomplissement de certaines circonstances historiques.

Ainsi, malgré sa forme conventionnelle, la Charte de 1830, issue de la révolution, relève plutôt d'un pacte imposé aux Français par Louis-Philippe d'Orléans.

2. Les procédés démocratiques d'élaboration des Constitutions

Le plébiscite constituant, la convention et le référendum constituant sont des techniques habituelles d'élaboration démocratique des Constitutions.

Le plébiscite constituant associe, certes, le peuple à l'élaboration de la Constitution mais cette participation est doublement faible parce que, d'une part, le texte de la Constitution est élaboré en dehors de lui et on lui demande de l'approuver et, d'autre part, le fait que le corps électoral appelé à se prononcer sur le projet de Constitution n'est pas libre : il est souvent mis en condition.

Le plébiscite constituant apparaît, donc, comme un mode normal d'établissement des Constitutions autoritaires ou de ratification de coup d'État.

La technique de la Convention ou de l'Assemblée constituante confie à une assemblée souveraine, et spécialement élue à cet effet, la charge d'élaborer une nouvelle Constitution. Une fois adoptée par la constituante, la Constitution entre en application, elle devient définitive et exécutoire dans la mesure où on considère qu'il existe une identité de vues entre le mandant (le peuple) et les mandataires (les représentants élus).

L'institution tire son origine de la pratique constitutionnelle américaine qui l'a prêtée à l'Europe et à l'Afrique. On signale que les Constitutions qui ont fondé la confédération et la fédération américaine ont été produites par les Assemblées constituantes. Les Constitutions françaises de 1791, de 1848, de 1875 et de 1946[62] ont suivi la même procédure, à la seule différence que le mot « Assemblée constituante » a été parfois remplacé par la « Convention ».

En Afrique, on relève qu'à la suite de la révolution menée dans le cadre du printemps arabe, la Tunisie a organisé, du 20 au 23 octobre 2011, l'élection d'une Assemblée constituante[63] chargée notamment de l'élaboration d'une nouvelle Constitution[64].

Le référendum constituant est une technique qui confie l'élaboration du projet de Constitution à une assemblée, certes élue, mais non souveraine en ce sens qu'une fois élaboré, le projet de Constitution n'est adopté et ne devient exécutoire qu'après son approbation par le peuple obligatoirement consulté à cet effet. Il combine l'élaboration technique du projet de Constitution par une assemblée élue et son approbation par le peuple. Une fois mise en place, l'Assemblée constituante est appelée à disparaître à l'acceptation, par le peuple, du projet de Constitution qu'elle a élaboré ; on remarque par ailleurs que si son projet est rejeté, l'assemblée est dissoute et remplacée par une nouvelle « constituante ».

La concomitance de deux opérations est souvent théorique, l'élection d'une assemblée constituante est plutôt rare parce que, d'une part, non généralement prévue par la Constitution en vigueur et se déroulant, d'autre part, dans le cadre de remplacement d'un régime par un autre.

La Constitution Béninoise du 11 décembre 1990, celles du Togo du 19 octobre 1992, du Niger du 18 juillet 1999 et de la République Démocratique du Congo du 18 février 2006 ont été élaborées par des Assemblées non élues avant d'être approuvées par référendum.

La Constitution de la République Démocratique du Congo du 1er août 1964, celle du 24 juin 1967 et la loi fondamentale Sud-Africaine du

---

[62] Le POURHIET A.-M., *Droit Constitutionnel, op. cit.*, pp. 252-253.

[63] Composée de 217 membres.

[64] La pratique n'est pas nouvelle parce qu'elle a été expérimentée le 25 mars 1956 et a abouti au rejet du régime monarchique au profit de la République instituée le 25 juillet 1957.

4 décembre 1996 ont été, en revanche, élaborées par des Commissions constitutionnelles avant d'être soumises au référendum populaire[65].

Il s'ensuit qu'entre l'élection d'une Assemblée constituante et l'acceptation du projet de Constitution par le peuple, c'est la deuxième opération qui, dans la pratique du référendum, a tendance à prendre le dessus. On admet ainsi que c'est par l'intervention du peuple qu'est définitivement adoptée la Constitution ou rejeté le projet.

En tout état de cause, le recours à la technique de référendum renforce la participation du peuple à l'élaboration des Constitutions[66].

3. Les procédés mixtes d'élaboration des Constitutions

Ils combinent les deux précédents procédés en favorisant, autant que faire se peut, l'élaboration d'une nouvelle Constitution par un organe constitué, généralement, issu du parti ou de la coalition politique au pouvoir et l'adoption sans référendum du projet.

Cette technique a été d'usage dans les démocraties socialistes et conduit à l'adoption populaire de la Constitution par acclamation.

Quelle que soit la technique utilisée dans l'élaboration de la Constitution, on assiste, de nos jours, à une sorte du mimétisme non pas seulement vertical (de l'Occident vers l'Afrique) mais également horizontal (mimétisme européen, interafricain, interaméricain ou interasiatique).

En raison de l'internationalisation du droit constitutionnel, il s'observe une intégration heureuse des modèles constitutionnels faisant disparaître des frontières qui séparaient jadis la construction constitutionnelle.

§2. La révision de la Constitution

Élaborée par le pouvoir constituant originaire, la Constitution n'est, toutefois, pas faite pour l'éternité, elle doit s'adapter à l'évolution, sans cesse changeante, de la société. La révision de la Constitution vise, donc, à conformer le texte de la Constitution à l'évolution du temps.

Le rôle du temps dans la perception de la Constitution est capital. Le temps peut se révéler destructeur de l'édifice constitutionnel ou constituer un élément de protection et de stabilisation institutionnelle. L'essentiel réside, donc, dans l'usage que l'on en fait.

Une bonne Constitution n'est-elle pas celle qui sait, judicieusement, utiliser la durée mise à sa disposition pour réaliser ses objectifs. La gestion du temps dans la protection de la Constitution permet de déterminer si oui ou

---

[65] ESAMBO KANGASHE J.-L., *La Constitution Congolaise du 18 février 2006 à l'épreuve du constitutionnalisme. Contraintes pratiques et perspectives, op. cit.*, p. 98.

[66] De GUILLENCHMIDT M., *Droit Constitutionnel et Institutions Politiques*, Paris, Economica, 2005, pp. 67-69.

non ce texte est un patrimoine commun pour les gouvernants et les gouvernés.

Dans cette perspective, on observe qu'au moment de son élaboration, la Constitution organise, elle-même, la procédure de sa révision. Celle-ci est assurée par un organe expressément désigné pour modifier, au besoin, le texte de la Constitution. Cet organe exerce par conséquent le pouvoir constituant dérivé, institué ou constitué.

Ainsi créé, le pouvoir constituant dérivé a un rôle limité à la seule révision de la Constitution. Cette révision vise à adapter le statut de l'État mais également à stabiliser les institutions politiques en les préservant de modifications répétées et intempestives. D'où l'organisation d'une procédure particulière de la révision constitutionnelle.

1. La nature du pouvoir constitué

À la différence du pouvoir constituant originaire, le pouvoir constituant dérivé est, par essence, un pouvoir limité. Cette limitation peut revêtir une forme expresse ou tacite.

Les restrictions expresses sont consacrées par le texte de la Constitution. Certaines Constitutions prennent soin de comporter des dispositions réduisant, formellement, les pouvoirs des organes chargés de leurs révisions. Celles-ci sont limitées à la période retenue, aux circonstances qui commandent la modification de la Constitution et à l'objet sur lequel porte l'adaptation du texte constitutionnel.

Dans la mise en place d'une norme constitutionnelle, le constituant peut décider que sa révision ne soit organisée qu'après une certaine durée. La limitation liée à la durée ou à l'époque permet aux destinataires de la Constitution de s'y habituer et de faire, éventuellement, une évaluation sur son application. La Constitution Portugaise du 19 mars 1933[67] organisait sa révision tous les dix ans ; la révision pouvait, toutefois, intervenir anticipativement tous les cinq ans si l'Assemblée nationale en décide ainsi.

Les circonstances particulières auxquelles un pays peut être confronté (occupation étrangère, atteinte à l'intégrité du territoire), interdisent que soit organisée une modification de la Constitution. Cette forme de limitation est notamment organisée en France[68] et en République Démocratique du Congo[69].

Le constituant peut interdire une modification de la Constitution qui porte sur un objet ou une matière spécifique. En France[70], en Italie[71] et en

---

[67] Notamment en son article 134.

[68] Art. 94 de la Constitution du 11 novembre 1948 (en cas l'occupation du territoire) et 89 de la Constitution du 4 octobre 1958 (en cas d'atteinte à l'intégrité du territoire).

[69] Art. 220 de la Constitution du 18 février 2006.

[70] Art. 89 de la Constitution du 4 octobre 1958.

[71] Art. 139 de la Constitution du 1er janvier 1948.

République Démocratique du Congo[72], la révision de la forme républicaine du gouvernement consacrée par la Constitution est, en toutes circonstances, interdite.

À côté des limitations expresses, d'autres peuvent résulter plus de l'esprit que de la lettre de la Constitution.

Ces limitations autorisent, d'abord, à dénier au pouvoir constituant dérivé la compétence de modifier totalement la Constitution. Créé par la Constitution, ce pouvoir n'est pas justifié de détruire son fondement ou de scier l'arbre sur lequel il est assis. Les abus commis à l'occasion de l'exercice, en Allemagne et en Italie, de ce pouvoir, pendant la révolution fasciste, ont renforcé le scepticisme vis-à-vis de la pratique de la fraude à la Constitution qu'il a, d'ailleurs, encouragée.

À force de faire subir à la Constitution des révisions au gré des vagues, on court le risque de la dépouiller de tout ce qu'elle a d'essentiel et de porter ainsi atteinte à son esprit. Une Constitution qui aurait été fréquemment violée peut-elle continuer à exister et à régenter la vie sociale politique d'un État ?

Les solutions ne sont pas uniformes. Juridiquement, une Constitution qui aurait été, par l'effet de ses fréquentes modifications, dépouillée de sa substance, continue, néanmoins, à exister en attendant son remplacement formel par une autre. Au plan politique, en revanche, la Constitution qui perd de sa substance, n'est plus nécessaire ; elle a tout sauf d'être essentielle. Ses destinataires sont fondés à lui opposer une caducité de fait.

Il s'en suit que le pouvoir constituant dérivé ne peut remplacer le pouvoir constituant originaire dans la modification totale de la Constitution. Il lui est, également, interdit de changer la procédure de révision (qui est une partie-clé de la Constitution) arrêtée par le constituant lui-même.

À l'inverse, le pouvoir constituant originaire peut se substituer, en raison de la nature et de l'étendue de ses compétences, au pouvoir constituant dérivé dans la révision constitutionnelle, car, dit-on, qui peut le plus peut le moins.

2. La procédure de la révision constitutionnelle

La procédure de la révision constitutionnelle couvre plusieurs étapes susceptibles d'être ramenées à trois, à savoir l'initiative de la révision, la rédaction du texte modificatif de la Constitution et son adoption.

2.1. L'initiative de la révision

L'initiative de la révision constitutionnelle commence par le constat de l'inadéquation d'une ou de plusieurs dispositions de la Constitution avec

---

[72] Art. 220 de la Constitution du 18 février 2006.

l'évolution de la société. Elle est souvent l'œuvre d'une personne ou d'un groupe de personnes qui la soumettent à un organe constitué chargé d'enclencher la procédure de révision prévue par la Constitution. Dans la pratique, les recettes sont diverses et dépendent d'un système à un autre.

Le Cuba et le Portugal ont réservé le droit d'initiative au seul pouvoir exécutif dont l'autorité, en la matière, a été, du reste, renforcée.

L'Argentine, le Chili, la Colombie, l'Éthiopie, le Japon ou le Venezuela ont, dans l'histoire, consacré le principe de l'initiative exclusive au pouvoir législatif.

La France, l'Italie, la Norvège, la République Démocratique du Congo ou la Suède assurent le partage de l'initiative entre les pouvoirs exécutif et législatif.

La Corée du Sud, l'Italie, la République Démocratique du Congo, l'Uruguay ou la Suisse organisent le système de partage d'initiative entre le peuple et les organes constitués.

2.2. La rédaction du texte modificatif de la Constitution

Une fois prise, l'initiative doit être acceptée pour déclencher le processus de rédaction du nouveau texte appelé à modifier la Constitution en vigueur.

La décision acceptant l'initiative de révision constitutionnelle n'est pas facile à prendre. Dans la plupart de cas, on admet qu'elle émane soit d'un organe constitué (le pouvoir exécutif au Danemark ou au Pakistan), soit des assemblées législatives qui sont, généralement, mieux qualifiées pour apprécier l'opportunité et, éventuellement, les risques.

En tout état de cause, pour assurer la stabilité constitutionnelle, le constituant peut décider d'épargner son texte des révisions intempestives en exigeant, par exemple, plusieurs lectures, un quorum élevé ou une majorité qualifiée.

Une fois adopté le principe de la révision, on doit le traduire dans les faits par la rédaction d'un projet de texte à soumettre aux discussions de l'organe constitué compétent. Là encore, les solutions sont diverses.

L'idée de parallélisme des formes a été longtemps développée en faveur d'un organe symétrique à celui dont émane la Constitution à modifier. Une autre solution a consisté à confier l'élaboration du nouveau texte à une Assemblée spécialement élue à cet effet. On a, également, pensé au renouvellement des assemblées avant l'élaboration du nouveau texte (la Belgique, la Bolivie, le Danemark, l'Espagne, le Luxembourg, le Pays-Bas et la Suisse).

La technique la plus répandue est celle qui laisse aux assemblées législatives en fonction le soin de procéder aux modifications utiles à la Constitution en vigueur (la France, la Hongrie, la République Démocratique du Congo et la Russie).

2.3. L'adoption définitive de la révision

L'adoption définitive d'un texte modificatif de la Constitution n'est pas uniforme pour tous les pays.

Quelques États admettent que l'autorité qui a discuté de la réforme soit compétente pour lui conférer, dans certaines conditions de forme et de majorité, une valeur obligatoire. L'Albanie, l'Allemagne, la Bulgarie, la France, la République Démocratique du Congo ou la Turquie peuvent être cités en exemple. D'autres Constitutions exigent l'adoption par le peuple. Les solutions sont donc diversifiées. La consultation populaire a lieu sous certaines conditions (l'Italie, la France) ou est obligatoire (l'Algérie, la Corée du Sud, le Danemark, l'Irlande, le Japon, l'Uruguay ou le Venezuela).

3. La question des dispositions constitutionnelles intangibles

En vue d'assurer la protection des dispositions essentielles et d'ordre public de la Loi fondamentale et d'épargner celle-ci des révisions intempestives, la plupart de constituants ont pris l'habitude d'encadrer rigoureusement la procédure de modification constitutionnelle. C'est dans ce sens qu'il faut comprendre les précautions souvent prises pour rendre intangibles certaines dispositions constitutionnelles.

La Constitution française du 4 octobre 1958 qui a largement inspiré bon nombre de constituants africains consacre, par exemple, l'immutabilité des dispositions constitutionnelles se rapportant, notamment, à la forme républicaine du gouvernement. C'est dans ce sens que s'est prononcée la Constitution italienne du 27 décembre 1947 (art. 139). Il en est ainsi de la Constitution bulgare du 20 septembre 2004 (art. 53) qui interdit toute modification de la Constitution qui a pour but de réduire les prérogatives de la grande assemblée nationale. La Constitution marocaine du 18 juin 2011 (art. 175) prohibe toute révision constitutionnelle visant la remise en cause de la religion musulmane et la forme monarchique de l'État. La Constitution tunisienne de 2004 (art. 76) autorise sa modification sous réserve de ne pas porter atteinte à la forme républicaine de l'État. De son côté, la Constitution ivoirienne du 23 juillet 2000 consacre l'immutabilité (art. 127) de la forme républicaine des institutions et la laïcité de l'État.

La Constitution de la République Démocratique du Congo du 18 février 2006 (art. 220) soustrait de sa révision la forme républicaine de l'État, le principe de suffrage universel, la forme représentative du gouvernement, le nombre et la durée des mandats du président de la République, l'indépendance du pouvoir judiciaire, le pluralisme politique et syndical. Est également interdite toute modification de la Constitution ayant pour objet ou pour effet de réduire les droits et libertés de la personne, ou de réduire les prérogatives des provinces et des entités territoriales décentralisées.

La question qu'il convient de se poser est relative à la relation qui peut être faite entre la règle d'immutabilité constitutionnelle et celle de la révision de la Constitution. Sur cette question, les modèles sont loin d'être uniformes. Pour certains, l'immutabilité des « *dispositions constitutionnelles intangibles* » a un caractère absolu. Pour d'autres, même rigide, la Constitution est toujours soumise au principe de sa révision ; l'immutabilité de certaines de ses dispositions ne peut donc être que relative. On peut observer que tout en consacrant l'intangibilité de certaines de ses dispositions, la Constitution ne proclame nullement leur immutabilité absolue. Elle conteste seulement au pouvoir constitué la prérogative d'opérer, en recourant à la fraude à la Constitution, des réformes qui, par leur nature et leur importance, relèvent de la compétence du pouvoir constituant originaire.

Autant dire que mêmes intangibles, les dispositions constitutionnelles peuvent toujours être modifiées à condition, d'une part, de respecter la procédure de révision et, d'autre part, d'obtenir que les motifs de révision ne soient pas équivoques et emportent l'adhésion de la majorité de citoyens intéressés.

Section 3 : Le contrôle de constitutionnalité des lois

La suprématie de la norme constitutionnelle sur d'autres normes juridiques appelle, naturellement, un contrôle de la conformité des secondes à la première. L'étude des raisons qui ont, de tous les temps, justifié le contrôle de la constitutionnalité de lois permet d'identifier les organes chargés dudit contrôle, le moment où il intervient et les modalités de la saisine du juge chargé du contrôle. La question de l'indépendance du juge chargé du contrôle sera également évoquée.

§1. Les fondements du contrôle

Dans un État de droit, la suprématie de la norme constitutionnelle implique la mise en place d'un arsenal juridique capable d'assurer la vérification de la conformité à la Constitution des actes que prennent, dans la gestion courante des affaires de l'État, les pouvoirs publics et même les particuliers. Le respect des règles établies par la Constitution y joue, en ce cas, le rôle de première importance.

Conçu, en Occident, depuis la fin du XVIIIe siècle, le principe de constitutionnalité ne s'est développé que tardivement, soit à partir de la seconde moitié du XIXe siècle. L'Afrique ne l'a expérimenté que vers les années 1990. Le caractère quasi permanent du débat sur cette question semble conforter cet état de choses.

En France, par exemple, on note que, bien que proclamée dans la Constitution, la suprématie constitutionnelle a pris du retard pour être ancrée dans les mœurs politiques[73]. Il y subsistait encore une forte attache au légicentrisme qui a, longtemps, consacré le règne de la loi placée au centre de l'ordonnancement juridique.

Il s'ensuit qu'après une longue période d'atermoiements, le respect de la légalité constitutionnelle renforce la protection de la Constitution et celle des droits de l'homme et des libertés publiques.

En tout état de cause, le contrôle de la constitutionnalité des lois consiste à la vérification de la conformité à la Constitution des actes des pouvoirs publics (normes législatives et réglementaires) et des particuliers. Ce contrôle est, sauf aux États-Unis d'Amérique[74], toujours organisé par la Constitution.

On soutient, de nos jours, que le contrôle de la constitutionnalité est né de la nécessité de substituer le constitutionnalisme à la doctrine du légicentrisme. Sa mise en œuvre pose, néanmoins, le problème de l'identification de l'organe qui a la charge, le moment de son déclenchement et la procédure à suivre.

§2. Les organes de contrôle

Traditionnellement, il existe deux systèmes de contrôle de constitutionnalité des lois. Celui-ci peut être exercé par un organe politique ou juridictionnel. Le besoin, de plus en plus accru, de démocratisation des régimes politiques a justifié l'intervention de l'opinion publique dans le contrôle de la conformité à la Constitution des actes des pouvoirs publics.

A. Le contrôle par l'opinion publique

Depuis la disparition, au cours de la deuxième moitié du XXe siècle, de la guerre froide qui a, également, entraîné la dislocation de l'Empire Soviétique, un vent de démocratisation des régimes politiques n'a cessé de souffler en Europe orientale et en Afrique. Le peuple a, ainsi, été régulièrement sollicité dans l'élaboration, l'adoption et, au besoin, le contrôle de l'application et ou de l'interprétation des textes constitutionnels.

Pris pour régenter la vie sociale et politique, les actes des pouvoirs publics intéressent au plus haut point le peuple qui, par l'opinion publique interposée, arrive souvent à s'assurer de leur conformité à la Constitution et à les censurer éventuellement.

Ce droit de regard du peuple sur les actes des pouvoirs publics constitue, en régime démocratique, une véritable arme en faveur de la constitutionnalité des agissements des gouvernants. La sanction qui en résulte peut

---

[73] FAVOREU L. et alii, *Droit Constitutionnel*, Paris, Dalloz, 2006, p. 143.

[74] C'est la Cour suprême des États-Unis qui, à l'occasion de l'affaire Marbury contre Madison, qui l'a pratiquement imposé. Lire dans ce sens GINESTE H.-S., *Le Droit Constitutionnel en Schéma*, *op. cit.*, p. 84.

être immédiate (contestation du régime par les manifestations de rues) ou lointaine au moment des nouvelles élections (les électeurs pourraient être amenés à refuser de renouveler leur confiance aux dirigeants qui, à leurs yeux, sont, notoirement, connus comme violateurs de la Constitution).

Dans les jeunes démocraties (d'Afrique, d'Amérique ou d'Asie) où la culture politique fait, généralement, défaut, la formation de l'opinion publique aux valeurs démocratiques paraît faible autant que l'intolérance politique semble bien se comporter. Les modalités pratiques de ce type de contrôle sont donc difficiles à réaliser.

Certaines Constitutions africaines (Bénin, République Démocratique du Congo) autorisent, toutefois, aux citoyens de combattre par tous les moyens et de faire échec à tout individu ou groupe d'individus qui exerce ou se maintient au pouvoir en violation des textes constitutionnels en vigueur. Elles constitutionnalisent ainsi le droit à la désobéissance civile.

B. Le contrôle par un organe politique

Le contrôle de la constitutionnalité par un organe politique tire son fondement du fait que, même si son objet porte sur un texte juridique, l'exercice produit, néanmoins, des effets politiques. Il est, dès lors, logique qu'un organe politique soit compétent pour ce faire.

À l'actif de son contrôle, on avance également le fait que l'organe politique semble le mieux indiqué pour juger de l'opportunité du maintien ou non de la loi mise en cause. Une telle solution aurait l'avantage d'éviter de mêler le juge dans un domaine qui lui est, a priori, interdit, à savoir son ingérence éventuelle dans la politique.

Exercé par un organe politique avant le vote de la loi, ce contrôle jouerait, ensuite, un rôle préventif. Il est, en effet, préférable d'empêcher le vote d'une loi inconstitutionnelle que d'attendre sa promulgation pour procéder, après, à sa censure.

Le contrôle politique est, enfin, préféré au contrôle juridictionnel pour éviter le transfert du pouvoir politique entre les mains des magistrats qui pourront être tentés d'instaurer « *un gouvernement des juges* ».

Dans les pays où il a existé, ce type de contrôle peut être saisi de deux manières. D'une part, l'organe de contrôle est saisi par le gouvernement ou le parlement. Dans cette hypothèse, il est à craindre que les motivations politiques de la requête l'emportent sur la nécessité de respecter la légalité constitutionnelle. La saisine peut, d'autre part, s'effectuer de manière automatique par l'autorité chargée de contrôle. Une telle procédure court le risque d'en faire, aux yeux de l'opinion, juge et partie combinant ainsi dans le chef du même organe l'exercice des attributions législatives et celles de l'organe de contrôle.

En plus, à cause de la partialité qui entraînerait le mode de recrutement de ses membres, de sa composition et de la procédure de sa saisine, le contrôle de la constitutionnalité par un organe politique a été, globalement, décevant dans la pratique.

C. Le contrôle par un organe juridictionnel

En faveur de ce contrôle, on fait valoir un certain nombre d'arguments. On soutient, d'abord, que la question posée est exclusivement juridique (en adoptant une loi soumise au contrôle, le législateur a-t-il ou non agi dans les limites de ses compétences constitutionnelles) pour qu'elle ne soit confiée qu'au seul juge.

La formation du juge, ses habitudes (son esprit d'indépendance et d'impartialité) le prédisposent, ensuite, à assurer parfaitement ce type de contrôle.

La procédure juridictionnelle avec notamment sa publicité des audiences, la contradiction dans les débats ainsi que l'obligation de motiver les décisions de justice sont autant d'arguments qui autorisent à reconnaître à un organe juridictionnel la compétence de contrôler la constitutionnalité des lois.

Deux types d'organes de contrôle de constitutionnalité ont été identifiés. Il peut s'agir, des juridictions ordinaires ou des juridictions spéciales évoluant souvent en marge de la hiérarchie judiciaire habituellement connue.

Sur ce point précis, il n'existe pas de modèle uniforme d'organisation et de composition de la juridiction constitutionnelle. Certains pays ont opté pour la formule d'une Cour constitutionnelle (la Belgique, le Bénin, le Gabon, l'Italie, le Mali, le Niger, la République Centrafricaine, la République Démocratique du Congo, la République du Congo, la République fédérale d'Allemagne, la République Sud-Africaine, la Turquie ou le Togo), d'autres pour celle d'un Conseil constitutionnel (l'Algérie, le Cameroun, la Côte d'Ivoire, la France, le Sénégal ou le Tchad), d'autres encore, pour un tribunal spécial (Suisse), d'autres enfin, pour la formule de la Cour suprême de justice (les États-Unis d'Amérique, la Guinée Bissau, la Norvège ou le Rwanda).

Les conditions et procédures de désignation des membres de la juridiction constitutionnelle dépendent également d'un pays à un autre et d'un régime à un autre[75].

Le Conseil constitutionnel français, par exemple, comprend deux catégories de membres (les membres de droit et les membres nommés). Sont membres de droit, les anciens présidents de la République[76], les neuf autres membres sont nommés à raison de trois par le président de la Répu-

---

[75] ESAMBO KANGASHE J.-L, *La Constitution Congolaise du 18 février 2006 à l'épreuve du constitutionnalisme. Contraintes pratiques et perspectives*, *op. cit.*, pp. 248-252.
[76] Art. 56 de la Constitution française du 4 octobre 1958.

blique, trois par le président de l'Assemblée nationale et trois par le président du Sénat[77]. Le renouvellement du Conseil constitutionnel se fait par tiers tous les trois ans. Chaque président désigne donc un membre tous les trois ans[78].

La Constitution ne fixe aucune condition d'âge, de profession, de compétence ni aucune obligation de consultation préalable. Les trois autorités de nomination disposent d'une totale liberté de choix[79] et d'un pouvoir discrétionnaire en la matière.

Au Bénin, la Cour constitutionnelle est composée de sept membres désignés pour un mandat de cinq ans renouvelable une fois. Quatre sont nommés par le Bureau de l'Assemblée nationale et trois par le président de la République. Aucun membre de la Cour constitutionnelle ne peut siéger plus de dix ans[80]. Pour y être désigné, le candidat doit disposer d'une compétence professionnelle avérée, d'une bonne moralité et d'une grande probité.

Le constituant béninois procède à un partage de compétences entre le président de la République et le Bureau de l'Assemblée nationale dans la nomination des membres de la Cour constitutionnelle. Il détermine leurs origines et en fixe les conditions de nomination.

La Cour constitutionnelle est composée de trois magistrats disposant d'une expérience professionnelle d'au moins quinze ans, deux d'entre eux sont nommés par le Bureau de l'Assemblée nationale et un par le président de la République.

De même, siègent également à la Cour, deux juristes de haut niveau recrutés parmi les professeurs ou praticiens du droit. Ils doivent avoir une expérience professionnelle d'au moins quinze ans. L'un d'eux est nommé par le Bureau de l'Assemblée nationale et l'autre par le président de la République.

Enfin, à côté des juristes, la Cour constitutionnelle du Bénin comprend deux personnalités de grande réputation dont l'une nommée par le Bureau de l'Assemblée nationale et l'autre par le président de la République[81].

Au Sénégal, c'est la loi n° 92-23 du 30 mai 1992[82] qui organise le fonctionnement du Conseil constitutionnel. Elle indique que le Conseil constitutionnel comprend cinq membres nommés par décret présidentiel pour six ans renouvelable, dont un président et un vice-président. Il est renouvelé tous les deux ans en raison de deux membres au plus[83].

---

[77] Art. 56 de la Constitution française du 4 octobre 1958.

[78] ROUSSEAU D., *Le Droit du Contentieux Constitutionnel*, Paris, 9e éd., Montchrestien/Lextenso, 2010, p. 59.

[79] *Idem*, p. 38.

[80] Art. 115 al. 1 de la Constitution du Bénin du 11 décembre 1990.

[81] Art. 115, al. 2 et 3 de la Constitution du Bénin du 11 décembre 1990.

[82] Modifiée par la loi n° 99-71 du 17 février 1999.

[83] Art. 3 de la Loi du 17 février 1999.

Ils sont choisis parmi les anciens magistrats. Deux de cinq membres peuvent être choisis parmi les professeurs et anciens professeurs titulaires des facultés de droit. Peuvent aussi être recrutés au Conseil constitutionnel, les inspecteurs généraux de l'État et les anciens inspecteurs généraux de l'État ayant au moins vingt-cinq ans d'ancienneté dans la fonction publique. Les avocats ayant une expérience de vingt-cinq ans d'exercice de leur profession[84] peuvent faire partie du Conseil constitutionnel.

En Guinée Bissau, la Cour suprême de justice est composée de sept juges nommés par le président de la République après leur désignation par le Conseil suprême de la magistrature.

En République Démocratique du Congo, la Cour constitutionnelle est composée de neuf membres nommés par le président de la République dont trois sur sa propre initiative, trois désignés par le parlement et trois par le Conseil supérieur de la magistrature. Les deux tiers des membres de la Cour constitutionnelle doivent être des juristes provenant de la magistrature, du barreau ou de l'enseignement supérieur. Le président de la Cour constitutionnelle est élu par ses pairs pour une durée de trois ans renouvelable une fois. Il est investi par ordonnance présidentielle. La Cour constitutionnelle est renouvelable par tiers tous les trois ans. Lors de son renouvellement, il est procédé au tirage au sort d'un membre par groupe[85]. Pour siéger à la Cour constitutionnelle, il suffit d'être congolais et justifier d'une expérience éprouvée de quinze ans dans les domaines juridique ou politique[86].

Dans la pratique, le contrôle juridictionnel de constitutionnalité s'exerce de plusieurs manières. Peuvent ainsi être cités, les contrôles par voie d'action, d'exception ou d'incidence.

1. Le contrôle par voie d'action

Lorsqu'il est prévu, le contrôle de la constitutionnalité par voie d'action, la loi qualifiée d'inconstitutionnelle est directement déférée devant une juridiction chargée de contrôler la constitutionnalité. Au cas où la juridiction se prononce en faveur de l'inconstitutionnalité, elle prononce l'annulation pure et simple de la loi. La décision s'impose à tous et bénéficie d'une autorité absolue de la chose jugée. Ce contrôle est exercé devant une juridiction ordinaire ou spéciale (la Belgique, le Bénin, le Burkina Faso, la France, le Gabon, le Mali, le Niger, la République Centrafricaine, la République Démocratique du Congo, la République du Congo ou la République Sud-Africaine).

Une question encore controversée est celle qui a trait au contrôle de la constitutionnalité d'une loi modificative de la Constitution. Les recettes

---

[84] Art. 4 de la Loi du 17 février 1999.
[85] Art. 158 de la Constitution du 18 février 2006.
[86] Art. 159 de la Constitution du 18 février 2006.

sont loin d'être uniformes. Pendant que certains systèmes organisent la compétence du juge, d'autres lui renient, en revanche, cette prérogative et d'autres encore n'osent pas se prononcer.

On note, par exemple, qu'aux États-Unis d'Amérique, en Allemagne[87], en Autriche[88] ou en Turquie[89], le juge constitutionnel est parvenu à s'assurer de la conformité à la Constitution des lois de révision constitutionnelle. La même attitude avait été affichée par le juge constitutionnel béninois[90], malien[91], nigérien[92] et tchadien[93].

D'autres pays comme la France[94] et le Sénégal n'admettent pas que le juge soit compétent pour assurer la régulation directe de la souveraineté nationale exprimée par le Parlement en autorisant, par exemple, un contrôle de constitutionnalité des lois de révisions constitutionnelles.

Certains pays[95] ne se sont pas encore prononcés aux motifs que la question relève du phénomène de convocation du droit par la politique et, conséquemment, de la juridicisation de la vie publique.

Comme on peut bien s'en rendre compte, une telle attitude tend à encourager la violation de la Constitution par un gouvernement soutenu, à cet effet, par une majorité parlementaire acquise à sa cause.

---

[87] Dans ses décisions du 15 décembre 1970 et du 23 avril 1991, la Cour constitutionnelle fédérale s'est déclarée compétente pour contrôler la constitutionalité des lois de révision constitutionnelle.

[88] La Cour constitutionnelle d'Autriche s'est, à trois reprises, déjà déclarée compétente pour contrôler la constitutionnalité des lois constitutionnelles. Il s'agit de décisions rendues les 12 décembre 1952, 23 juin 1988 et 29 septembre 1988.

[89] La Cour constitutionnelle turque a, à plusieurs reprises, rendu des décisions en cette matière. Ce sont notamment les décisions n° 1970-31 du 4 juin 1970 (restitution des droits politiques), n°1971-37 du 3 avril (report des élections du Sénat), n°1975-87 du 15 avril 1975, n° 1976-19 du 23 mars 1976 (expropriation I), n° 1976-46 du 12 octobre 1976 (expropriation II), n° 1976-47 du 12 octobre 1976 (expropriation III), n° 1977-4 du 27 janvier (Conseil supérieur des juges), n° 1977 du 27 septembre 1997 (Conseil supérieur des procureurs) et n° 1987-15 du 18 juin 1987 (abrogation de l'article 4 de la Constitution).

[90] La Cour constitutionnelle du Bénin a déclaré inconstitutionnelle une loi relative à la modification de la durée (de 4 à 5 ans) du mandat des députés à l'Assemblée nationale. Pour cette juridiction, la modification constitutionnelle proposée remettait en cause le consensus national obtenu sur cette question et qui a été consacré comme un principe à valeur constitutionnelle.

[91] Dans son arrêt n° 01-128 du 12 septembre 2011, ce juge a déclaré inconstitutionnelle une loi de révision constitutionnelle à soumettre au référendum au motif que le texte publié par le président de la République n'était pas identique à celui que le parlement avait adopté avant sa promulgation.

[92] L'avis n° 02 rendu, le 25 mai 2009, par le juge constitutionnel du Niger interdit au président de la République d'engager ou de poursuivre, sous peine de parjure, le changement de la Constitution par une loi ayant pour but de réviser la Constitution.

[93] Le Conseil constitutionnel tchadien s'est également déclaré compétent pour connaître de la constitutionnalité d'une loi de révision constitutionnelle adoptée par l'Assemblée nationale en séance du 26 mai 2004.

[94] Notamment dans les décisions n° 62-20 DC du 6 novembre 1962 et 2003-469 DC du 26 mars 2003.

[95] Comme la République Démocratique du Congo.

2. Le contrôle par voie d'exception

À la différence du contrôle par voie d'action, celui-ci n'intervient qu'incidemment devant un juge de fond au cours d'une instance et, à titre d'une exception soulevée comme moyen d'accusation ou de défense.

Assuré au moyen d'une exception d'inconstitutionnalité, ce contrôle n'aboutit pas à l'annulation d'une loi reconnue inconstitutionnelle mais plutôt à son application dans l'instance en cours. Il s'ensuit qu'une loi jugée inconstitutionnelle par cette voie ne cesse pas d'exister dans l'ordre juridique ; elle pourrait, cependant, être appliquée dans une autre affaire.

L'autorité de la chose jugée étant relative dans un contrôle, l'institution d'un tribunal spécial n'est pas nécessaire, le juge ordinaire pouvant valablement s'en occuper.

Le contrôle par voie d'exception présente un certain nombre d'avantages. Il permet, d'abord, de ménager les susceptibilités du législateur étant donné que le procès contre la loi s'ouvre incidemment sans publicité. Ensuite, la loi incriminée ne cesse pas d'exister, elle est, plutôt, déclarée inapplicable dans le cas sous examen ; la volonté du législateur est donc intacte. Enfin, ce type de contrôle entre dans la mission traditionnelle du juge, celle de résoudre, quotidiennement, les conflits nés de l'application ou de l'interprétation de la loi. La Côté d'Ivoire, les États-Unis d'Amérique, l'Italie, la France, la République Démocratique du Congo et le Togo organisent ce type de contrôle.

À l'heure actuelle, plusieurs formes de contrôle de constitutionnalité par voie d'exception ont vu le jour. On pense notamment à la question préjudicielle[96]de constitutionnalité, celle préalable de constitutionnalité ou encore à la question prioritaire de constitutionnalité[97].

2.1. La question préjudicielle de constitutionnalité

Dérivée du contrôle de constitutionnalité par voie d'exception, la question préjudicielle de constitutionnalité a pris du temps pour être reconnue en France[98]. Elle augure une procédure en vertu de laquelle une personne (physique ou morale) partie à une instance demande, par l'entremise du juge de fond, la vérification par le juge constitutionnel de la constitutionnalité d'une loi. La requête se présente sous forme d'une nouvelle demande qui vient se greffer sur un moyen principal.

---

[96] BADINTER R. et al., *Contrôle de constitutionnalité par voie préjudicielle en France : quelles pratiques ?*, Paris, Presses Universitaires d'Aix-Marseille, 2009.

[97] MAUGÜÉ C. et STAHL J.-H., *La question prioritaire de constitutionnalité*, Paris, Dalloz, 2011, pp. 3-27.

[98] C'est, en effet, à la faveur de la révision constitutionnelle du 23 juillet 2008 que fut introduite l'idée d'organiser notamment le contrôle de constitutionnalité par une procédure préjudicielle (Art. 61-1 de la Constitution du 4 octobre 1958).

La question préjudicielle de constitutionnalité est susceptible d'être soulevée devant toutes les juridictions relevant de l'ordre administratif ou judiciaire à l'exception de la Cour d'assises. La même exception peut être soulevée par le demandeur et même le défendeur.

Saisi d'une telle question, le juge ordinaire sursoit à statuer et transmet au juge constitutionnel la question préjudicielle aux fins de la vérification de sa conformité à la Constitution. Cette transmission se fait par les soins de deux plus hautes juridictions de l'ordre administratif (Conseil d'État) ou de l'ordre judiciaire (Cour de cassation) qui assurent une sorte de filtrage, ce qui peut allonger inutilement la procédure.

On voit bien qu'en dépit de la similitude, quant aux effets (surséance du juge du fond en attendant la décision du juge constitutionnel), la question préjudicielle de constitutionnalité se démarque du contrôle par voie d'exception au sens classique du terme. Par cette voie, en effet, une personne demande au juge ordinaire saisi d'un litige qui le concerne de ne pas lui appliquer, à l'occasion d'un procès relevant de sa compétence, une loi dont la constitutionnalité est mise en doute.

Moyen par excellence de protection et de préservation des droits et libertés publiques garantis par la Constitution, la question préjudicielle de constitutionnalité laisse, en dépit de l'imprécision que s'offrent la plupart de constituants, entrevoir l'idée qu'elle relève des juridictions de jugements de l'ordre administratif et de l'ordre judiciaire.

Dépourvues du pouvoir d'appréciation de la justesse ou non de la question préjudicielle de constitutionnalité, les juridictions de jugements doivent s'en remettre au juge constitutionnel qui seul peut en apprécier la pertinence. Ce dernier n'est saisi que par le juge de fond à l'exclusion de toute partie à l'instance. Une fois que le juge constitutionnel aura déclaré fondée ou non une question préjudicielle de constitutionnalité, il en ordonne le renvoi au juge de fond.

À l'opposé du système américain de mise en œuvre d'une question préjudicielle de constitutionnalité lequel rend compétent tout juge saisi d'une telle demande, la Cour suprême fédérale se limitant à assurer la régulation et l'unification de la jurisprudence, les mécanismes européen et africain organisent autrement la procédure. Dans ces derniers systèmes, la procédure est organisée de manière à rendre plus complet le besoin d'assurer la suprématie et la protection de la Constitution en aménageant harmonieusement le contrôle a posteriori exercé sous forme de question préjudicielle de constitutionnalité et celui a priori assuré par voie d'action.

Très complexe dans son maniement, la question préjudicielle de constitutionnalité permet aux particuliers de saisir, indirectement, le juge constitutionnel pour attaquer des lois déjà promulguées. Une loi organique prévue pour déterminer la procédure relative à ce contrôle n'a pas encore été adoptée. Il reste qu'au Togo, une décision du 4 février 2010 autorise la

Cour constitutionnelle de contrôler la constitutionnalité d'une loi organique par la voie de question préjudicielle.

2.2. La question préalable de constitutionnalité

À la différence de la question préjudicielle de constitutionnalité qui conduit à la surséance par le juge de fond, en attendant la décision du juge constitutionnel saisi à cet effet, la question préalable de constitutionnalité confère au juge de fond un rôle plus actif. Celui-ci est, en effet, obligatoirement tenu de se prononcer sur la demande avant toute décision de fond.

L'évocation d'une question préalable de la constitutionnalité amène le juge à se prononcer prioritairement avant l'examen de tout autre moyen connexe ou annexe. Cette requête n'est pas portée devant un juge spécial (juge constitutionnel au sens classique) mais plutôt au même juge de droit commun.

La question préalable de constitutionnalité comporte trois traits caractéristiques. Elle est, d'abord, une question de droit et non une exception. Si le juge peut, à la seule évocation, en examiner le lien avec la violation des droits et libertés garantis par la Constitution avant de la transmettre au juge constitutionnel, il ne pourra y répondre de lui-même. Cette question est, ensuite, préalable parce que son examen sera prioritaire par rapport, par exemple, à la question de « conventionnalité » qui pourra être certes soulevée mais dont le traitement dépendra du cours normal de la procédure. La question préalable est, enfin, de constitutionnalité parce qu'elle tend à la vérification de la constitutionnalité de la loi dont l'application paraît, a priori, énerver les droits et libertés garantis par la Constitution. Le vote d'une loi organique contribuera assurément à l'organisation de la procédure en la matière.

2.3. La question prioritaire de constitutionnalité

Depuis plusieurs décennies d'hésitations, le constituant français est parvenu à consacrer, à la faveur de la réforme constitutionnelle du 23 juillet 2008[99], la question prioritaire de la constitutionnalité[100]. La procédure reconnaît à tout citoyen le droit d'invoquer, devant n'importe quelle juridiction, l'inconstitutionnalité d'une loi qui lui est appliquée.

L'enjeu d'une telle procédure est, naturellement, de permettre à l'ensemble de citoyens et, généralement, des sujets de droit de s'approprier et de revendiquer les dispositions constitutionnelles qui assurent la garantie de leurs droits.

---

[99] Art. 61-1 de la Loi constitutionnelle n° 2008-724 du 11 décembre 2009, *Journal Officiel* du 24 juillet 2008.

[100] Dont l'effectivité a été assurée par la loi organique n° 2009 du 10 décembre 2009, *Journal Officiel* du 11 décembre 2009.

Combinant les techniques d'usage en matière de contrôle de constitutionnalité par voie d'action et par voie d'exception, la question prioritaire de constitutionnalité est complexe autant qu'elle favorise la collaboration entre les juridictions suprêmes des autres ordres (judiciaire et administratif) et le Conseil constitutionnel.

Le mécanisme autorise la contestation, en procédure préjudicielle, d'une loi ou de ses dispositions devant le juge administratif ou judiciaire. Il diffère d'autres dispositifs préjudiciels d'usage devant les juridictions administratives et judiciaires dans la mesure où ces derniers ne sont évoqués qu'après l'examen, par le juge, des différents moyens soulevés par la requête. La question prioritaire de constitutionnalité est, quant à elle, évoquée in limine litis et le juge doit se prononcer illico presto.

La Loi organique du 10 décembre 2009 qui en fixe la procédure impose au juge de fond d'examiner en priorité le moyen de constitutionnalité avant de donner suite aux autres moyens. Il doit s'abstenir d'examiner le fond de la requête ni d'y faire droit avant la décision finale du juge constitutionnel[101].

L'évocation de la question prioritaire de constitutionnalité suffit pour que l'instance en cours devant le juge de fond s'arrête en attendant la saisine du juge constitutionnel. Il y a lieu d'avoir à l'esprit que dans l'examen de la question prioritaire de constitutionnalité, la procédure n'est pas la même tant devant la juridiction de fond que les instances de filtre.

2.3.1. La procédure devant les juridictions de fond

La procédure devant les juridictions de fond couvre plusieurs étapes qui peuvent être ramenées à deux, à savoir l'évocation de la question prioritaire de constitutionnalité et sa transmission aux juridictions suprêmes de l'ordre administratif ou judiciaire.

L'évocation, devant toute juridiction, de la question prioritaire de constitutionnalité est un moyen préjudiciel de droit. Les parties au procès et le ministère public, lorsqu'il est partie principale, sont seuls autorisés à l'invoquer. Le juge ne peut le relever d'office. Ce moyen peut être allégué, même pour la première fois, au niveau de la cassation.

Une fois le moyen présenté, la juridiction saisie sursoit à statuer sur le fond de l'affaire jusqu'à la décision du Conseil d'État, de la Cour de cassation ou, s'il est saisi, du Conseil constitutionnel. Les mesures conservatoires utiles et provisoires, notamment en matière de liberté provisoire sont autorisées. Aucune autre décision ne peut être envisagée.

[101] MAUGÜÉ C. et STAHL J.-H., *La question prioritaire de constitutionnalité, op. cit.*, p. 33.

Le législateur[102] définit clairement les critères de transmission au Conseil d'État et à la Cour de cassation d'une question prioritaire de constitutionnalité. Ils sont au nombre de trois.

Il doit, d'abord, s'agir d'une disposition légale applicable dans un litige porté ou une procédure engagée devant la juridiction ordinaire (administrative ou judiciaire). Elle peut constituer un fondement des poursuites. La disposition ne doit pas, ensuite, avoir été déjà déclarée conforme à la Constitution par le juge constitutionnel, sauf changement de circonstances. Le moyen évoqué doit, enfin, être sérieux.

L'acte par lequel la question prioritaire de constitutionnalité est soulevée devant une juridiction de fond s'appelle le « *mémoire* ». Il est obligatoirement notifié à toutes les parties à l'instance pour leur permettre d'y répliquer. La communication des moyens n'a lieu qu'entre les parties à l'exclusion de tout autre intervenant.

L'examen préliminaire de la question prioritaire de constitutionnalité peut amener la juridiction de fond à ordonner sa surséance et décider de sa transmission au Conseil d'État ou à la Cour de cassation, selon le cas. Là s'arrête la ressemblance avec le contrôle de constitutionnalité par voie d'exception réservé exclusivement au juge constitutionnel.

2.3.2. La procédure devant les juridictions administratives et judiciaires suprêmes

Saisies d'une question prioritaire de constitutionnalité, les juridictions suprêmes s'assurent au préalable que les critères arrêtés par la loi organique du 10 décembre 2009 sont réunis. Elles opèrent, ensuite, un filtrage de toutes les questions prioritaires de constitutionnalité communiquées au juge constitutionnel. Cette option constitutionnelle vise à éviter l'encombrement dudit juge et à prévenir des procédures inutilement dilatoires susceptibles de paralyser l'action de la justice.

La technique de filtrage confère à ces deux juridictions le pouvoir d'apprécier si la question prioritaire de constitutionnalité paraît suffisamment documentée et fondée pour être envoyée au juge constitutionnel.

Ce rôle est différemment exercé selon que les questions prioritaires de constitutionnalité sont transmises par les juridictions ordinaires ou portées, pour la première fois, devant les juridictions chargées du filtrage.

Devant la Cour de cassation, la question prioritaire de constitutionnalité ne peut être examinée que :

- lorsqu'elle émane d'une juridiction de fond ;
- lorsqu'elle résulte d'un pourvoi formé contre un arrêt rendu en premier et dernier ressort par une cour d'appel statuant sur le fond après

[102] Art. 23-2 de la Loi organique du 10 décembre 2009.

avoir refusé de renvoyer à la Cour de cassation une question prioritaire de constitutionnalité ;

• lorsqu'une partie soulève, pour la première fois devant elle à l'occasion d'un pourvoi, en demande ou en défense, la question prioritaire de constitutionnalité ;

• lorsqu'un moyen d'inconstitutionnalité est soulevé dans un écrit (immédiatement transmis par la Cour d'assises) qui accompagne la déclaration d'appel d'un arrêt rendu en premier ressort par une Cour d'assises.

Au Conseil d'État, on note qu'une question prioritaire de constitutionnalité n'est examinée que :

• lorsqu'elle est transmise par une juridiction de fond ;

• lorsqu'une partie forme un pourvoi contre un arrêt d'une cour administrative d'appel (ou un jugement rendu en premier et dernier ressort) qui, après avoir refusé de renvoyer une question prioritaire de constitutionnalité au Conseil d'État, décide de statuer ;

• lorsqu'une partie la soulève, pour la première fois devant lui, à l'occasion d'un recours direct, d'un appel ou d'un pourvoi en cassation, en demande ou en défense. Dans ce cas, la question prioritaire de constitutionnalité se greffe au litige porté devant le Conseil d'État.

Devant cette juridiction, il est organisé la procédure d'échange contradictoire des moyens entre toutes les parties y compris le ministre compétent et le premier ministre. Un délai bref est prévu pour les questions soulevées directement devant le Conseil d'État.

Dans chacun des ordres juridictionnels, la Cour suprême joue un rôle de filtre qui s'exerce, de deux façons, selon qu'elle est directement saisie d'une question ou que celle-ci lui est transmise par les juridictions du premier et second degré. Elle procède au renvoi en cas de question nouvelle ou présentant un caractère sérieux[103].

À l'opposé de la procédure d'usage à la Cour de cassation, au Conseil d'État, la question prioritaire de constitutionnalité peut être invoquée jusqu'à la clôture de l'instruction sauf possibilité exceptionnelle d'une production par la voie d'une note en délibéré.

Vis-à-vis de la Cour de cassation, le mémoire spécial sur la question prioritaire de constitutionnalité doit être déposé dans le délai d'instruction du pourvoi. Le mémoire déposé hors délai est irrecevable.

Les juridictions judiciaires et administratives autres que les juridictions suprêmes disposent d'un délai relativement court pour se prononcer sur les questions prioritaires de constitutionnalité dont elles sont saisies. Ce délai doit intégrer le déroulement de l'instruction contradictoire entre les parties au litige de fond.

---

[103] MAUGÜÉ C. et STAHL J.-H., *La question prioritaire de constitutionnalité, op. cit.*, p. 42.

Pour les juridictions suprêmes, un délai de trois mois, à peine de renvoi automatique au Conseil constitutionnel, a été fixé pour vider l'examen des questions prioritaires de constitutionnalité portées devant elles.

Les juridictions du premier et de second degré ainsi que la Cour de cassation et le Conseil d'État peuvent être amenés à prendre la décision de transmission ou non d'une question prioritaire de constitutionnalité au juge constitutionnel. Le refus de la transmission les autorise à ce que le litige soit vidé ; il doit être motivé.

2.3.3. La procédure devant le Conseil constitutionnel

Les décisions de transmission des questions prioritaires de constitutionnalité, ordonnées par les deux juridictions suprêmes saisissent, automatiquement, le juge constitutionnel. La transmission des décisions s'accompagne toujours de celle des mémoires et conclusions des parties spécifiquement à la question de constitutionnalité soulevée.

La réception, au Conseil constitutionnel, de la décision de la Cour de cassation ou du Conseil d'État, et de toutes les pièces requises se traduit par l'enregistrement de la question prioritaire de constitutionnalité au greffe.

Les exigences d'une procédure contradictoire ont conduit à l'organisation d'un échange des moyens entre parties au litige de fond mais également à l'égard des autorités habituellement mises en cause dans le cadre du contrôle de la constitutionnalité. Le règlement intérieur du Conseil détermine les règles d'usage en matière d'échange des mémoires et les autorités appelées dans la cause.

Il est autorisé au Conseil, s'il juge utile de compléter son information, d'adresser aux parties et aux autorités constitutionnelles intéressées des demandes spécifiques. Il peut, pour les mêmes besoins, organiser des auditions complémentaires.

Les audiences du Conseil constitutionnel sont publiques. Les parties ne sont pas autorisées à y prendre la parole, sauf leurs conseils habilités ou régulièrement mandatés. Il importe de souligner que la représentation des parties devant le Conseil constitutionnel n'est, toutefois, pas obligatoire.

La possibilité d'une récusation d'un membre du Conseil constitutionnel n'est pas formellement prévue. Il est, en revanche, organisé la procédure de déport. Aux fins de donner suite aux requêtes portées devant lui, le Conseil constitutionnel dispose d'un délai de trois mois, délai non assorti de sanction en cas de méconnaissance éventuelle.

En tout état de cause, le juge ne se prononce que sur la constitutionnalité de la disposition législative mise en cause dans un litige. Il n'apprécie pas son application au litige en instance devant le juge de fond.

Dans sa décision, le juge peut prononcer un non-lieu, une conformité, une conformité avec réserve ou une non-conformité[104]. Une décision de non-lieu intervient lorsque, pour une même disposition législative contestée, le juge constitutionnel a eu à se prononcer sans que les circonstances nouvelles soient survenues depuis qu'il a statué. Cette décision évite que le Conseil revienne deux fois sur une même question.

Les décisions de conformité sont celles par lesquelles le juge constitutionnel déclare, dans son dispositif, que les dispositions législatives qui ont fait l'objet de la question prioritaire de constitutionnalité, sont conformes à la Constitution. Ces décisions sont quantitativement plus importantes parmi celles rendues par le Conseil constitutionnel en matière des questions prioritaires de constitutionnalité.

Le Conseil peut être amené à décider avec réserve. Il admet sous condition la conformité à la Constitution de la disposition législative mise en cause. Une telle conformité limite la portée de la loi contestée.

Saisi d'une question prioritaire de constitutionnalité, le juge constitutionnel peut, enfin, décider que la disposition législative contestée est effectivement contraire à la Constitution. L'inconstitutionnalité relevée dans la disposition législative peut être partielle ou totale. Mention en est faite dans le dispositif de la décision.

Entrée en vigueur le 1er mars 2010, et organisée par la loi organique du 10 décembre 2009, la question prioritaire de constitutionnalité s'est, au regard de la jurisprudence déjà produite, progressivement imposée dans la pratique judiciaire française au point de faire naître une sorte de « *droit de la question prioritaire de constitutionnalité* »[105].

De son aménagement juridique à sa pratique, la question prioritaire de constitutionnalité procure des avantages certains dans le domaine de la protection des libertés fondamentales et du contrôle de la constitutionnalité des lois.

L'ouverture aux citoyens de la saisine du juge de la constitutionnalité participe assurément à la démocratisation de la justice constitutionnelle en France. Le système garantit une réelle décentralisation d'une justice constitutionnelle qui est, longtemps, restée l'apanage du Conseil constitutionnel dont le siège est, habituellement, éloigné des citoyens souvent assoiffés de voir une justice de proximité leur être rendue.

La systématisation de la procédure en la matière procure un gain de spécialisation des magistrats composant les juridictions de fond ou d'appel autres que le juge constitutionnel.

---

[104] MAUGÜÉ C. et STAHL J.-H., *La question prioritaire de constitutionnalité, op. cit.*, p. 111-115.
[105] DISANT M., *Droit de la question constitutionnelle de constitutionnalité. Cadre juridique Pratiques jurisprudentielles,* E. Lamy, France, Coll. Axe Droit, 2010.

Ajoutée à sa lourdeur[106], la complexité de la procédure (impliquant plusieurs juridictions des ordres différents) exige, toutefois, une formation continue des magistrats, des auxiliaires de la justice et autres personnels judiciaires. Le problème de recrutement ou de nomination des membres composant ces différentes juridictions appelle donc une attention particulière.

3. Le contrôle par voie d'incidence

Il peut arriver qu'un particulier soit victime d'un acte, d'une décision ou d'un règlement pris par les pouvoirs publics. Pareil dommage peut être réparé dans le cadre d'un procès portant sur la légalité ou non d'un acte administratif, d'une décision administrative ou d'un règlement de l'administration.

Devant le juge administratif, la victime demandera l'annulation de l'acte, de la décision ou du règlement et son indemnisation. Elle le fera par le biais du recours de pleine juridiction ou plein contentieux.

Au moment de l'examen d'un recours administratif, la juridiction saisie peut être amenée à juger, incidemment, de la constitutionnalité ou non de l'acte incriminé. Elle exerce, de ce fait, un contrôle de la constitutionnalité des lois et des actes des gouvernants par voie d'incidence.

En République Démocratique du Congo, ce contrôle a été assuré par la Cour suprême de justice agissant, dans les arrêts RA 226 du 8 janvier 1993 et RA 320, comme juge suprême de la légalité. Par une requête datée du 6 juillet 1991, l'Association sans but lucratif dénommée Les Témoins de Jéhovah a saisi la Cour suprême de justice pour solliciter l'annulation de l'ordonnance présidentielle n° 086-086 du 12 mars 1986 portant sa dissolution au motif que la décision présidentielle aurait violé les dispositions des articles 17 et 18 de la Constitution, les articles 24 du Décret du 18 septembre 1965 sur les Associations sans but lucratif et 10 alinéa 1er de la Loi n° 71-012 du 31 décembre 1971 relatif à l'exercice des cultes.

Dans son arrêt susévoqué, la Cour suprême de justice a conclu à :

> *l'absence de motivation de l'ordonnance attaquée qui portait atteinte aux droits garantis aux particuliers par les articles 17 et 18 de la Constitution du 24 juin 1967 telle que révisée à la date de la signature de l'ordonnance attaquée, mais abrogée par l'Acte portant dispositions constitutionnelles relatives à la période de transition du 2 août 1992 applicable présentement lequel, à ses articles 17, 18 et 2, a repris la substance des articles constitutionnels visés au moyen.*

---

[106] Entre l'évocation de la question prioritaire de constitutionnalité et la décision de deux juridictions suprêmes ou du Conseil constitutionnel, il peut s'écouler trois à six mois sans que le requérant ne soit fixé sur le moyen préjudiciel de droit soulevé devant une juridiction de fond.

Par cette décision, la Cour suprême de justice qui était, au départ, saisie d'une requête en annulation d'un acte administratif a, de manière secondaire, examiné la constitutionnalité dudit acte. Elle a, de ce fait, exercé un contrôle de la constitutionnalité par voie incidente.

Dans une autre affaire, la même juridiction s'est retranchée derrière la souveraineté que lui confère sa loi organique[107] pour refuser de contrôler la constitutionnalité d'un acte émanant du pouvoir exécutif. Saisie par requête du 26 janvier 1995 de l'Union Sacrée de l'opposition radicale et alliés, Étienne Tshisekedi wa Mulumba et consorts, qui sollicitèrent l'annulation, pour violation des dispositions constitutionnelles, excès et détournement de pouvoir et, partant, pour illégalité, des ordonnances présidentielles n° 94/042 du 6 juillet 1994 portant respectivement investiture d'un premier ministre en la personne de Monsieur Kengo wa Dondo et nomination des membres de son gouvernement, prise en application des Actes, Décisions et Règlements illégaux du Haut Conseil de la République-Parlement de Transition.

La Cour suprême de justice s'était, dans son arrêt RA 320 du 21 août 1996, contentée de renvoyer dos à dos les parties aux motifs qu'elle ne pouvait pas connaître d'une requête contre les actes de gouvernement. Cette décision qui aurait été dictée par des considérations d'ordre politique (nécessité de doter le pays, en période de crise politique, d'un gouvernement devant conduire les affaires de l'État) a marqué un tournant important dans la jurisprudence constitutionnelle congolaise.

§3. Le moment du contrôle

En considérant le moment où le contrôle doit s'effectuer et notamment par rapport à l'entrée en vigueur de la loi, on peut distinguer le contrôle a priori du contrôle a posteriori.

A. Le contrôle a priori

Le contrôle a priori est, par essence, préventif parce qu'il intervient avant la mise en vigueur d'une norme. Le constituant subordonne la promulgation d'une loi ou l'entrée en vigueur d'une norme réglementaire à sa conformité à la Constitution.

Principalement exercé sur une catégorie de lois, généralement organiques, ce contrôle s'est, progressivement, étendu aux règlements d'administration, aux règlements des Assemblées parlementaires ou aux

---

[107] L'article 82, al. 3 et 4 de l'Ordonnance-loi n° 82-017 du 31 décembre 1987 relative à la procédure devant la Cour suprême de justice dispose que « la Cour apprécie souverainement quels sont les actes du Conseil exécutif (Gouvernement) qui échappent à son contrôle. La Cour ne contrôle pas les actes législatifs ».

traités internationaux élargissant ainsi le champ du bloc de constitutionnalité.

Ce type de contrôle est notamment exercé en France, en Hongrie, au Portugal, au Togo ou en République Démocratique du Congo. Dans ce pays, en effet :

> *les lois organiques, avant leur promulgation, et les Règlements intérieurs des Chambres parlementaires et du Congrès, de la Commission électorale nationale indépendante ainsi que du Conseil supérieur de l'audio visuel et de la communication, avant leur mise en application, doivent être soumis à la Cour constitutionnelle qui se prononce sur leur conformité à la Constitution*[108].

La portée de ce contrôle se traduit par une décision dont les effets sont obligatoires et imposables à tous. Le fait que ce contrôle suspende la promulgation d'une norme législative ou l'entrée en application d'une norme réglementaire a amené le constituant à imposer au juge constitutionnel un délai relativement court, un mois en France, un mois avec une possibilité de le ramener à huit jours (en cas d'urgence et à la demande du gouvernement) en République Démocratique du Congo et vingt-cinq jours au Portugal.

Sur le plan international, il peut en résulter de la négociation et de la signature des traités et accords internationaux. À l'endroit de ces normes, s'exerce un contrôle préventif de conventionnalité ; ce contrôle intervient lorsqu'un traité ou un accord international comporte, avant son application, une clause contraire à la Constitution.

Le contrôle de la conventionnalité suppose que l'accord ou le traité comporte une clause contraire à la Constitution. Son application entraîne dans ce cas la modification de la Constitution. La France, le Bénin, le Mali, le Niger, la République centrafricaine, la République Démocratique du Congo, la République du Congo, le Sénégal, le Togo, la Tunisie ou la Turquie organisent ce type de contrôle.

B. Le contrôle a posteriori

À la différence du contrôle a priori, le contrôle a posteriori s'exerce après l'entrée en vigueur d'une loi ou de toute norme juridique. La constitutionnalité de celle-ci est contestée alors qu'elle est appliquée. La question de constitutionnalité est bien souvent soulevée devant un juge ordinaire, à l'occasion d'un litige particulier. Elle peut, également, se faire de manière autonome et directe. Ce type de contrôle ne concerne pas seulement les

---

[108] Art. 160, al. 2 de la Constitution du 18 février 2006.

lois, il intègre aussi des recours contre les décisions juridictionnelles et les actes administratifs[109].

Le contrôle a posteriori peut être abstrait ou concret. Le contrôle est dit concret lorsque l'examen de la constitutionnalité s'effectue au moment de l'application d'une norme à un cas particulier. Il est, dans la pratique, souvent couvert par des considérations subjectives qui rappellent, justement, le contrôle de la constitutionnalité par voie d'exception.

Le contrôle abstrait concerne, non pas l'application d'une norme à un cas particulier ou une situation de fait, mais plutôt la norme elle-même. C'est un contrôle objectif qui se caractérise par un conflit entre la norme supérieure et celle qui lui est inférieure[110].

Cette norme peut avoir un caractère législatif (loi ou acte ayant force de loi), d'un acte réglementaire ou d'assemblée. Rares sont les pays qui organisent le contrôle de la constitutionnalité des actes d'assemblée (motion ou résolution votée par une assemblée parlementaire).

En République Démocratique du Congo, par exemple, une importante jurisprudence de la Cour suprême de justice, agissant comme Cour constitutionnelle, est parvenue à censurer, pour inconstitutionnalité, les actes d'assemblées qui violent les droits et libertés constitutionnellement garantis aux particuliers et notamment le droit de la défense. Les motions de défiance à l'égard des gouverneurs de provinces du Sud-Kivu[111], du Kasaï-Occidental[112] et de Bandundu[113] ou du président de l'Assemblée provinciale de Kinshasa[114] peuvent être citées en exemple.

§4. Les modalités de la saisine du juge constitutionnel

La procédure de la saisine du juge pour inconstitutionnalité d'une norme législative ou réglementaire n'est pas uniforme, elle varie d'un pays à un autre et, dans un même pays, d'un régime à un autre.

Le Cameroun, la France[115], le Gabon, le Mali, la République du Congo, le Sénégal ou le Tchad réservent aux seuls pouvoirs publics (le président de la République, le premier ministre et le président de chacune des chambres parlementaires) la latitude de mettre en mouvement la procédure de ce contrôle. Ce système a l'inconvénient de laisser impunies de graves violations de la Constitution, généralement, commises par les mêmes pouvoirs publics ou des agents placés sous leurs ordres.

---

[109] ESAMBO KANGASHE J.-L., *La Constitution Congolaise du 18 février 2006 à l'épreuve du constitutionnalisme. Contraintes pratiques et perspectives*, *op. cit.*, pp. 279-289.

[110] MAUGÜÉ C. et STAHL J.-H., *La question prioritaire de constitutionnalité*, *op. cit.*, p. 7.

[111] R. Const 051/TSR du 31 juillet 2007.

[112] R. Const 062.TSR du 27 décembre 2007.

[113] R. Const 137.TSR du 26 avril 2011.

[114] R. Const 152/TSR du 21 mars 2011.

[115] En France, les parlementaires disposent également du droit de saisir le juge constitutionnel contre toute norme législative ou réglementaire.

Plus libéraux, les systèmes béninois, congolais (République Démocratique du Congo) ou français reconnaissent aux citoyens le droit de saisir directement (par voie d'action) ou indirectement (par voie d'exception) l'organe de contrôle. Au Bénin, par exemple, l'ouverture à tout citoyen de saisir la Cour constitutionnelle est parfois à la base de l'encombrement de cette juridiction qui rend, en moyenne, mille cinq cents décisions par an.

§5. L'indépendance du juge chargé du contrôle de constitutionnalité

Le problème de l'indépendance du juge ne se pose pas de la même manière devant toutes les juridictions chargées du contrôle de la constitutionnalité de lois. Il dépend, en effet, de la nature de la juridiction (Cour constitutionnelle, Conseil constitutionnel, Cour suprême de justice ou Tribunal spécial ou d'arbitrage), du mode de sa saisine (par voie d'action ou par voie d'exception) et de la procédure (réservée uniquement aux seuls organes constitués ou partagée entre ces derniers et les citoyens). Les solutions sont, donc, variées.

Dans les systèmes qui conservent encore la formule des Cours suprêmes de justice, l'indépendance du juge semble, a priori, mieux assurée. Composées, habituellement, des magistrats compétents au sommet de leur carrière et qui, par tradition, ont tendance à développer une distance vis-à-vis des pouvoirs politiques, les Cours suprêmes sont, généralement, portées à affirmer leur indépendance.

Il en va autrement pour les Cours constitutionnelles spécialement instituées pour assurer des tâches souvent diversifiées (juge pénal d'une catégorie de personnalités publiques, chargé également du contrôle de constitutionnalité et du contentieux électoral suprême).

Se situant en marge de la hiérarchie judiciaire[116] (à l'exception de la République Démocratique du Congo), les Cours constitutionnelles sont rarement composées de seuls magistrats de carrière, ce qui fait perdre à ses membres une certaine tradition d'indépendance.

Au-delà du problème du recrutement et du statut de leurs membres, les Cours constitutionnelles sont, régulièrement, confrontées à la question de leur neutralité. La censure juridictionnelle des actes des gouvernants et la résolution, par le juge, des contentieux électoraux prédisposent les Cours constitutionnelles à un glissement vers la «*juridicisation de la vie politique*»[117] qui permet au droit de domestiquer la politique. Le conditionnement de la politique par le droit peut, dans bien des cas, obliger le juge à circonscrire dans les limites du réalisable.

---

[116] PACTET P. et MÉLIN-SOUCRAMANIEN F., *Droit Constitutionnel*, Paris, 30e éd., Sirey, 2011, pp. 76-77.
[117] COMMAILE J., DUMOULIN L. et ROBERT C., *La juridicisation du politique*, *op. cit.*, p. 14 et ss.

Expérimenté au Danemark, en France, en Grande-Bretagne, en Italie ou aux États-Unis d'Amérique, le réalisme du juge constitutionnel[118] l'a parfois conduit à privilégier non pas la logique théorique ou abstraite d'une norme soumise à son contrôle mais plutôt le caractère tangible des faits qui accompagnent souvent l'application ou l'interprétation de ladite norme. Le juge cesse ainsi d'être l'interprète au quotidien de la Constitution pour exercer un réel pouvoir normatif[119].

Le réalisme suggère, donc, de ne pas pousser à l'excès l'action du juge qui demeure tout de même redevable de son environnement organisationnel et fonctionnel. Cette déteinture traduit tout de même une angoisse de voir l'action du juge constitutionnel tributaire de certaines contraintes qui encadreraient son champ d'intervention.

Ces contraintes ne sont pas rédhibitoires. Elles affranchissent, certes, le juge de l'excès de juridisme sans l'empêcher, pour autant, d'assurer son rôle de gardien de la Constitution de laquelle il tire l'essentiel de son existence et de ses attributions. Ceci est souhaitable parce que le « pouvoir absolu » du juge qui n'est soumis à aucune limite, ni à aucun contrôle, court le risque de conduire à l'institution du gouvernement des juges qui serait une menace à la démocratie et à l'État de droit.

Malgré les pesanteurs de tous ordres, les Cours constitutionnelles ont tout de même fait preuve d'une audace et d'une indépendance qui n'ont rien à envier à celle des Cours suprêmes. Il en est ainsi en République fédérale d'Allemagne, en Italie, en France, au Bénin ou en République Sud-africaine.

---

[118] Une abondante doctrine sur le réalisme en droit constitutionnel a été développée au n° 22 des *Cahiers du Conseil constitutionnel*, Paris, Dalloz, 2007.

[119] Le n° 24 des *Cahiers du Conseil constitutionnel*, Paris, Dalloz, 2008 a été consacré au pouvoir normatif du juge constitutionnel.

CHAPITRE IV

LE POUVOIR POLITIQUE

Le pouvoir est, dans toute collectivité, un phénomène omniprésent et omnipotent. On le retrouve dès lors qu'une personne ou un groupe de personnes s'accorde et réussit à imposer sa volonté sur d'autres. Le phénomène implique naturellement une relation de commandement et d'obéissance et, par-dessus, une distinction entre ceux qui commandent ou occupent une position dominante et ceux qui obéissent ou qui, souvent, ne sont pas en mesure de s'opposer à la volonté des premiers[120].

Cette double relation n'est pas de portée absolue dans les rapports interhumains, s'insérant dans une sorte de toile sociale extrêmement dense où s'entrecroisent les commandants d'hier et ceux d'aujourd'hui, phénomène rédhibitoire qui relève d'une donnée à la fois élémentaire et fondamentale.

Si l'on peut soutenir que la Constitution sert de cadre de détermination des différentes formes du pouvoir susceptibles d'être exercées au sein d'un État, ces formes sont loin d'être uniformes pour tous les pays, elles varient d'un État à un autre.

Affirmer que le droit constitutionnel s'occupe essentiellement du pouvoir politique revient à se poser la question de l'origine de ce phénomène.

La fixation des raisons qui fondent habituellement l'exercice de l'autorité permet de connaître, ensuite, les modalités de répartition du pouvoir et les règles et techniques de désignation des gouvernants, un accent particulier étant mis sur l'étude des règles et procédures applicables aux élections.

Section 1 : La source du pouvoir

Si loin qu'on puisse remonter dans la mémoire des hommes, l'on s'aperçoit que le pouvoir est un phénomène naturel. Cette donnée immédiate de la conscience humaine a, en raison des avantages et des privilèges qu'elle procure, été souvent l'objet, dans son exercice, de convoitises et même de conflits : il est un enjeu.

---

[120] PACTET P. et MÉLIN-SOUCRAMANIEN F., *Droit Constitutionnel*, *op. cit.*, p. 11.

Il importe de savoir comment, dans une société, seule une catégorie de personnes soit investie du pouvoir de commander sur d'autres tenues, en revanche, au devoir d'obéissance.

La question de la source du pouvoir est diversement perçue. Elle peut avoir un fondement essentiellement sociologique ou découler des considérations juridiques et politiques.

§1. Le fondement sociologique du pouvoir

Du point de vue sociologique, c'est la pression ou la contrainte sur une personne qui détermine sa soumission à obéir. Cette contrainte peut avoir une nature physique, économique ou psychologique. Par ailleurs, sans contraindre, la propagande joue un rôle capital dans l'affirmation du pouvoir et de l'autorité par ce qu'elle réussit à convaincre du bien-fondé de l'acceptation du pouvoir et de l'obéissance. Le pouvoir politique comporte, enfin, des caractéristiques particulières qu'il convient de connaître.

A. La contrainte physique

À l'état de nature, le pouvoir s'exerce, en principe, par une contrainte corporelle. Celle-ci réside, en effet, dans la supériorité physique d'une personne ou d'un groupe de personnes sur d'autres. Il suffit que, dans une communauté, le plus robuste ou le plus musclé prenne la tête de la bande pour que les autres se rendent : l'obéissance et la soumission s'obtiennent sans beaucoup de difficultés.

Exercée dans une société plus large et plus complexe, cette forme de contrainte prend une tournure plus humaine. Elle implique la jouissance par chaque membre de la communauté de ses droits et obligations ainsi dans une relation réflexe, les droits des uns sont-ils les obligations des autres.

La modernisation de la société permet d'opérer une transformation dans la nature de la contrainte physique qui s'organise, désormais, à travers des procédures plus rigoureuses. Une personne qui enfreint, par exemple, une règle de conduite sociale peut encourir une peine d'amende ou d'emprisonnement. Les pouvoirs publics peuvent également recourir, dans certaines circonstances, à l'emploi de la contrainte physique pour obtenir l'obéissance à leurs décisions (condamnation aux travaux forcés ou à la peine de mort).

Il faut signaler que, même exercée dans des sociétés complexes, la contrainte physique n'est pas en mesure de couvrir la totalité de besoins exprimés par le pouvoir utilisateur. Ses limites sont, souvent, compensées par le recours aux pressions économiques que les pouvoirs publics peuvent infliger aux citoyens pour obtenir leur soumission.

B. Les pressions économiques

La menace de privation des moyens de subsistance peut constituer un moyen indispensable à l'acquisition facile de la résignation et, par-dessus, de l'adhésion à l'autorité ou à sa vision de la société. Même si l'homme ne vit pas que du pain, ventre affamé, dit-on, n'a seulement pas d'oreilles mais aussi prive l'homme de l'énergie nécessaire à la réalisation d'un travail productif.

Plus proche de la contrainte physique, la contrainte économique aide à établir le degré de dépendance réciproque entre les pouvoirs politique et économique. Dans les systèmes marxistes, par exemple, on admet que le pouvoir appartient aux propriétaires des moyens de production. C'est sur eux, en effet, que repose la force de commandement. L'État est ainsi identifié comme un instrument de domination d'une bourgeoisie sur les autres classes sociales et, particulièrement, celles des paysans.

Si on peut denier à la puissance de l'argent d'être la source unique du pouvoir, elle n'en constitue pas moins un repère essentiel. Les détenteurs du pouvoir économique sont, généralement, assurés de leur autorité sur les autres : ils obtiennent facilement leur soumission.

Depuis quelques décennies cependant, il s'observe que les pressions économiques exercées sur les citoyens ne résistent pas toujours à la détermination des masses populaires à combattre, par tous les moyens, les régimes qui fondent leur autorité sur la seule puissance de l'argent aux dépens de la satisfaction des aspirations profondes des citoyens. Dans ces conditions, un dialogue entre les pouvoirs publics et les citoyens est indispensable pour désamorcer des crises potentielles.

C. La contrainte psychologique

Cette forme de pression insiste sur l'explication du bien-fondé des décisions prises par les pouvoirs publics. Elle aboutit, souvent, à l'encadrement des citoyens, ce qui peut faciliter leur adhésion aux programmes gouvernementaux.

Plusieurs techniques sont, à cet égard, autorisées. Le rassemblement en nombre relativement restreint et cohérent des personnes appartenant à une communauté d'intérêts converge vers l'isolement de chacun d'eux par l'emploi stratégique de la pratique de délégation du pouvoir ou du suffrage indirect. Il favorise la collaboration entre les détenteurs de l'autorité et les destinataires de celle-ci.

Ces dispositions conduisent à un encadrement des grandes masses et à l'établissement d'une domination psychologique, prélude à l'affirmation de la puissance et de l'autorité. La contrainte psychologique souligne, donc, l'importance du dialogue dans l'exécution d'une décision. Elle permet aux pouvoirs publics d'être, régulièrement, à l'écoute des masses. La méthode peut s'appuyer sur la propagande qui épouse souvent ses formules.

D. La propagande

Une présentation préalable de la notion contribue à situer ses différentes manifestations et les techniques habituellement utilisées.

1. La notion de propagande

Plus qu'une contrainte physique ou économique, la propagande a vocation à répandre des idées, des opinions et surtout à rallier des partisans à une idée ou une vision de la société. Elle comporte, de ce fait, une dimension morale, celle qui porte sur l'explication et la persuasion des gouvernés et, plus généralement, de l'opinion publique, à adhérer à une vision de la société ou à l'exercice du pouvoir.

S'appuyant parfois sur la démagogie, la propagande conduit vers un certain reconditionnement moral et psychologique favorable des citoyens, elle admet ainsi que la force d'une décision réside moins dans la servitude que dans la conviction de ses destinataires.

Il se dégage ainsi un lien entre la propagande et la persuasion. Par ce lien, les gouvernés sont convaincus qu'ils disposent du meilleur gouvernement au monde et que leur destin dépend, largement, de la bienveillance ou de la magnanimité des gouvernants.

Expérimentée, avant le XXe siècle, par les écrivains, les artistes voire les ministres des cultes et les intellectuels qui jouaient le rôle traditionnellement dévolu aux clergés, la propagande s'est progressivement structurée pour emprunter, du coup, une multitube de techniques aussi variées que diverses.

2. Les différentes manifestations de la propagande

Dans le domaine politique, la propagande ne s'exerce pas de la même manière. Dans les démocraties pluralistes, le matraquage médiatique qu'impose la majorité au pouvoir est souvent atténué par les critiques de l'opposition et l'influence des groupes de pression. Les résultats attendus sont proportionnellement nuancés en ce qu'ils dépendent non du contexte politique qui commande l'exercice de la liberté d'expression mais du niveau de l'objectivité du discours politique.

Dans les régimes autoritaires, la propagande politique emporte une certaine cohérence à base idéologique. Elle postule une éducation plutôt qu'une contrainte de la population. Cette éducation est, de toute évidence, partiale parce que dirigée vers les actions supposées favorables au régime au préjudice de l'esprit critique. La propagande insiste sur la rétribution, la dissuasion et la persuasion ou le conditionnement de l'opinion.

La rétribution propose à l'obéissance que l'on attend des citoyens une récompense fondée sur la reconnaissance des mérites. La *dissuasion* favorise la résignation du peuple par la capacité d'imposer, aux préférences de l'individu ou du groupe, une condition de réalisation si pas désagréable, en tout cas, douloureuse pour qu'elle soit vite abandonnée. L'explication d'une politique d'austérité budgétaire destinée à justifier le rôle du Fonds monétaire international ou de la Banque mondiale dans l'allègement de la dette extérieure d'un pays en voie de développement peut s'accommoder de la dissuasion. On arrive ainsi à exiger la soumission en recourant, éventuellement, à la menace. La dissuasion et la rétribution convergent vers une soumission qui se réalise, généralement, en toute conscience.

La persuasion met l'accent sur l'éducation en vue d'obtenir l'adhésion sociale et d'amener une personne à se soumettre à la volonté commune exprimée par le détenteur du pouvoir ou de l'autorité.

Sans être synonymes, le pouvoir et l'autorité sont, de toute évidence, de perception différente. Généralement attribué à l'État, le pouvoir est une somme de prérogatives ou d'attributions qu'un texte juridique confère à une personne, une institution ou un organe étatique. À la différence du pouvoir, l'autorité est une donnée factuelle et managériale. Elle consiste en une aptitude de commander reconnue aux gouvernants. Si l'on peut affirmer que tout détenteur de l'autorité doit nécessairement être revêtu du pouvoir de commander, l'inverse n'est pas automatique.

En tout état de cause, l'exercice d'un pouvoir dissuasif, rétributif ou persuasif relève de trois sources différentes de l'autorité que sont la personnalité, la propriété et l'organisation.

La personnalité est une qualité d'apparence physique, une vertu de l'esprit ou du discours découlant de la certitude morale ou d'autres valeurs attachées à l'individu et qui fondent son autorité sur d'autres. La propriété est une capacité de se faire accepter par l'usage de la technique du conditionnement économique et social. Quant à l'organisation, elle se décline en une aptitude à se faire accepter sur la base d'une stratégie librement et préalablement arrêtée.

3. Les techniques de la propagande

La propagande joue un rôle capital dans la perception du pouvoir. Par elle, les gouvernants sont en contact direct avec les gouvernés afin de les convaincre du bien-fondé de leurs politiques publiques.

Au moment de la campagne électorale, la propagande repose, généralement, sur un discours séduisant appuyé par *un marketing politique* minutieusement préparé. Dans les États fascistes où elle a été utilisée sur une large échelle, on recourt à une gamme de techniques méthodiquement dressées.

La propagande procède, ensuite, par *l'affirmation brutale* dénuée de toute nuance. Elle glorifie les actions du gouvernement tout en diabolisant celles de l'opposition. Une telle technique réduit sensiblement l'esprit critique au profit d'un discours démagogique proche de la flatterie.

Pour justifier les limites de ses actions, le gouvernement propagandiste a tendance à trouver dans l'opposition *des boucs émissaires* qui l'empêcheraient de réaliser sa politique.

En vue d'obtenir une large adhésion au programme gouvernemental, les gouvernants mettent, par la propagande, un accent sur *les sacrifices à con-*

sentir pour conquérir, dans l'avenir, un bonheur parfait ou la construction d'un éventuel paradis : elle fait miroiter un avenir radieux aux citoyens.

La propagande emploie exagérément *un discours obsessionnel* en s'appuyant sur les slogans soigneusement repérés par les journaux, les livres, le cinéma, la radio, la télévision, les discours officiels, la musique, les effigies des chefs sur les édifices publics et privés. Il s'agit de faire pénétrer dans l'esprit du citoyen l'image de ses gouvernants dans une sorte de mise en condition.

De manière générale, la propagande conserve toujours *un caractère mystique et quasi-religieux.* Elle comporte une certaine dose d'adoration pour la nation, son chef et le parti, suggérant du coup de faire l'économie de l'intelligence pour se concentrer sur quelques passions élémentaires telles que l'orgueil national, l'esprit révolutionnaire, la haine ethnique ou religieuse : seule une poignée d'intellectuels institutionnels affichent d'être convaincus par le raisonnement qui y est développé.

Afin de combattre le matraquage politique d'un adversaire, une gamme de techniques de contre-propagande a été imaginée. En dépit de leur densité et variété, une systématisation peut être faite, elle porte sur certaines dispositions tactiques et stratégiques dont les plus importantes indiquent que :

- La contre-attaque d'une propagande commande de suivre attentivement le discours politique de l'adversaire pour y repérer les thèmes essentiels. Leur isolement de l'ensemble de l'exposé conduit à une certaine classification par ordre d'importance. Le filtrage qui s'ensuit permet de distinguer l'essentiel de ce qui ne l'est pas ;
- Le choix du discours (contenu du message), l'identification des destinataires (élites ou masses populaires) et des objectifs poursuivis convergent vers la mise en place d'une bonne politique de communication politique. Il convient, à cet égard, *d'éviter d'attaquer, globalement,* les thèmes contenus dans les discours de l'adversaire pour ne se concentrer que sur les points faibles mais qui présentent, à ses yeux, une certaine importance ;
- Une bonne contre propagande doit faire *l'économie des attaques frontales* : il ne faut pas s'attaquer à la propagande de l'adversaire lorsqu'elle présente une puissance réelle au risque de se faire écraser ;
- Dans l'analyse du programme politique de l'adversaire, on s'efforcera de le *mettre en contradiction* avec ses idées, son comportement et, au besoin, ses proches ;
- La *confrontation permanente* de l'exposé de l'adversaire avec les faits (discours démagogique, promesses non tenues, etc.) présente un atout important dans une contre propagande ;
- Bien articulée, la contre-propagande conduit à la *neutralisation de l'adversaire* en le privant des moyens d'expression et, par-dessus tout, du soutien populaire ;

• La technique aboutit, naturellement, à faire prédominer *le sentiment de supériorité* et *une ascendance* sur un adversaire politique.

E. Les caractères du pouvoir politique

Fondé sur l'une ou l'autre source ci-haut développée, le pouvoir politique comporte une série de spécificités qui le distinguent des autres pouvoirs exercés au sein d'une même communauté. Ce pouvoir est contraignant, initial, global et charismatique[121].

Le pouvoir politique est *contraignant* même si les ressorts psychologiques qui le fondent sont aussi très importants. On signale, par exemple, que dans les sociétés primitives, le pouvoir a des origines magiques plutôt que matérielles. Il en est autrement pour les sociétés contemporaines où les gouvernants réussissent, habituellement, à conduire les gouvernés par conviction.

Le poids de la tradition, la croyance à la légitimité magique et le sentiment de l'impossibilité ou de l'inutilité de remettre en question l'ordre établi sont autant de facteurs qui justifient le caractère contraignant du pouvoir politique.

Le pouvoir politique est *initial,* en ce que tout part des gouvernants. Il n'appartient, donc, qu'au seul pouvoir politique d'orienter la conduite des citoyens obligés de s'y soumettre.

Le pouvoir politique est également *global* parce qu'il n'est reconnu qu'aux seuls gouvernements des États. L'autorité qu'ils exercent sur toute l'étendue du territoire peut porter sur tous les domaines de la vie ; dans ce cas, il a une certaine vocation à être « totalitaire ».

Le caractère *charismatique* du pouvoir politique s'aperçoit par le leadership et les qualités exceptionnellement personnelles de celui qui l'exerce. Attaché à la personne des dirigeants, il finit par se personnaliser. Mais lorsqu'il est exercé dans une société complexe qui en est souvent le support naturel, le pouvoir politique cesse de s'identifier à la personne des gouvernants pour se reporter vers une institution ou encore une entité étatique ; il s'institutionnalise. Développée au XVIe siècle, l'idée d'un pouvoir institutionnalisé a fini par dominer le monde actuel.

Il convient, cependant, de faire une distinction entre le pouvoir charismatique et le pouvoir personnalisé, ce dernier étant, ainsi qu'on le sait, un phénomène universel. Aussi, malgré son institutionnalisation, le pouvoir politique a pris l'habitude de s'incarner dans la personne qui l'exerce.

L'importance accordée à certaines charges politiques (président de la République, premier ministre, premier secrétaire du parti dans certains régimes socialistes, président d'une chambre parlementaire ou d'une juri-

[121] PACTET P. et MÉLIN-SOUCRAMANIEN F., *Droit Constitutionnel, op. cit.*, pp. 12-13.

diction constitutionnelle) est généralement liée aux aptitudes des personnes qui les exercent ou les incarnent.

Parmi les facteurs qui ont, de nos jours, contribué à la personnalisation du pouvoir, on cite, outre l'équation personnelle, l'influence grossière des médias, notamment, audiovisuels, qui s'attachent aux aspects anecdotiques et, donc, personnels du pouvoir en vue de satisfaire soit la curiosité supposée des gouvernés, soit de les détourner des vraies questions de la gestion de l'État et de la vie dans la société.

Le besoin de simplification a, également, conduit à individualiser, compte tenu de la très grande complexité de l'appareil étatique, ce qui est, en réalité, collectif et largement anonyme. Les guerres et les crises de nature diverse ainsi que les remèdes à y apporter jettent, enfin, le projecteur sur le personnage le mieux qualifié à servir de porte-drapeau à son pays.

Le *charisme* a une autre dimension en ce sens qu'il ne conduit pas seulement à isoler celui qui en est l'objet mais à le revêtir d'une image en raison de ses dons, de son ascendant, de ses aptitudes considérées, à tort ou à raison, comme exceptionnelles et à le situer nettement au-dessus de la condition humaine moyenne.

Tout en étant lié aux fonctions, le charisme l'est davantage à la personnalité et à un magnétisme un peu mystérieux, ce qui incite à soutenir qu'il n'est bénéfique qu'à certains gouvernants. L'usage exagéré du charisme peut, dans certaines circonstances, conduire à l'exercice autoritaire du pouvoir, mieux à sa personnification.

§2. Le fondement juridique et politique du pouvoir

Du point de vue juridique et politique, la source du pouvoir repose sur la souveraineté. Il demeure que les modalités d'expression de la souveraineté ne sont pas uniformes. La Constitution peut conférer à certains individus le pouvoir de commander sur d'autres. Cette légitimité essentiellement technique et, au demeurant, juridique ne permet pas d'identifier formellement les hommes que les citoyens ont investis du droit de commander. La prise en compte de l'élément politique dans la détermination du siège de la souveraineté aide à distinguer la légalité de la légitimité. Dans cet ordre d'idées, la souveraineté peut avoir un fondement théocratique ou démocratique.

A. Les théories théocratiques de la souveraineté

Plusieurs théories assignent au pouvoir un fondement divin. Ils se distinguent, néanmoins, par l'apport de la providence dans le choix des dirigeants. Si la théorie du droit divin semble, a priori, incompatible avec l'idée d'une souveraineté du peuple, la thèse orthodoxe de l'Église catholique peut, dans une certaine mesure, se concilier avec elle.

La théorie théocratique de la nature divine des gouvernants considère ces derniers comme des dieux insusceptibles d'être désignés par la providence. Les pharaons d'Égypte, les Rois du proche Orient, les Empereurs romains, d'Afrique noire ou d'Asie étaient ou sont encore pris pour des dieux.

À l'opposé de la précédente, la théorie d'investiture divine conteste aux gouvernants la qualité de dieux parce que désignés par la divinité. Ce sont des hommes auxquels la providence confère, dans un pays donné, une majesté particulière : toute autorité vient de Dieu.

La thèse orthodoxe de l'Église catholique considère que la divinité n'intervient pas, directement, dans la nomination des gouvernants, celle-ci appartient aux citoyens. Si tout pouvoir vient de Dieu ainsi que l'écrit Saint Paul, la désignation de son titulaire reste purement une œuvre humaine. Dieu ne s'en mêle point.

B. Les théories démocratiques de la souveraineté

La démocratie est, de toutes les formes de gouvernement, le régime le plus intéressant à analyser. Elle est, en effet, dans son principe, un idéal à atteindre, une sorte de modèle institutionnel mais aussi le système le plus difficile à saisir dans ses mécanismes. La notion a vocation à associer, autant que faire se peut, l'ensemble de citoyens à la gestion des affaires publiques. Il en découle donc une variété de techniques destinées à faciliter ce lien.

Si la démocratie est, à bien des égards, une exhortation, elle est devenue, du point de vue de son contenu, fort ambiguë ; tous les pays s'en recommandent en dépit de réalités de terrain.

En rapport, justement, avec le contenu du concept, on admet une diversité de perceptions selon qu'on insiste ou non sur la liberté ou l'égalité. Sans être les seuls fondements de la démocratie, ces deux termes constituent, néanmoins, des repères indispensables.

1. Les conceptions traditionnelles de la démocratie

À l'origine, deux conceptions (libérale et marxiste) se disputeraient le contenu de la démocratie. Traditionnellement, la démocratie repose sur deux éléments, à savoir la liberté et le mode d'organisation gouvernementale. Cette conception libérale et, partant, occidentale fonde la démocratie sur la notion de liberté politique entendue comme une faculté reconnue à tout individu de créer ou d'adhérer à la formation politique de son choix pour conquérir le pouvoir. Le pluralisme politique est un indicateur déterminant d'accession aux valeurs démocratiques.

Vue sous cet angle, la démocratie cesse d'être une simple organisation sociale déterminée pour devenir un cadre, mieux une certaine méthode de création d'un ordre social désirable.

La conception marxiste de la démocratie repose sur un postulat selon lequel la notion n'est pas, socialement, neutre et qu'il importe de créer des conditions de la libération de l'homme. La démocratie ne se construit pas sur une base idéologique fondée sur la domination bourgeoise sur les masses laborieuses mais sur des considérations égalitaires.

Le concept postule, donc, la substitution d'une démocratie purement formelle par une autre, cette fois-ci, réelle et existentielle. L'essentiel n'est donc pas de chercher avec acharnement la liberté, privilège souvent reconnu à une minorité, mais d'assurer la création, même au prix d'une contrainte, des conditions de la libération de l'homme. Pour ce faire, la démocratie doit permettre le bénéfice, pour tous, de l'égalité des droits et des opportunités.

2. Les raisons de la dualité conceptuelle de la démocratie

Plusieurs raisons ont été avancées pour expliquer la dualité conceptuelle de la démocratie. Parmi elles, trois méritent, en raison de leur impact sur l'organisation de la société, d'être soulignées. Il s'agit de l'explication historique et fonctionnelle, celle fondée sur la dualité du concept liberté et l'explication tirée de la complexité de l'usage de l'idéologie démocratique et de l'évocation du couple liberté-égalité.

Du point de vue *historique et fonctionnel*, on admet que la démocratie s'accommode mieux à l'exercice, dans l'opposition, de la liberté. Celle-ci postule, en effet, la critique des actions de la majorité au pouvoir. La fonction de la démocratie est donc essentiellement tournée vers la contestation et la limitation du pouvoir de la majorité.

Une fois que le pouvoir conquis, la démocratie jadis réclamée par l'opposition se transforme en une technique d'explication et de justification du pouvoir : ce qui, hier était contesté est aujourd'hui soutenu et justifié.

Tout en présentant une part de vérité, cette explication n'est pas décisive dans la mesure où elle situe le comportement de l'opposition dans un processus de conquête du pouvoir à l'issue des élections. Or, la vie politique ne saurait se limiter à cette étape, certes importante ; elle doit couvrir l'ensemble du processus allant de la conquête à l'exercice et à la conservation du pouvoir.

L'explication fondée sur le *dualisme du concept liberté* considère que, quelle que soit sa forme (libérale ou marxiste), la démocratie repose sur la liberté, notion complexe à saisir parce qu'elle emporte une dimension à la fois individuelle et collective.

Au niveau individuel, la liberté reconnaît à chaque individu la possibilité de déterminer sa propre conduite sans aucune intervention extérieure. Au niveau collectif, on admet qu'une société n'est libre que par sa capacité de déterminer la conduite collective des membres qui la composent.

Loin d'être antagonistes, les deux dimensions de la liberté sont, au contraire, complémentaires à ce que l'homme étant obligé de vivre en société, son autonomie doit, pour être entière, se conjuguer avec celle des autres membres du groupe social auquel il appartient.

Aussi, pour réaliser la coïncidence entre les deux facettes d'une même réalité, il importe de situer l'exercice de la liberté dans une société qui emporte une large dimension d'unanimité.

Bien que séduisante, l'explication laisse toutefois dans l'ombre un aspect important du problème, à savoir « la démocratie unanime » a vocation de mettre un accent sur l'égalité que sur la liberté dont bénéficie chaque membre du groupe.

D'aucuns affirment, enfin, que la démocratie est une notion complexe parce que fondée sur la *dualité liberté-égalité*, laquelle évoque l'idée d'une opposition entre la démocratie libérale et la démocratie socialiste. L'explication qui sous-tend cette affirmation reconnaît l'existence contradictoire de deux aspirations : l'exercice de la liberté peut aboutir à la création des inégalités, de même que la recherche de l'égalité peut conduire à la restriction des libertés. Il en résulte que selon que l'on met l'accent sur la liberté ou l'égalité, la démocratie pourrait avoir une orientation libérale ou socialiste.

Les motivations d'ordre fonctionnel conduisent à soutenir que, étant donné la complémentarité des approches utilisées pour chercher le bien-fondé de la dualité conceptuelle sur la notion de la démocratie, aucune approche ne doit, a priori, être préférée par rapport à d'autres. Il convient de retenir que, axée sur la recherche de la liberté ou de l'égalité, la démocratie peut avoir une influence sur la qualification d'un régime politique. Il reste que les deux concepts paraissent ensemble mieux traduire, dans chaque régime, la notion de la démocratie.

3. La conception moderne de la démocratie

Si la liberté et l'égalité ont été, depuis longtemps, considérées comme les éléments fondateurs de la démocratie, force est de reconnaître, de nos jours, qu'ils ne sont plus uniques tout en demeurant essentiels.

On admet ainsi qu'un régime démocratique est, certes, celui qui, judicieusement, reconnaît à chaque individu la liberté et l'égalité, mais également s'efforce de prendre en compte d'autres valeurs, dont le recours au peuple pour le choix des dirigeants, l'exigence de la majorité pour exercer le pouvoir dans le respect des droits reconnus à la minorité œuvrant dans l'opposition.

Actuellement, en effet, un régime démocratique est celui dans lequel sont reconnus et garantis la liberté, l'égalité, l'universalité du suffrage, la règle de la majorité et le respect des droits de la minorité.

C. L'expression démocratique de la souveraineté

La souveraineté démocratique s'exerce à travers la représentation nationale qui peut se situer au niveau des organes supérieurs de l'État ou au niveau du peuple.

1. L'expression de la souveraineté au niveau de l'État

Dans un régime démocratique, la souveraineté s'exerce par le gouvernement représentatif et celui semi-représentatif.

1.1. Le gouvernement représentatif

Le gouvernement représentatif est celui dans lequel l'exercice de l'autorité est confié, pour une période bien déterminée, à un groupe de personnes (des représentants) chargées d'exprimer la volonté de la nation.

L'idée d'un gouvernement représentatif remonte à Montesquieu qui a largement influencé les réflexions menées, plus tard, par Mably et Sieyès. Les critiques adressées à cette forme de gouvernement n'ont, cependant, pas atteint sa nature qui demeure, de toute évidence, une valeur substantielle.

Tout bien considéré, l'établissement, dans un État, d'un gouvernement représentatif est triplement avantageux du point de vue pratique, rationnel et politique.

Sur le plan pratique, on admet que le peuple ne peut, directement, exercer seul sa souveraineté. On n'imagine pas que, dans un pays, tous les citoyens se réunissent pour discuter et trancher sur des questions gouvernementales.

Les contraintes pratiques autorisent que le peuple, détenteur originaire de la souveraineté, soit représenté par les citoyens qu'il a mandatés. Aussi, pour éviter que les représentants du peuple ne détournent leur mandat à des fins personnelles, on a pensé instaurer le système de mandat impératif auquel il faut adjoindre la technique de référendum.

Du point de vue rationnel, on fait valoir la nécessité d'un gouvernement représentatif par le fait que le peuple est, par nature, dépourvu d'une éducation et d'un encadrement politiques suffisants pour aborder, dans les détails, les problèmes que pose le gouvernement d'un État. Il ne serait pas, en outre, capable de décider sur le choix des hommes que sa sagesse désigne ou de traiter des affaires publiques.

La justification politique d'un gouvernement représentatif permet de concilier la liberté politique (liée à l'élection) avec les conditions d'ordre et de stabilité auxquels la classe bourgeoise est généralement attachée. Il demeure que la question de savoir qui, par la voie des suffrages, est réellement capable de représenter le peuple est, de tous les temps, d'actualité.

L'évocation d'un gouvernement représentatif dans un régime démocratique suffit pour fonder l'existence de deux théories démocratiques de la souveraineté : l'une, populaire ou fractionnée, l'autre, nationale.

1.1.1. La souveraineté populaire ou fractionnée

Cette théorie s'analyse en une somme des différentes souverainetés détenues par chaque individu vivant dans un État. On considère ainsi que, dans un État composé de dix millions d'habitants, la souveraineté populaire s'obtient par l'addition de chaque fraction de souveraineté détenue par chaque habitant.

En rapport avec l'exercice du droit de vote, la théorie de la souveraineté populaire ou fractionnée emporte plusieurs conséquences politiques.

La théorie de la souveraineté populaire permet d'assurer un *électorat-droit* et *un vote facultatif*. Elle exclut toute restriction du droit de vote et implique le suffrage universel. Un tel mécanisme favorise, naturellement, l'abstentionnisme aux élections. Très répandu dans le monde, ce phénomène impacte considérablement sur l'image de la légitimité du pouvoir issu des élections. Cela varie d'un pays à un autre et d'un système politique à un autre : dans les démocraties occidentales, par exemple, le pourcentage de l'abstentionnisme électoral semble important en Suisse et aux États-Unis ; il est, en revanche, faible en Grande Bretagne ou en Italie et connaît un recul en France.

Dans les démocraties émergentes d'Afrique, ce phénomène s'observe souvent au deuxième tour de l'élection présidentielle. On le rencontre, généralement, dans des villes et autres grandes agglomérations favorables au discours de l'opposition qu'au régime en place.

En tout état de cause, l'abstentionnisme électoral doit être combattu. Il importe, à cet égard, d'identifier les causes pour suggérer les remèdes appropriés. Au nombre de causes qui conduisent au désintéressement électoral, on signale le déphasage des discours politiques avec la réalité de terrain, l'indifférence et le scepticisme des électeurs à l'égard des dirigeants dont l'action politique est, à leurs yeux, mole sinon en deçà de leurs attentes.

Le remède idéal serait de rendre le vote obligatoire et de sanctionner l'abstention. Le choix n'est pas sans poser de problèmes car l'organisation de la sanction est, en cette manière, difficile et non uniforme.

Penser à une peine d'emprisonnement serait exagéré mais une simple amende risquerait de paraître dérisoire. Une solution palliative consisterait à priver les électeurs absentéistes du droit de participer aux prochains scrutins. Cette option renforce d'avantage l'indifférence des électeurs. À quoi bon de voter, peuvent-ils s'exclamer, notre vote ne pourra pas changer la manière de gouverner des dirigeants ?

Une autre idée viserait la retenue, pendant une période déterminée, du salaire et autres avantages sociaux reconnus à l'électeur absentéiste ou le refus de recrutement ou de nomination dans l'administration publique. Cette option se heurterait aux difficultés d'uniformiser une contrainte aux différents électeurs qui ne répondent pas d'un même régime salarial, de rémunération ou de recrutement.

Devant ces difficultés, il convient de se reporter à chaque législation nationale, le droit électoral offrant, à cette fin, des solutions aussi diverses que variées. La Belgique et l'Australie où le vote est obligatoire éprouvent tout de même des difficultés pour organiser, en pratique, la sanction au point que le problème semble entier.

La deuxième conséquence réside dans le fait que *la représentation populaire* que postule cette forme de souveraineté apparaît comme un remède aux excès éventuels du référendum ou de recours aux autres procédés de démocratie semi-directe.

Le caractère *particulier et impératif du mandat* conféré aux élus indique que les représentants du peuple expriment la volonté d'un groupe déterminé des citoyens envers qui ils sont redevables. Il s'est créé, ainsi, un lien entre les électeurs et les élus.

La souveraineté populaire implique, enfin, la mise en place *d'un régime républicain* dont la vocation est de combattre la monarchie et l'aristocratie au pouvoir.

Influencée, depuis la deuxième moitié du XIXe siècle, par les idées de Marx et Engels qui ont insisté sur la valorisation de la classe ouvrière, la théorie de la souveraineté fractionnée a fait naître une autre axée, cette fois-ci, sur le prolétariat : c'est la théorie de la souveraineté prolétarienne.

1.1.2. La souveraineté nationale

D'origine française, cette théorie situe l'origine de la souveraineté dans la nation considérée comme une entité différente des individus qui la composent. Elle opère une distinction entre le titulaire du pouvoir (la nation) et ceux qui, momentanément, l'exercent en son nom. Par cette théorie, le pouvoir a été transmis du monarque vers la nation.

La souveraineté nationale se caractérise par son unicité, son indivisibilité, son inaliénabilité et son imprescriptibilité.

Une et indivisible, la souveraineté nationale interdit son exercice, même momentané, par un individu ou un groupe d'individus. L'unicité de la souveraineté nationale ne s'accommode point du fédéralisme qui autorise un partage du pouvoir entre le gouvernement central et les provinces.

Inaliénable, la souveraineté nationale ne peut, en aucune circonstance, faire l'objet d'une cession que celle-ci résulte de la volonté du peuple et du monarque. Attachée à la nation, la souveraineté est appelée à résister aux changements qui affectent, généralement, les personnes qui l'exercent.

La souveraineté nationale est imprescriptible dans la mesure où elle ne peut, par un simple écoulement du temps, disparaître.

De l'acceptation de la théorie de la souveraineté nationale, découlent un certain nombre de conséquences politiques.

Si la nation est seule à détenir la souveraineté, il est logique que le droit de vote ne soit attribué qu'aux personnes qu'elle aura désignées à cette fin. En accomplissant ce devoir, les représentants de la nation exercent une fonction et non un droit. Une telle option conduit, naturellement, à un *électorat-fonction ;* dans ce cas, le *vote devient obligatoire*, ce qui peut constituer un moyen de lutte contre l'abstentionnisme électoral.

Admettre, ensuite, que la nation soit capable de sélectionner les citoyens à même de traduire, par une élection, sa volonté, équivaudrait à reconnaître le caractère *universel du suffrage.*

Le caractère collectif du mandat que la nation confère à ses représentants induit que chaque député ne représente pas les électeurs de sa circonscription mais l'ensemble de la nation. Ils exercent donc *un mandat général et représentatif.* On admet qu'étant incapable de s'exprimer, la nation ne peut donner des directives à ses élus mais plutôt un mandat de la représenter et de traduire sa volonté. Dans cette forme de souveraineté, les députés conservent une liberté d'action et de décision qui est l'expression de la nation.

Dans la pratique, enfin, la souveraineté nationale semble aller à contre-courant de l'idéal démocratique parce qu'elle conduit à l'établissement des *systèmes autocratiques.* Les monarchies de 1791, celle de juillet et les deux empires qui ont suivi, en France, se sont tous réclamés de la souveraineté nationale. Il importe de signaler, toutefois, que la logique républicaine conservait tout de même une influence notable.

Élaborée par Sieyès, cette théorie qui attribue à la nation, cette entité abstraite et indivisible, le pouvoir de désigner parmi ses membres ceux qui sont capables d'agir en son nom, ignore les réalités sociologiques aussi diverses que variées qui accompagnent souvent la construction d'une nation.

Considérée comme une invention idéologique, l'édification d'une nation répond donc à un processus historique dont la connaissance exige l'imbrication des différentes forces sociales et politiques en présence. Cette difficulté a fait dire à une doctrine que la théorie de la souveraineté nationale est une fiction juridique dangereuse[122].

L'histoire politique et institutionnelle française renseigne qu'attaché aux valeurs de liberté, d'égalité et de fraternité[123] incarnées dans l'institution parlementaire, ce pays a fini par assurer la transmission de la souveraineté, jadis, exercée par la nation au profit d'une assemblée des élus. Ainsi, naquit la théorie de la souveraineté parlementaire comme une

---

[122] DJOLI ES'ENGEKELI J., *Droit Constitutionnel, op. cit.*, p. 93.

[123] Préambule de la Constitution française du 4 octobre 1958 telle que modifiée à ce jour.

dérivée de la souveraineté nationale. Cette transposition comporte des conséquences politiques dans les relations entre la nation et ses représentants mais également entre le parlement et le gouvernement.

1.2. Le gouvernement semi-représentatif

L'établissement d'un gouvernement semi-représentatif est tributaire de la connaissance préalable du système qui en favorise l'expression populaire, à savoir la démocratie directe, représentative ou semi-directe.

La démocratie directe est celle par laquelle le peuple exerce lui-même le pouvoir politique. Bien que rare, cette forme de démocratie s'applique encore dans les sociétés traditionnelles africaines à dimension géographique relativement réduite (villages et chefferies traditionnels), le canton suisse de Glaris, les deux demi-cantons d'Appenzell et les deux demi-cantons d'Unterwald. Dans ces agglomérations, les citoyens ont la facilité de se réunir pour voter les lois et décider directement des solutions à apporter aux problèmes dont la simplicité encourage l'exercice direct de la démocratie.

La démocratie représentative permet au peuple de déléguer l'entièreté de l'exercice de la souveraineté aux mains de ses représentants tout en se réservant le droit d'entériner ultérieurement les décisions.

La démocratie semi-directe reconnaît aux assemblées élues le pouvoir de gestion quotidienne de l'État en réservant au peuple le droit d'intervenir sur les affaires importantes. Il existe plusieurs procédés de démocratie semi-directe : on peut, notamment, citer le référendum facultatif ou obligatoire, le plébiscite, l'option et le pouvoir d'initiative populaire.

Généralement préférée aux précédentes, cette forme de démocratie comporte de nombreux mécanismes qu'il convient d'étudier avant d'apprécier son exercice effectif.

1.2.1. Les techniques de la démocratie semi-directe

Plusieurs constructions doctrinales ont été imaginées pour traduire la diversité des techniques qui accompagnent habituellement l'exercice de la démocratie semi-directe. Elles ont convergé vers deux, à savoir l'initiative qui a pour vocation de provoquer la décision des gouvernants et le référendum qui tend ou non à la ratifier. Il convient de préciser que, sous le concept générique de référendum, se confondent plusieurs procédures aussi diverses que variées tels le référendum proprement dit, le véto, le plébiscite, l'option, l'initiative populaire, le droit de pétition etc.

Le référendum consiste, pour les gouvernants, à soumettre à la population une question qu'elle est appelée à trancher par un vote. En règle générale, le peuple doit se prononcer sur un texte élaboré, en amont, par le pouvoir exécutif ou, plus généralement, le pouvoir législatif. Dans bien des cas, le référendum s'inscrit dans le cadre de l'élaboration ou de la révision de la Constitution. Il peut, également, concerner l'adoption ou l'abrogation d'une loi ordinaire. Dans ces cas, on se retrouve devant un référendum constituant ou un référendum législatif[124].

Le référendum constituant est une approbation par le corps électoral formé à cette fin soit de la Constitution du pays, soit des modifications apportées à la loi fondamentale. Cette approbation peut être obligatoire ou facultative.

Le *référendum obligatoire* est l'acte par lequel le peuple est obligatoirement appelé à accepter ou à refuser le texte qui lui est proposé par les gouvernants. Son intervention est obligatoirement requise et aucune approbation implicite n'est autorisée. Cette technique renforce la participation démocratique à l'action des gouvernants. Les Constitutions du Danemark, de l'Irlande, de la Suisse et de la quasi-totalité des États Américains imposent aux gouvernants l'obligation d'organiser un référendum lorsqu'une modification de la loi suprême est envisagée.

Le *référendum facultatif* autorise au peuple de s'opposer à ce qu'un texte régulièrement voté par une assemblée législative sorte ses effets. Cette opposition doit intervenir dans le délai fixé à cet effet. Le silence du peuple vaut une acceptation tacite du texte. La France, l'Italie et l'Espagne expérimentent cette forme de référendum.

Obligatoire ou facultatif selon les options, le référendum *législatif* peut aboutir à l'adoption d'une loi ou à l'exercice d'un véto contre celle-ci. Ainsi apparaît une distinction entre le référendum normatif, le véto et le référendum abrogatif.

Le référendum *normatif* permet une vérification de la participation populaire à l'élaboration des lois ordinaires : c'est le peuple qui adopte la loi dans la mesure où l'entrée en vigueur d'une loi est subordonnée à son approbation populaire. Les pays qui organisent ce type de référendum prévoient, généralement, une gamme des conditions dont l'observance est stricte afin de préserver au maximum les compétences parlementaires en la matière.

Le référendum législatif peut être conçu comme un moyen pour le peuple de s'opposer à une loi votée par le parlement. Dans ce cas, elle correspond à un *véto populaire* qui occupe une place privilégiée en Suisse.

Le référendum législatif est, enfin, *abrogatif* lorsque le peuple décide d'abroger en tout ou en partie une loi déjà en vigueur. Ce type de contrôle, qui est d'usage en Italie et à l'égard de certaines lois cantonales suisses, permet aux citoyens non pas de créer des lois mais plutôt de les empêcher d'exister. C'est un pouvoir essentiellement négatif dont l'exercice peut paralyser l'action gouvernementale.

---

[124] DE GUILLENCHMIDT M., *Droit Constitutionnel et Institutions politiques*, *op. cit.*, pp. 67-71.

Ce type de référendum s'éloigne considérablement du référendum consultatif ou de ratification[125].

À l'opposé du *référendum consultatif* dont la vocation est de demander l'avis préalable du peuple sur un projet de texte avant sa discussion par les assemblées parlementaires, le *référendum de ratification* intervient après l'adoption de la loi : elle fait participer le corps électoral à l'approbation ou non d'un texte émanant des gouvernants.

Dans sa mise en œuvre, le référendum peut conduire à des déviations et se transformer en *plébiscite*. Trois traits aident à distinguer l'un de l'autre.

Contrairement au référendum, le plébiscite est une consultation populaire sur l'action d'un homme plutôt que sur l'approbation d'un texte. En l'an X, on avait soumis au peuple français un texte dont l'objectif était de faire de Napoléon un consul à vie.

À la différence du référendum, le plébiscite n'offre au peuple qu'une fausse alternative dans la mesure où il porte sur l'approbation des actions d'un régime existant et non sur la ratification d'un régime à établir. La peur de l'inconnu impacte négativement sur l'attitude des électeurs appelés à ratifier parfois des coups d'État préparés en dehors d'eux. Tel a été, notamment, le cas de la Constitution française de l'an VIII qui a été mise en application six semaines avant que ne soient rendus publics les résultats du plébiscite.

Le plébiscite rend, enfin, moins claire la formulation de la question posée au corps électoral : dans une technique d'amalgame, on lui demande d'accepter ou non l'action politique des gouvernants. Au cours du plébiscite organisé le 8 mai 1870, le peuple français a été convié à donner son adhésion à l'Empire en même temps qu'aux réformes initiées par les gouvernants.

L'option est une procédure rarement utilisée dans le cadre des réformes constitutionnelles ou législatives. Cette technique comporte une diversité de possibilités organisées par une loi soumise au vote des citoyens. Par l'option, en effet, le corps électoral est consulté pour se prononcer sur plusieurs options contenues dans une loi ou un projet de texte.

L'initiative populaire réalise une plus grande participation du peuple à l'activité gouvernementale. Car, à travers le référendum, le véto ou l'option, le corps électoral intervient après l'édiction par le pouvoir législatif ou le pouvoir exécutif de l'acte soumis à son approbation. L'initiative autorise, en revanche, le corps électoral de se prononcer avant que l'acte ne soit pris par les gouvernants. Elle permet aux citoyens, non seulement de s'opposer à une législation qui ne serait pas de leur goût mais aussi d'obtenir les lois qu'ils souhaitent. L'initiative donne ainsi au peuple le

---

[125] Le POURHIET A.-M., *Droit Constitutionnel*, *op. cit.*, pp. 90-94.

moyen d'obliger les assemblées législatives à lui soumettre obligatoirement les réformes que les pouvoirs publics se proposent d'engager.

L'initiative peut être formulée ou non. *L'initiative formulée* donne au peuple le droit de présenter à une assemblée législative un projet de texte complètement élaboré en articles. Dans *l'initiative non formulée*, le peuple se borne à demander à une assemblée législative de préparer un projet de loi sur une matière et à orienter la direction des discussions et du vote.

La pratique de l'initiative est tout aussi variée que diversifiée. Les assemblées législatives peuvent être tenues à l'écart de l'œuvre législative pour que le peuple soit directement saisi d'un projet de texte élaboré à son initiative. Bien qu'émanant du peuple, le projet est discuté et adopté par les assemblées avant d'être soumis à la ratification populaire. Dans ce cas, trois combinaisons sont possibles :

- l'initiative (formulée ou non) émane du peuple, suivie de sa discussion et de son adoption par le parlement sans qu'il ne soit nécessaire de la retourner au peuple pour son approbation ;
- l'initiative formulée par le peuple est discutée et votée par une assemblée du corps électoral avant l'intervention du parlement ;
- formulée ou non, l'initiative du peuple est discutée au niveau du parlement avant d'être retournée au peuple pour sa ratification finale.

1.2.2. L'appréciation de la pratique de démocratie semi-directe

La démocratie semi-directe est pratiquée dans de nombreux pays. On la retrouve en Suisse, aux États-Unis d'Amérique, en Italie, en France et, dans une moindre mesure, dans les démocraties émergentes d'Afrique.

Dans tous ces pays, le référendum et ses différentes variantes sont l'expression, théoriquement, la plus achevée de la démocratie et, en même temps, un instrument approprié d'instauration d'une dictature populaire.

Ce regard croisé sur le référendum justifie, à bien des égards, des nombreuses réticences à l'endroit de la démocratie semi-directe. Ces réserves s'observent, d'abord, dans les milieux parlementaires qui préfèrent, à tort ou à raison, garder le monopole de l'exercice du pouvoir législatif et qui se méfient des contacts avec le peuple que ce système favorise. Elles sont, ensuite, perceptibles dans les partis politiques qui n'apprécient guère de voir les citoyens se soustraire de leur emprise. Dans les pays à tradition idéologique de gauche, la démocratie semi-directe n'est pas, enfin, bien perçue dans la mesure où elle converge, généralement vers la conservation des positions prises par les gouvernants.

Il y a, dans toutes ces réserves, une part de vérité. Dans une société où l'individu est absorbé par les masses, la démocratie directe ne conduit à la maîtrise de l'action politique que dans la mesure où l'information est libre, diversifiée et plurielle, d'une part, et la formation des citoyens, des corps intermédiaires et des élites politiques est permanente, d'autre part.

De toute évidence, la démocratie semi-directe se prête à combattre l'influence des oligarchies financières et des groupes de pression de nature diverse. Souhaité ou non, le référendum se révèle, en définitive, comme un moyen important d'éducation politique : il offre aux électeurs l'opportunité d'être associés au débat politique sur la gestion de l'État. Cette technique est avantageuse pour la démocratie semi-directe en même temps qu'elle comporte des limites.

Le gouvernement semi-représentatif né de la pratique de la démocratie semi-directe est préféré aux gouvernements direct et représentatif.

Le risque de paralysie législative ou gouvernementale qu'encourage le gouvernement direct par l'incompétence des membres composant l'assemblée du peuple est compensé par la démocratie semi-directe qui autorise que les lois soient l'œuvre, non pas du peuple, mais des députés élus par lui et crédités d'avoir une compétence éprouvée en la matière. De ce point de vue, la démocratie semi-directe présente plus de garantie que le gouvernement direct.

Vis-à-vis du gouvernement représentatif, la démocratie semi-directe présente des avantages réels. On note, d'une part, que, dans le gouvernement représentatif, on a tendance à grossir le degré de représentativité de l'organe populaire (le parlement en régime parlementaire et le président en régime présidentiel) que l'on croit représenter la volonté du peuple au point de sombrer dans une certaine omnipotence. L'idée de confier, dans une démocratie semi-directe, au peuple la décision sur les affaires importantes, incite les organes constitués (parlement et président de la République) à la modestie et à la modération.

Le gouvernement représentatif offre, ensuite, une possibilité de désaccord entre la volonté populaire et la volonté parlementaire, et, généralement, entre la politique des gouvernants et l'opinion publique. Ce désaccord est, en démocratie semi-directe, minimisé étant donné que c'est le peuple lui-même qui a le pouvoir de décider sur les affaires les plus importantes.

Malgré ces mérites, la pratique du référendum comporte, néanmoins, quelques inconvénients qui constituent, par ailleurs, ses limites. Elles sont au nombre de trois.

La technique du référendum fait, habituellement, face à *l'inaptitude et à l'incompétence* des citoyens appelés à trancher sur les affaires qui, par la nature de choses, se révèlent tout aussi complexes qu'importantes dans la gestion de l'État.

Le manque de nuance dans la question posée aux électeurs à qui il est demandé d'accepter ou de refuser en bloc une Constitution ou une loi exacerbe les difficultés qu'a le peuple d'appréhender et de maîtriser la technique.

Le référendum conduit, enfin, *à la lassitude des électeurs* qui sont constamment appelés aux urnes. L'exercice de la souveraineté démocratique risque, dans ce cas, de favoriser l'abstention électorale. La recette idéale serait de limiter le recours au référendum aux seules questions d'importance capitale à l'adoption et à la révision de la Constitution. Une instruction et une éducation permanente des citoyens à l'exercice des techniques de la démocratie semi-directe permettent, enfin, de réduire, au maximum, les inconvénients du référendum.

2. L'expression de la souveraineté démocratique par le peuple

Le moyen le plus courant d'expression démocratique de la souveraineté par le peuple est l'élection. Celle-ci aide les citoyens à faire connaître leur opinion sur les choix politiques des gouvernants et de participer à l'élaboration de la politique nationale. Par les élections, les citoyens désignent parmi eux un petit nombre qui se charge, en leur nom et à leur place, de décider des affaires publiques. La technique offre une bonne opportunité sur le choix des dirigeants et de leurs politiques publiques.

Ainsi qu'on le verra plus loin, l'organisation d'une élection ne conduit pas nécessairement à la désignation des dirigeants souhaités par les citoyens. Parmi les raisons qui peuvent justifier cet état de choses, on note la fixation des règles de jeu électoral, l'identification des acteurs du jeu électoral, la connaissance du terrain sur lequel se joue le jeu électoral et de l'arbitre appelé à trancher, au besoin, sur les conflits qui peuvent en résulter.

Même si le droit de suffrage a vocation à renforcer la légitimité des gouvernants, il n'a, toujours, pas été ainsi dans la pratique. Le caractère universel ou non du suffrage est le fruit de l'histoire. De la théorie de l'électorat-droit qui limite l'exercice effectif du droit de vote, on est arrivé à imaginer d'autres techniques qui établissent des inégalités des votes et partant, des limites à l'expression démocratique.

Plusieurs mécanismes ont été imaginés soit pour restreindre le droit de vote, soit pour le pondérer, soit encore pour déformer les résultats des élections.

2.1. Les restrictions du suffrage

Un suffrage est restreint lorsque le droit de vote n'est accordé qu'à une catégorie de personnes réunissant certaines conditions particulières liées, notamment, à la fortune ou à l'instruction.

Très répandu, le *suffrage censitaire* accorde le droit de vote aux seules personnes capables de payer un impôt direct et donc de contribuer au budget de l'État. Possédant une certaine fortune, ces électeurs sont présumés être attachés à la nation au profit de laquelle ils contribuent à son développement. Il est normal qu'ils soient dotés du pouvoir d'élire leurs futurs gouvernants. C'est finalement un système qui renforce la suprématie d'une bourgeoisie blanche soucieuse de conserver à l'égard des autres races et notamment noire les privilèges qu'offre l'exercice du pouvoir politique qu'elle a, elle-même, arraché à l'aristocratie féodale. On y recourt encore aux États-Unis d'Amérique et, dans une moindre mesure, en République Sud-Africaine.

Le suffrage capacitaire réserve le droit de vote aux électeurs possédant un certain niveau d'instruction. Loin de corriger les inégalités créées par le suffrage censitaire, le vote capacitaire les renforce davantage, le destin de toute une nation ne peut être confié qu'aux seuls individus détenteurs des titres scolaires, académiques ou officiels. Dans certains États sous-développés, le droit de vote n'est accordé qu'à ceux qui sont, au moins, capables de lire et d'écrire.

2.2. Les mécanismes destinés à pondérer le droit du suffrage

En régime démocratique, chaque citoyen est appelé à participer au choix des gouvernants. Le suffrage doit, donc, être égalitaire. Tel n'a pas, toujours, été le cas en pratique. Il existe des mécanismes qui réduisent sensiblement l'égalité de vote : ils peuvent être, légalement ou non, organisés.

Sur le plan légal, le parlement peut être amené à édicter une loi qui consacre les inégalités entre les électeurs en instituant, par exemple, le système de votes multiple et plural.

Dans *le vote multiple*, chaque électeur dispose d'une seule voix qui lui permet de voter dans plusieurs circonscriptions. Ce système de franchises[126] électorales a été appliqué en Grande Bretagne avant 1951. *Le vote plural* reconnaît à l'électeur le droit de disposer, pour un même scrutin, de plusieurs voix.

Du point de vue politique, certains gouvernements se sont efforcés d'élaborer des stratégies qui encouragent les inégalités de représentation électorale. Celles-ci peuvent résulter des techniques savamment préparées dans la délimitation ou le découpage des circonscriptions. Dans le but de favoriser certains candidats à une élection, le législateur peut être amené à modifier les limites de circonscriptions électorales et, partant, le glissement de voix et, même de majorité parlementaire. Initié aux États-Unis d'Amérique par Gerry, un ancien gouverneur du Massachusetts en 1812,

---

[126] Par ce système, un électeur peut, pour une même élection, voter à la fois au bureau électoral de son domicile, celui de son lieu de travail ou de l'institution d'enseignement dont il est porteur d'un titre scolaire ou universitaire.

ce système, connu sous le nom de gerrymander, a abouti à la création, de manière artificielle, des circonscriptions électorales.

Le favoritisme qu'il a occasionné a conduit la Cour suprême d'en limiter, depuis 1962, la fréquence. Pour éviter les abus d'un modèle, plusieurs pays ont décidé de faire correspondre les circonscriptions électorales à certaines subdivisions administratives préalablement déterminées pour la gestion du territoire sans rapport avec les questions électorales.

Le choix d'un système électoral peut, enfin, influer sur la représentation, notamment lorsqu'il favorise exagérément l'inégalité des suffrages exprimés à l'occasion d'un scrutin.

2.3. Les pratiques conduisant à la déformation des résultats des élections

Moyen privilégié d'accession au pouvoir, une élection n'est pas souvent à l'abri des manipulations. Quelques artifices ont été imaginés pour en réduire la sincérité et produire des résultats éloignés de la volonté des électeurs. Ils sont d'usage fréquent dans les milieux ruraux très éloignés des merveilles de la technologie et de l'observation électorale.

Poussée à l'excès, la logique de la tricherie électorale autorise l'élaboration des stratégies qui s'appuient sur les pressions et autres manipulations sur des candidats, sur des électeurs et sur l'administration électorale.

Vis-à-vis des candidats, les pressions sont soit financières, soit économiques, soit psychologiques. Les pressions financières sont, généralement, axées sur la corruption et la promesse des diverses natures en échange du retrait de candidature ou de report de voix. Les pressions économiques s'articulent autour des privilèges fiscaux, douaniers ou du favoritisme en matière d'attribution des marchés publics, etc. Les pressions psychologiques sont, habituellement, exercées par les autorités religieuses ; elles ont également une dimension tribale ou ethnique.

À l'égard des électeurs, les privations économiques et sociales, les menaces patronales ou professionnelles ou encore les représailles policières et sécuritaires peuvent affecter leur liberté de choix pendant des élections.

Les manipulations sur l'administration électorale se révèlent nombreuses et diverses : le caractère opaque et truqué du fichier électoral, le bourrage d'urnes, la falsification des listes électorales, la rétention volontaire des résultats électoraux, la conception d'un système informatique au service du tripatouillage des résultats.

Section 2 : La structure du pouvoir

Au sein d'un État, le pouvoir se diversifie, en dépit de son unité, en plusieurs organes qui exercent, chacun, une attribution spécifique. On peut dire qu'à la différenciation des organes de l'État, correspond une répartition corrélative des fonctions à y assumer par les pouvoirs exécutif, législatif et juridictionnel.

§1. Le pouvoir exécutif

Le pouvoir exécutif est, généralement, représenté par le gouvernement. Cet organe de l'État chargé de la fonction exécutive est également qualifié de « *puissance exécutrice de l'État* ». L'étude des formes de l'exécutif permet d'esquisser une cartographie des fonctions habituellement assumées par le gouvernement.

A. Les formes de l'exécutif

Parmi les facteurs qui permettent de fonder une classification des structures exécutives, figurent l'ossature gouvernementale et les relations entretenues entre le gouvernement et le parlement. Du point de vue structurel, l'exécutif peut être monocratique, dualiste, collégial et directorial.

1. L'exécutif monocratique

Dans un exécutif monocratique, la totalité du pouvoir est détenue et exercée par une seule personne. Cette forme d'exécutif peut être monarchique, dictatoriale ou républicaine. L'exécutif est monarchique lorsque le pouvoir est exercé par un monarque dont le pouvoir se transmet par voie héréditaire. L'exécutif dictatorial autorise son titulaire (chef unique de l'exécutif) de s'emparer par la force du pouvoir ou de l'exercer de manière autocratique. Il est républicain lorsque la désignation de son chef (le président de la République) est, périodiquement, soumise au suffrage universel.

2. L'exécutif dualiste

Cette forme d'exécutif favorise une collaboration entre un homme (le monarque ou le chef de l'État) indépendant et politiquement irresponsable et un comité (le gouvernement, le ministère ou le cabinet), un organe collégial dont les membres sont, certes, nommés par le chef de l'État mais indépendants, parce qu'uniquement responsables devant le parlement.

Issu de la pratique du régime parlementaire moniste, ce type d'exécutif est encore répandu dans les régimes parlementaires dualistes. On le trouve en Allemagne, en France et en Italie où le président de la République s'est substitué au monarque héréditaire. D'autres pays comme la Belgique, la Grande Bretagne, la Hollande ou la Suède ont conservé la tradition monarchique du pouvoir. En Afrique, certains États (le Bénin, le Mali, le Niger, le Lesotho, la République Démocratique du Congo, le Swaziland ou le Sénégal) se sont dotés des exécutifs dualistes.

3. L'exécutif collégial

Cette forme d'exécutif consacre l'existence de deux titulaires de la fonction gouvernementale disposant, par ailleurs, des pouvoirs égaux. Cette égalité implique, d'une part, l'absence de préséance ou de suprématie d'un membre sur un autre et, d'autre part, qu'aucune décision ne peut être prise à l'insu et contre l'avis d'un membre du comité. D'usage dans le système de dyarchie romaine, cette structure a inspiré, pendant la crise, les initiateurs du Comité de libération nationale française, notamment, le général de Gaule et le général Giraud. Ces exemples ne présentent, à ce jour, que des souvenirs historiques.

4. L'exécutif directorial

L'exécutif directorial autorise la constitution d'un comité ou d'un directoire auquel on confie l'ensemble du pouvoir gouvernemental. Cet exécutif est collégial et ses membres disposent de mêmes pouvoirs qu'ils exercent de manière rotative : dans cette forme d'exécutif, la présidence est tournante. La formule a été appliquée en France, dans l'ancienne fédération des Républiques socialistes soviétiques ou en Suisse.

B. Les fonctions de l'exécutif

Traditionnellement focalisée sur l'exécution des lois votées par le parlement, la fonction du gouvernement s'est, depuis le XXe siècle, considérablement, transformée s'éloignant ainsi du rôle qu'on lui reconnaissait au XIXe siècle.

À l'origine, en effet, le gouvernement était considéré comme un simple organe d'exécution de la loi, de son application pure et simple ou de la mise en œuvre des directives législatives. Cette vision s'inscrivait dans une logique d'affaiblissement de l'autorité gouvernementale face au parlement, émanation de la volonté populaire. Le rôle du gouvernement demeure, de toute évidence, passif.

Avec la transformation de la société, le gouvernement a vu son rôle s'accroître en raison, notamment, des sollicitations dont fait quotidiennement l'objet l'État dans les domaines aussi divers que variés. La complexité et la technicité qu'impose la gestion des affaires publiques donnent à l'action du gouvernement une impulsion de plus en plus croissante.

Dans le domaine institutionnel, cette mutation s'est accompagnée d'une nouvelle répartition de compétences entre les organes de l'État et, en particulier, entre l'exécutif et le législatif. Aussi, pour donner à l'action gouvernementale un nouvel élan, l'exécutif est-il autorisé à faire quelques incursions dans le domaine initialement réservé au parlement. Le gouvernement est ainsi sollicité dans la préparation des lois dont la technicité échappe parfois aux membres des assemblées tout comme il peut se substituer au parlement dans le domaine législatif.

La nouvelle perception du rôle du gouvernement a souvent amené le parlement à limiter son intervention dans la définition des orientations générales laissant au gouvernement le soin de les préciser par des mesures réglementaires.

Il est donc absurde de réduire le rôle du gouvernement à la seule exécution des lois produites par le parlement car, à l'heure actuelle, on s'aperçoit que la fonction législative est partagée entre les assemblées et ce qui représente encore le pouvoir exécutif.

De cette évolution, on se rend bien compte qu'à l'heure actuelle, le rôle du gouvernement dépasse largement celui d'exécution des lois pour devenir celui d'un organe d'impulsion, de décision et de prévision.

Organe d'impulsion, le gouvernement prend l'initiative de tracer le programme législatif que le parlement s'active à approuver. Cette charge confère au gouvernement le pouvoir d'animer et d'orienter toute l'administration au service des objectifs qu'il s'est fixés et qu'il fait adopter par le parlement.

Par l'exercice du pouvoir réglementaire et les arbitrages financiers opérés dans l'élaboration du budget de l'État, l'action du gouvernement dépasse le simple cadre d'exécution des directives législatives pour se situer dans une perspective décisionnelle : il devient *un organe de décision.*

Dans la conduite des affaires de l'État, le gouvernement est, parfois, appelé à inscrire son action dans une vision prospective car, dit-on, gouverner, c'est prévenir. Il remplit, dans ce cas, la fonction *d'organe de prévision.*

Il en résulte que le gouvernement est devenu l'épicentre de la vie sociale et politique et, donc, le moteur du développement de la nation.

§2. Le pouvoir législatif

La signification actuelle du mot parlement a une histoire. Dans l'ancien régime français, par exemple, l'expression désignait une Cour souveraine de justice. En Angleterre, l'institution représente encore une assemblée politique. Cette conception l'a emporté et, depuis le XIXe siècle, le parlement est défini comme une assemblée politique composée des représentants du peuple.

En droit public comparé, l'institution s'identifie à un organe politique délibérant. Établi pour exercer des fonctions de nature diverse, le parlement peut être constitué d'une ou de deux assemblées.

A. La structure du parlement

Il existe deux formes d'organisation du pouvoir législatif : le système d'une assemblée ou le monocaméralisme s'oppose, habituellement, à celui de deux assemblées connu sous le nom de bicaméralisme.

Plusieurs États[127] demeurent encore attachés au monocaméralisme ; craignant pour raisons l'immobilisme du parlement. Le bicaméralisme serait, d'abord, inutile et anti-démocratique. L'inutilité de la deuxième chambre résulterait du fait qu'elle ferait double emploi avec la chambre basse surtout si les membres des deux chambres sont élus de la même manière. La deuxième chambre serait anti-démocratique par la désignation au scrutin restreint de ses membres. Ce mode de scrutin réduirait sensiblement l'assiette de leur légitimité. Elle alourdirait, ensuite, le fonctionnement du parlement déjà confronté au problème d'adaptation du travail législatif aux exigences de la modernité. Au lieu de freiner les initiatives de la chambre basse par l'élection d'une autre, on gagnerait au maintien d'une seule chambre parlementaire en lui donnant un coup d'accélérateur. Le bicaméralisme consacrerait, enfin, la représentation dans la mesure où elle serait favorable aux forces conservatrices aux dépens des forces de progrès. Une telle organisation législative constituerait un obstacle à la sauvegarde de l'unité et de la souveraineté nationale.

Fruit de l'histoire constitutionnelle anglaise, le bicaméralisme remonte au Moyen Âge lorsqu'au XIe siècle, Guillaume Le Conquérant envahit l'Angleterre et décide de s'entourer, afin de gouverner d'un Magnum Concilium, ce Grand Conseil qui se charge de le conseiller pour les décisions qu'il se proposait de prendre en matière fiscale et politique. En 1215 cependant, ce même Conseil se révolte et impose au Roi Jean Sans Terre l'obligation de rendre compte de ses décisions financières. Les successeurs de Guillaume le Conquérant ont transformé le rôle de ce Conseil dont les avis étaient de plus en plus sollicités mais surtout écoutés.

Pour contrer la puissante influence des barons, le roi résolut, à la fin du XVIIIe siècle, de convoquer autour de lui les représentants des comités et des bourgs qui siégeront, au départ, avec les nobles avant que le parlement ne soit, sous l'influence du Roi Edmond III, officiellement divisé, en 1332 en Chambre des Lords et Chambre des Communes.

Historiquement donc, le bicaméralisme a été initialement pratiqué dans les États unitaires avant de devenir un modèle constitutionnel[128]. Il doit son fondement à la pratique du régime parlementaire, renforce l'équilibre et la solidarité au sein des régimes parlementaires et s'accommode de la monarchie qu'appuyait l'aristocratie.

---

[127] Tels que l'Angola, le Bénin, la Bulgarie, le Burkina Faso, le Cameroun, le Cap-Vert, la Corée du Sud, la Cote d'Ivoire, la Croatie, le Danemark, l'Érythrée, la Finlande, la Gambie, la Géorgie, la Grèce, le Ghana, la Hongrie, l'Irlande, le Kenya, la Lettonie, la Macédoine, le Mali, le Mozambique, l'État fédéré du Nebraska, le Niger, la Norvège, l'Ouganda, le Panama, la province canadienne du Québec, le Pérou, la Pologne, le Portugal, l'État autonome de Queensland en Australie, le Rwanda, le Sénégal, la Slovénie, la Suède, la Tanzanie, le Togo, la Tunisie, la Turquie, le Venezuela, la Zambie et le Zimbabwe.

[128] Le POURHIET A.-M., *Droit Constitutionnel, op. cit.*, pp. 103-104.

En France, le bicaméralisme ne s'était pas immédiatement construit avec la Révolution d'autant que le remplacement symbolique du corps de la nation à celui du roi impliquait une représentation unitaire[129]. L'échec de l'assemblée unique de 1791 et la terreur de la Convention vont notamment accélérer l'introduction du bicaméralisme sous une forme directoriale avec l'institution du Conseil des cinq cents et du Conseil des anciens dont le but était de diviser le parlement pour le modérer davantage.

Nonobstant la petite éclipse enregistrée sous la deuxième République et une atténuation observée sous la quatrième République, le bicaméralisme est une réalité permanente en France. L'ensemble des États de l'Europe occidentale[130] et même orientale l'ont finalement adopté. Le modèle a conquis d'autres continents pour, définitivement, gagner du terrain. Les raisons à la fois politiques et techniques l'ont, souvent, justifié.

Du point de vue politique, on fait valoir le souci d'assurer un contrepoids à la toute-puissance d'une seule chambre. L'existence d'une deuxième chambre freine le despotisme d'une assemblée unique autant qu'elle favorise l'équilibre et la solidarité des régimes parlementaires. La nécessité de modérer le sentiment d'omnipotence que s'attribue, généralement, un parlement monocaméral explique que la chambre haute puisse être composée des membres relativement âgés et plus expérimentés que ceux de la chambre basse. L'existence d'une seconde chambre rend compte du besoin d'assurer la représentativité des différentes composantes de la nation.

Techniquement, il ne fait l'ombre d'aucun doute que l'existence d'une deuxième chambre contribue à l'amélioration de la qualité du travail législatif. L'observation du fonctionnement du parlement bicaméral renseigne sur le sérieux et la sérénité des débats à la chambre haute et qui font, généralement, défaut à l'assemblée nationale. De ce point de vue, la deuxième chambre n'est ni inutile, encore moins anti-démocratique.

Les arguments développés à l'appui de telle ou telle autre forme du parlement ont leur part de vérité, l'essentiel n'est pas d'avoir absolument un parlement monocaméral ou bicaméral pour que le régime soit démocratique. Tout dépend, en effet, de l'objectif que l'on s'est assigné et du rôle que l'on voudrait faire effectivement jouer au parlement.

B. Les fonctions du parlement

De plus en plus, on assiste à la réduction de la fonction législative du parlement[131], à la perte d'influence et de prestige de ses membres dans la

---

[129] PACTET P. et MÉLIN-SOUCRAMANIEN F., *Droit Constitutionnel*, *op. cit.*, p. 444.

[130] À l'exception de la Grèce, du Danemark, de la Finlande, de l'Islande, du Luxembourg, de la Norvège, de la Pologne, du Portugal, de la Roumanie, de la République Tchèque ou de la Suède.

[131] Dans beaucoup de pays, le constituant attribue au pouvoir exécutif le rôle soit de législateur d'exception, soit, pour certaines circonstances, de législateur ordinaire.

conception et la conduite, par le gouvernement, de la politique de la nation.

Les différentes contraintes auxquelles le contrôle parlementaire sur l'activité gouvernementale est confronté renforcent davantage le pouvoir exécutif dont les contacts réguliers avec les citoyens contribuent, considérablement, au déclin du parlementaire dont le rôle semble se réduire en une chambre d'enregistrement.

Cette constatation ne remet pourtant pas en cause l'existence même du parlement même si son rôle est appelé à se modifier au fil du temps. La transformation imposée aux fonctions du parlement a conduit à la substitution du qualificatif « *pouvoir délibératif* » à la formule traditionnelle du « *pouvoir législatif* ».

Comme assemblée délibérante, le parlement exerce les fonctions de contestation, de contrôle et de sanction du gouvernement. La fonction de contestation confère au parlement le pouvoir d'assurer le relais des aspirations populaires en direction du pouvoir exécutif. Elle permet d'entretenir un dialogue entre, d'une part, le pouvoir politique et l'opinion publique en général sur les problèmes de la politique nationale et, d'autre part, entre le pouvoir et l'opinion particulière des groupes. Par sa fonction de contrôle, le parlement est à même de suivre la mise en œuvre par le gouvernement de la politique nationale. Il existe plusieurs mécanismes de contrôle du parlement sur le gouvernement, à savoir : les questions écrites, les questions orales, les questions d'actualité, l'institution des commissions d'enquête, l'interpellation, les motions de censure ou de défiance. Le contrôle parlementaire peut conduire à la révocation d'un membre du gouvernement ou de toute l'équipe gouvernementale. Dans ces cas, le parlement assure la fonction de relève.

§3. Le pouvoir judiciaire

Une mise au point sur la notion du pouvoir judiciaire autorise à circonscrire l'indépendance des magistrats vis-à-vis du parlement et du gouvernement.

Dans un État, le pouvoir judiciaire est habituellement composé des cours et tribunaux et quelques fois des parquets qui y sont rattachés[132]. La Constitution lui confère le pouvoir de dire le droit. La notion du pouvoir judiciaire ne fait pas toujours l'objet d'une consécration constitutionnelle. On lui a parfois substitué comme en France celle de l'autorité judiciaire. Tout donc dépend du rôle que l'on veut faire jouer aux magistrats dans la

---

[132] Avant sa modification intervenue à la faveur de la loi n° 11/002 du 20 janvier 2011, la Constitution de la République Démocratique du Congo du 18 février 2006 indique à son article 149 que « le pouvoir judiciaire est dévolu aux Cours et Tribunaux qui sont la Cour constitutionnelle, la Cour de cassation, le Conseil d'État, la Haute Cour militaire, les cours et des tribunaux civils et militaires ainsi que les parquets y rattachés ».

construction d'un État ou d'une démocratie. Le qualificatif « *pouvoir* » ou « *autorité* » collé à l'adjectif « *judiciaire* » dépend ou détermine du degré de l'indépendance que peut avoir cet organe vis-à-vis des autres organes étatiques.

L'indépendance du pouvoir judiciaire a sa source dans la théorie de la séparation des pouvoirs. Conçue par Aristote[133] et systématisée par Montesquieu au XVIIIe siècle, cette théorie a été pour la première fois appliquée dans la Constitution américaine de 1787. Plusieurs Constitutions modernes s'y sont référées[134] et la théorie n'a cessé de faire du chemin[135].

La séparation des pouvoirs procède de la distinction entre les trois fonctions traditionnelles de l'État (législative, exécutive et judiciaire). Elle part de l'idée développée par Montesquieu et selon laquelle « *tout homme qui a du pouvoir est toujours porté à en abuser et il faut que, par la disposition des choses, le pouvoir arrête le pouvoir* »[136]. L'article 16 de la Déclaration des Droits de l'Homme et du Citoyen de 1789 ne peut se comprendre qu'en l'inscrivant dans la logique de limitation et du contrôle du pouvoir. Il indique, à cet égard, que « toute société dans laquelle la séparation des pouvoirs n'est pas déterminée n'a point de Constitution ».

Le débat sur l'indépendance du juge est encore d'actualité. Aux États-Unis, par exemple, la question a été au cœur du débat lorsqu'il s'est agi de situer le rôle de la Cour suprême de justice dans le fonctionnement des institutions politiques américaines[137]. Pendant que certains soutenaient l'idée d'une totale indépendance du juge, gage de la stabilité institutionnelle et socle de la protection des droits de l'homme et libertés publiques, d'autres redoutaient l'instauration d'un gouvernement des juges qui menacerait l'équilibre institutionnel et le fonctionnement harmonieux d'autres pouvoirs de l'État. Les uns et les autres se sont accordés sur l'idée que l'indépendance du juge est à situer dans la mission que le constituant lui assigne, à savoir le renforcement de la légalité constitutionnelle, de la stabilité institutionnelle et de la garantie des libertés publiques.

En France, on note qu'à la faveur de « *la tradition républicaine qui s'appuyait sur le légicentrisme, le constituant n'a jamais ou a rarement encouragé l'indépendance absolue du juge* »[138], ce qui l'a amené à préférer l'expression « autorité judiciaire »[139] au lieu du « *pouvoir judiciaire* »[140].

---

[133] Lire dans ce sens, ESPLUGAS P. et alii, *Droit Constitutionnel*, Paris, Ellipses, 2004, p. 152.
[134] DEBBASCH R., *Droit Constitutionnel*, Paris, 2e éd., Litec, 2001, p. 40.
[135] ESAMBO KANGASHE J.-L., « Regard sur l'État de droit dans la Constitution Congolaise du 4 avril 2003 », *op. cit.*, p. 31.
[136] Dans son ouvrage intitulé *Esprit de lois* publié à Genève en 1748 sans aucune indication sur l'auteur.
[137] VERPEAUX M. et MATHIEU B., *Droit Constitutionnel*, Paris, PUF, 2004, pp. 30-31.
[138] de la SAUSSAY D et DIEU F. *Droit Constitutionnel et Institutions Politiques, op. cit.*, p. 71
[139] *Idem*, p. 72.
[140] Art. 64 de la Constitution française du 4 octobre 1958.

L'incise soulève, si besoin en était, la problématique de l'indépendance de la magistrature dans ce pays.

La question a été discutée à l'occasion du débat sur la force des décisions du Conseil constitutionnel et le statut de ses membres. Il semble que le problème ne se pose pas en ce qui concerne la qualité de juge des membres du Conseil constitutionnel, mais plutôt en rapport à la valeur conférée aux décisions de cette institution, sans doute, avec en arrière-plan la crainte de l'institution éventuelle d'un « gouvernement des juges ».

En fait, dans aucun pays du monde, l'indépendance du juge n'a pour vocation d'instituer le gouvernement des juges mais plutôt la garantie du respect de la Constitution et des droits qu'elle garantit. Cette perception doit être celle que proclame l'ensemble des Constitutions et, notamment, d'Afrique même si dans la pratique, cette indépendance est encore soumise aux contraintes de nature diverse qui en réduisent finalement la portée.

En tout état de cause, la nature de l'indépendance du juge est fonction du contenu que lui donne le constituant et de l'usage que l'on en fait. Nulle société ne peut, en effet, se développer en l'absence d'une justice indépendante. Gladstone traduit bien cette idée lorsqu'il affirme que « *tant que dans une nation le judiciaire est intact, rien n'est compromis, mais s'il perd son indépendance, tout est perdu* ».

Section 3 : Le choix démocratique des gouvernants

Dans un État moderne, l'élection est le mode, par excellence, de désignation des gouvernants.

Au cours de la deuxième moitié du XXe siècle, on s'est aperçu que, sans constituer l'unique indicateur de la mise en place d'un régime démocratique, les élections passent tout de même pour un indicateur indispensable.

Plus que toute autre activité sociale qui fonde la démocratie et l'organisation de l'État, le droit des élections ou droit électoral ne se résume pas au seul agencement juridique des systèmes électoraux, des modes de scrutin ou à l'aménagement du contentieux qui peut en résulter[141]. Il s'insère dans une perspective plus large combinant un dispositif juridique complexe et aux pratiques électorales qui fondent la légitimité du pouvoir.

Le droit électoral combine donc l'ensemble du dispositif juridique et pratique relatif au management électoral (la préparation, l'organisation, l'administration des élections) et à la gestion des conflits qui peuvent en découler.

Sa maîtrise est tout aussi complexe qu'elle suppose la connaissance des différentes étapes qui ne sont, de toute évidence, pas à la portée de tous les acteurs impliqués mais passant par les questions relatives à la qualité d'électeur,

---

[141] Jusqu'il y a peu, le droit électoral a toujours été enseigné dans le cadre du droit constitutionnel général qui ne lui consacrait, du reste, que quelques pages en rapport, notamment, avec les systèmes électoraux, les modes de scrutin et le contentieux électoral.

aux statuts, droits et obligations du candidat, à l'organisation et au déroulement de la campagne électorale, aux systèmes électoraux et modes de scrutin, à l'organisation du vote et du contentieux. La question de l'organisation et de la gestion des élections en Afrique mérite une attention particulière.

§1. L'électeur

En droit, un électeur est une personne physique qui remplit les conditions légales requises pour participer à une élection, mieux une personne éligible au vote. Acteur principal dans la désignation des gouvernants, l'électeur joue, depuis la proclamation de la souveraineté démocratique, le rôle de première importance dans la détermination du corps électoral. Sa volonté est décisive et se manifeste par ses représentants interposés au contrôle des gouvernants. Il constitue, pour emprunter le vocabulaire de Georges Burdeau, l'agent d'exercice, par excellence, de la souveraineté nationale[142].

L'adéquation entre la volonté du corps électoral et celle des dirigeants tend, généralement, vers un idéal démocratique et, donc, un espace favorable à sa réalisation[143]. La perception de l'électeur est complexe parce qu'elle suppose la connaissance préalable de la qualité de la personne appelée à exercer le droit de vote, les conditions qu'elle doit remplir pour pouvoir voter notamment son inscription sur la liste électorale et son rattachement à une circonscription électorale.

A. La qualité de l'électeur

La détermination du corps électoral et son assimilation à la nation n'est jamais, a priori, complète et acquise. Elle comporte des restrictions de fait et de droit. La jouissance du droit de vote peut, parfois, s'accompagner de certaines limites dans son exercice effectif. Une personne qui, juridiquement, est apte à voter peut, par des considérations de fait, se voir refuser l'exercice d'un tel droit.

Les restrictions au droit de vote sont loin d'être uniformes dans tous les pays. Chaque système s'efforce, à travers sa législation nationale, de les réglementer avec soin. Mais de manière générale, la qualité de l'électeur s'obtient par la production de preuves sur la nationalité, la majorité électorale, la jouissance des droits civiques et politiques et l'état de la personne.

B. La preuve de nationalité

L'ensemble de législations électorales subordonne l'exercice du droit de vote à la production d'une preuve de nationalité. Seuls, en effet, les natio-

---

[142] BURDEAU G., *Droit Constitution et Institutions Politiques*, Paris, LGDJ, 1984, p. 475.
[143] MASCLET, J.-C., *Droit électoral*, Paris, PUF, 1989, pp. 42-43.

naux sont, sous réserve des dispositions particulières propres à chaque législation[144], autorisés à participer au vote. Ils doivent, dans ce cas, s'inscrire, sur présentation d'une carte nationale d'identité[145] ou de tout autre document exigé à cette fin, sur la liste électorale.

Le droit de vote est, selon les législations, constaté sur présentation soit d'une carte nationale d'identité avec une preuve d'inscription sur la liste électorale de son bureau de vote, soit sur celle de la carte nationale d'identité et de la carte d'électeur ; cette dernière ne suffit pas pour conférer, à elle seule, le droit de vote.

Le vote des ressortissants d'un pays à l'étranger est également réglementé. Au Cameroun, par exemple, la loi n° 2011/013 du 13 juillet 2011 autorise le vote des citoyens camerounais établis ou résidants à l'étranger. Le décret n° 2011/237 détermine les modalités de fixation, par arrêté ministériel[146], de la liste des représentations diplomatiques et postes consulaires dans les quels sont organisées les opérations d'enregistrement pour l'élection présidentielle ou référendaire[147].

C. L'exigence de l'âge requis

Indispensable à l'attribution du droit de vote, la condition de l'âge coïncide souvent avec la fixation, par chaque législation, de la majorité civile. Sur cette question, les recettes sont loin d'être unanimes, elles se situent entre 18 et 21 ans mais la majorité de ce pays la fixe à 18 ans.

La limitation du droit de vote par l'âge a un fondement politique : on considère, en effet, que les jeunes, seraient politiquement moins mûrs, dangereux et souvent emportés par le sentiment de contestation et de révolution contre les régimes existants. À la faveur d'un certain âge, cette partie du corps électoral s'assagit et acquiert une maturité politique qui la pousse vers le conservatisme ou, tout au moins, un réformisme prudent.

D. La jouissance des droits civiques et politiques

Dans certaines législations, on exclut du droit de vote, les personnes privées, par une décision de justice, de leur capacité civile. On évoque ainsi, l'idée d'une indignité doublée d'une immoralité qui frapperait ces personnes car, dit-on, celui qui n'est pas digne de gérer sa vie privée, ne saurait l'être pour les affaires publiques.

Il faut se garder de considérer que l'indignité politique ait une même portée que l'indignité pénale. Un acte, quoi-que politiquement reprochable

---

[144] En France, on admet que les étrangers ressortissants d'autres pays, notamment, de l'Union européenne puissent participer aux élections européennes et municipales.

[145] TOUVET L. et DOUBLET Y.-M., *Droit des élections*, Paris, Economica, 2007, p. 9.

[146] Signé par le ministre des Relations extérieures après concertation avec le ministre chargé de l'Administration territoriale et l'Élection Cameroon.

[147] Art. 2, al. 1er du décret.

(déplacement de leur endroit initial des effigies d'un adversaire politique ou présentation caricaturée de son image dans la presse ou dans un film), peut ne pas constituer une infraction à laquelle le juge est obligé de réserver une sanction exemplaire.

Dans le même ordre d'idées, on signale que toutes les décisions de justice rendues en matière pénale n'entraînent pas nécessairement la perte du droit de vote. Le délit d'opinion ou de presse commis, en période de campagne électorale est, généralement, assimilés aux « *infractions mineures* » et, donc, tolérables. La condamnation pénale de leurs auteurs n'emporte pas toujours la privation de droit de vote.

En tout état de cause, une condamnation pénale non assortie de la privation des droits civiques et politiques ne prive pas une personne de son droit de vote ou d'éligibilité.

E. Les limitations liées à l'état de la personne

Certaines législations excluent du droit de vote une catégorie des personnes en raison, notamment, du sexe, de la race ou de l'appartenance à un corps organisé de métier.

1. Les limitations par le sexe

En droit électoral, le droit de vote en faveur de la femme n'est apparu que fort tard. Plusieurs raisons ont été développées à cet effet.

La femme est présentée comme une « *imbecillitas sexus* » et intellectuellement inapte. Elle serait plus savante dans l'entretien du feu domestique ou lorsqu'elle fait la distinction entre son linge et le pourpoint de son mari.

Cet argument n'est pas décisif et l'expérience a pu démontrer le contraire. La femme moderne a la même capacité intellectuelle que l'homme, exerce les fonctions analogues à celles de l'homme et s'en sort, souvent, mieux. Dans le domaine de l'entretien du feu domestique, il semble qu'il est actuellement mieux assuré par les hommes. La recherche, de plus en plus, accrue de la liberté politique a, en outre, poussé certains pays comme les États-Unis d'Amérique, le Royaume-Uni, le Zimbabwe à reconnaître le vote des homosexuels.

En droit positif, donc, le vote de la femme a été adopté et réglementé par bien des États notamment les États-Unis d'Amérique (en 1920), l'Angleterre (en 1930) et la France (en 1944). Dans le continent africain, rares sont les pays qui ne reconnaissent pas le droit de vote de la femme.

2. Les limitations par la race

La race a été utilisée par certaines législations comme un mécanisme de restriction du droit de vote et, partant, de la consécration d'un suffrage inégalitaire. L'Allemagne d'Hitler s'était singulièrement distinguée dans la pratique d'interdiction du droit de vote aux Israélites. Aux États-Unis d'Amérique, plusieurs États du sud ont pris des dispositions semblables et qui ont abouti à empêcher les électeurs Noirs de participer aux différents scrutins. La situation a, plus tard, évolué au point que l'électoral noir joue actuellement un rôle important si pas déterminant pendant les scrutins présidentiel et législatif.

Une opinion considère, non sans raison, que le poids de l'électoral noir a, considérablement, pesé dans l'élection, en 2008 et 2012, de Hussein Barak Obama à la présidence des États-Unis d'Amérique. En Afrique du Sud, on signale qu'il y a peu, les métis, dans une proportion variable, et les Noirs ne disposaient pas du droit de vote.

F. Les limitations à l'égard des militaires

Le droit de vote en faveur des militaires est encore controversé en raison, vraisemblablement, du rôle, combien particulier, que ce corps de métier est appelé à jouer dans la sécurité des personnes et de leurs biens mais également dans le maintien de l'intégrité territoriale. En droit, les militaires sont des citoyens à part entière ; titulaires des droits subjectifs, ils ont droit de participer au vote comme électeurs ou candidats à une élection.

Si certaines législations (comme le Cameroun, les États-Unis d'Amérique, la France ou le Sénégal) sont parvenues, après une longue période d'hésitation, à reconnaître le droit de vote aux militaires, d'autres demeurent encore réservées sur cette question. Le vote des militaires risquerait de compromettre la discipline sur pied de laquelle s'est construit ce corps de métier, il introduirait des luttes politiques dans les casernes, les cantines et les chambrées ; une telle entreprise ferait jouer au militaire un rôle politique alors que, par essence, il est censé être apolitique au seul service de la nation.

Nonobstant ces réserves, le droit de vote en faveur des militaires est une réalité en droit positif, le méconnaître signifierait ne pas reconnaître leur droit d'être citoyens d'un pays. La délicatesse de la question a conduit certains pays à reconnaître, sous certaines conditions, le droit de vote des militaires qui sont, en revanche, exclus de la compétition politique : tout en demeurant électeurs, les militaires ne peuvent pas être éligibles.

1. L'inscription sur la liste électorale

La détention de la qualité de l'électeur ne suffit pas pour participer au vote, il faut en plus se faire inscrire sur une liste électorale. L'inscription sur la liste électorale n'est autorisée qu'à des personnes remplissant certaines conditions exigées par le législateur.

L'opération n'est, toutefois, pas uniforme dans tous les pays. Si certaines législations organisent l'inscription obligatoire sur la liste électorale, d'autres la rendent facultative. La procédure d'inscription sur une liste électorale est réglementée par chaque code électoral, lequel détermine, par ailleurs, l'organe chargé de la réception et de la centralisation des demandes d'inscription qui n'est pas nécessairement celui en charge de l'établissement et de la révision de la liste électorale.

2. Le rattachement à une circonscription électorale

La détention de la qualité d'électeur ne suffit pas, à elle seule, pour participer au vote. Ce droit s'exerce dans une circonscription à laquelle l'électeur est rattaché. Cette circonscription doit être préalablement déterminée et connue.

Le rattachement à une circonscription doit être réel et non fictif. Afin de permettre à tout citoyen désireux de participer au vote d'avoir une circonscription de rattachement, le législateur se montre souvent très large dans ce domaine. Le domicile, la résidence[148], la qualité de contribuable[149] ou le lieu de travail servent, régulièrement, de critères de détermination de la circonscription électorale de rattachement.

En droit, le domicile est le principal établissement d'une personne, le centre de ses intérêts familiaux et professionnels (cabinet médical ou d'avocat, bureau d'études...). Le domicile légalement constaté crée, indépendamment de toute autre habitation et de toute autre résidence connue, un droit de rattachement subjectif à une circonscription électorale L'électeur ne doit avoir qu'un seul domicile, ce qui ne l'empêche pas d'avoir plusieurs résidences. Le domicile est personnel : le fait pour une personne de se marier ne présume pas qu'elle a son domicile dans la commune d'inscription de son conjoint ; l'inscription des parents sur la liste électorale d'une commune n'emporte nécessairement pas celle de leurs enfants inscrits dans la même circonscription.

La résidence s'entend dans le sens d'une habitation actuelle, effective et continue. Ne sont pas considérés comme résidence une habitation secondaire ou temporaire, un séjour dans un lieu touristique ou une colonie de vacances.

Pour les rattacher à un électeur, tous ces éléments s'apprécient au jour de la clôture définitive de la liste électorale. Ainsi, sauf exception légale[150], un électeur n'est autorisé à exprimer son vote que dans une circonscription à laquelle il est inscrit et rattaché.

Les considérations que l'on émet, habituellement, sur la qualité d'électeur sont, en pratique, étroitement liées à celles du candidat.

---

[148] MASCLET J.-C., *Droit électoral*, *op. cit.*, pp. 51-54.

[149] TOUVET L. et DOUBLET Y.-M., *Droit des élections*, *op. cit.*, pp. 18-19.

[150] Notamment pour les électeurs vivant à l'étranger, ceux qui, au moment du vote, se trouveraient incarcérés dans une maison d'arrêt ou dans une prison, les électeurs hospitalisés, en voyage ou en mission officielle, etc.

§2. Le candidat

En droit électoral, la situation du candidat est habituellement étudiée dans le cadre des conditions d'éligibilité, des cas d'inéligibilité et des incompatibilités.

A. Les conditions d'éligibilité

L'éligibilité caractérise la position d'une personne qui remplit les conditions légales pour se porter candidate à une élection. L'inéligibilité apparaît, en revanche, comme la situation exceptionnelle qui restreint la liberté d'une personne à se porter candidate pour accéder à un mandat électif[151]. Dans les deux cas, la loi exclut, généralement, d'une élection, une catégorie de personnes privées de leurs droits civils et politiques ou assumant certaines charges publiques.

Consacrant la limitation à l'exercice d'un droit fondamental lié à l'exercice d'une souveraineté, les inéligibilités doivent résulter d'un texte. Elles ne se présument pas et doivent s'appuyer sur des situations objectives. De caractère essentiellement personnel, ces conditions ne s'étendent pas au lien de parenté que l'on peut avoir avec un électeur : elles s'apprécient au jour de l'élection. Ceci signifie que si, entre l'élection et l'entrée en fonction, la situation de l'élu arrive à être modifiée dans le sens de se conformer à la loi, celle-ci n'efface, naturellement, pas son inéligibilité initiale.

Cette solution est logique car c'est au jour du vote qu'il convient de protéger la liberté de l'électeur. La disparition de la cause de l'inéligibilité n'a donc pas d'incidence sur la situation de l'élu. C'est dans ce sens qu'on admet le caractère d'ordre public attaché au moyen tiré de l'inéligibilité d'un candidat : il doit être soulevé d'office, même en appel pour la première fois.

Ainsi qu'on vient de le voir, l'inéligibilité empêche une candidature de s'exprimer ; mais dès lors que le candidat est élu, elle ne porte qu'après avoir été constatée[152].

B. Les cas d'incompatibilité

L'incompatibilité est une situation qui survient après une élection. Elle n'interdit pas à une personne de se porter candidate mais s'oppose à ce qu'elle exerce ou conserve un mandat électif. Ce mandat peut, en revanche, être exercé si son titulaire consent à renoncer aux fonctions in-

---

[151] ESAMBO KANGASHE J.-L., « La loi électorale », in ELIKIA M'BOKOLO (dir.), *Élections démocratiques en République Démocratiques du Congo. Dynamiques et perspectives*, Kinshasa, 2010, p. 90.

[152] MASCLET J.-C., *Droit électoral*, *op. cit.*, pp. 79-80

compatibles. L'incompatibilité place l'élu dans une obligation de choisir entre son mandat électif et la fonction incompatible.

Il en résulte que l'incompatibilité se distingue de l'inéligibilité par le fait qu'elle :

- n'empêche pas l'élection d'un candidat mais fait obligation à l'élu de choisir entre son mandat et une charge incompatible ;
- n'est pas d'ordre public, et ne peut pas être soulevée d'office par le juge de l'élection saisi d'une contestation électorale ;
- s'apprécie non à la date de l'élection, mais à celle à laquelle le juge statue[153].

Les cas d'incompatibilité se manifestent de plusieurs manières, ils peuvent résulter à l'occasion du changement intervenu dans la situation personnelle de l'élu ou de plusieurs opérations électorales, on les retrouve dans les faits postérieurs à l'acquisition d'un mandat politique ; dans tous ces cas, elle s'apprécie au moment de la décision à rendre par le juge saisi à cet effet. Grande est la tentation de vouloir protéger l'exercice d'un mandat politique plutôt que de valider la volonté de l'électeur intervenue au moment du vote.

Soucieux d'assurer l'indépendance de l'élu dans l'exercice de son mandat, le législateur prend, généralement, soin de déterminer les circonstances qui tombent sous le régime des incompatibilités, notamment les activités professionnelles publiques (magistrats, membres du gouvernement et d'autres assemblées parlementaires, agents ou fonctionnaires publics, les militaires en service…) ou privées et les autres responsabilités publiques.

§3. La campagne électorale

Dans un régime démocratique, la campagne électorale représente un moment privilégié pour les électeurs, voire les candidats aux différents scrutins. Pour ces derniers, la campagne électorale leur donne l'occasion d'entrer en contact direct avec les électeurs en vue de la présentation de leurs projets de société et leurs visions de la gestion des affaires publiques. La campagne électorale leur permet de solliciter les suffrages des électeurs[154].

Traditionnellement enfermée dans le code électoral, la campagne électorale a, de nos jours, dépassé le cadre strictement légal pour faire appel à d'autres procédés qui quoique non prévus par les textes ou insuffisamment réglementés[155] renforcent l'exercice de la démocratie. Elle peut dans ce cas,

---

[153] TOUVET L. et DOUBLET Y.-M., *Droit des élections*, *op. cit*, p. 118.

[154] ESAMBO KANGASHE J.-L., *La Constitution Congolaise du 18 février 2006 à l'épreuve du constitutionnalisme. Contraintes pratique et perspectives*, *op. cit.*, p. 215.

[155] *Idem.*

s'accompagner de l'organisation d'un débat contradictoire entre les candidats, leurs partis ou représentants.

L'exercice n'est, cependant, pas de programmation uniforme dans tous les pays. Si la France et la Côte d'Ivoire l'ont inscrit dans le registre de la pratique électorale, la République Démocratique du Congo en a fait une obligation légale, l'article 29 de la loi électorale du 9 mars 2006 prévoyait un tel débat télévisé entre les deux candidats en lice au second tour de l'élection présidentielle. N'ayant pas été organisé sous cette loi, ce débat contradictoire a été supprimé à la suite de la révision constitutionnelle du 21 janvier 2011 réduisant à un le nombre de tours de cette élection. À la place, le législateur recommande au Conseil supérieur de l'audiovisuel et de la communication d'organiser, avec la Commission électorale nationale indépendante, des temps d'antennes radiotélévisés pour permettre à chaque candidat président de la République de présenter aux électeurs son programme d'action.

Une bonne campagne électorale se prépare. Elle suppose la conception d'une stratégie adéquate qui favorise l'évaluation du niveau d'acceptation du discours politique. De nos jours, la question du financement de la campagne électorale se pose avec acuité.

A. La préparation de la campagne

La participation à une campagne électorale ne s'improvise pas, elle doit se préparer. L'exercice s'avère déterminant aussi bien pour le candidat, la liste des candidats que pour les équipes qui les accompagnent. Un candidat à une élection doit, au moment de la campagne, avoir à l'esprit deux mots-clés, à savoir, l'anticipation et la compétition[156], mieux encore l'anticipation dans la compétition.

L'anticipation procède de la capacité du candidat à connaître et à gérer le temps à sa disposition. Il doit, au mieux de ses intérêts, avoir la maîtrise du temps. Chaque instant qui se présente devant lui doit être mis à profit. Ainsi, plus on démarre tôt son projet de campagne, plus celui-ci acquiert en compétitivité et maximise ses chances de succès. À vrai dire, la préparation à la campagne électorale ne commence pas au moment de la convocation de l'électorat, encore moins le premier jour du lancement officiel de la campagne. À cette date, en effet, le candidat le mieux organisé doit avoir préparé et mobilisé sa stratégie de campagne. Car le succès à une élection ne commence pas le jour du lancement officiel de la campagne, encore moins celui de la tenue proprement dite du scrutin.

Tout aussi utile, la compétition à une élection oblige le candidat à ne rien sous-estimer ni surestimer. Quels que soient la taille de la circonscription électorale, le nombre d'électeurs et le poids des adversaires politiques,

---

[156] TRETARRE F., *Campagnes électorales,* Paris, Gualino/Lextenso éditions, 2012, p. 20.

une compétition électorale n'est jamais passive ni purement rationnelle, c'est un affrontement intensif : le compétiteur ne doit jamais minimiser la capacité de nuisance de ses rivaux ou d'autres acteurs impliqués.

Dans cette démarche concurrentielle, les possibilités d'erreurs ne manquent pas : elles sont nombreuses et variées. Il importe de les connaître et, au besoin, les minimiser en vue d'accroître l'estimation des chances de succès de sa campagne. Pour ce faire, on conseille, généralement, d'évaluer les facteurs divers susceptibles d'influer, lors de la campagne, sur la situation particulière du candidat ou de la liste à partir des informations de terrain avant la prise des décisions stratégiques de campagne.

B. La stratégie de la campagne

Concevoir une stratégie de campagne, c'est établir, de manière rationnelle, un plan d'action visant à atteindre un objectif face à des adversaires dans un environnement qui, à défaut d'être conflictuel, est, de toute évidence, concurrentiel. Loin d'être une science, la stratégie de campagne est plutôt un art de faire une analyse rigoureuse ayant pour finalité une visée opérationnelle.

Au cours d'une campagne électorale, le candidat est appelé à mobiliser autant d'énergies que des moyens (humains, matériels et financiers) pour atteindre ses objectifs. Bien qu'indispensable dans la préparation et la conduite d'une campagne électorale, la mobilisation des moyens est, généralement, tributaire de la connaissance des enjeux qui entourent habituellement la compétition politique. Ces enjeux concernent la maîtrise des règles de jeu électoral, l'identification des acteurs impliqués, la reconnaissance du terrain et du rôle de l'arbitre.

La prise en compte de tous ces facteurs permet d'orienter la stratégie de campagne. Le choix du discours[157] de campagne, des outils de marketing et de la communication électorale joue, dans ce domaine, un rôle de première importance.

Certaines élections nécessitent que le candidat ne se présente pas seul mais au sein d'une liste. Dans ce cas, il est indispensable de connaître ses colistiers qu'il faut obligatoirement impliquer dans la conception de la stratégie de campagne en vue d'éviter le risque d'éparpillement des énergies.

Le discours de campagne doit, autant que faire se peut être captivant, percutant, cohérent, rythmé, engagé, rénovateur, continu, mobilisateur et plein d'initiatives ; le tout dans un plan structuré, usant d'un marketing électoral bien ficelé et d'une communication politique nettement orientée.

---

[157] Pendant la campagne électorale, le candidat doit faire l'économie de l'uniformisation du discours politique. Celui-ci doit tenir compte de besoins exprimés par chaque catégorie d'électeurs et de moyens utilisés pour y parvenir.

En pratique, plusieurs facteurs peuvent expliquer les comportements des électeurs pendant la campagne. Ils sont variés et ne peuvent dépendre d'aucune homogénéité. Pour mieux comprendre, toutes les spécificités qui entourent ce secteur, l'équipe de campagne doit être active dans la recherche des indicateurs qui contribuent à identifier clairement la campagne (ses mérites et limites) des adversaires. La consultation des études (si elles existent) réalisées par les instituts de sondages, au cours de la période antérieure à l'élection, présente un atout important, elle aide à la rationalisation de la campagne électorale.

C. L'évaluation des actions de campagne

Les ressources humaines et financières dont dispose le candidat influent largement sur la nature et le degré des actions de campagne à mener. Moins organisé, ce secteur risque de réduire l'efficience d'une campagne électorale. À l'inverse, une campagne électorale mieux organisée avec des méthodes de gestion rationnellement utilisées procure le bénéfice d'une amélioration sensible de l'efficacité des ressources mobilisées et des actions à réaliser.

Tout au long de la campagne électorale, le choix d'un siège[158] où doivent se réunir les équipes de campagne est capital. Le siège doit être connu des électeurs, voire des colistiers, il doit servir de cadre dans lequel sont censées se dérouler les réunions de montage des stratégies de campagne.

Outre le siège, le candidat devait disposer d'une ou plusieurs permanences pour accueillir et informer les électeurs. Ce lieu constitue également une vitrine pour le candidat parce qu'il lui permet d'accroître sa visibilité politique en facilitant, notamment, son implantation nationale pour le parti.

À la différence d'une permanence, le siège de campagne doit être situé dans un endroit facilement accessible aux électeurs. Même si l'acquisition ou la location d'un siège de campagne peut s'avérer coûteuse, elle est un moyen nécessaire au bénéfice des actions et de gestion efficiente d'une campagne électorale. Ce lieu sert également de cadre d'organisation des matinées politiques, d'évaluation des actions déjà menées ou à mener ainsi que de la collecte et du traitement de données électorales, en ce compris les résultats électoraux.

D'une manière générale, l'organisation d'une campagne électorale exige une répartition horizontale et verticale des tâches entre les candidats, les équipes de campagne et les électeurs.

§4. Les systèmes électoraux et les modes de scrutin

L'origine des systèmes électoraux est ancienne et les applications ont évolué au fil du temps. Un système électoral est ainsi constitué d'un en-

[158] En Afrique, ce lieu est souvent établi soit dans les sièges des partis, soit dans des cafés, soit encore dans les domiciles des candidats ou des présidents des partis politiques.

semble de règles juridiques qui déterminent la manière dont un candidat ou une liste peut être élu(e). Il regroupe plusieurs modalités d'aménagement d'exercice du droit de vote ou de suffrage, et particulièrement de calcul des résultats électoraux. Ces différentes méthodes sont connues sous le vocable modes de scrutin.

Il serait absurde de croire à la neutralité d'un système électoral. Celui-ci affecte considérablement la représentation des forces politiques et sociales au sein des assemblées parlementaires. Plus qu'une question technique, le choix d'un système électoral est régulièrement dicté par les considérations politiques, il est tributaire de l'état de l'opinion publique et du résultat politique que l'on veut obtenir des enjeux en présence. Ainsi, une majorité au pouvoir se mobilise, le plus souvent de faire adopter le mode de scrutin qui lui paraît le plus favorable à ses intérêts. Pourtant, le consensus, dans ce domaine, est toujours un élément important de stabilité politique.

En doctrine, on distingue le système majoritaire de la représentation proportionnelle. Les systèmes mixtes tentent encore les législations de certains pays.

A. Le système majoritaire

En vue de garantir la liberté de l'électeur, la régularité du scrutin et la sincérité des résultats, le législateur est souvent amené à réglementer avec soin les opérations de vote et de dépouillement, la procédure de collecte, de transmission et de publication des résultats électoraux, le système électoral ainsi que la proclamation des résultats.

Le système majoritaire prend sa source dans la monarchie avant d'intéresser les Républiques. Il confère le mandat électif aux candidats ou listes qui, à l'issue d'une élection générale, ont obtenu le plus grand nombre de suffrages exprimés. Pratiqué dans nombreux pays d'Europe[159], d'Afrique[160], d'Amérique[161]ou d'Asie[162], le système majoritaire comporte plusieurs variantes qui constituent, par ailleurs, autant de modes de scrutin : il peut être uninominal, plurinominal, à un ou à deux tours.

1. Le scrutin majoritaire uninominal

Le scrutin majoritaire uninominal est celui dans lequel à chaque circonscription est attribué un seul siège l'électeur choisissant un seul candidat. Ce mode de scrutin suppose, au préalable, que le territoire national soit divisé en autant de circonscriptions qu'il y a des sièges à pourvoir.

---

159 Le Danemark, la France, l'Italie, la Norvège, les Pays-Bas, le Royaume-Uni ou la Suède.

160 Le Cameroun, la République Démocratique du Congo et plus globalement les anciennes colonies britanniques.

161 En Amérique centrale, au Canada, aux États-Unis d'Amérique ou dans les Îles des Caraïbes.

162 Le Bengladesh, l'Inde, la Malaisie, le Népal, la Nouvelle-Zélande (qui l'a abandonné en 1993 au profit de la représentation proportionnelle) ou le Pakistan.

C'est un système qui établit des rapports personnels entre les électeurs et leurs élus, la connaissance du candidat prévalant souvent sur l'idéologie ou le projet politique du parti politique. Dans les pays à grande culture politique, les candidats étant en général désignés par les partis, l'intuitu personae n'exclut pas toute connotation politique et, même, nationale.

2. Le scrutin majoritaire plurinominal ou scrutin des listes

Dans le scrutin majoritaire plurinominal, chaque circonscription est dotée de plusieurs sièges à pourvoir. Les électeurs sont donc appelés à désigner plusieurs candidats regroupés en liste : l'électeur vote pour une liste de candidats ; ce qui implique l'existence des circonscriptions électorales moins nombreuses mais géographiquement plus étendues.

Dans ce système, les relations entre l'électeur et l'élu sont restreintes à cause de la présence des partis et regroupements politiques qui, proposant les listes des candidats, jouent le rôle d'interface. Ce mode de scrutin aboutit au choix, non pas d'un homme, mais d'une politique présentée par une formation politique.

La liberté de l'électeur varie selon qu'on lui reconnaît le droit de modifier ou non la liste qui lui est proposée. On arrive ainsi à favoriser la technique de panachage, celle du vote préférentiel ou de la liste bloquée.

- Le *panachage* est une technique qui laisse à l'électeur la possibilité d'établir lui-même sa liste à partir des différentes listes en présence. Sont ainsi élus, les candidats dont les noms ont été repris sur les listes composées par la majorité d'électeurs. Ce choix leur accorde naturellement le plus grand nombre de suffrages exprimés.
- Le *vote préférentiel* autorise chaque électeur à modifier l'ordre de présentation des candidats sur une liste donnée. Pour être élu, le candidat doit avoir été préféré par la majorité d'électeurs dans l'établissement de leurs listes. Cette technique rend difficile le dépouillement des résultats électoraux, ce qui fait qu'elle est rarement utilisée.
- Le *vote bloqué* ne donne à l'électeur aucune possibilité de panachage ou de choix préférentiel. L'électeur est donc tenu de voter pour une liste entière qu'il n'a pas le droit de modifier. Sont ainsi élus, les candidats placés en tête des listes établies par les partis ou regroupements politiques à concurrence du nombre de sièges à pourvoir dans la circonscription.

3. Le scrutin majoritaire à un ou à deux tours

Le scrutin majoritaire est dit à *un tour* lorsqu'à l'issue d'une élection, le candidat élu obtient la majorité absolue des suffrages constitués de l'ensemble de voix réalisées dans une circonscription, déduction faite des bulletins nuls ou annulés. Si cette majorité n'a pu être dégagée, *un second tour* est organisé alors la majorité relative suffit pour être élu.

La fixation de la majorité absolue est capitale dans la désignation du vainqueur d'une élection se déroulant à deux tours. La question a divisé la doctrine. Certains y voient la moitié plus une voix, d'autres un nombre de voix supérieur à la moitié des suffrages exprimés, d'autres encore la fixent selon que les suffrages exprimés sont constitués en nombre pair ou impair. La tendance dominante considère la majorité absolue comme la somme de suffrages dépassant la moitié des voix ou plus exactement « *plus de la moitié des voix* ».

Le scrutin majoritaire à un tour déforme exagérément les résultats électoraux parce que le vainqueur aux élections emporte l'ensemble de sièges, ce qui, en plus de la déformation de la représentation, peut frustrer les vaincus. Il favorise un bipartisme inégalitaire, encourage le gaspillage de nombreux votes et l'exclusion des minorités, notamment les femmes de la représentation ainsi que la création des partis à caractère clanique, ethnique et régional. Amplifié par le phénomène des fiefs électoraux, il n'est pas sensible aux changements de l'opinion et se prête aux diverses manipulations du découpage électoral.

Le scrutin majoritaire à deux tours est moins brutal dans ses effets dans la mesure où le premier tour correspond, à quelques exceptions, à la représentation proportionnelle. Il profite, naturellement, aux partis centristes qui, selon le cas, bénéficient des désistements des candidats issus de deux tendances extrêmes. Les formations politiques en compétition sont, tout à la fois, multiples mais dépendantes les unes des autres.

Les partis politiques sont multiples parce qu'au premier tour, chaque tendance a, en raison de l'inexistence de la majorité absolue, vocation à tester son électorat en se mesurant aux autres. Il en découle l'émiettement des votes et des opinions.

La dépendance que favorise ce type de scrutin s'explique par le fait que, au deuxième tour, les partis politiques sont obligés de se coaliser. Cette situation les conduit à s'unir autour d'un programme politique ou des personnalités à même de l'incarner. Les alliances politiques qui en résultent conduisent inévitablement au désistement des uns en faveur des autres.

À un ou à deux tours, le système majoritaire conduit à la bipolarisation politique qui bloque l'émergence de toute tendance centriste ou de toute nouvelle tendance.

B. La représentation proportionnelle

C'est un système dans lequel les sièges à pourvoir sont attribués aux candidats ou listes en présence proportionnellement au nombre des voix obtenues. Dans la pratique, ce système recourt au scrutin de liste à un seul tour.

Bien que simple dans son énoncé, son application ne paraît, au niveau de la répartition des sièges, pas du tout facile. Se déroulant en deux temps au moment de la fixation du quotient électoral et de l'attribution des sièges, ce système est, ainsi qu'on le verra, complexe.

1. La fixation du quotient électoral

Le quotient électoral (Q.E) s'obtient par la division, dans chaque circonscription, du nombre de suffrages exprimés par le nombre de sièges à pourvoir. Ce quotient s'établit soit par circonscription, soit de manière uniforme pour toutes les circonscriptions, soit au niveau national.

Par circonscription, le quotient électoral s'obtient en divisant le nombre total des suffrages exprimés par celui de sièges en compétition. Le *quotient fixe ou uniforme* est constitué du nombre de voix fixé à l'avance, pour l'ensemble du territoire national, et nécessaire pour qu'une liste ait droit à un député. Le *quotient national* est le résultat de la division de la totalité des suffrages exprimés dans un pays sur l'ensemble des représentants à élire.

Une fois arrêté, le quotient électoral permet de déterminer le(s) siège(s) revenant à chaque liste. Le fait pour une liste d'avoir le nombre de voix correspondant au quotient électoral lui donne droit à un siège et donc à un député. Le double lui procure deux sièges et ainsi de suite.

Au cas où la liste ne parvient pas à recueillir le nombre de voix correspondant au quotient électoral, elle ne pourra, naturellement, pas prétendre à un siège mais ses voix sont conservées aux fins d'être comptabilisées dans l'application, selon le cas, de la règle du plus fort reste ou de la plus forte moyenne.

2. L'attribution des sièges aux listes

Dans ce système, l'attribution ou la répartition proportionnelle des sièges se fait selon deux modalités : la règle du plus fort reste et celle de la plus forte moyenne. Cette opération s'accomplit au niveau national et au sein de chaque liste. Au niveau national, la réalisation du nombre de suffrages correspondant au quotient électoral permet L'attribution ou non de la totalité des sièges aux listes en compétition. Si, à l'issue de la première répartition, tous les sièges sont attribués, il n'y a pas lieu d'appliquer la règle du plus fort reste ou de la plus forte moyenne, on n'y recourt que dans la mesure où cette répartition n'a pas couvert l'ensemble de sièges à pourvoir.

L'attribution des sièges *selon la règle du plus fort reste* se fait en deux étapes. Dans un premier temps, on calcule le quotient électoral en divisant le nombre des suffrages exprimés par le nombre de sièges à pourvoir avant de répartir les sièges en divisant les suffrages obtenus par chaque liste par ce quotient. Si cette première répartition ne conduit pas à l'attribution de la totalité de sièges en compétition, on recourt, ensuite, à la règle du plus fort reste ; les sièges restant sont alors successivement attribués aux listes qui ont conservé les meilleurs suffrages exprimés en termes de restes des voix.

Pour illustrer ce cas, on prend l'exemple d'une circonscription électorale qui compte six sièges convoités par huit listes. Les suffrages exprimés à l'issue des élections générales s'élèvent à 140 000 voix réparties comme suit :

- La liste A : 10 000 voix ;
- La liste B : 28 000 voix ;
- La liste C : 22 000 voix ;
- La liste D : 6 500 voix ;
- La liste E : 30 000 voix ;
- La liste F : 15 000 voix ;
- La liste G : 19 500 voix ;
- La liste H : 9 000 voix.

La recherche du quotient électoral s'obtient par la division de 140 000 voix par le nombre des sièges en compétition, soit 6 sièges, ce qui donne un quotient électoral de 23 333 voix correspondant ainsi à un siège. Les voix obtenues par chaque liste sont, ensuite, divisées au quotient électoral pour l'attribution des sièges.

À l'issue de cette opération, les résultats se présentent comme suit :

-Liste A : $\frac{10\,000}{23\,333}$ = 0 siège, reste 10 000 voix ;

-Liste B : $\frac{28\,000}{23\,333}$ = 1 siège, reste 4. 667 voix ;

-Liste C : $\frac{22\,000}{23\,333}$ = 0 siège, reste 22 000 voix ;

-Liste D : $\frac{6\,500}{23\,333}$ = 0 siège, reste 6 500 voix ;

-Liste E : $\frac{30\,000}{23\,333}$ = 1 siège, reste 6 667 voix ;

-Liste F : $\frac{15\,000}{23\,333}$ = 0 siège, reste 15 000 voix ;

-Liste G : $\frac{19\,500}{23\,333}$ = 0 siège, reste 19 500 voix ;

-Liste H : $\frac{9\,000}{23\,333}$ = 0 siège, reste 9 000 voix.

Aux termes de cette répartition, deux sièges sur six ont été, respectivement, attribués aux listes B et E. En application de la règle du plus fort reste, les quatre autres sièges reviennent, successivement, aux listes C, G, F et A qui ont conservé les meilleurs restes des suffrages.

Les résultats définitifs se présentent comme suit :

-Liste A : 1 siège ;
-Liste B : 1 siège ;
-Liste C : 1 siège,
-Liste D : 0 siège ;
-Liste E : 1 siège ;
-Liste F : 1 siège ;

-Liste G : 1 siège ;
-Liste H : 0 siège.

En cas d'application *de la règle de la plus forte moyenne*, l'attribution des sièges suit, pratiquement la procédure précédente. La différence très significative réside dans la répartition des sièges restants qui se fait de la manière suivante : on ajoute à chaque liste un siège fictif en plus des sièges réellement obtenus à l'issue de la première répartition sur la base du quotient électoral : le nombre des voix de chaque liste sera, ensuite, divisé par celui des sièges (les réels et le fictif) qu'elle a obtenus, on a ainsi une moyenne par liste, la liste qui a la meilleure moyenne se verra définitivement attribuer le siège fictif. L'opération se poursuivra jusqu'à l'attribution du dernier siège restant à pourvoir.

Reprenons le même exemple pour répartir à deux niveaux, les sièges en compétition. La première répartition sur la base du quotient électoral donne les résultats suivants :

-Liste A : 0 siège ;
-Liste B : 1 siège ;
-Liste C : 0 siège,
-Liste D : 0 siège ;
-Liste E : 1 siège ;
-Liste F : 0 siège ;
-Liste G : 0 siège ;
-Liste H : 0 siège.

La totalité des sièges (six) n'ayant pas été attribuée à la première répartition, on recourt, donc, à la technique de la plus forte moyenne pour aboutir aux résultats qui suivent :

-Liste A : $\frac{10\ 000}{0\ sr + 1sf} = \frac{10\ 000}{1} = 10\ 000$ voix ;

-Liste B : $\frac{28\ 000}{1sr + 1sf} = \frac{28\ 000}{2} = 14\ 000$ voix ;

-Liste C : $\frac{22\ 000}{0sr + 1sf} = \frac{22\ 000}{1} = 22\ 000$ voix ;

-Liste D : $\frac{6\ 500}{0sr + 1sf} = \frac{6\ 500}{1} = 6\ 500$ voix ;

-Liste E : $\frac{30\ 000}{1sr + 1sf} = \frac{30\ 000}{2} = 15\ 000$ voix ;

-Liste F : $\frac{15\ 000}{0sr + 1sf} = \frac{15\ 000}{1} = 15\ 000$ voix ;

-Liste G : $\frac{19\ 500}{0sr + 1sf} = \frac{19\ 500}{1} = 19\ 500$ voix ;

-Liste H : $\frac{9\ 000}{0sr + 1sf} = \frac{9\ 000}{1} = 4\ 500$ voix.

Cette technique fait apparaître que les listes C, G, E et F ont réalisé la meilleure moyenne qui leur permet d'obtenir, chacune, un siège supplémentaire. Les résultats définitifs sont, donc, les suivants :

-Liste A : 0 siège ;
-Liste B : 1 siège ;
-Liste C : 1 siège,
-Liste D : 0 siège ;
-Liste E : 2 sièges ;
-Liste F : 1 siège ;
-Liste G : 1 siège ;
-Liste H : 0 siège.

Peu importe la technique utilisée (plus forts restes ou plus forte moyenne), l'attribution des sièges à *l'intérieur de chaque liste*, se réalise sur la base de la présentation des candidats sur ladite ou, pour le cas de la République Démocratique du Congo, proportionnellement aux suffrages réellement obtenus par chaque candidat. Dans ce dernier cas, la liste E qui a obtenu deux sièges avec 30 000 voix et qui a aligné six candidats ayant respectivement recueilli 7 000, 5500, 4500, 9000, 3 000 et 1 000 voix, voit ses deux sièges occupés par les candidats qui ont obtenu le meilleur score soit 9 000 et 7 000 voix.

La représentation proportionnelle à la plus forte moyenne ressemble, dans ses résultats, au *système d'Hondt*. Du nom de son inventeur, un juriste mathématicien belge, cette technique aide à établir, par une seule opération, le nombre total de sièges à attribuer à chaque liste. Adoptée depuis 1899, la méthode est d'application, à partir de 1919, à l'échelon des cantons à l'intérieur des arrondissements. Mais, associée au système d'apparentement, elle conduit à une sous-représentation des petits partis dans les assemblées parlementaires.

Pour déterminer le nombre de sièges revenant à chaque liste, il suffit, d'une part, de ranger, de manière décroissante, le nombre de suffrages valablement obtenus par chaque liste et de le diviser, d'autre part, successivement par le chiffre 1, 2, 3, 4, 5, 6,7..., jusqu'à concurrence du chiffre correspondant au nombre de sièges à pourvoir. Le dernier quotient s'appelle « *chiffre répartiteur* » et sert de diviseur commun.

Le nombre de suffrages obtenus par chaque liste sera, ensuite, divisé par ce quotient pour déterminer le nombre de sièges qui lui revient.

Voici comment se présente cette technique :

	E	B	C	G	F	A	H	D
	30 000	28 000	22 000	19 500	15 000	10 000	9 000	6 500
	15 000	14 000	11 000	9 750	7 500	5 000	4 500	3 250
	10 000	9 333	7 333	6 500	5 000	3 333	3 000	2 166
	7 500	7 000	5 500	4 875	3 750	2 500	2 250	1 625
	6 000	5 600	4 400	3 900	3 000	2 000	1 800	1 300
	5 000	4 666	3 666	3 250	2 500	1 666	1 500	1 080

De ce tableau, c'est le chiffre 15 000 correspondant au nombre des sièges en compétition qui constitue, par ailleurs, le chiffre répartiteur ou le commun diviseur. Suit la répartition de siège par liste.

Liste A : 10 000 = 0 siège ;
15 000
Liste B : 28 000 = 1 siège ;
15 000
Liste C : 22 000 = 1 siège ;
15 000
Liste D : 6 500 = 0 siège ;
15 000
Liste E : 30 000 = 2 sièges ;
15 000
Liste F : 15 000 = 1 siège ;
15 000
Liste G : 19 500 = 1 siège ;
15. 000
Liste H : 9 000 = 0 siège.
15 000

Cette technique est, comme on le voit, plus pratique parce qu'elle permet d'obtenir directement les résultats qui sont, par ailleurs, les mêmes que ceux réalisés par la représentation proportionnelle avec en application de la règle de la plus forte moyenne. Mais c'est certainement un mode complexe.

En termes des conséquences politiques, la représentation proportionnelle procure un avantage certain en reflétant assez fidèlement la physionomie politique tout en assurant la représentation de chaque formation politique proportionnellement à son assise politique et sociologique. Elle reproduit le poids respectif de chaque parti. Dans ce sens, la représentation proportionnelle pourrait être le mode le plus démocratique.

En dépit de ces avantages, la représentation proportionnelle présente des inconvénients au plan politique et institutionnel. La technique incite à la formation des partis politiques qui se démarquent les uns des autres. Une représentation proportionnelle intégrale aboutit, naturellement, à l'émiettement des tendances et à l'éparpillement des opinions. Même corrigée par la règle de la plus forte moyenne, elle assure difficilement le regroupement des partis politiques, elle favorise l'instabilité politique. Tout en encourageant l'autonomie et l'indépendance de chaque parti politique, cette technique favorise très rarement la cohésion gouvernementale. La constitution des gouvernements de coalition qu'elle protège prépare les crises gouvernementales difficiles à régler et l'action du gouvernement se trouve, à défaut d'être bloquée, tout au moins menacée.

C. Les systèmes mixtes

Les systèmes mixtes s'efforcent de combiner, autant que faire se peut, les règles des scrutins majoritaires et des scrutins proportionnels. Ces systèmes sont rarement utilisés, beaucoup moins que ceux à base exclusivement majoritaire ou proportionnelle.

Résultant d'un aménagement entre les différentes options et souvent contraires, sujets à des fréquentes remises en cause, ces systèmes ont été, à raison de leur complexité, toujours critiqués. On les reconnaît sous la forme des apparentements ou du double bulletin.

1. Le système des apparentements

Le système d'apparentement autorise deux ou plusieurs listes de s'unir, avant le scrutin, autour d'un programme électoral ou du choix des candidats. Ce regroupement peut, en cas de victoire aux élections, favoriser la constitution d'un gouvernement certes de coalition mais relativement solidaire. Si les listes apparentées obtiennent la majorité absolue des suffrages exprimés, elles recueillent tous les sièges en compétition. Ceux-ci sont, par la suite, répartis, à la représentation proportionnelle, entre les listes apparentées.

Appliqué en France pendant sept ans (de 1951 à 1958), ce système a été, à cause des inégalités et des frustrations qu'il provoque entre les listes en compétition, vite abandonné.

2. Le système de double vote

Le système de vote double combine les scrutins majoritaire et proportionnel. Il permet à chaque électeur de disposer de deux bulletins dont l'un est utilisé pour la désignation, au scrutin majoritaire uninominal, d'un député pour sa circonscription et, l'autre, à la représentation proportionnelle sur les listes nationales pour le choix dans la même circonscription, d'un autre député. Il aboutit à la désignation de deux catégories de députés dont les uns dans le cadre de chaque circonscription et les autres sur les listes nationales présentées par chaque parti. En Russie et en Ukraine, la moitié des députés est élu au scrutin majoritaire et l'autre à la représentation proportionnelle. La France a, à deux reprises soit de 1919 à 1924 et de 1951 à 1956, expérimenté ce système avant de l'abandonner.

La loi italienne n° 27 du 21 décembre 2005 a institué un système proportionnel avec une prime à la majorité. Les sièges sont répartis entre les coalitions qui ont obtenu plus de 10 % des suffrages, les listes indépendantes qui ont réalisé plus de 4 % des suffrages et entre les listes liées à une coalition ayant recueilli plus de 2 % des voix. La coalition ou la liste arrivée en tête obtient ainsi un minimum de 55 % des sièges, soit 340 députés sur 617, plus des sièges supplémentaires en fonction de l'avance qu'elle a sur l'autre parti ou coalition.

D'application difficile, ce système est encore d'usage en Europe (Albanie, Allemagne, Bulgarie, Croatie, Hongrie, Lituanie, Monténégro et Serbie)[163] et en Asie (Corée du Sud-, Japon et Taïwan)[164]. Il ne constitue pas à proprement parler une catégorie homogène mais présente, au contraire, une grande diversité. Le mélange du scrutin majoritaire et de la technique proportionnelle peut se présenter sous la forme d'application de modes de scrutins différents, majoritaires ou proportionnels en vue d'obtenir suivant les circonscriptions l'effet de la mixité au sein d'une même circonscription.

§5. Le contentieux des élections

Après la proclamation des résultats des élections, ceux-ci peuvent être contestés. Ainsi se pose la question de l'organe chargé du contentieux. Deux systèmes ont pu être, à cet égard, imaginés. Certaines législations organisent le contrôle politique des élections. Elles confèrent le contentieux des élections à un organe politique, en l'espèce, une assemblée élue ou non[165]. Celle-ci connaît, en effet, de la régularité de l'élection de ses propres membres.

Rattaché à l'idée de la souveraineté nationale ou parlementaire, le système de contentieux politique exclut toute intervention du juge dans la surveillance et le contrôle de l'élection des membres d'une assemblée parlementaire. Si on peut se satisfaire de la protection que ce procédé procure aux élus de toute ingérence gouvernementale, il est, en revanche, loin de les prémunir, en raison de leur préférence politique, des attaques éventuelles émanant de leurs adversaires politiques. En réalité, ce système est vicieux, les membres composant l'organe de contrôle étant souvent juges et parties et sans que la régularité des uns et des autres n'ait été établie, les députés confirmés et donc sans titre, s'examinent eux-mêmes. Il en est d'ailleurs ainsi de l'usage abusif du terme « *validation des mandats* ».

D'autres consacrent le contrôle juridictionnel des élections. Ce système se situe, en effet, dans le rôle traditionnel du juge qui assure ce contrôle soit dans le cadre des tribunaux ordinaires, soit auprès de juridictions spécialisées (Cour ou Conseil constitutionnel). Ces juridictions connaissent aussi du contentieux d'enregistrement des électeurs ou d'inscription sur les listes électorales, des candidatures ou de la campagne électorale. Le

---

[163] TOUVET L. et DOUBLET Y.-M., *Droit des élections*, *op. cit.*, pp. 407-409.

[164] MARTIN P., *Les systèmes électoraux et les modes de scrutin*, Paris, 3e éd., Montchrestien, Coll. Clefs Politique, 2006, pp. 93-94.

[165] En République Démocratique du Congo, on relève que, par une recommandation du Comité central (organe politique dont les membres étaient nommés par le président de la République) du 20 août 1987, le constituant s'est vu obligé de modifier, suivant une procédure pour le moins entachée de fraude, la Constitution (art. 103 al. 1) pour permettre le transfert du contentieux des élections des commissaires du peuple (Députés nationaux) de la Cour suprême de justice au profit d'un organe politique qu'incarnait le Comité central du Mouvement Populaire de la Révolution.

système de contentieux juridictionnel est, en raison de l'indépendance du juge, préférable à celui du contrôle par un organe politique.

L'intervention du juge dans le règlement des conflits électoraux fait, toutefois, naître dans ce domaine une variété de contentieux. La naissance d'un contentieux administratif ou de pleine juridiction à côté du contentieux électoral au sens classique est à inscrire dans ce registre.

L'intérêt de la distinction entre ces deux types de contentieux réside finalement dans la détermination, par le législateur, de l'organe compétent pour chaque contentieux et des règles de procédure à suivre, d'autant qu'en cette matière, la répartition des compétences peut être aussi complexe que variée. Par exemple, l'existence d'une pluralité de contentieux et la diversité des procédures applicables à chaque type de contentieux pouvant aboutir à ce qu'un juge ne soit pas compétent pour traiter tous les aspects du contentieux des élections ; le juge chargé du contentieux des résultats ne l'est pas nécessairement pour les opérations préparatoires, rendant parfois difficile la perception du contentieux des élections politiques[166].

La procédure et les règles applicables au contentieux des actes préparatoires (contentieux des listes électorales, contentieux des candidatures ou contentieux sur la campagne électorale) ne sont pas toujours identiques à celles portant sur le contentieux des résultats.

On se rend bien compte que chaque niveau de contestation couvre les aspects administratifs, répressifs et contentieux. La répartition des compétences entre les différentes administrations et institutions en charge du contentieux des élections doit être soigneusement organisée par le législateur. Le contentieux d'enrôlement ou d'établissement des listes électorales peut être confié à un juge autre que celui qui s'occupe du contentieux des candidatures ou des résultats. Comme le contentieux lié à une élection renferme plusieurs aspects, on s'intéressera au contentieux des actes préparatoires à l'élection et à celui des résultats.

A. Les contentieux des actes préparatoires à l'élection

L'une des fonctions des élections, c'est d'assurer la légitimité du pouvoir. L'acceptation des résultats électoraux n'est pas toujours facile. Elle est tributaire de la manière dont les actes et opérations préparatoires aux élections ont été organisés. Ceux-ci portent sur l'établissement des listes électorales, l'enregistrement des candidatures et la campagne électorale.

---

[166] ESAMBO KANGASHE J.-L., *La Constitution Congolaise du 18 février 2006 à l'épreuve du constitutionnalisme. Contraintes pratique et perspectives*, *op. cit.*, p. 216.

Réalisés dans le sens de favoriser une réelle compétition politique[167], ces actes et opérations peuvent donner lieu à une variété[168] de contentieux.

1. Le contentieux d'enregistrement sur les listes électorales

L'inscription sur une liste électorale a pour but de constituer le corps électoral. La liste électorale doit être générale et permanente[169]. Générale parce qu'elle n'est pas liée à une élection déterminée : elle concerne toutes les élections. La permanence de la liste électorale évite à l'électeur de s'inscrire à chaque élection. En France par exemple, la liste électorale est soit permanente, soit universelle, soit courante, soit complémentaire, soit spéciale[170]. Sa mise à jour est assurée par la procédure de révision annuelle. Le recensement administratif et scientifique de la population joue, dans ce cas, un rôle de première importance.

Le contrôle des listes électorales est, généralement, assuré par le juge civil. Les juges administratif, constitutionnel et pénal interviennent, également, dans ce domaine. Tout dépend, en effet, de la manière dont le législateur a aménagé l'intrusion du juge dans ce secteur.

On note, par exemple, que la jurisprudence administrative est demeurée longtemps sur une position selon laquelle le juge considère, de façon générale, que les actes administratifs qui constituent le préliminaire des opérations électorales, en ce compris l'enregistrement sur les listes électorales, ne sont pas détachables desdites opérations. Ils ne sont pas contestés devant le juge de l'élection, mais plutôt devant celui de l'excès de pouvoir qui, au demeurant, est le juge administratif.

Saisi d'un recours contre la régularité ou la légalité d'un acte lié à l'enregistrement d'un électeur, le juge peut soit le rejeter (au cas où lui-même est juge du contentieux des résultats), soit se déclarer incompétent (lorsque le recours viole les règles de procédure contentieuse ou qu'il relève légalement de la compétence d'un autre juge), soit trancher sur le fond du litige (au cas où la matière relève de sa compétence).

L'inscription sur la liste des électeurs peut s'accompagner des actes enfreignant la loi pénale pour que le législateur électoral organise un régime répressif particulier. Le ministère public joue, dans ce cas, un rôle de premier plan dans la recherche des infractions mais également dans la poursuite de leurs auteurs.

Selon qu'elle s'impose à l'administration électorale, la décision du juge chargé du contentieux d'enregistrement sur les listes électorales conduit à

---

[167] MASCLET J.-C., *Droit électoral*, *op. cit.*, p. 324.

[168] CAMBY J.-P,. *Le Conseil Constitutionnel, juge électoral*, Paris, 5e éd., Dalloz, 2009, pp. 56-80 et 170-243.

[169] CAMBY J.-P., *Le Conseil Constitutionnel, juge électoral, op. cit*, p. 50.

[170] CAUCHOIS H., *Guide du contentieux électoral*, Paris, 2e éd., Berger-Levrault, 2005, pp. 25 et 26.

l'inscription ou non d'un électeur sur la liste électorale, ce qui l'autorise à exercer son droit de vote ou à se porter candidat à une élection.

2. Le contentieux de candidatures

L'établissement d'une liste électorale conduit, généralement, à la constitution du fichier électoral. Il peut s'accompagner des actes destinés à interrompre l'égalité de traitement et l'équilibre entre les candidats à une élec-élection. Le législateur peut, habituellement, prendre la précaution d'organiser le contentieux de candidatures qui doit, impérativement, être vidé avant la tenue proprement dite du scrutin.

Le règlement de ce contentieux conditionne notamment l'impression et la distribution des bulletins de vote dans les bureaux préalablement identifiés et connus des électeurs et des candidats.

3. Le contentieux de la campagne électorale

Dans la pratique électorale, la campagne électorale est longue et commence même avant son lancement officiel. Elle encourage l'affrontement des candidats et de leurs programmes politiques car pendant la campagne électorale, chaque candidat ou liste cherche à faire valoir ses idées, ses mérites ou son programme politique pour que les électeurs lui accordent les suffrages souhaités. La compétition politique qu'elle augure est dominée par un certain nombre de principes tels que l'égalité entre les candidats ou listes, la neutralité de l'administration électorale, la loyauté et la transparence des moyens utilisés.

La campagne électorale doit, autant que faire se peut favoriser une réelle et ouverte compétition politique. L'administration électorale et les médias sont appelés à jouer un rôle capital pour assurer à tous les compétiteurs un traitement égal. Celui-ci concerne notamment l'accès aux médias publics et l'utilisation des moyens publics aux fins de la campagne électorale. Le traitement égalitaire doit être assuré en matière de tenue des réunions, manifestations et rassemblements électoraux ainsi que d'apposition des affiches électorales.

La pratique des campagnes électorales révèle que ces principes ne sont pas toujours respectés et la sanction, même juridictionnelle, est parfois difficile à appliquer. Bien qu'irréguliers, nombreux sont les actes de campagne électorale qui ne sont sanctionnés par aucune décision de justice.

Une fois saisi, le juge a souvent tendance à apprécier l'opportunité de sanctionner l'acte irrégulier, telles la destruction volontaire des affiches d'un candidat dont on redouterait l'élection, l'apposition des affiches électorales sur les édifices publics, leur superposition aux mêmes endroits… en considération des rapports de forces en présence ou du climat général de la campagne électorale.

La prise en compte de ces éléments l'amène souvent à la patience, question de se faire plus tard la conviction que ces irrégularités pourraient avoir une incidence sur les résultats d'une élection pour qu'en cas de saisine, il prononce ou en ordonne l'annulation.

Une telle attitude affranchit-elle les acteurs politiques du respect, pendant la campagne électorale, de la loi pour que devant les actes répréhensibles, même le ministère public[171] se montre parfois « tolérant » en vue de mettre en mouvement l'action publique ? Rien n'est moins sûr, car perceptible dans bon nombre de pays africains confrontés aux processus électoraux encore fragiles, cette posture conforte l'idée qu'en période de campagne électorale, la violation de la loi est la règle et son application l'exception.

Et pourtant, le législateur a souvent pris soin d'organiser le cadre et le moment d'intervention de l'administration électorale (contrôle administratif) et du juge (contrôle juridictionnel) dans le rétablissement de l'équilibre interrompu par la survenance des actes de campagne qui enfreignent la loi.

B. Le contentieux des résultats

Il n'existe pas de recettes uniformes à la disposition du juge dans la résolution du contentieux des résultats. Il est même admis qu'à la variété de problèmes posés correspondent les solutions à envisager.

1. Les problèmes posés

Plaçant l'action de la justice entre le droit et le politique, le traitement du contentieux des résultats est diversement perçu. Pendant que certains y voient une garantie d'indépendance et d'impartialité de l'organe chargé du contrôle, d'autres la considèrent comme une ingérence du juge dans un domaine dont la neutralité est, à défaut d'être rare, du moins, difficile à obtenir. D'autres encore la situent dans une sorte de la convocation permanente du droit par la politique. Dans ces trois versants, la décision du juge se prête souvent au phénomène de «*juridicisation de la vie politique*» dont le recours excessif est de nature à compromettre la stabilité et l'équilibre institutionnels.

On note, par exemple, que l'intrusion dans un bureau de vote et de dépouillement d'une personne non autorisée est un acte qui viole le code électoral. Il peut provoquer des troubles à l'ordre public et porter ainsi atteinte à la régularité du scrutin. Le juge ne le sanctionnera que dans la mesure où ledit acte a, de manière déterminante, faussé les résultats électoraux mais son silence peut être interprété comme un déni de justice ou une complicité à la fraude électorale.

L'usage de la fausse qualité de candidat à une élection, la corruption et les violences faites aux électeurs ou aux agents électoraux, la violation de

---

[171] Cette attitude est souvent dénoncée en Afrique.

l'interdiction de battre campagne le jour du scrutin, l'utilisation du personnel de l'administration publique comme témoins ou observateurs électoraux, le bourrage d'urnes..., sont des actes qui heurtent la conscience humaine au point de déformer les résultats d'une élection. Ils ne peuvent, par leur simple dénonciation, emporter la conviction du juge. Car, en cette matière, le juge ne crée pas, de lui-même, des preuves ; celles-ci doivent lui être fournies.

Le fait pour le juge de ne pas avoir égard aux recommandations d'une observation électorale lors du traitement du contentieux des résultats peut être assimilé à un déni ou une complicité à une fraude électorale. Absent de la confection des stratégies de conquête ou de maintien au pouvoir, le juge, dont l'intervention est tout aussi postérieure à l'organisation d'une élection que limitée dans le temps, peut-il, au nom de la recherche de la vérité des urnes, s'adjuger d'autres prérogatives qui ne lui auraient pas été conférées ?

On admet que, pour rendre crédible sa décision, le juge ait la maîtrise des règles du jeu électoral, l'identification correcte des acteurs impliqués et la parfaite connaissance du terrain où se joue le jeu politique pour qu'à chaque question qui lui est posée, une réponse appropriée lui soit réservée.

2. Les solutions envisagées

Il est un principe, en droit électoral, qu'à l'occasion de la gestion du contentieux des résultats, le juge ne sanctionne pas toute violation du code électoral. Sans être nécessairement le juge de la légalité du scrutin, il est, obligatoirement, celui de la sincérité des résultats raison de plus pour qu'il soit actif.

Dans le traitement du contentieux des résultats, le juge s'assure si les irrégularités dénoncées sont avérées et constituent des actes de fraude qui ont, de manière déterminante, influé sur les résultats électoraux.

Il importe de noter cependant que toute violation du code électoral ou du règlement administratif en matière d'organisation d'un scrutin ne conduit pas forcément à l'annulation d'une élection. Ainsi, une dénonciation, sans aucune preuve, de la fraude électorale n'emporte pas nécessairement la conviction du juge. L'absence de preuve à l'appui des faits allégués a amené le juge électoral à décréter le non-fondement du recours[172]. Il en a été également ainsi lorsque le requérant n'apporte pas de preuves des voix qu'il prétend avoir obtenues ni celle des manipulations qu'il invoque[173].

On observe, en revanche, que les actes qui ne constituent pas des irrégularités mais portent atteinte à la moralité de l'élection peuvent justifier la décision d'annulation d'une élection si le juge estime qu'ils ont altéré la

[172] CSJ, 4 septembre 2006, RCE 003, Aff. OLENGA NKOY.
[173] CSJ, 8 novembre 2006, RCE 187, Aff. KANGAMO SAMATO.

sincérité du scrutin[174]. Il convient d'avoir à l'esprit que, dans l'examen du contentieux des résultats, le juge n'est pas, en principe, tenu d'évoquer d'office les irrégularités survenues lors de l'organisation d'une élection. Il est ainsi limité par les chefs de demandes qui lui sont adressées et qui ne sont pas d'ordre public[175]. Ayant cependant un large pouvoir d'investigation, le juge est autorisé à rechercher par tous les moyens les preuves tels que la communication des pièces ou les descentes sur les lieux, l'audition de témoins mais dans les délais du contentieux.

§6. La problématique des élections en Afrique

Dans une société organisée et qui aspire à un niveau de développement, les élections jouent un rôle capital. La constatation suffit pour induire qu'à l'instar d'une fondation pour un immeuble, les élections sont indispensables à la mise en place des régimes démocratiques.

Comparativement à un immeuble bâti sur une fondation peu solide, un régime politique aurait des difficultés à se consolider s'il est assis sur un hold-up électoral, il s'écroulerait au moindre contact des intempéries produites par des conditions météorologiques moins clémentes.

La similitude entre l'équilibre d'un immeuble à partir d'une fondation bien érigée et la solidité d'un régime par l'organisation régulière et correcte des élections, n'est pas dépourvue de justesse. Son évocation est même justifiée tant et si bien que, depuis la Grèce antique, les élections semblent s'imposer comme un impératif de moralisation de la vie publique et des mœurs politiques.

C'est non sans raison que dans leur finalité, les élections postulent une volonté d'associer la majorité des citoyens au choix des gouvernants et de leurs politiques publiques. À partir d'elles, en effet, on peut juger de la capacité d'un régime politique à assurer l'effectivité des libertés politiques, l'égal exercice, pour chaque citoyen, de ses droits, le recours au suffrage universel comme technique de désignation des gouvernants ainsi que la garantie que les droits de la majorité et de l'opposition sont protégés.

Conçue, d'abord, pour régenter la vie politique grecque, la pratique des élections s'est, ensuite, étendue en Europe occidentale avant de caresser, enfin, les mœurs politiques en Afrique. Dans ce continent, il s'observe que, pendant la colonisation, les élections n'ont pas été inscrites à l'ordre du jour dans la politique d'aménagement des sociétés politiques. Elles ont apparu comme une denrée à la consommation rare sinon au seul service de la « *civilisation occidentale* ».

Les premières années qui ont suivi les indépendances africaines n'ont pas, en raison de l'environnement politique particulier, donné des signes

---

[174] MASCLET J.-C., *Droit électoral*, *op. cit.*, p. 356.
[175] *Idem*, p. 34.

perceptibles des alternances au pouvoir par le jeu des élections. À la place, le recours au coup d'État[176] comme mode d'accession ou de maintien au pouvoir semble avoir été la règle. Il a fallu attendre les années 1990 pour que les perspectives de réclamation, par la voie des urnes, des régimes démocratiques, soient envisagées.

Dans ces conditions, affirmer qu'en Afrique, la pratique des élections serait une importation étrangère ne relève nullement de l'exagération. D'abord, parce qu'on a, longtemps, considéré qu'un régime politique n'est démocratique que par sa capacité de garantir et de renforcer l'exercice, par la voie des urnes, des libertés publiques. C'est dans ce cadre que l'accès à l'aide internationale au développement de certains pays africains[177] a été ou reste encore conditionné à l'accessibilité aux valeurs démocratiques et au respect des droits de l'homme et des libertés publiques.

L'expression de la démocratie par les élections favorise, ensuite, l'alternance et la rotation des acteurs politiques au pouvoir. Elle se décline par la connaissance des règles du jeu électoral souvent d'importation étrangère, l'identification imparfaite des acteurs impliqués et de l'arbitre dont le reconditionnement moral et professionnel préjuge de son indépendance et de son impartialité.

Cette conclusion, au demeurant vérifiable, est loin de s'étendre à toutes les hypothèses d'usage. L'habitude des contacts qu'opèrent les élections dans les relations entre les électeurs et les élus participe au contrôle des uns par les autres. De ce point de vue, les élections cesseraient d'être une moisson d'origine étrangère pour s'apparenter, en Afrique, à une recette dictée par la nature des choses.

Si on peut, enfin, induire que par les élections, un pays peut atteindre un certain niveau d'organisation politique et sociale conduisant à son développement, il est autorisé de s'interroger sur les motivations qui accompagnent souvent les agitations et crises politiques ou militaires postélectorales en Afrique[178].

Au vu de ces conflits, les élections peuvent-elles constituer une voie obligée vers la démocratie et le développement du continent ? Peut-on inférer qu'en Afrique, la concordance entre les élections, la démocratie et le développement relève plus des intentions qu'elle ne décline une réelle expression des valeurs compatibles avec les besoins des citoyens ?

---

[176] Notamment au Burkina Faso, au Burundi, en Guinée, au Libéria, au Mali, au Niger, au Nigeria, en République Centrafricaine, en République Démocratique du Congo, en République du Congo, au Rwanda, en Sierra Léone ou au Tchad.

[177] Tels la République Démocratique du Congo ou le Zimbabwe.

[178] La République Démocratique du Congo (mars 2006 et novembre 2011) le Kenya (décembre 2007), le Zimbabwe (mars 2008), la Côte d'Ivoire (novembre 2010), le Nigéria (avril 2011) ou encore l'Égypte (juin 2012).

Le choix, par les urnes, des dirigeants politiques ne périclite-t-il pas un tabou que les Africains peinent à briser ? La question ne réside-t-elle pas dans la recherche des motivations qui sous-tendent le déficit de la connaissance des règles du jeu que commande l'organisation d'une élection réellement libre, démocratique et transparente ?

Ainsi peinte, cette pancarte que l'on peut retrouver dans toutes les aires linguistes et culturelles africaines[179] mérite, pour des raisons évidentes, d'être centrée sur la seule Afrique francophone. Une incursion sur d'autres expériences permettra d'identifier les facteurs qui peuvent expliquer la résurgence des crises politiques postélectorales pour qu'un certain nombre de recettes visant à réduire l'écart entre l'espérance des élections comme voie originale de démocratie en Afrique et sa supposée incarnation de seules valeurs occidentales, soient dégagées.

A. Le rôle des élections dans la crédibilisation des processus démocratiques

Vu de l'Afrique, le vote ne constitue pas, en soi, une innovation. Il a été expérimenté dans les États « précoloniaux » où cohabitaient aisément l'hérédité et la pratique électorale dans la perspective de la succession au pouvoir.

Qu'il s'agisse de la désignation des Rois, des Empereurs, des Chefs traditionnels ou de tout autre détenteur de l'autorité, un corps électoral restreint composé de quelques dignitaires (les maîtres de la terre) dont la sélection s'opérait dans la Cour royale était constitué.

Organisé suivant les règles de jeu éditées dans un code électoral certes non écrit mais contraignant, ce suffrage s'appuyait, généralement, sur des stratégies contenant, en elles-mêmes, les effets pervers, tels que l'anarchie créée à la mort du Roi ou du chef traditionnel ou les rituels de l'inceste royal.

Bien que satisfaisante dans une certaine mesure, cette technique de dévolution et de distribution du pouvoir n'a pas été à l'abri de manipulations de diverses natures et qui ont été, plus tard, couvertes par la traite des esclaves, le commerce triangulaire et la colonisation au point d'ouvrir la voie aux conflits de succession au pouvoir.

Relativement souple, le contentieux électoral était assuré par les juges dont l'impartialité et l'indépendance n'étaient pas sujettes à caution ou remise en cause. Il rendait ainsi aisée la reconnaissance de la défaite électorale et de la vérité des urnes.

À la décolonisation, l'histoire des élections peut s'articuler autour de trois moments tout aussi distincts que successifs et dont les pesanteurs semblent ne pas s'éloigner d'un temps à un autre. Qu'il s'agisse de la pé-

[179] Anglophone, francophone ou lusophone.

riode qui précède les indépendances, de l'intervalle qui en a résulté ou de l'époque actuelle, les élections ont rempli le rôle qu'on a bien voulu leur faire jouer.

1. La part des élections à l'ère des indépendances

On admet que pendant la colonisation, la pratique des élections n'était pas ancrée dans les mœurs politiques africaines. Elle ne faisait du reste pas partie de l'agenda du colonisateur pour être considérée comme un impératif de démocratie et de développement.

Il n'empêche que pendant les premières années des indépendances, la pratique a été enregistrée au sein des mouvements associatifs à partir desquels étaient constitués de comités de direction chargés de départager les différents candidats aux divers postes de responsabilité. C'est donc dans ces réseaux que furent recrutées les premières générations des leaders politiques.

L'observation indique par ailleurs que la plupart des partis politiques africains de cette époque étaient nés de la reconversion des mouvements associatifs à caractère tribal, culturel ou religieux en arène communautaire dans la perspective d'une dynamique de conquête et de l'exercice du pouvoir.

Ainsi, pour répondre au besoin de la consommation extérieure, ce pluralisme politique s'était-il attribué des marques idéologiques d'importation occidentale (socialiste, libéral, sociochrétien, démocrate, etc.).

Formés dans le but de soutenir les actions des fondateurs, ces partis politiques ne disposeraient pas, en réalité, d'idéologies. Le surgissement spectaculaire des partis qui naissent et disparaissent au gré des conjonctures politiques et des intérêts en présence contraste avec les nouveaux enjeux et perspectives de partage du pouvoir. C'est dans ce cadre qu'il convient de situer la bipolarisation, à la veille des élections, de la vie politique.

Préparées et assurées par les administrations publiques peu au courant des réalités africaines, les élections de l'ère de la décolonisation, s'étaient globalement déroulées sous la « *commande* » des États coloniaux. Elles ont posé le problème de leur appropriation africaine.

La non-maîtrise des règles de jeu électoral (système électoral, mode de scrutin, gestion de la campagne électorale et du contentieux) a fait que ces consultations électorales se sont tenues sous la pression des événements et dans un climat de tension, tel l'antagonisme entre des groupes sociaux au moment de l'accession au pouvoir.

Loin de contribuer à l'avancement de la démocratie, les résultats électoraux ont parfois été sources de crises politiques aiguës ; leurs contestations ayant été quelquefois accompagnées des sécessions, des assassinats, des emprisonnements, des guerres civiles ou des coups d'État.

Conduites dans ces conditions, les élections ont offert aux puissances étrangères un prétexte pour imposer, au besoin, les dirigeants sur lesquels elles misaient. Ce déficit de démocratie va se consolider pendant le règne des partis uniques.

2. Pendant le règne des partis uniques

Les tensions provoquées par les scrutins organisés sur pied d'un pluralisme politique mal maîtrisé auraient convaincu pour que les règles de jeu changent. Issus, généralement, des coups d'État, les partis uniques s'assignaient, notamment, comme objectif la transformation sociale, politique et économique du continent.

Au cours de leur règne, l'Afrique a connu des expériences électorales au niveau présidentiel, législatif, municipal et local suivant les modes de scrutin tout aussi divers que variés (élection classique ou par acclamation).

Pour l'élection présidentielle, par exemple, le scrutin a été, en général, universel se déroulant en un tour et le plus souvent avec une seule candidature. Proclamés par les administrations publiques totalement acquises à la cause des partis uniques et qui assuraient, par ailleurs, l'organisation des élections, les résultats des élections que l'on connaissait à l'avance[180] n'ont parfois fait qu'exacerber des conflits politiques latents mais réels.

Ainsi, des frustrations électorales, ont résulté des violences, des clivages politiques et ethniques ou encore le règne de l'arbitraire. On voit bien que ces consultations électorales étaient loin de traduire la vérité des urnes ou de cristalliser une pratique en phase de devenir une tradition.

3. À l'auréole du pluralisme politique

Le renouveau démocratique des années 1990 a amené avec lui la réclamation du pluralisme politique et la remise en question de l'idée de confier l'organisation des élections à l'administration publique traditionnelle au point de favoriser le transfert des compétences des administrations classiques à des structures[181] dont la dénomination influe sur le degré d'autonomie et d'indépendance.

La composition de ces nouvelles institutions chargées, notamment, de la préparation, de l'organisation et de l'administration des élections ainsi que de la proclamation des résultats provisoires des élections est souvent au cœur du débat, notamment sur leur indépendance, leur neutralité et la crédibilité des résultats qu'elles proclament.

---

[180] Cas des présidents de la République élus à plus de 99 % des suffrages avant que les opérations de recensements et de centralisation des résultats ne soient terminées.

[181] Commission électorale indépendante (Côte d'Ivoire, Kenya, République Centrafricaine, Tunisie, Togo, Zimbabwe), Commission électorale nationale autonome (Bénin, Sénégal), Commission électorale nationale autonome et permanente (Gabon), Commission électorale nationale indépendante (Burkina-Faso, Madagascar, Mali, Niger, République Démocratique du Congo, République d'Afrique du Sud, Tchad), Commission de recensements des élections (Cameroun), la Haute Commission électorale (Égypte) ou l'Observatoire national des élections (Cameroun).

Sur cette question, les recettes sont loin d'être uniformes et aucune d'elles ne peut prétendre régenter l'ensemble du processus démocratique en Afrique. Si pour certains, l'indépendance et la neutralité des commissions électorales passent par la rationalisation du mode de désignation[182] et des origines professionnelles[183] des membres, d'autres s'inquiètent que la présence des personnalités dites indépendantes ne soit pas une garantie suffisante d'indépendance et de neutralité desdites commissions. L'observation électorale surtout internationale apparaîtrait, à ce point, comme un pis-aller.

Comme on peut bien s'en rendre compte, l'organisation des élections cesse d'être une simple technique de distribution du pouvoir au sein des « États souverains » pour s'illustrer comme un élément de jaugeage de la température politique dans les relations entre les membres de la communauté internationale.

Par le financement et l'accompagnement technique qu'elle procure aux élections africaines, la communauté internationale en assure, en quelque sorte, le contrôle au point de s'adjuger la qualité d'acteur, si pas actif, en tout cas intéressé. L'observation et la couverture médiatique internationales qui suivent l'organisation, en Afrique, des élections sont à inscrire dans ce registre.

De ses actions tout au long du processus électoral en Afrique, la communauté internationale peut influer sur la nature des décisions à prendre et de la coopération que se doivent les États. Ces actions induisent le caractère relatif de la souveraineté (choix libre des régimes politiques et des dirigeants) des pays africains.

C'est dans ce sens qu'il convient de relever le fait qu'actuellement, les élections se déclinent en un mécanisme de contrôle et de définition par la communauté internationale de son aide et son assistance à l'égard d'un État membre.

Même si on peut discuter de l'impartialité et de la neutralité de l'observation électorale (internationale), celle-ci permet d'assurer néanmoins un recadrage des relations internationales et diplomatiques. Par elle, en effet, se crée une sorte de « droit d'ingérence électorale, mieux droit d'ingérence démocratique » dans les affaires intérieures des États africains, notamment, ceux qui survivent grâce à l'aide bilatérale ou multilatérale conduite par les institutions de Breton Word.

B. La question de la vérité des urnes et de la légitimité des élections africaines

Depuis quelques décennies, il s'observe sur le continent, une vague de contestations des résultats issus des élections, notamment présidentielles, au motif qu'ils ne refléteraient pas la vérité des urnes.

---

[182] Par vote ou par consensus.

[183] Personnalités issues des formations politiques, de la société civile ou du pouvoir judicaire.

Tout aussi ambiguë qu'ambivalente, en raison, sans doute, de son usage souvent abusif, la vérité des urnes dérive plutôt de la pratique électorale qu'elle n'est consacrée dans le code électoral.

Prenant appui sur une fraude électorale avérée ou supposée[184], la vérité des urnes porte, en elle-même, le coup à la crédibilisation du scrutin et, plus généralement, à la sincérité des résultats. Notion qui peut être ou non à la base des crispations politiques, la vérité des urnes ne se découvre-t-elle pas moins dans son évocation qu'au contact de l'organe qui en détiendrait le secret ?

Plusieurs recettes s'offrent à cet égard. On pense qu'en tant que pouvoir organisateur des élections, l'administration électorale détiendrait l'exclusivité de la vérité des urnes. La raison est que l'autorité qui prépare, organise une élection et en publie les résultats serait la mieux qualifiée pour en dévoiler le secret.

Cette conclusion ne vaut qu'en cas d'absence de contestation des résultats. Dans ce cas, c'est au juge chargé du contentieux électoral[185] qu'il revient d'en divulguer le contenu. Là encore, la vérité des urnes n'est que partiellement perçue parce qu'en amont, la préparation et l'organisation du scrutin (étapes au cours desquelles les stratégies des fraudes électorales peuvent être soigneusement peaufinées) auraient échappé au contrôle et à l'attention du juge dont l'intervention est limitée dans la durée. Les expériences de la Côte d'Ivoire[186] et de la République Démocratique du Congo[187] peuvent être citées en exemple.

Une autre solution serait offerte par la présence des témoins et journalistes à toutes les opérations électorales (inscription sur les listes électorales, enregistrement des candidatures, organisation de la campagne électorale, tenue du scrutin et gestion du contentieux). Plus proche de la vérité des urnes, cette recette pourrait se révéler illégale[188] au cas où la législation nationale (Côte d'Ivoire et République Démocratique du Congo) organise harmonieusement la répartition des compétences et des responsabilités entre les institutions nationales et certaines structures des Nations Unies dans la « certification » ou non des résultats électoraux. Elle pécherait également par son caractère circonstanciel ne permettant pas

---

[184] Opacité du fichier électoral, partialité de la commission électorale, abus et déséquilibres dans l'organisation de la campagne électorale, bourrages d'urnes, violences électorales, corruption et manipulations des agents électoraux, gestion intéressée du contentieux électoral…

[185] Conseil constitutionnel ou Cour constitutionnelle.

[186] Dans ce pays, le juge électoral a, pour un même scrutin, rendu deux décisions n° 2010- Ep 340312 CC Sg du 3 décembre 2010 et 2011-036 du 5 mai 2011 proclamant deux présidents de la République.

[187] À l'occasion du traitement, en 2007 et 2012, du contentieux à l'élection présidentielle.

[188] C'est fut notamment en Côte d'Ivoire où l'envoyé spécial du Secrétaire général des Nations Unies dans ce pays s'était attribué le pouvoir de certifier les résultats du deuxième tour de l'élection présidentielle du 3 décembre 2010.

d'avoir une perception plus globale du contexte de l'organisation de l'élection et de la confiance que lui confèrent des acteurs impliqués.

Bien que poursuivant la transparence et la sincérité des résultats, la présence d'observateurs électoraux pose, de toute évidence, le problème de l'authentification des résultats publiés par les institutions compétentes. On y voit un certain « *droit d'ingérence électorale* », qui devrait difficilement cohabiter avec la souveraineté, au demeurant discutable, dont se prévalent l'ensemble des États africains.

Sur le plan strictement technique, la vérité des urnes est comptable de la connaissance des règles de jeu, des principaux acteurs, du terrain sur lequel se joue le jeu électoral et de l'arbitre, bref de l'environnement social et politique.

Les règles de jeu sont constituées du dispositif juridique[189] qui préside à l'organisation d'une élection. Sa connaissance induit celle du système électoral[190], du mode de scrutin[191], des conditions d'éligibilité et des cas d'inéligibilités, du droit de vote[192] ou de la tenue de la campagne électorale dont les techniques sont souvent d'inspiration occidentale.

Une bonne répartition des compétences et des responsabilités entre les différents acteurs impliqués permet de crédibiliser le scrutin et de garantir, en même temps, la sincérité des résultats : *on doit savoir qui fait quoi et quand.*

Du point de vue des acteurs du jeu électoral (partis ou regroupements politiques, candidatures indépendantes...) dont l'identification préalable paraît indispensable, il importe de s'assurer du bénéfice égal que leur procure le code électoral, notamment en matière des droits et avantages pendant tout le processus électoral.

Le jeu électoral se cristallise au niveau des structures opérationnelles de vote, de dépouillement, de recensement et de centralisation des résultats électoraux. La connaissance du rôle dévolu à chaque structure conduit à réduire l'écart souvent constaté entre le besoin de veiller à la régularité du scrutin et celui de rechercher impérativement la sincérité des résultats.

Comme arbitre, le juge chargé du contentieux électoral doit être capable de garantir, au-delà de la régularité du scrutin, la sincérité des résultats. Il doit éviter de rendre la gestion du contentieux des résultats comme une source des conflits politiques (Côte d'Ivoire et République Démocratique du Congo).

Pour servir de gage à la sincérité des urnes, les élections doivent être tenues dans un contexte politique et social exempt de suspicion générali-

[189] Les textes constitutionnels, législatifs et réglementaires.
[190] Majoritaire, proportionnel ou mixte.
[191] Uninominal, des listes ouvertes ou bloquées avec application ou non de la règle de plus fort reste ou de la plus forte moyenne.
Individuel, par procuration ou par vote électronique.

sée. Il semble que le Bénin, le Sénégal, la République Sud-Africaine et, dans une moindre mesure, le Ghana ont compris la leçon pour servir d'exemple aux autres pays d'Afrique.

Ainsi qu'il vient d'être démontré, la vérité des urnes n'est pas à rechercher dans un discours politique comportant souvent une certaine dose de passion ou dans un tabou électoral que l'on maîtrise mal : elle se trouve dans la pratique des élections. Le moins que l'on puisse dire est que la notion est relative et tributaire de l'environnement politique dans lequel s'organise une élection et de la confiance que se doivent mutuellement les acteurs impliqués ou intéressés.

Indispensables au développement de l'Afrique, les élections ne sont pas, en elles-mêmes, une condition sine qua non d'accession au mieux-être. Elles dépendent du rôle que l'on veut bien leur faire jouer et de la finalité qui leur est assignée, à savoir la conquête (ou reconquête) du pouvoir et une technique au service de la communauté.

Mais au regard de multiples crises provoquées par l'organisation des élections en Afrique, la question de leur supposée importation étrangère ou une voie originale de démocratie demeure d'actualité.

Une autre question est celle liée à l'idée de confier l'organisation des élections africaines aux administrations publiques traditionnelles en vue de tenter une explication sur la problématique de la légitimité des scrutins organisés par les commissions électorales africaines.

Si, théoriquement, la démarche paraît réalisable, ce retour en arrière est susceptible de créer des problèmes difficilement solubles notamment ceux liés à l'indépendance et à la neutralité de l'administration publique. On peut envisager l'informatisation du vote. Le vote électronique, pour être efficient, exige la mise en place des conditions techniques et technologiques adéquates que les pays africains n'ont pas encore réunies. Mais, même alors, une disposition mentale s'avérera toujours nécessaire : la confiance dans les moyens informatiques utilisés. L'ordinateur peut-il être considéré comme neutre ? N'a-t-on fait état de la fraude par ordinateur ? Porterait, sur le plan pratique, un coup au renouveau démocratique dont la remise en question cohabiterait difficilement avec une telle option à moins de s'assurer que l'impartialité et l'indépendance de la « nouvelle » administration électorale soient au service de la démocratie dans le continent. Une autre grille de recette envisageable consisterait à organiser une claire répartition des responsabilités entre les administrations publiques traditionnelles et les commissions électorales.

CHAPITRE V

LA LIMITATION DU POUVOIR

L'idée d'assurer, par le constitutionnalisme, la limitation, le contrôle et l'encadrement du pouvoir participe à l'instauration de la démocratie. Si, par la théorie de la séparation des pouvoirs, on vise à ce que tout détenteur de l'autorité ne puisse en abuser, il faut que son autorité ne conduise pas à l'arbitraire.

En droit positif, il existe plusieurs techniques de limitation du pouvoir des gouvernants. Ces techniques tiennent, notamment, à l'autolimitation par le droit, à la séparation des pouvoirs, au contrôle de la constitutionnalité des lois, au recours aux procédés de démocratie semi-directe ou à la représentation du peuple par les élections.

En plus du droit naturel qui peut expliquer ou justifier la limitation du pouvoir, la reconnaissance des droits de l'homme et des libertés publiques semble occuper, de nos jours, une place de choix dans la qualification des régimes politiques modernes.

Section 1 : Le droit naturel, instrument de limitation du pouvoir

Une mise au point conceptuelle sur la notion de droit naturel permet de dégager les rapports qu'il est appelé à entretenir avec les libertés publiques.

§1. Notions sur le droit naturel

En doctrine, deux conceptions (métaphysique et scientifique) se disputent le concept droit naturel. Du point de vue métaphysique, la notion se présente comme un dispositif juridique extérieur et supérieur aux gouvernants et aux gouvernés, il s'impose à eux. Le droit naturel est ainsi formé d'un ordre juridique antérieur et contraignant au droit positif.

La conception juridique du droit naturel dérive, quant à elle, de l'observation sociologique des faits. Elle y voit un ensemble de croyances que propage une société et qui constituent, pour ses membres, une référence.

Loin de s'opposer, les deux conceptions du droit naturel se complètent, au contraire, car l'une ne peut se comprendre sans l'apport de l'autre.

Ainsi, soutenir l'existence d'une dualité conceptuelle sur le droit naturel et affirmer, en même temps, la supériorité de celui-ci sur le droit positif, conduit à reconnaître les limites imposées au pouvoir. Aussi, un pouvoir qui ne serait pas limité par l'ordre naturel des choses aurait-il tendance à se tourner vers l'autoritarisme et l'arbitraire.

Quoique soutenable en principe, cette affirmation mérite d'être nuancée. On note, d'une part, que le recours au droit naturel a parfois servi au renforcement du pouvoir. Dans la pratique, en effet, il est arrivé que les gouvernants invoquent le droit naturel pour obtenir une obéissance facile de leurs décisions par les citoyens. D'autre part, les positivistes considèrent la théorie du droit naturel comme utopique et irréaliste. Pour eux, si la nature recèle des droits inaliénables attachés à une personne, ceux-ci n'ont de valeur que par leur prise en charge par le droit positif ; de ce point de vue, considérer qu'un ordre juridique théorique est supérieur au droit positif, ne peut relever que d'une illusion.

§2. Les rapports entre le droit naturel et les libertés publiques

Une confusion a été, souvent, entretenue entre le droit naturel et les libertés publiques. Et pourtant, une ligne de démarcation entre les deux est envisageable. À l'opposé des droits de l'homme qui dérivent du droit naturel, les libertés publiques sont constituées des droits attachés à l'homme en tant qu'être humain et garantis par le droit positif.

Bien que discutable sur le plan théorique, cette affirmation a, comme on le verra, largement influencé la doctrine dans la classification des libertés publiques. Peu importe donc la divergence conceptuelle susceptible de naître entre métaphysiciens et sociologues, il est possible de dégager le fait que si les droits et libertés reconnus à l'homme lui sont garantis par le droit positif, ils ne sont pas octroyés par ce dernier, ils lui sont extérieurs et s'imposent à lui.

Section 2 : La théorie des libertés publiques et l'aménagement du pouvoir

Pour mieux cerner l'apport des libertés publiques dans le processus de limitation du pouvoir, il importe d'en rechercher les fondements et les mécanismes de promotion.

§1. Les fondements des droits de l'homme et des libertés publiques

Une définition préalable des notions des droits de l'homme et des libertés publiques favorise à la fois l'esquisse de typologie et des modalités de garantie.

A. Notions des droits de l'homme et des libertés publiques

Souvent pris pour synonymes, les droits de l'homme sont, tant par leur origine que par leur finalité, différents des libertés publiques. La recherche de la ligne de démarcation aide à dégager le rôle et l'intérêt de l'étude des libertés publiques et plus globalement la place qu'elles occupent dans l'enseignement du droit constitutionnel.

1. Les libertés publiques sont distinctes des droits de l'homme

Ainsi qu'il a été relevé dans les rapports entre les libertés publiques et le droit naturel duquel dérivent les droits de l'homme, les libertés publiques s'en démarquent aussi bien par leur origine que par leur contenu.

Au niveau de l'origine, on signale que l'une et l'autre notion résultent de deux différentes branches de droit, à savoir, le droit naturel (pour les droits de l'homme) et le droit positif (les libertés publiques). Les droits de l'homme existent indépendamment de leur reconnaissance par le droit positif. Les libertés publiques désignent, en revanche, des droits de la personne humaine reconnus et aménagés par les autorités publiques.

Du point de vue de leur finalité, on note qu'à la différence des libertés publiques, les droits de l'homme ont vocation à consacrer les pouvoirs d'autodétermination tant et si bien que la nature humaine a besoin d'un minimum de sécurité matérielle. Ils confèrent à leurs titulaires, non pas un pouvoir de libre option ni de libre action mais une créance que la société est tenue de fournir. Pour y pourvoir, l'État est obligé d'offrir des prestations positives impliquant, en même temps, la création des services publics.

2. Les libertés publiques redynamisent l'enseignement du droit constitutionnel

Jusqu'à une époque relativement récente, on a constaté la prise en charge minimale de la question des libertés publiques dans l'enseignement du droit constitutionnel. Celui-ci ne couvrait, en effet, que les aspects normatifs et institutionnels de la discipline.

Cet état de choses est, au fil de temps, apparu dépassé, ne rendant pas, suffisamment, compte de la place, combien importante, qu'occupent les libertés publiques tant dans la conception de la discipline que dans celle de la science juridique tout court. Pareille lecture s'inscrirait dans une perceptive purement pédagogique et, partant, théorique que l'on a, longtemps, attribuée à l'enseignement du droit constitutionnel.

Le besoin d'assurer une efficace protection (juridique et surtout juridictionnelle) des droits de l'homme et des libertés publiques a permis d'infléchir cette thèse. Il a aidé à créer une attache, tout à la fois théorique et pratique, entre les libertés publiques et les droits de l'homme et le rôle du juge.

Le lien entre la théorie des libertés publiques et le droit constitutionnel se crée. Il est fondé sur le fait que les libertés publiques ont été à la base des régimes libéraux. En outre, et c'est de son rapport avec le droit administratif que l'exercice des libertés publiques se heurte fréquemment aux limitations imposées, dans l'intérêt général, par des autorités administratives (pouvoirs de police) à défaut d'exiger leur concours.

Quant au droit et à la procédure pénale, ces deux branches fournissent à la liberté individuelle et à la protection contre les détentions arbitraires l'essentiel de leurs garanties. Bien plus, la liberté du mariage, celle des contrats, le droit de propriété relèvent du droit civil. La liberté syndicale et le droit de grève sont rattachés au droit du travail. La protection, au-delà du cadre de l'État, des libertés publiques relève du droit international public.

Ainsi qu'on le voit, ces différentes branches de droit développent des rapports étroits avec le droit constitutionnel pour que toute méconnaissance des droits et libertés attachés à la personne humaine préoccupe le juge chargé d'en assurer, justement, la protection.

L'importance et l'intérêt que présente actuellement l'étude des libertés publiques résultent, d'abord, de la grande expérience libérale héritée du XIXe siècle et qui avait conduit à la Déclaration des Droits de l'Homme et du Citoyen de 1789. Les transformations, ensuite, des sociétés libérales capitalistes et, dans certains cas, leur anéantissement par les régimes dictatoriaux ont profondément ébranlé la conception classique des libertés publiques.

La confrontation entre les différentes conceptions des libertés publiques donne, enfin, à l'enseignement toute sa pertinence. Ainsi, si on peut renier au droit constitutionnel la prétention de traiter exhaustivement des libertés publiques, il ne peut pas non plus les ignorer ; car par leur présence ou non dans la Constitution, les libertés publiques contribuent à caractériser les régimes politiques contemporains.

L'insertion des libertés publiques dans les textes constitutionnels participe donc à leur prestige et à leur force. Elles bénéficient, naturellement, des garanties du contrôle de la constitutionnalité des lois pour qu'il soit constaté, depuis la deuxième moitié du XXe siècle, un engouement très prononcé vers un contentieux juridictionnel (civil, pénal, constitutionnel voire électoral) qu'accompagnent souvent les violations des droits et libertés des citoyens.

La protection juridictionnelle des droits de l'homme et des libertés publiques donne au droit constitutionnel une nouvelle orientation, la discipline cesse d'être un droit virtuel s'occupant uniquement de l'analyse des règles abstraites de conduite sociale (*droit constitutionnel*) pour se situer dans le domaine du concret, mieux du vécu et du réel (*le droit constitutionnel*). Cette nouvelle perception de la discipline conduit inévitablement à la réorientation de l'enseignement du droit constitutionnel, obligé de s'intéresser à la question de protection des droits de l'homme et des libertés publiques (*droit constitutionnel des libertés publiques*) en plus des pré-requis constitués des règles juridiques (*droit constitutionnel normatif*) et mécanismes traditionnels (*droit constitutionnel institutionnel*)[193] de dévolution et d'exercice du pouvoir.

3. Le processus de formation des libertés publiques

Avant d'atteindre son état actuel, la théorie des libertés publiques a pu être élaborée, progressivement, grâce aux divers apports antérieurs à la déclaration de 1789.

3.1. Les apports antérieurs à la déclaration de 1789

Dans l'antiquité, on a vu naître, sous forme de privilège accordé à une classe sociale uniquement composée des citoyens, une liberté aristocratique. Ainsi, induit-on que si la liberté des anciens pouvait comporter de réelles possibilités de contestation, l'opposition était parfois sévèrement traitée. On comprend aisément pourquoi les lois de la cité antique poussaient à un conformisme étroit si bien que l'ostracisme n'encourageait guerre l'opposition.

Au moyen âge, le christianisme affirme l'égalité de tous les hommes devant Dieu (prélude à l'égalité civile) et la valeur sacrée de la personne humaine créée à l'image de Dieu ainsi que le développement de l'idée selon laquelle il existe autour de chaque individu une zone spirituelle interdite à l'oppression, ce qui marque la première expression d'une doctrine cohérente de limitation des gouvernants.

Malgré son indépendance vis-à-vis du droit, la morale chrétienne va imprégner son contenu dans un sens généralement favorable à la liberté. L'apport du christianisme constitue donc une tradition humaniste des pays occidentaux.

Les idées du christianisme ont été, par la suite, reprises notamment par les protestants français, opposés à la monarchie absolue. Plus tard, c'est au XVIIIe siècle que les philosophes leur donnèrent un fondement rationnel, détaché de tout substrat religieux. Il s'agit, en dehors des théories du droit naturel qui viennent d'être développées, des théories du contrat social de Montesquieu et des Physiocrates.

Ainsi se consolida la théorie des libertés publiques dont la Déclaration des Droits de l'Homme et du Citoyen de 1789 a donné la meilleure expression.

3.2 La Déclaration des Droits l'Homme et du Citoyen de 1789

La présentation préalable du contenu de la déclaration permet, ensuite, d'en dégager les caractères.

---

[193] Dans leurs ouvrages collectifs, certains auteurs comme FAVOREU L. et alii, *Droit constitutionnel*, Paris, 8e éd., Dalloz, 2005 et VERPAUX M. et alii, *Droit Constitutionnel. Les grandes décisions de la jurisprudence*, Paris, PUF, Coll. Thémis-Droit, 2011, ont pris la mesure d'intégrer cette triple dimension – droits normatif, institutionnel et des libertés publiques – dans l'enseignement du droit constitutionnel.

3.2.1 Le contenu de la Déclaration des Droits de l'Homme et du Citoyen

À la lecture du texte de la Déclaration des Droits de l'Homme et du Citoyen de 1789, on découvre, en plus des droits qu'on peut qualifier d'innommés parce que non expressément mentionnés, une profession de foi du droit naturel et le souci de marquer une différence entre les droits de l'homme et ceux du citoyen.

a. La profession de foi du droit naturel

Faisant profession de foi du droit naturel, les constituants qui se réfèrent à la déclaration des droits de l'homme affirment qu'ils n'édictent pas, reconnaissent et déclarent... les droits inaliénables et sacrés de l'homme. Ces droits existent même à l'état de nature et la société n'a pas à les donner encore moins à les supprimer, elle doit les garantir. Le début de toute association politique est, pouvait-on lire, la conservation des droits naturels et imprescriptibles de l'homme (art. 2). La garantie des droits implique une certaine organisation politique, toute société dans laquelle la garantie des droits n'est pas assurée ni la séparation des pouvoirs déterminée, n'a pas de constitution (art. 16).

b. La distinction entre les droits de l'homme et les droits du citoyen

Le texte de la déclaration distingue clairement les droits de l'homme de droits du citoyen. Les droits de l'homme sont les droits naturels, inaliénables par le citoyen et sacrés pour le législateur appelé à en assurer la protection. Il s'agit notamment de l'égalité, condition première de la liberté (égalité devant la loi, l'impôt), de la liberté qui implique la sûreté et le droit de la résistance à l'oppression, de la propriété, attribut et complément essentiel de la liberté. Ces droits assurent à l'individu *la liberté-autonomie*. Les droits du citoyen sont, en revanche, liés à l'état de société et destinés à garantir les droits de l'homme tels que le droit de concourir au vote de la loi, d'égale admissibilité devant les charges publiques et les emplois publics. Ces droits assurent à l'homme *la liberté-participation*.

c. Les droits non mentionnés dans la déclaration

À côté des droits proclamés dans les textes, d'autres ont été volontairement omis.

Parmi les droits proclamés, on cite la liberté du commerce et de l'industrie sous la seule réserve d'avoir à payer patente, la liberté de réunion et de pétition, le droit de créer un établissement général de secours pour élever les enfants abandonnés, soulager les femmes infirmes et fournir du travail aux jeunes valides qui n'auraient pu s'en procurer, une instruction publique commune et gratuite à l'égard des parties d'enseignement. Ces dispositions sont restées, pour une bonne part, programmatrices sans contenu réel.

Au nombre des droits non mentionnés, on retrouve la liberté d'enseignement qu'il ne faut pas confondre avec le droit à l'instruction qui fit l'objet de plusieurs projets tous rejetés et compromis par les mesures découlant de la constitution civile du clergé, la liberté d'association délibérément refusée aux groupements professionnels et aux congrégations.

3.2.2. Les caractères de la déclaration

Trois traits caractérisent la déclaration des droits de l'homme de 1789. Elle est individualiste, messianique et universelle et abstraite.

- *Individualiste*, la déclaration vise avant tout l'homme-individu, né libre et qui demande à l'État la liberté d'être ou d'agir et non des prestations, sauf à titre exceptionnel.
- *Le messianisme* et *l'universalisme* constituent, en outre, les deux thèmes sur lesquels s'appuie le droit naturel et qui seront, par la suite, relayés dans le monde entier.
- La déclaration a, enfin, une dose *d'abstraction* qui n'exclut pas une portée concrète. C'est dans ce cadre que s'inscrivent la condamnation des inégalités et des mesures arbitraires de l'ancien régime, l'importance du droit de propriété, de la liberté d'expression et de religion.

4. Les différentes conceptions des libertés publiques

Dans la doctrine, on a pu identifier deux conceptions susceptibles de consolider la théorie des libertés publiques : l'une, ancienne et, l'autre, nouvelle.

4.1. La conception ancienne des libertés publiques

Au XIXe siècle, les libéraux ont vécu sur la pression d'un conflit permanent entre l'individu et la société. L'État leur est apparu comme un mal nécessaire, dont il faut limiter, au maximum, l'activité. Cette limitation poursuivait un triple objectif.

Du point de vue religieux, on signale l'apport combien important de l'Église dans l'élaboration et l'évolution de la théorie des libertés publiques. Lorsque se sont, en effet, développés les États modernes, indépendamment de la papauté, l'Église s'est, activement, illustrée pour obtenir au nom de la religion et de la morale dont elle se proclamait l'interprète, la limitation du pouvoir.

Au plan politique, la doctrine libérale a été aussi l'œuvre de la bourgeoisie commerçante, industrielle et intellectuelle. Sans être, économiquement ou socialement, exploitée par la monarchie ou l'aristocratie, cette bourgeoisie a été, néanmoins, opprimée sur les plans politique et intellectuel.

Brimée par les privilèges des nobles qui la plaçaient dans une situation quasi humiliante, la bourgeoisie va, quotidiennement, revendiquer, sous toutes ses formes, la liberté politique et intellectuelle ainsi que l'égalité juridique. La déclaration de 1789 n'était donc qu'une réaction aux abus de l'ancien régime. La précision apportée dans leur énumération a servi à limiter l'action de l'État.

Concernant la motivation économique, on note que le libéralisme économique a façonné la supériorité de l'initiative privée sur toute la politique étatique. Le libre jeu des intérêts a permis d'assurer le progrès technique.

L'intervention de l'État dans le domaine économique était mal perçue et devait demeurer tout à fait exceptionnelle. Ici encore, une nouvelle limitation du pouvoir étatique apparaît. Alors que la limitation politique avait une dimension purement religieuse et morale, celle-ci a vocation à être essentiellement utilitaire et pragmatique. Mais pour renforcer cette limitation, on a vite fait de valoriser les libertés publiques en les revêtant de la même majesté rationnelle et religieuse.

Ainsi que l'on peut se rendre compte, la jouissance et surtout l'exercice des libertés publiques étaient considérés comme un moyen de résistance aux gouvernants. Cette résistance s'observe sur deux plans. Les libertés publiques définissent un domaine fermé à l'activité gouvernementale (libertés-limites) en même temps qu'elles fournissent des moyens d'opposition à l'État (libertés-opposition). Dans la pratique, la limite qui sépare ces types de libertés n'est pas toujours clairement dégagée en raison des interférences qui s'y constatent.

Les libertés-limites sont, à en croire Maurice Duverger[194], de trois ordres, ils comprennent, notamment :

- Les libertés qui assurent la sûreté et la protection de la personne contre les arrestations arbitraires (système de l'habeas corpus en droit anglo-saxon), la liberté et l'inviolabilité du domicile ;
- Les libertés économiques qui englobent le droit de propriété, la liberté d'entreprise, la liberté du commerce et de l'industrie ou la libre concurrence ou libre-échange ;
- Les libertés de la pensée qui sont à cheval entre les libertés-limites et les libertés – opposition. Si la libre-pensée politique est souvent perçue comme un moyen d'opposition, la pensée non politique (philosophique, religieuse, artistique, littéraire) peut apparaître comme une zone interdite à l'activité de l'État.

---

[194] DUVERGER M., *Institutions Politiques et Droit Constitutionnel*, Paris, 18e éd., PUF, 1996, p. 124.

Les libertés-opposition constituent, en revanche, un moyen de résistance aux gouvernants mais qui se situent dans leur zone d'activité. Par elles, en effet, les citoyens disposent des moyens de résister aux gouvernants et de s'opposer à eux. Rentrent dans cette catégorie des libertés politiques, la liberté de la presse, la liberté de réunion et manifestation ou encore la liberté d'association.

4.2. Les nouvelles conceptions des libertés publiques

Avec l'évolution de la pensée, l'intervention de l'État est apparue nécessaire pour renforcer la protection des droits naturels de la personne humaine. Il convient d'en rechercher les sources et les conséquences qui s'y rapportent.

4.2.1. Les sources de l'évolution

À l'opposé de la doctrine des *libertés-résistance* dont il a fait écho, Rousseau a, inspiré, par ses écrits, l'attitude des Jacobins en faveur d'une autre qui professe les *libertés-participation*.

Au cours du XIXe siècle, on a, ensuite, enregistré les critiques socialistes sur les théories traditionnelles des libertés publiques en établissant une distinction entre « les libertés formelles » et « les libertés réelles », ce qui a porté un coup décisif à la théorie de liberté-résistance. La démarche a, enfin, emporté la conviction des doctrines économiques contemporaines qui ont notablement influencé la perception nouvelle des libertés publiques.

Dans une société rêvée par Robespierre et Saint Just, l'exercice de la liberté ne constitue pas une résistance aux gouvernants mais plutôt une technique de participation au pouvoir. On ne peut y recourir comme moyen de résistance que dans la mesure où le gouvernement est mauvais.

Signalons, par ailleurs, que Marx considère que les libertés formelles sont sans contenu réel, elles se déclinent en un moyen employé par les capitalistes pour maintenir l'oppression de leur pouvoir économique. Tout en feignant d'accorder aux citoyens la liberté de presse, d'association, les droits politiques, les gouvernants s'arrangent pour que ces prérogatives ne soient exercées que partiellement et qu'elles servent à camoufler, aux yeux des prolétaires, l'oppression dont ils sont victimes.

La pensée économique moderne a impacté sur la perception des libertés publiques. Des droits fondamentaux en tant que limite du pouvoir sont rejetés par exemple et personne ne croit aujourd'hui que l'initiative privée soit un bien absolu et l'intervention de l'État un mal redoutable. Tous les États, même ceux qui restent officiellement attachés au libéralisme économique, comme les États-Unis, développent en fait l'intervention des gouvernants dans le domaine économique.

4.2.2. Les conséquences de l'évolution

Ces trois courants d'idées vont se conjuguer et provoquer une évolution dans la notion des libertés publiques. Elles ont conduit à la révision du contenu des libertés traditionnelles et à la création des droits économiques et sociaux.

Tout en se préoccupant de la préservation des libertés traditionnelles face à l'intervention étatique, la doctrine élargit cette protection aux puissances privées. Dans le domaine de la liberté de la presse, par exemple, on est parvenu parfois à établir un contrôle de l'origine des fonds des journaux.

S'agissant de l'attention portée sur les droits économiques et sociaux, l'évolution insiste sur le besoin d'assurer à tous les citoyens les conditions matérielles leur permettant d'exercer les autres libertés tels que le droit au travail, la garantie d'un minimum vital, le droit à un logement convenable, le droit aux loisirs.

4.3. Les tentatives de conciliation des deux théories des libertés publiques

Même si, à la lumière des développements précédents, la hantise de limiter le pouvoir par l'aménagement des libertés publiques semble perdre du terrain ; le phénomène ne disparaît pourtant pas d'autant qu'entre les conceptions anciennes et celles dites nouvelles, les conséquences sont loin d'être les mêmes.

En Occident, par exemple, on s'efforce de maintenir les libertés publiques telles qu'organisées en prenant soin d'introduire certains aménagements inspirés par les conceptions nouvelles. Les pays encore attachés à la doctrine marxiste ont, en revanche, opté pour une conciliation dialectique de deux théories en inscrivant la résolution du conflit dans la durée.

Cette solution consisterait à la recherche de la libération de l'homme contre toute oppression et toutes les inégalités plutôt qu'à la profession de foi faite à la liberté. L'exercice n'a pas, ainsi qu'on le connaît, abouti ; le capitalisme n'ayant été que partiellement anéanti à cause, notamment, de l'avènement illusoire et hypothétique de la société communiste.

La révolution communiste comporte, en raison de la forte emprise virtuelle qui l'a sous-tendue, une dose d'apparence et de réalité.

Au niveau des apparences, on signale que l'ordonnancement juridique fait une part importante aux droits économiques et sociaux (droit au travail, au repos, à la sécurité sociale, à l'instruction, ou encore le principe d'égalité) qui précèdent généralement les libertés intellectuelles (liberté de conscience, religieuse ou de parole). La doctrine fait renaître la distinction entre l'infrastructure et la superstructure.

Du point de vue de la réalité, les libertés intellectuelles et le droit d'association sont, aussitôt énoncés, orientés au mieux des intérêts des travailleurs. Le monopole du parti communiste est garanti comme avant-garde des travailleurs dans leur lutte pour la construction de la société communiste. Il apparaît comme le noyau dirigeant des organisations sociales et étatiques. Dans les démocraties populaires comme la Chine la liberté ne fut que parcimonieusement accordée.

B. La typologie des droits de l'homme et des libertés publiques

Depuis longtemps, la doctrine s'est employée à classifier, selon la périodicité de leur apparition et le niveau de leur reconnaissance par le droit positif, les droits de l'homme et les libertés publiques. Ainsi naquit l'idée d'opérer une différenciation, en générations successives, des droits de l'homme et des libertés publiques. La démarche a permis de distinguer les anciens droits des nouveaux, les droits civils et politiques des droits économiques, sociaux et culturels. Une autre classification a été fournie par la distinction entre les droits virtuels ou de programmation et les droits réels ou vécus.

Avec l'affirmation de l'universalité, l'interdépendance et l'indivisibilité des droits de l'homme, plusieurs critiques ont été adressées à l'idée de systématiser, en génération, des libertés publiques. On considère ainsi que, intimement liés à la personne humaine, les droits de l'homme se valent. Il reste que pour de raison de commodité pédagogique et au regard de leur genèse historique, la référence à la classification fondée sur les générations des droits de l'homme et des libertés publiques conserve toute sa pertinence : droits civils et politiques dont l'affirmation est la plus ancienne, suivis des droits économiques, sociaux et culturels ainsi que de ceux de jouissance collective et droits catégoriels[195], de naissance plus récente.

1. Les droits civils et politiques

Lorsqu'on prend pour paradigme de recherche la dualité conceptuelle de la démocratie (libérale et socialiste), d'une part, et le fait, d'autre part, que le droit constitutionnel est né de la conjonction entre la liberté et l'autorité, il apparaît clairement que les premiers droits qui ont facilité la participation à l'exercice de la démocratie sont de nature civile et politique.

Parmi ces droits, on cite le fait que tous les êtres humains sont nés libres et égaux en dignité et en droit, l'égalité de tous devant la loi et à l'égale protection de la loi. L'égal accès en matière d'éducation et aux fonctions publiques ainsi que l'interdiction de toutes les formes de discrimination à l'égard de la femme participent au plein exercice par tous des charges publiques.

---

[195] WESTSH'OKONDA KOSO SENGA M., *Les perspectives des droits de l'Homme dans la Constitution Congolaise du 18 février 2006,* Kinshasa, CDHC, 2006, pp. 30-50.

Le droit à la vie, l'interdiction de la torture, de l'esclavage ou de toute discrimination fondée sur des considérations raciales, politiques, ethniques ou culturelles, la liberté d'expression, d'association, de réunion ou d'opinion, la liberté de manifestation, le droit à l'information, la liberté de presse, de pensée, de conscience et de religion, du droit de pétition, du droit au respect de la vie privée et de la liberté de mouvement limitent, à bien des égards, l'action des pouvoirs publics. Il en est ainsi de l'inviolabilité de domicile, de la présomption d'innocence, du droit à un procès équitable ou droit à la défense.

L'ensemble de ces droits et libertés sont garantis et protégés par les instruments juridiques nationaux (Constitution, lois, règlements) et internationaux, en l'occurrence les conventions des Nations Unies et d'autres conventions sectorielles à caractère régional ou sous-régional.

2. Les droits économiques, sociaux et culturels

Une fois les droits civils et politiques conquis, il faut s'assurer que l'exercice effectif s'effectue dans un environnement économique, social et culturel adapté. Consacrés aux lendemains de la première guerre mondiale par les États comme l'Allemagne, l'Espagne, l'Irlande, le Mexique ou l'Union des Républiques Socialistes Soviétiques, les droits de la deuxième génération s'expliquent ainsi comme un espace économique, social et culturel aménagé pour permettre aux droits civils et politiques de s'exprimer.

Dès leur création, les droits économiques, sociaux et culturels ont attiré l'attention de l'Organisation des Nations Unies qui, à juste titre, a pu se rendre à l'évidence que :

> *le relèvement des niveaux de vie, le plein-emploi, et les conditions de progrès et de développement dans l'ordre économique et social ; la solution des problèmes internationaux dans les domaines économique, social, de la santé publique et autres problèmes connexes, et la coopération internationale dans les domaines de la culture intellectuelle et de l'éducation… sont de nature à contribuer à la paix*[196].

Ceci pour dire que sans paix sociale, la paix internationale, préoccupation primordiale des Nations Unies, est illusoire. C'est dans ce cadre que fut créée, en vertu du Traité de Versailles et, pour promouvoir le travail dans le monde à la fin de la première guerre mondiale, l'Organisation internationale du travail, première institution spécialisée des Nations Unies.

Quelques années après la fin de la deuxième guerre mondiale, soit le 10 décembre 1948, la Déclaration universelle des Droits de l'Homme va consacrer, à son tour, les droits économiques, sociaux et culturels auxquels

---

[196] JACQUART M., « Droits économiques, sociaux et culturels », in BEDJAOUI M., *Droit international : bilan et perspectives*, t. 2, Paris, A. Pédonne et Unesco, 1991, pp. 1153-1171.

d'autres textes internationaux, notamment, le Pacte international relatif aux droits économiques, sociaux et culturels, la Convention sur l'élimination de toutes les formes de discrimination raciale, la Convention sur l'élimination de toutes les formes de discrimination à l'égard des femmes et la Convention relative aux droits de l'enfant.

Sur le plan régional et notamment africain, les droits économiques, sociaux et culturels sont consacrés dans la Charte africaine des droits de l'Homme et des peuples. Sont concernés par cette réglementation la liberté de commerce, le droit au travail, à une rémunération équitable, la liberté syndicale, le droit de propriété et à la protection des investissements privés, la protection contre le chômage, le droit de grève, le droit d'accès à l'eau et à l'énergie, droit au logement décent, droit à la santé, à la sécurité alimentaire et à l'éducation, la gratuité de l'enseignement, les droits d'auteurs et à la diversité culturelle, etc.

3. Les droits de jouissance collective

Longtemps considérés comme droits de seconde zone, les droits de la troisième génération ont fait douter de leur existence automne à côté des deux autres générations des droits de l'homme. On a ainsi pensé que l'effectivité de ces droits était subordonnée à certaines conditions telle l'existence d'un titulaire ou d'un créancier précis, d'un attributaire ou d'un débiteur tout aussi précis, d'un objectif bien déterminé et d'une sanction en cas de violation ou de méconnaissance. Toutes ces conditions supposent la mise en place préalable d'un dispositif juridique cohérent et adapté, dispositif qui ne s'accommode pas toujours de tous les droits de l'homme, notamment le droit à la solidarité.

L'observation a vite assimilé cette catégorie des droits et libertés à une entreprise contractuelle au sein de laquelle créancier et débiteur pouvaient se disputer des privilèges et des obligations.

Lorsqu'on prend pour repère l'identification d'un titulaire pour juger de l'effectivité d'un droit, une confusion dans les esprits, ainsi que le révèle Jean Morange, est inévitable[197]au point qu'une distinction doit clairement être faite entre ce qui représente un individu et le peuple encore que, pour ce dernier, son contenu est difficile à percevoir pour qu'une place soit accordée aux interprétations diverses prélude d'une double confusion qui tient à la maigreur de la distance qui sépare l'État et ses habitants pour désigner le peuple ou l'ensemble des populations vivant en son sein.

S'agissant de l'attributaire d'un droit qui peut être un État ou la communauté internationale, une distinction entre les droits de la troisième génération et deux autres générations des droits s'impose pour éviter toute confusion.

---

[197] MORANGE J., *Libertés Publiques*, Paris, PUF, 1985, p. 353.

Les droits de jouissance collective poursuivent, enfin, un même objectif que les autres générations des droits, à savoir la sauvegarde et la protection des droits de l'homme en général. Leur violation appelle des sanctions selon les dispositifs arrêtés par chaque État et la communauté internationale.

Au nombre de ces droits, on signale, notamment le besoin d'assurer une coexistence pacifique et harmonieuse entre les différents groupes ethniques, le droit à la paix et à la sécurité, le droit à l'environnement sain et propice au développement, le droit pour chaque être humain de jouir du patrimoine commun de l'humanité, l'interdiction de construire des usines ou de procéder au stockage, à la manipulation, à l'incinération et à l'évacuation des déchets toxiques, polluants ou radioactifs provenant des unités industrielles ou artisanales.

Entrent également dans la catégorie des droits de jouissance collective, l'interdiction de transit, de stockage, d'enfouissement, le déversement dans leurs eaux continentales et dans leurs espaces maritimes, l'épandage dans leurs espaces aériens des déchets toxiques, polluants, radioactifs ou de tout autre produit dangereux, en provenance ou non de l'étranger[198].

4. Les droits catégoriels

En plus des privilèges dont jouit tout être humain du fait de sa création à l'image de Dieu, un dispositif national et international a été mis en œuvre pour faire profiter à certaines catégories de personnes nécessitant, au regard de leur situation particulière, une protection spéciale et le bénéfice des droits spécifiques. Il s'agit, notamment des enfants, des jeunes, des personnes de troisième âge ou vivant avec handicap, des femmes, des étrangers, des personnes privées de liberté et celles appartenant à des groupes minoritaires[199].

S'agissant singulièrement des droits de la minorité, on s'est, au niveau de l'Organisation des Nations Unies, livré à la recherche d'un contenu susceptible d'avoir un entendement commun pour éviter tout malentendu à l'occasion de leurs consécrations nationales par les États membres.

Selon Francesco Capotorti, Rapporteur spécial des Nations Unies sur les droits des personnes appartenant aux minorités de 1971 à 1977, la minorité est constituée :

> *d'un groupe de personnes numériquement inférieur au reste de la population d'un État, en position non dominante, dont les membres ressortissants de l'État possèdent, du point de vue ethnique, religieux ou linguistique, des caractéristiques qui diffèrent de celles du reste de la popu-*

---

198 Art. 55 de la Constitution de la République démocratique du Congo du 18 février 2006.

199 WESTSH'OKONDA KOSO SENGA M., *Les perspectives des droits de l'Homme dans la Constitution Congolaise du 18 février 2006, op. cit.*, p. 45.

lation et manifestent même de façon explicite, un sentiment de solidarité à l'effet de préserver leurs cultures, traditions, religions ou langues [200].

Jules Deschènes considère, pour sa part, une minorité comme « un groupe de citoyens d'un État, en minorité numérique et en position non dominante dotés de caractéristiques ethniques, religieuses ou linguistiques différentes de celles de la majorité de la population, solidaires les uns des autres et animés, fut-ce implicitement d'une volonté collective de survie et visant à l'égalité en fait et en droit avec la majorité »[201].

De ces deux définitions, on peut dégager un critérium pour appréhender la notion de minorité. Celle-ci suggère l'existence d'un groupe ethnique, religieux ou linguistique vivant à l'intérieur d'un État. Ce groupe d'individus doit, ensuite, être en position non dominante au sein de cet État et mû par le sentiment de solidarité dans la préservation de leur identité. Ces personnes doivent, enfin, se trouver dans une position de discrimination ou de marginalisation nécessitant une protection particulière.

L'observation permet de relever les difficultés d'application de ce critérium en Afrique. Pour un pays comme la République Démocratique du Congo qui compte, environs, quatre cent cinquante tribus regroupées en quatre grands ensembles (les Bantous, les Pygmées, les Soudanais et les Nilotiques), la question a été, politiquement, exploitée pour servir de prétexte aux rébellions et autres guerres que ce pays a connues dans sa partie orientale entre 1994 et 1998.

C. Les garanties des droits de l'homme et des libertés publiques

Élever les libertés publiques en règles fondamentales et les proclamer dans les textes constitutionnels est une chose, les voir garanties par des mécanismes efficaces et coercitifs en est une autre.

Sur ce point, justement, on dénombre plusieurs mécanismes de garantie des droits de l'homme et des libertés publiques. Ces mécanismes peuvent être politiques, administratifs ou juridictionnels.

1. Les garanties politiques

Les garanties politiques des droits de l'homme et des libertés publiques sont tantôt générales, tantôt spécifiques.

1.1. Les garanties politiques générales

D'une manière générale, les garanties politiques découlent de l'exercice par les citoyens d'un certain nombre de droits tels que le droit de pétition, le droit de résistance à l'oppression ou le droit d'insurrection.

---

[200] JACQUART M., « Droits économiques, sociaux et culturels », *op. cit.*, p. 1160.

[201] *Idem*, p. 1164.

Peuvent également participer à la défense collective des libertés publiques, le droit de grève, la liberté de manifestation et le recours aux groupes de pression. Les garanties issues d'une certaine organisation constitutionnelle (séparation des pouvoirs, équilibre des pouvoirs, régime présidentiel, parlementaire) et celles résultant du contrôle populaire sur les gouvernants convergent vers la garantie plus générale des droits de l'homme et des libertés publiques.

1.2. Les garanties politiques spécifiques

Né dans des circonstances singulières de la Suède, l'ombudsman est, en raison de son rayonnement à travers le monde, aujourd'hui considéré comme un mécanisme spécifique de protection des libertés publiques contre la toute-puissance administrative ou, plus globalement, la toute-puissance exécutive.

Une fois établie, l'institution s'est vite heurtée aux obstacles dressés par l'administration dont les pouvoirs régaliens n'admettaient aucune remise en question ni aucune limite.

1.2.1. Les contextes d'apparition de l'ombudsman et de ses dérivés

Conçu pour assurer la protection des libertés des citoyens contre les abus de l'administration, l'ombudsman a pris, en 1809, sa forme définitive. Il a, un siècle plus tard, connu un rayonnement important, d'abord, dans les États scandinaves, ensuite, dans d'autres pays d'Europe et, enfin, dans le reste du monde.

À l'origine, l'ombudsman représentait, pour les Suédois, « *le mandataire* » ou « *le représentant* » du peuple. C'est une personnalité versée dans la science juridique et connue pour son intégrité. Élu, au second degré, par le parlement pour quatre ans, il est rééligible.

Si jusqu'en 1968, la fonction d'ombudsman était exercée par un seul homme, il n'en est plus ainsi aujourd'hui où plusieurs « ombudsman » se répartissent les affaires. Leur mission consiste à surveiller l'action de tous les agents publics, judiciaires et administratifs à tous les échelons pour en vérifier la conformité aux lois et aux devoirs de leur charge.

L'action de l'ombudsman peut être mise en mouvement par une plainte écrite adressée, sans formalisme particulier ni condition spécifique d'intérêt, par tout citoyen.

Outre le fait que les plaignants ont un accès libre aux services de l'ombudsman ou de ses collaborateurs pour un entretien, celui-ci peut, de lui-même, se saisir par n'importe quel moyen d'information, sauf la délation anonyme.

Dans l'instruction d'une affaire portée à sa connaissance, l'ombudsman dispose des pouvoirs les plus étendus tels que les injonctions données aux administrations, la communication des documents qu'il juge indispensables ou la comparution personnelle des agents incriminés.

Une fois que sa conviction est formée, l'ombudsman a le choix entre plusieurs solutions. S'il estime que le fait appelle une sanction pénale ou civile contre l'agent, il peut le traduire devant la juridiction compétente. Le contrôle non juridictionnel, comme on le constate, débouche par cette voie sur un contrôle juridictionnel.

L'ombudsman peut, ensuite, adresser des recommandations à l'administration tout comme, en tant qu'homme de confiance du parlement, adresser (il a l'obligation de le faire chaque année) à celui-ci un rapport sur les principales erreurs constatées et les mesures envisagées pour améliorer la marche de l'administration.

Par rapport au contrôle juridictionnel, ce système présente un certain nombre d'avantages, notamment, la facilité d'accès aux services de l'institution, la possibilité qui lui est reconnue de se saisir d'office, les pouvoirs d'investigations quasi illimités dont il dispose et la très large publicité donnée à ses interventions et surtout à son rapport annuel.

En dehors des cas exceptionnels où il peut déférer l'agent coupable devant les tribunaux, l'ombudsman suédois ne dispose, à l'égard de l'administration, d'aucun pouvoir autre que la recommandation. Sur ce point précis, la supériorité du contrôle juridictionnel est évidente.

Il faudra bien reconnaître que la crédibilité de l'ombudsman repose, en définitive, sur des facteurs extra-juridiques tels que l'autorité de la personne qui incarne l'institution, son mode de désignation par le parlement, le soutien dont il bénéficie de l'opinion publique, facteurs qui sont, naturellement, liés au contexte de sa mise en œuvre comme la civilisation suédoise et l'originalité du milieu politique, psychologique et social difficile à transporter ailleurs.

Ces pesanteurs n'ont pas, ainsi qu'on le connaît, empêché l'institution de caresser, avec des adaptations, les mœurs et pratiques d'autres pays d'Europe dont la Grande-Bretagne qui a mis en place le « commissaire parlementaire pour l'administration ».

Créé par un « act » du 22 mars 1967, cet ombudsman anglais est nommé par la couronne (en fait, par le cabinet) mais révocable par le parlement à des conditions strictes qu'il établit.

Ayant ainsi reçu la mission générale de protéger les citoyens contre l'arbitraire et les excès de l'administration, le commissaire parlementaire se voit imposer les limites de son action par le fait qu'il ne peut porter atteinte ni à l'autorité du parlement, ni à celle du juge encore moins à celle du gouvernement.

La victime de l'acte contesté ne peut donc le saisir qu'indirectement par l'intermédiaire d'un membre du parlement qui, seul, a un pouvoir discrétionnaire d'arrêter ou de transmettre la plainte au commissaire : il joue, en quelque sorte, un rôle de filtrage des demandes.

Le commissaire ne peut, quant à lui, connaître une affaire soumise au juge, ou susceptible d'être tranchée par lui. Il faut signaler par ailleurs qu'une partie de l'action gouvernementale lui échappe, il s'agit, notamment, des relations avec l'étranger et les possessions extérieures, la sécurité de l'État ou la fonction publique.

Dans l'activité qui lui reste ouverte, le commissaire parlementaire pour l'administration ne peut apprécier l'opportunité des décisions administratives sauf pour les cas flagrants liés à la mauvaise administration, notion assez difficile à cerner.

Dans d'autres hypothèses, les pouvoirs du commissaire demeurent considérables mais le souci de ménager les principes de la séparation des pouvoirs et, notamment, celui de la responsabilité ministérielle lui a dénié toute autorité sur l'administration, il se borne à adresser un rapport au parlement qui reste maître des suites à donner à l'affaire.

Toutes ces restrictions laissent supposer que l'activité de l'institution ne pourra pas, efficacement, s'exercer dans le domaine de la protection des libertés mais plutôt dans celui de la lutte contre les tracasseries administratives.

Inspiré du modèle britannique, l'ombudsman allemand est un civil ou un militaire, en tout cas, un professeur de droit pénal désigné, par le Bundestag, pour un mandat de quatre ans renouvelable.

Une autre figure d'ombudsman est offerte par la Procuratura soviétique. Créée par la loi du 17 décembre 1933, la structure assure la protection du citoyen contre toute atteinte à sa liberté individuelle ou à ses intérêts légitimes, quelle qu'elle soit et d'où qu'elle vienne. Une atteinte aux droits de l'homme constitue, dans ce pays, une infraction contre l'égalité. Dans ce cas, l'État et la société ont l'obligation de prendre la défense d'une personne dont les droits sont lésés.

Malgré les difficultés qu'elle a connues dans la transplantation du modèle suédois, la France a fini par être gagnée par l'institution en créant, en vertu de la loi du 3 janvier 1973, le médiateur inspiré du modèle anglais.

Nommé, pour six ans non renouvelables, par décret délibéré en Conseil des ministres, le médiateur français ne se préoccupe pas, à proprement parler, de la protection des libertés publiques, tâche laissée à la justice.

Une fois désigné, il ne peut être mis fin aux fonctions du médiateur avant l'expiration de son mandat sauf cas d'empêchement constaté dans les conditions définies par décret au Conseil d'État.

D'aucuns ont soutenu qu'en vertu de la procédure de sa désignation, le statut du médiateur garantit son indépendance. Ce mode de nomination n'est, en réalité, pas sans conséquence dangereuse quant à son indépendance. À cet égard, la loi (art. 2 de la loi du 3 janvier 1973) insiste, par exemple sur le fait que le médiateur ne peut être poursuivi, recherché, arrêté, détenu ou jugé à l'occasion des opinions qu'il émet ou des actes qu'il accomplit dans l'exercice de ses fonctions. Jointe à la durée du mandat, cette garantie est de nature à renforcer l'indépendance du médiateur.

Dans un autre registre, on signale l'existence de conditions restrictives de saisine du médiateur, saisine opérée uniquement par les personnes physiques. Elle doit, en outre, être précédée des démarches nécessaires préalables auprès des administrations intéressées et surtout, comme en Grande-Bretagne, la réclamation doit être adressée à un parlementaire qui le transmet au médiateur si elle paraît entrer dans sa compétence et mérite son intervention.

Si la réclamation lui paraît fondée, le médiateur peut faire toutes recommandations utiles à l'administration en vue du règlement du problème. Ce n'est qu'à défaut d'une réponse satisfaisante dans le délai qu'il a fixé que le médiateur peut rendre publiques ses recommandations, ce qui constitue ni plus ni moins une pression psychologique exercée sur l'autorité administrative compétente.

Le médiateur peut, à défaut de la réaction de l'autorité compétente, engager une procédure disciplinaire contre l'agent responsable ou saisir la juridiction répressive. Chaque année, il adresse au chef de l'État et au parlement un rapport faisant le bilan de son activité.

Comme indiqué plus haut, l'activité du médiateur ne vise pas la protection des libertés car la saisine n'est de mise que quand un particulier estime qu'un organisme public n'a pas fonctionné à son égard conformément à la mission des services publics qu'il doit assurer. Il s'agit là d'une formule incompréhensible pour un administré moyen, trop creuse sous son apparence de rigueur pour la définition du champ d'action du médiateur. Seule l'expérience permettra de juger de performances et de l'efficacité de l'institution.

En plus de la Suède, certains États de l'espace scandinave et de l'Europe ont, chacun, institué un ombudsman. Il s'agit notamment de la Belgique, de la Bulgarie, de la Bosnie, du Chypre, de la Croatie, du Danemark, de la Finlande, de l'Irlande, de l'Italie, de la Lettonie, de l'Ukraine, de la Norvège, de la Pologne, du Portugal, de la République Tchèque, de la Serbie ou encore de la Slovénie.

Au Québec, l'ombudsman a, en vertu du chapitre 32 de la loi du 14 novembre 1968 portant sa création et son institution, pris la configuration de « *protecteur du citoyen* ». Nommé, pour cinq ans, par l'Assemblée nationale sur proposition du premier ministre, le protecteur du citoyen reste, à l'expiration de son mandat, en fonction jusqu'à la désignation de son successeur. Il ne rend compte de sa mission qu'à la seule Assemblée nationale. Pour être valable, cette nomination doit avoir été approuvée par les deux tiers des membres de l'Assemblée nationale.

Dans l'accomplissement de sa mission, le protecteur du citoyen bénéficie d'une neutralité, d'une indépendance et d'une impartialité. Comme autorité administrative autonome, il ne reçoit d'instruction d'aucune autorité.

Toutes les plaintes des personnes physiques ou morales, des entreprises, des groupes ou associations qui croient avoir été traitées de manière injuste ou incorrecte par un ministère ou un organisme du gouvernement du Québec ou encore par un établissement du réseau de la santé et des services sociaux lui sont adressées.

Chaque semaine, le protecteur du citoyen met en ligne les conclusions des enquêtes qu'il a menées à la suite des plaintes qu'il reçoit contre les ministères et organismes du gouvernement du Québec. Il est, dans l'exécution de ses tâches, assisté de deux vice-protecteurs nommés par le gouvernement.

L'Afrique dispose également de ses ombudsmans. La République Démocratique du Congo, le Sénégal ou la Côte d'Ivoire les ont établis selon le modèle suédois (République Démocratique du Congo) ou français (Sénégal et Côte d'Ivoire).

L'idée d'instituer, dans l'ancienne République du Zaïre, un ombudsman chargé de surveiller les actes de l'administration et protéger les citoyens contre les violations des droits de l'homme et des libertés publiques est relativement ancienne. Elle remonte vers les années 1977 lorsque le régime fut accusé d'avoir peu d'égards aux droits de l'homme et aux libertés publiques.

Longtemps réclamée[202], l'institution n'a vu le jour que sept ans plus tard sous forme d'un département ministériel[203]. C'était une sorte de clin d'œil fait à l'endroit de la communauté internationale souvent préoccupée par la question des droits de l'homme dans cette ancienne colonie belge au cœur de l'Afrique.

> S'agissant de la mission générale de protection des droits de l'homme confié au Département des Droits et Libertés du Citoyen, son Règlement intérieur organique précise qu'il (le département) est, notamment chargé de : *défendre le citoyen injustement lésé dans ses droits et atteint dans ses libertés par une décision d'une cour ou d'un tribunal, d'une administration publique ou privée ou par des voies de fait, en prenant toute mesure propre à le rétablir dans ses droits ou libertés, lorsqu'il aura régulièrement épuisé toutes les voies de recours légales habituelles… et que celles-ci se seront révélées inefficientes* (art. 1er).

---

[202] C'est, en effet, en juillet 1980 que fut organisée à Kinshasa une rencontre regroupant autour du cabinet du président de la République, une poignée d'universitaires chargés de réfléchir sur un dispositif efficace de protection des libertés publiques. De ses cogitations, le groupe de travail a préconisé la création d'une institution indépendante du gouvernement dénommée « œil du peuple » organisée par une loi et nommée par le parlement.

[203] Créé par Ordonnance n° 86-268 du 31 octobre 1986.

On l'aura constaté, la mission de protection des libertés publiques dont bénéficiait ce département ministériel dépasse le rôle classique d'un ombudsman pour avoir une nature quasi-juridictionnelle, voire supra-juridictionnelle[204]puisqu'un ministre pouvait, par un simple arrêté ou par toute autre mesure, mettre à néant une décision de justice revêtue de l'autorité de la chose jugée.

Dans la pratique, le vedettariat dans lequel s'étaient versés les titulaires du portefeuille qui, en raison du caractère transversal des droits de l'homme, s'étaient adjugé des pouvoirs dépassant largement ceux que leur reconnaissaient les textes organiques du département ministériel a vite offert un cadre idoine aux conflits de compétences avec d'autres départements ministériels (les Affaires étrangères et la coopération internationale, la Défense nationale, l'Intérieur ou encore la Justice) mais surtout avec les cours et tribunaux pour que, quatre ans plus tard, l'expérience congolaise d'ombudsman retrouve le chemin des musées[205].

Au Sénégal, le médiateur de la République est une autorité indépendante instituée par la loi n° 99-04 du 23 janvier 1999 abrogeant et remplaçant la loi n° 91-14 du 11 février 1991. Nommé par décret pour un mandat de six ans non renouvelable, il ne peut être mis fin à ses fonctions avant l'expiration de ce délai, qu'en cas d'empêchement dûment constaté.

Le médiateur de la République ne peut être poursuivi, recherché, arrêté, détenu ou jugé pour les opinions émises et les actes accomplis pendant l'exercice de ses fonctions.

La saisine du médiateur se fait directement par écrit et sans frais. La réclamation doit être accompagnée de toutes les pièces justificatives. Le requérant doit prouver qu'il a préalablement accompli des démarches auprès de l'administration concernée par l'examen de ses griefs. C'est la règle de la saisine préalable qui s'applique.

Toujours en rapport avec sa saisine, le médiateur reçoit, dans les conditions fixées par la loi, les réclamations qui concernent le fonctionnement des administrations de l'État, celle des collectivités locales, des établissements publics et toute autre organisation investie d'une mission de service public.

Investi d'une mission générale de contribution à l'amélioration de l'environnement institutionnel et économique de l'entreprise, il joue pleinement son rôle d'interface et de facilitation dans les rapports entre l'administration au sens large et l'entreprise. À ce sujet, les ministres et les autres autorités publiques sont tenues de lui faciliter la tâche.

---

[204] NGONDANKOY NKOY-ea-LOONGYA, P.-G., *Droit Congolais des Droits de l'Homme*, Louvain-la-Neuve, Academia-Bruylant, Coll. Bibliothèque de droit africain, 2004, p. 375.

[205] À la place, c'est plutôt une administration chargée des droits humains (secrétariat aux droits humains) qui a été préférée.

Le médiateur peut demander à l'administration compétente d'engager contre tout agent responsable d'un manquement grave à ses obligations professionnelles une procédure disciplinaire ou le cas échéant, de saisir d'une plainte la juridiction répressive. Dans ce cas, il est tenu informé de la suite réservée à son intervention. À défaut d'une réponse satisfaisante, il peut en aviser, par écrit, le président de la République qui, seul apprécie s'il y a lieu de donner à l'autorité concernée une instruction appropriée. À ce propos justement, le médiateur a la faculté d'évoquer, dans son rapport annuel qu'il présente au président de la République, tout cas qu'il estime significatif.

En définitive, le médiateur ne peut directement donner des injonctions à l'administration mise en cause ni prendre des décisions contre elle ou en ses lieu et place.

En Côte d'Ivoire, la fonction de l'ombudsman est assurée par le médiateur de la République institué par la Constitution du 23 juillet 2000[206]. À l'image du médiateur français, cette autorité administrative indépendante (art. 115) est chargée d'une mission générale de service public et, plus précisément d'assurer la médiation entre, d'une part, l'administration et les administrés et, d'autre part, entre les administrés eux-mêmes en vue d'harmoniser leurs rapports. C'est une fonction qui s'inscrit dans le prolongement de celle, précédemment, exercée par le Grand-Médiateur créé, justement, par le décret n° 95-816 du 29 septembre 1995.

Nommé par le président de la République, pour un mandat de six ans renouvelable, après avis du président de l'Assemblée nationale, il ne peut être mis fin à ses fonctions, avant l'expiration de ce délai, qu'en cas d'empêchement constaté par le Conseil constitutionnel saisi par le président de la République (art. 116). Il ne reçoit d'injonction d'aucune autorité.

Le médiateur ivoirien ne peut être poursuivi, recherché, arrêté, détenu ou jugé à l'occasion des opinions ou des actes émis par lui dans l'exercice de ses fonctions. Les fonctions de médiateur sont incompatibles avec l'exercice de toute fonction politique, de tout autre emploi public et de toute activité professionnelle (art. 117).

Les autres prérogatives du médiateur sont, aux termes de la Constitution (art. 118), organisées par la loi organique n° 207-540 du 1er août 2007 fixant les attributions, l'organisation et le fonctionnement de l'institution.

D'autres pays africains comme le Burundi, le Gabon, le Mali, la République centrafricaine, le Rwanda, le Tchad ou encore le Togo disposent d'un ombudsman.

1.2.2. La question de l'autonomie et de l'indépendance de l'ombudsman

---

[206] En son titre XI.

Les espoirs suscités par la création de l'ombudsman comme technique, par excellence, de protection des droits et libertés publiques contre les abus de l'administration et plus, globalement des pouvoirs publics, n'ont pas, en tout temps et en tout lieu, toujours été au rendez-vous.

Pour prendre la mesure de l'autonomie et de l'indépendance d'un ombudsman, il suffit de se reporter au contexte de sa création, à son mode de désignation et à la large manœuvre dont il pourrait disposer dans la protection des droits de l'homme et des libertés publiques.

En prenant, d'abord, pour critère d'appréciation la nature du texte qui préside à l'établissement de l'institution, on observe qu'un ombudsman créé en vertu d'une Constitution (Suède) ou d'une loi (Allemagne, Bosnie, Burundi, Côte d'Ivoire, France, Grande-Bretagne, Italie, Lettonie, Québec, Russie ou Sénégal) serait, a priori, plus disposé à développer des attitudes d'indépendance et d'autonomie que celui désigné par un acte réglementaire (République Démocratique du Congo ou Sénégal).

Lorsqu'on considère, ensuite, son mode de désignation, un ombudsman nommé avec l'implication du parlement (Allemagne, Grande-Bretagne, Québec, Suède) dispose d'une large manœuvre d'actions que celui dont la création et la mise en fonction dépendent du pouvoir discrétionnaire du président de la République (Bosnie, Burundi, Côte d'Ivoire, France, République Démocratique du Congo, Russie ou Sénégal).

La personnalité de l'ombudsman et la perception qu'il a de ses charges sont, enfin, décisives dans le jaugeage du degré de son autonomie et de son indépendance pour que de ses actions soient renforcés les mécanismes de protection des droits de l'homme et des libertés publiques.

Aussi, en considération, d'une part, de l'environnement génétique et structurel et, d'autre part, de l'idée qu'il se fait de sa mission, l'ombudsman peut, dans l'exercice de ses prérogatives, être audacieux ou mole.

2. Les garanties administratives et juridictionnelles des droits de l'homme et des libertés publiques

En plus des garanties politiques, d'autres de nature administrative et juridictionnelle sont à même de participer à la réduction de la toute-puissance de l'État et, plus spécifiquement, des pouvoirs publics par la mise en place des mécanismes de protection des droits de l'homme et des libertés publiques.

Les garanties administratives sont constituées d'une diversité de moyens au service des individus pour s'attaquer aux actes, commis par abus ou par excès, de l'administration. Ce sont des requêtes formées soit auprès de l'autorité administrative auteur de la décision attaquée (recours gracieux), soit devant une autorité administrative hiérarchiquement supérieure à celle dont émane la décision contestée (recours hiérarchique).

Elles permettent aux particuliers de faire échec aux décisions administratives qui les touchent personnellement et leur causent préjudice.

S'agissant de garanties juridictionnelles, elles conduisent, généralement, à l'annulation ou à la non-application, par le juge, d'un acte inconstitutionnel ou illégal, à la réparation pécuniaire du préjudice subi, et éventuellement, à la condamnation pénale de l'agent public coupable. Pour être efficaces, toutes ces garanties ont pour préalable l'indépendance du juge.

§2. La promotion et la protection des droits de l'homme et des libertés publiques

Bien que familières et parfois connexes, la promotion et la protection des droits de l'homme et des libertés publiques sont loin d'être synonymes : elles ne s'opèrent pas de la même manière et ne sont pas assurées par les mêmes institutions.

Plus proche de la garantie, la protection est, généralement, fournie dans un cadre institutionnel (national ou international) préalablement établi. C'est dans ce sens que l'on peut parler des mécanismes nationaux, régionaux et internationaux de protection des droits de l'homme et des libertés publiques.

La protection des droits de l'homme et des libertés publiques est efficacement assurée soit par les juridictions nationales ou internationales compétentes, soit par les institutions spécifiquement créées à cette fin. L'exercice participe, comme on le sait, à la promotion de ces droits et libertés.

Sans avoir une nature institutionnelle, au sens strict du terme, d'autres structures à caractère national, régional ou international s'occupent de la promotion des droits de l'homme et des libertés publiques. Il s'agit, notamment, des organisations nationales, régionales et internationales de défense des droits de l'homme.

Il en résulte que la protection et la promotion des droits de l'homme et des libertés publiques peuvent être assurées par une même et seule institution alors que l'inverse n'est pas, de tous les temps, évident, en raison, d'une part, de son cadre organique et, d'autre part, des missions qu'elle se serait assignées.

Il demeure que plusieurs instruments juridiques nationaux et internationaux contribuent à la protection et à la promotion des droits de l'homme et libertés publiques.

A. Les mécanismes nationaux

D'aucuns affirment qu'au nom du principe d'universalité des droits de l'homme, ces derniers concernent l'ensemble des États modernes obligés de prévoir un dispositif juridique et institutionnel capable d'en assurer une réelle et efficace promotion et protection contre toute violation d'où qu'elle résulte.

Plusieurs mécanismes juridiques sont donc mis en œuvre par les États pour consacrer, dans leur ordre juridique interne, l'existence et la reconnaissance et la protection des droits de l'homme et des libertés publiques[207].

En plus de ce dispositif institutionnel (police, gendarmerie, cours et tribunaux et, dans certains cas, les commissions nationales ou les observatoires nationaux des droits de l'homme) établi par la réglementation nationale de chaque pays (la Constitution, la loi ou les règlements), dans ce domaine, il existe des structures conventionnelles (organisations de la société civile de défense des droits de l'homme) ou confessionnelles (églises, syndicats) de promotion et de protection des droits de l'homme.

B. Les mécanismes régionaux

Dans le domaine de promotion et de protection des droits de l'homme, la région est, ici, prise dans sa configuration continentale. À ce sujet, justement, ce sont les textes pris, sous forme de déclarations ou de résolutions adoptées à l'issue des conférences internationales qui fondent les mécanismes de promotion et de protection des droits de l'homme et des libertés publiques. Généralement dépourvus d'effets contraignants, ces textes couvrent, néanmoins, l'ensemble de la question des droits de l'homme et des libertés publiques. On les retrouve dans presque tous les continents.

En Europe, par exemple, c'est en application des dispositions pertinentes de la Convention européenne des droits de l'homme du 4 novembre 1950 que fut instituée, en 1959, la Cour européenne des droits de l'homme dont le siège est à Strasbourg.

Pour le continent américain, on note que la Convention américaine relative aux droits de l'homme adoptée, le 22 novembre 1969, à San José au Costa Rica a été à la base de l'établissement, en 1979, de la Cour interaméricaine des droits de l'homme.

S'agissant du continent africain, on signale l'influence de la Charte africaine des droits de l'Homme des peuples, adoptée à Nairobi le 26 juin 1981, et de ses deux protocoles additionnels[208] qui ont abouti à la création, le 21 novembre 1986, de la Commission africaine des droits de l'homme et des peuples[209], le 10 juin 1998, de la Cour africaine de justice et de droits de l'homme et, le 11 juillet 2003, de la Cour africaine des droits de

---

[207] NGONDANKOY NKOY-ea-LOONGYA P.-G, *Droit Congolais des Droits de l'Homme*, *op. cit.*, pp. 63 et ss.

[208] Celui de Ouagadougou, du 10 juin 1998, et de Maputo, de 11 Juillet 2003.

[209] Créée sur pied de l'article 62 de la Charte africaine des droits de l'homme et des peuples, la Commission est un organisme quasi-juridictionnel chargé de promouvoir et de protéger les droits de l'homme et des peuples dans le continent.

l'homme et des peuples. Il y a lieu de préciser qu'en vertu des résolutions adoptées, le 1er juillet 2008, au sommet de l'Union africaine de Sharm-el-Sheikh, en Égypte, les deux cours de justice ont été fusionnées pour donner lieu à une seule dénommée la Cour africaine de justice et des droits de l'homme.

Peuvent également être citées, la Charte africaine des droits et du bien-être de l'enfant de 1989, la Convention régissant les aspects propres aux problèmes des réfugiés en Afrique (Addis Abeba du 10 septembre 1969) ou des traités sous-régionaux instituant, le 10 mai 1996, la Cour de justice de l'UÉMOA[210] et, le 16 juillet 1991, celle de la CÉDÉAO[211].

Même si on peut douter de l'existence formelle, en Asie, d'une organisation continentale de promotion et de protection des droits de l'homme, le continent participe à la promotion et à la protection des droits de l'homme et des libertés publiques à travers les commissions nationales instituées par les États qui s'occupent de l'observation du respect par les pouvoirs publics des droits de l'homme et des libertés publiques.

C. Les mécanismes internationaux

La présentation des mécanismes onusiens de promotion et de protection des droits de l'homme et des libertés publiques permet une esquisse de réflexion sur les perspectives d'un droit international humanitaire.

1. Les mécanismes onusiens

Il existe à ce jour une importante réglementation onusienne sur la promotion et la protection des droits de l'homme et des libertés publiques. On peut, à titre indicatif, citer, la Déclaration universelle des droits de l'Homme du 10 décembre 1948, le Pacte international relatif aux droits civils et politiques du 16 décembre 1966, du Pacte international relatif aux droits économiques et sociaux et culturels de la même date, de la Déclaration sur l'asile territorial du 14 décembre 1967, la Déclaration sur les droits des personnes dépourvues de nationalités du pays dans lequel elles vivent du 13 décembre 1985, de la Déclaration sur le droit au développement du 4 décembre 1986 ou encore de la Déclaration sur la protection de toutes les personnes contre les disparitions forcées du 18 décembre 1992, et de la commission des Nation Unies sur les droits de l'homme.

Certaines de ces déclarations, comme celle du 10 décembre 1948, n'ont pas de valeur juridique obligatoire. D'autres mécanismes parajuridictionnels et juridictionnels ont été établis pour offrir des garanties sérieuses et efficaces de protection et de promotion des droits de l'homme et des liber-

[210] Établie en vertu de l'acte additionnel n° 10/96 lui-même pris conformément à l'article 38 du traité portant création de l'Uemoa.

[211] Créée par l'article 15 du traité signé, le 28 mai 1997, à Lagos au Nigéria.

tés publiques. Il en est ainsi notamment de la création, en 1946, de la Commission des droits de l'homme des Nations Unies établie par la résolution 5 du Conseil économique et social du 16 février 1946 ou la procédure très complexe des poursuites que la Cour pénale internationale peut engager contre les auteurs des violations graves des droits de l'homme, des crimes de génocide ou des crimes contre l'humanité.

C'est dans le même sens qu'il convient d'inscrire la signature, le 12 août 1949, de deux conventions de Genève sur la protection des victimes des conflits armés internationaux et de leurs protocoles additionnels.

Ces instruments juridiques internationaux ont confié au Comité international de la Croix-Rouge l'exclusivité de la protection de la vie et de la dignité des victimes des conflits armés, d'autres situations de violence similaires.

Créé en 1863, ce Comité est à l'origine de l'élaboration mais également de la signature des conventions de Genève et du Mouvement international de la Croix-Rouge et du Croissant-Rouge, dont il dirige et coordonne les activités dans les conflits armés à caractère international et les autres situations de violence similaires.

Contribue également à la promotion et à la protection des droits humains au niveau international, la création, en vertu de la Résolution n° 48/141 de l'Assemblée générale des Nations Unies, du 20 décembre 1993, du Haut-Commissariat des Nations Unies aux droits de l'Homme.

Faisant partie intégrante du Secrétariat Général des Nations Unies, le HCDH est une autorité mondiale chargée de mener, à termes, le programme de l'Organisation des Nations Unies dans le domaine des droits de l'homme, de promouvoir et de protéger tous les droits attachés à la personne humaine établis en vertu de la Charte des Nations Unies et du droit international des droits de l'homme.

2. Les perspectives d'un droit international des droits de l'homme

Considérées comme un patrimoine commun de tous les États du monde, la promotion et la protection des droits humains ont, ainsi que le révèle le nombre combien important du dispositif juridique et institutionnel mis en place au niveau des Nations Unies et, notamment, de ses institutions spécialisées, mobilisé toute l'attention de la communauté internationale. Actuellement, en effet, aucun État ne peut, à lui seul, prétendre les gérer en temps de paix tout comme en celui de guerre.

Le besoin d'encourager une certaine solidarité internationale dans ce domaine a, positivement, contribué à la conception d'un droit international humanitaire[212] dont l'objectif est de réduire, autant que faire se peut, la toute-puissance étatique souvent couverte par les secrets de la souveraineté nationale.

La prise en charge internationale de la question a suffi pour que les États renoncent à se retrancher derrière le principe de la souveraineté nationale pour couvrir ou encourager les violations massives des droits de l'homme et des libertés publiques.

Se justifie, donc, l'établissement d'un dispositif juridique et institutionnel destiné à garantir le respect effectif et universel des droits fondamentaux de la personne humaine. Essentiellement formé de traités et accords conclus entre États, ce dispositif est apprêté pour produire, à l'égard des parties, des effets juridiques contraignants.

Le droit international public qui, traditionnellement, régit les relations interétatiques (*droit normatif*), celles entre États et les autres acteurs de la vie internationale (*droit institutionnel*) connaît ainsi des profondes et remarquables mutations[213] qui l'obligent à accompagner les efforts tendant à rendre effectif le droit international humanitaire (*droit des libertés publiques*). Cette discipline juridique a, comme on le sait, vocation à encourager le contrôle et la protection, par les États membres de la communauté internationale, des droits fondamentaux de la personne humaine.

Cette évolution imposée à la discipline donne une nouvelle dimension au droit international public qui cesse d'être un droit uniquement normatif et institutionnel pour embrasser, à l'instar du droit constitutionnel moderne, le domaine de la promotion et de la protection des droits de la personne humaine.

Il en résulte qu'aujourd'hui plus qu'hier, la question des droits de l'homme a, positivement, impacté sur l'attitude des systèmes juridiques nationaux mais aussi sur la pratique judiciaire au point de concourir, de manière significative, à la surveillance, au contrôle et à la limitation, au niveau des États, du pouvoir des gouvernants.

Dans les relations internationales, en effet, le respect des droits fondamentaux de la personne humaine est capital pour influer sur la détermination de la tiédeur ou de la chaleur des relations entre États, voire de la nature des régimes politiques.

S'aperçoit, en filigrane, le droit international des droits de l'homme dont la vocation est de rassembler les règles juridiques indispensables à la

---

212 Sur cette question, lire avec intérêt, ABDELWAHAD B., *Droit international humanitaire*, Paris, 2e éd., Ellipses, Coll. Mise au point, 2006, pp. 112-130 ; BELANGER M., *Droit international humanitaire*, Paris, Gualino, Coll. Mémentos, 2007, pp. 156-180 ; BUIRETTE P. et LAGRANGE P., *Le droit international humanitaire*, Paris, Decomento, Coll. Repères, 2008, pp. 67-82 et TORRELLI M., *Le droit international humanitaire*, Paris, 2e éd., PUF, Coll. Que sais-je ? n° 2211, 1989, pp. 120-145.

213 ROUSSEAU C., *Le droit international public*, Paris, 7e éd., Dalloz, 2004, p. 144- 157.

promotion et à la protection, au niveau national, régional et international des droits fondamentaux de la personne humaine.

Il importe d'observer que l'usage, qui en est souvent fait par quelques membres de la communauté internationale, conduit, d'une part, à douter du caractère neutre du droit international des droits de l'homme pour que soit, d'autre part, vite décelé le spectre du néocolonialisme.

D. L'informatique et la protection des droits de l'homme et des libertés publiques

L'informatique, par-delà des facilités techniques, économiques et financières qu'elle procure aux citoyens, pose un problème juridique et politique lié à l'exercice des libertés publiques. À travers ses divers mécanismes de manifestations (face book, twister, wikileaks et autres), l'informatique fournit aux citoyens un accès libre, facile et en temps réel aux données longtemps considérées comme relevant du tabou. Celles-ci sont, en suite, obtenues à moindre coût. Un travail jadis exécuté par plusieurs personnes l'est, désormais, par une poignée si pas une seule personne et à moindre frais. L'informatique participe, enfin, à l'exercice direct de la démocratie[214].

Nonobstant ces avancées technologiques qu'il assure, l'usage excessif de l'informatique présente une série d'inconvénients tels que l'emprisonnement de l'individu par l'ordinateur, le développement de la cybercriminalité, les atteintes fréquentes aux droits de l'homme et aux libertés publiques, etc.

Le recours exagéré à l'ordinateur est apparu comme une sérieuse menace à la jouissance voire à l'exercice des libertés individuelles dans la mesure où il permet de rassembler, en un temps record, les informations de plus en plus complètes et les plus confidentielles sur la vie privée d'un individu restreignant ainsi son autonomie et sa liberté. On signale, par exemple, que l'ordinateur permet de surveiller les mouvements journaliers d'une personne, sa situation financière (centralisation des renseignements bancaires ou immobiliers), professionnelle (emplois exercés, sanctions encourues, promotions obtenues ou mutations effectuées). On arrive ainsi à détenir, à côté du dossier judiciaire de chaque individu, son casier fiscal dont l'efficacité de l'un renforce celle de l'autre.

Sans doute existe-t-il déjà de nombreux fichiers où se trouvent rassemblés des renseignements sur chaque individu, mais par rapport aux instruments préexistants, l'ordinateur présente une supériorité en raison de l'autorité nouvelle qui fait de la vérité qu'il distille la parole d'évangile (aspect psychologique) et de la centralisation de tous les renseignements

---

[214] Cas des printemps arabes.

dans une mémoire unique. Une pression sociale s'accentue donc sur l'individu le poussant au conformisme.

L'ordinateur aide à exercer sur chacun un contrôle rigoureux. Si l'informatique peut contribuer largement à l'amélioration du sort des hommes (surveillance médicale, adaptation plus parfaite de l'homme à son travail, sûreté des informations grâce au recoupement des renseignements multiples), en contrepartie, l'individu se trouve enfermé dans son passé, dans un ensemble d'éléments sur lequel il ne peut rien et dont il ne peut se dégager : il n'est pas libre.

Plus profondément, il est permis de se demander si l'informatique, par elle-même, en tendant à la vérité absolue, n'est pas de ce seul fait un danger pour l'humanité. Or, le droit de se tromper apparaît bien souvent comme un attribut essentiel de la liberté et il est souvent l'erreur et l'éliminer est générateur des lumières nouvelles, ce qui fait avancer nos connaissances et la science elle-même.

L'État, en tant que tel, ne peut se laisser détruire sans se renier. Il est le premier garant des libertés des citoyens. Dès lors, puisqu'il faut protéger l'État, la répression des atteintes à la sûreté de l'État présente les plus graves dangers pour les libertés publiques. D'où le danger d'une extension abusive de la notion d'atteinte à la sûreté de l'État qui conduit inéluctablement à la répression pour crime ou délit d'opinion. Il y a aussi le danger des recours à des procédures d'exception qui, vu la noblesse de la cause, sont souvent organisées au mépris des garanties du droit commun.

L'ordinateur, comme toute machine, est en principe neutre. Il n'est ni bon ni mauvais. Son usage dépend des hommes qui en disposent et du rôle que l'on veut bien lui faire jouer : promotion des libertés publiques et partant de la démocratie ou une technologie au service du pouvoir (organisation d'une fraude électorale, surveillance et traque des opposants au régime, déformation de la perception de l'opinion sur les abus et les excès du pouvoir, etc.).

Or, il est une expérience que tout homme qui a du pouvoir est porté à en abuser ; il va jusqu'à ce qu'il trouve des limites. Pour qu'on ne puisse abuser du pouvoir, il faut que, par la disposition des choses, le pouvoir arrête le pouvoir. La formule célèbre de Montesquieu prend ainsi corps au regard des hommes, en nombre toujours plus réduit, qui ont la disposition des ordinateurs.

CHAPITRE VI

LES RÉGIMES POLITIQUES

La clarification de la notion de régime politique favorise une présentation cohérente de la théorie de la séparation des pouvoirs et de la typologie des régimes politiques contemporains.

Section 1 : La notion de régime politique

Une mise au point sur la définition du régime politique permet de le distinguer du système politique, notion qui lui est très proche et avec laquelle il entretient des rapports très étroits.

§1. La définition du régime politique

Il est difficile d'appréhender la notion de régime politique tant et si bien que, dans la pratique, le concept s'apparente, par son usage et par son évocation, au système politique. On note qu'en dépit de cette entrave, le régime politique peut être perçu d'un triple point de vue.

Au sens restreint, le régime politique correspond à une forme de gouvernement qu'un État se dote ou se propose de se doter. Il consiste en un mécanisme de mise en œuvre d'une certaine conception du pouvoir et, plus globalement, de la souveraineté.

Au sens large, le régime politique est constitué d'un ensemble de règles, de principes ou de pratiques qui commandent, dans un pays et à un moment donné, l'action des institutions étatiques et, plus particulièrement, le gouvernement dans ses relations avec les citoyens. Le régime politique aménage donc les rapports entre, d'une part, les gouvernants et les gouvernés et, d'autre part, entre les divers pouvoirs publics. C'est dans ce sens que l'on parle du régime présidentiel, du régime parlementaire ou du régime d'assemblée.

Dans un sens plus large, on parle du régime constitutionnel ou du régime politique[215] selon que l'accent est mis sur l'analyse juridique ou poli-

[215] COHENDET CHASLOT M.-A., *Droit Constitutionnel*, Paris, 5e éd., Montchrestien/Lextenso Éditions, 2011, p. 45.

tique des rapports entre les pouvoirs publics mais également entre ces derniers et les citoyens.

Ces différentes acceptions prêtées à la notion du régime politique dévoilent de la complicité et des liens étroits qu'elle entretient avec une autre, le système politique.

§2. Les rapports entre le régime politique et le système politique

Souvent proche du régime politique, le système politique s'en démarque nettement. Et pour cause, le régime politique procède de l'aménagement constitutionnel du pouvoir et, notamment, de la structuration juridique des rapports entre les organes de l'État, à savoir, le parlement et le gouvernement. Le régime politique dérive ainsi de l'idée que l'on a de la manière dont le constituant a organisé la répartition des compétences et les influences réciproques entre les organes de l'État[216].

Il importe d'avoir à l'esprit que les règles constitutionnelles ne suffisent pas, à elles seules, à expliquer l'aménagement et surtout la pratique du pouvoir. C'est, donc, de cette pratique que l'on peut déceler les éléments de classification, non pas, d'un régime politique mais plutôt d'un système politique.

Plus vaste que le régime politique (dont la perception est souvent juridique), le système politique explique le droit par les faits. Il est tributaire de facteurs de nature diverse tels que les systèmes des partis (multipartisme, bipartisme ou monopartisme), le mode de scrutin (majoritaire, proportionnel ou mixte), l'histoire du pays, son contexte économique et social, son influence diplomatique et, éventuellement, le rôle que l'église est appelée à jouer dans l'espace politique, la répartition des forces sociales et politiques dans les organes issus d'une élection, la mentalité des citoyens, ses espoirs et convictions, etc. Le système politique regroupe donc l'ensemble de règles considérées sous le rapport de ce qui en fait la cohérence, celle-ci pouvant tenir, s'il s'agit du droit d'un pays, aux caractéristiques nationales de ce dernier[217].

Une opinion pense à juste titre que dans la perception d'un régime politique, on devra se garder de séparer l'architecture constitutionnelle de la pratique du pouvoir celle-ci aidant souvent à recadrer, mieux à donner vie à celle-là. Sans être pris pour identique, le régime politique est en quelque sorte façonné par le système politique dans lequel il évolue[218].

Le rapprochement de deux notions permet d'induire que, considéré comme mode d'exercice du pouvoir politique, le régime politique n'est pas assimilable aux formes de gouvernement (monocratique, républicaine,

---

[216] ARDANT P. et MATHIEU B., *Institutions Politiques et Droit Constitutionnel*, *op. cit.*, p. 238.
[217] COHENDET CHASLOT M.-A., *Droit Constitutionnel*, *op. cit.*, p. 46.
[218] VERPEAUX M., *Manuel de Droit Constitutionnel*, *op. cit.*, p. 320.

présidentielle, parlementaire...) à moins de cerner, en profondeur, les techniques constitutionnelles qui, généralement, en sont le soubassement[219]. Ainsi, un régime présidentiel n'est pas nécessairement celui dans lequel les plus hautes charges de l'État sont exercées par le président de la République. De même, c'est à tort que l'on définirait un régime parlementaire comme celui au sein duquel il existerait un parlement.

Section 2 : La théorie de la séparation des pouvoirs

La recherche des fondements historiques de la théorie de la séparation des pouvoirs permet de présenter non seulement son évolution mais également sa portée actuelle.

§1. Les fondements historiques de la séparation des pouvoirs

Il est peu de théories constitutionnelles qui, comme celle de la séparation des pouvoirs, ont eu autant d'audience et continuent d'être fréquemment invoquées malgré leur remise en question par certains régimes politiques. Avec l'évolution, la théorie a, notamment, perdu de sa signification et de sa portée pour n'apparaître que comme une simple technique d'aménagement du pouvoir.

Historiquement, on note, par exemple, que la séparation des pouvoirs est toute aussi ancienne que l'histoire de l'humanité. À son époque, Aristote faisait déjà une distinction entre les trois fonctions de l'État, à savoir la fonction délibérante, la fonction exécutive et la fonction judiciaire[220]. L'idée a été, par la suite, reprise par Polybe, au IIe siècle, avant Jésus Christ. L'auteur insistait sur la nécessité d'établir un équilibre entre les pouvoirs législatif, exécutif et judiciaire.

Préconisée par John Locke, à la fin du XVIIe siècle, la théorie a été systématisée, au XVIIIe siècle, par Montesquieu avant d'être, pour la première fois, mise en pratique dans la Constitution américaine de 1787. La plupart de Constitutions révolutionnaires de cette époque s'en sont, d'ailleurs, largement inspirées. Depuis lors, on n'a guerre cessé d'y faire référence à l'occasion de l'élaboration, à travers le monde, des Constitutions.

La théorie procède, d'abord, de la distinction entre les trois fonctions traditionnelles de l'État : la fonction d'édiction des règles générales (fonction législative), celle d'exécution desdites règles (fonction exécutrice)[221] et la fonction de règlement des litiges (fonction juridictionnelle).[222] Elle pos-

---

[219] VERPEAUX M., *Manuel de Droit Constitutionnel, op. cit.*, p. 320.
[220] ESPLUGAS P., BUZET C., MOUTON S. et VIGUIER J., *Droit Constitutionnel*, Paris, Ellipses, 2004, p. 152.
[221] L'adjectif « exécutrice » a, dans la pratique, conduit à sa mauvaise interprétation par la Révolution qui ne l'a vu que dans le sens d'un organe d'exécution.
[222] PACTET P., MELIN-SOUCRAMANIEN F., *Droit Constitutionnel, op. cit.*, p. 102.

tule, ensuite, qu'à l'exercice de chaque fonction, corresponde un pouvoir : pouvoir législatif assuré par le parlement, le pouvoir exécutif exercé par le gouvernement et le pouvoir juridictionnel pratiqué par les cours et tribunaux. La théorie implique, enfin, que chaque fonction soit confiée à des organes distincts : les assemblées représentatives (pour le pouvoir législatif), le chef de l'État et, éventuellement, le chef du gouvernement ou les ministres (pour le pouvoir exécutif) et les juridictions (pour le pouvoir juridictionnel).

L'essentiel ne réside donc pas dans la différenciation des organes de l'État mais dans leur indépendance qui, si elle n'est pas totale, doit, néanmoins, être aussi large que possible. L'idée centrale sur laquelle s'appuie Montesquieu demeure le fait que « *Tout homme qui a le pouvoir est porté à en abuser, il va jusqu'à ce qui trouve des limites. Et pour qu'on ne puisse pas abuser du pouvoir, il faut que, par la disposition des choses, le pouvoir arrête le pouvoir* ». Il importe de confier l'exercice des trois fonctions fondamentales de l'État à des titulaires différents, de manière à éviter que l'un d'eux ne s'empare, en cumulant l'exercice des trois, d'une souveraineté qui n'appartient qu'à la nation.

La séparation des pouvoirs poursuit, donc, un objectif précis et clair, celui d'empêcher les abus que pourrait commettre, par excès du pouvoir, un titulaire unique. Ainsi entendue, la théorie encourage l'établissement d'un gouvernement libéral. C'est dans ce sens qu'il convient de situer la portée de l'article 16 de la Déclaration des Droits de l'Homme de 1789 selon laquelle une société qui ne garantit pas la séparation des pouvoirs ne peut prétendre avoir une Constitution.

On peut dire que la théorie de la séparation des pouvoirs a, malgré les vicissitudes de l'évolution, contribué à la consolidation de l'État de droit, à l'affaiblissement et à la limitation de l'absolutisme royal.

§2. L'évolution de l'idée de la séparation des pouvoirs

Dans l'étude des institutions politiques, on a pris l'habitude de rattacher la théorie de la séparation des pouvoirs à l'histoire de la Grande Bretagne. C'est du fonctionnement réel des institutions de ce pays combiné avec quelques accidents historiques qu'est née l'idée de la séparation des pouvoirs, tout au moins dans ses aspects modernes.

L'établissement, en 1215, de la Grande Charte imposée au Roi Jean sans Terre[223] par la *magna carta* (le Conseil de Vassaux) est à mettre dans ce registre. Il a permis d'opérer le transfert du pouvoir d'instituer les im-

---

[223] La double défaite du Roi Jean sans Terre contre Philippe Auguste pendant la conquête de Bouvines et contre le Pape Innocent III au sujet de la nomination de Mgr Langton comme archevêque de Canterburry.

pôts et des taxes de la monarchie au *magnum concilium* qui deviendra, plus tard, le parlement britannique.

Les philosophes des lumières s'en sont servis au point d'influencer les actions de la Révolution française. La contribution de Charles-Louis de Secondat et de Montesquieu a été, à ce point, déterminante. En Afrique, l'idée a été suggérée à l'occasion de l'élaboration, après les indépendances, des Constitutions qui, pour l'essentiel, étaient claquées sur les modèles occidentaux.

De toute évidence, la théorie de la séparation des pouvoirs n'autorise pas d'abus du pouvoir ni d'empiétement d'un pouvoir sur les attributions d'un autre[224]. On note que, nonobstant l'absence tangible de la contestation sur le crédit que les États modernes accordent encore à la séparation des pouvoirs, le principe est, tout de même, soumis à une remise en question d'un double point de vue, théorique et pratique.

Sous l'angle théorique, on admet que les premières contestations imposées à la séparation des pouvoirs sont offertes par le droit soviétique. On signale, par exemple, qu'à la faveur de la dictature du prolétariat, la séparation des pouvoirs n'a eu qu'un écho relatif. Dans certains pays d'Europe orientale, la théorie semble se présenter comme un modèle purement idéologique sans contenu réel. Celle-ci n'exprime, d'ailleurs, que, partiellement, une réalité politique.

Ce constat a conduit au rejet de la théorie par des régimes autoritaires de l'Europe orientale, d'Amérique et d'Afrique, à son inadaptation au fonctionnement des régimes pluralistes et, par voie de conséquence, à son vieillissement[225].

Au plan pratique, on considère que la théorie est loin de rendre compte du fonctionnement réel des institutions politiques de l'État. Son rattachement historique au régime britannique ne démontrerait pas, à suffisance, sa pertinence. Dans le régime politique britannique, notamment, le pouvoir est entre les mains de la chambre de communes qui gouverne par la nomination du premier ministre. Celui-ci exerce l'essentiel du pouvoir tant qu'il a le soutien de la chambre qui fait sa volonté.

Aux États-Unis d'Amérique où l'on peut se féliciter de l'application rigoureuse de la séparation des pouvoirs, il demeure que le principe a, à plusieurs reprises, connu, des tempéraments souvent dictés par le besoin de collaboration fonctionnelle entre le président des États-Unis d'Amérique, le Congrès et la Cour suprême de justice.

§3. La portée actuelle de la théorie de la séparation des pouvoirs

En dépit des critiques qui lui sont adressées, la théorie de la séparation des pouvoirs conserve toute son importance. Elle est créditée d'être une

---

224 ROUVILLOIS F., *Droit Constitutionnel. Fondements et pratiques*, Paris, Flammarion, 2002, p. 167.

225 PACTET P., MELIN-SOUCRAMANIEN F., *Droit Constitutionnel*, *op. cit.*, pp. 105-106.

technique constitutionnelle destinée à contrer le népotisme du pouvoir par l'aménagement correct des compétences de chaque pouvoir de l'État et la protection des droits de l'homme et des libertés publiques. La théorie garantit l'indépendance du juge.

Le débat autour de l'indépendance du juge est encore d'actualité. Plusieurs pays se sont prêtés à l'exercice. Aux États-Unis, par exemple, la question a été discutée à l'occasion du rôle confié à la Cour suprême de justice dans le fonctionnement des institutions politiques[226]. Considérés comme le berceau de la démocratie libérale[227], les États-Unis d'Amérique prétendent être la seule nation qui applique, de manière rigoureuse, la séparation des pouvoirs.

Même si la Constitution américaine s'est efforcée de réaliser un équilibre entre trois pouvoirs indépendants de sorte qu'en cas de conflits ou de crises, il n'y aurait pas de solution constitutionnelle tant la Cour suprême de justice ne jouerait pas le rôle d'arbitre[228], on note cependant que, dans son histoire, ce pays a été successivement gouverné par le président des États-Unis (le gouvernement présidentiel), le Congrès (gouvernement congressiste) et la Cour suprême de justice (gouvernement des juges)[229].

Dans la pratique, ce régime semble être proche de celui qui assure une certaine concurrence entre le congrès et le président. Si on peut soutenir que le congrès a une influence sur la diplomatie qu'exerce le président, ce dernier dispose, en revanche, d'une arme défensive pour tempérer les ardeurs du premier : c'est le droit de veto.

Il s'ensuit que la séparation des pouvoirs telle qu'elle est appliquée dans le système politique américain est doublée d'une collaboration fonctionnelle entre le président (représentant du pouvoir exécutif), le Congrès (socle du pouvoir législatif) et la Cour suprême de justice autorité chargée, notamment, de protéger les droits et libertés fondamentales des citoyens et d'assurer la légalité constitutionnelle.

L'indépendance du juge n'est donc pas un danger dans le fonctionnement des institutions politiques. Elle s'inscrit, au contraire, dans une tradition de respect de la légalité constitutionnelle, de la stabilité institutionnelle et de la garantie des libertés publiques.

Pays de tradition républicaine, la France qui a été, longtemps, attachée au légicentrisme n'aurait jamais ou a rarement encouragé l'indépendance du juge judiciaire[230]. La Constitution du 4 octobre 1958[231] ne parle pas,

---

[226] VERPEAUX, M. et MATHIEU B., *Droit Constitutionnel*, *op. cit.*, pp. 30-31.
[227] DUVERGER M., *Institutions Politiques et Droit Constitutionnel*, *op. cit.*, pp. 147-150.
[228] *Idem*, p. 150.
[229] ARDANT P., *Institutions Politiques et Droit Constitutionnel*, *op. cit.*, pp. 329-330.
[230] de la SAUSSAY D., Dieu F., *Droit Constitutionnel et Institutions Politiques*, *op. cit.*, p. 71.
[231] Art. 64 de la Constitution française du 4 octobre 1958.

d'ailleurs, du pouvoir judiciaire mais plutôt de l'autorité judiciaire[232]. L'intrusion de l'incise est d'autant plus révélatrice qu'elle incite à se poser la question sur la nature de l'indépendance que le constituant français entend conférer au juge. Il semble que c'est le spectre du gouvernement des juges qui aurait justifié cette attitude.

L'expression « gouvernement des juges » est, de toute évidence, employée chaque fois que l'on veut critiquer le pouvoir excessif des juges. Aussi, la garantie d'une réelle indépendance du juge par la séparation des pouvoirs converge-t-elle vers la limitation du pouvoir et la promotion et la protection des droits de l'homme et des libertés publiques.

Section 3 : La typologie des régimes politiques

Au sujet de critères de classification des régimes politiques, les recettes sont tout aussi diverses que variées. Sur le plan de la participation politique, les régimes compétitifs (qui reconnaissent le pluralisme politique) s'opposeraient aux régimes non compétitifs (notamment ceux qui instituent le parti unique ou interdisent toute diversité d'opinions politiques). Les régimes monarchiques peuvent, de ce point de vue, être distingués de régimes aristocratiques et oligarchiques.

Concernant l'orientation politique et économique de l'action gouvernementale, les régimes capitalistes s'éloignent de régimes socialistes.

De cette diversité, il se dégage que les régimes politiques ne se qualifient pas par les seuls rapports qu'entretiennent les pouvoirs publics entre eux. Ils sont, également, comptables de la réalité politique qui accompagne souvent le schéma théorique tracé dans la Constitution.

Sur le plan de l'aménagement du pouvoir, on distingue les régimes de séparation des pouvoirs (régime présidentiel) de régimes de collaboration (régime parlementaire) et de confusion des pouvoirs (régime d'assemblée).

Bien qu'exclus de la typologie classique, les régimes de type marxiste présentent, en raison de leur évolution historique, un intérêt scientifique évident. Il en est, aussi, des régimes politiques africains dont la recherche de l'originalité ne rend pas, souvent, compte des réalités d'une Afrique, en elle-même, multiple et diversifiée.

§1. La séparation des pouvoirs ou le régime présidentiel

On a pris l'habitude de considérer le régime présidentiel comme celui qui assure la séparation des pouvoirs. C'est un régime qui se caractérise par une très grande unité du pouvoir, conséquence de son application inachevée, du moins sous sa forme classique, dans les États occidentaux, ceux d'Afrique et d'Amérique du Sud.

---

[232] de la SAUSSAY D., Dieu F., *Droit Constitutionnel et Institutions Politiques, op. cit.*, p. 72.

Il importe d'étudier ses origines historiques, ses éléments fondamentaux et ses déviations.

A. Les origines historiques du régime présidentiel

Le régime présidentiel est né d'un accident historique lié à l'indépendance des États-Unis d'Amérique. Il est apparu, à la fin du XVIIIe siècle, avec l'établissement, en 1787, de la Constitution américaine, un peu plus d'un demi-siècle après la mise en place du régime parlementaire en Grande-Bretagne.

L'instauration de ce régime a été justifiée par le besoin de limiter les pouvoirs de la monarchie en vue d'atteindre un certain équilibre institutionnel, notamment, dans ses rapports avec un parlement plus ou moins représentatif.

Le modèle institutionnel dont les Américains se sont doté dans leur Constitution (de 1789) semble, de toute évidence, proche de celui en vigueur en Grande Bretagne qui pratiquait la monarchie limitée avec cette différence que le monarque a été transformé, aux États-Unis d'Amérique, en président.

De ce point de vue, le régime présidentiel apparaît, dans ses origines, comme la transformation républicaine de la monarchie limitée.

Ce régime représente, donc, une application rigoureuse des idées exposées par les philosophes des lumières et, notamment, celles systématisant la séparation des pouvoirs. Si on peut admettre que le régime présidentiel procède, pour une part importante, de la pratique observée dans les décennies qui ont suivi l'adoption de la Constitution américaine, il n'en demeure pas moins que son établissement est plus volontaire qu'un hasard historique.

C'est, fondamentalement, un régime qui doit sa spécificité à une réflexion sur l'utilité et la finalité du pouvoir exercé par trois organes différents.

B. Les éléments caractéristiques du régime présidentiel

Le régime présidentiel est celui dans lequel l'équilibre recherché des pouvoirs (législatif et exécutif) résulte autant de leur indépendance organique que de leur collaboration fonctionnelle. Il est caractérisé par l'élection du chef de l'État par le peuple, le monocéphalisme de l'exécutif et l'indépendance réciproque du président et des assemblées parlementaires.

1. L'élection du chef de l'État au suffrage universel

L'élection du chef de l'État au suffrage universel est un élément du régime présidentiel. Il est destiné à conférer une plus grande et confortable légitimité au président de la République en même temps qu'il réalise, par une origine commune, une égalité entre les deux organes de l'État, à savoir les pouvoirs législatif et exécutif.

Ce critère n'est pas déterminant pour caractériser le régime présidentiel. Plusieurs régimes parlementaires d'Europe occidentale (l'Autriche, la Finlande, la France, l'Irlande, l'Islande, le Portugal ou la Suède), orientale (la Bulgarie, la Croatie, la Lituanie, la Pologne, la Roumanie, la Russie, la Slovénie ou encore l'Ukraine) et d'Afrique (La République Démocratique du Congo) organisent, d'ailleurs, l'élection, par le peuple, du chef de l'État sans que leurs régimes ne soient forcément présidentiels. À l'inverse, l'élection du président des États-Unis d'Amérique n'a pas lieu au suffrage universel direct, les pères fondateurs ayant soigneusement écarté ce système.

2. L'existence d'un exécutif monocéphal

Le monocéphalisme de l'exécutif interdit l'existence, à côté du chef de l'exécutif, d'un cabinet dirigé par un chef du gouvernement : le chef de l'État exerce cumulativement les fonctions exécutive et gouvernementale.

Dans un régime présidentiel, l'ensemble du pouvoir exécutif est concentré entre les seules mains du président qui dispose, par ailleurs, d'une autorité incontestable sur les membres du gouvernement. Les ministres dépendent totalement du président de la République en raison de son autorité et de la liberté dont il dispose au sujet de leur nomination et, le cas échéant, de leur révocation.

Même dans les systèmes qui organisent la fonction du vice-président, l'autorité du président est incontestée. En effet, souvent élu en même temps que le président qui, habituellement, le choisit, le vice-président n'est pas son concurrent. Il ne peut jouer un rôle politique réel que pour autant que le président le veuille bien.

Ainsi qu'on le voit, ce régime n'autorise pas les ministres d'avoir un lien de dépendance constitutionnelle avec les assemblées parlementaires. Ils ne forment pas, non plus, un organe collégial et solidaire (du genre gouvernement) ayant des tâches et une responsabilité propres. Chaque ministre est ainsi chargé de l'exécution des directives et de la politique du président de la République. C'est donc cet élément qui constitue le critère suffisant et permet de différencier le régime présidentiel du régime parlementaire.

3. L'indépendance du chef de l'État et des assemblées parlementaires

L'indépendance réciproque du président et des assemblées parlementaires interdit, d'une part, l'interférence d'un organe dans les attributions d'un autre et, d'autre part, les pressions de l'un sur l'autre.

Tout comme le président de la République ne dispose d'aucun pouvoir de dissolution de l'Assemblée, celle-ci ne peut, en revanche, mettre en jeu sa responsabilité politique ni celle du gouvernement. Il n'y a, donc, pas de moyens d'action réciproques entre les deux institutions. On déduit qu'une fois élue, chaque institution est assurée de demeurer au pouvoir pour toute la durée prévue.

C. L'évolution du régime présidentiel

Dans sa conception classique, le régime présidentiel a vocation à garantir l'équilibre des pouvoirs. Son établissement en dehors du strict cadre des États-Unis d'Amérique a donné lieu à des déformations connues sous le qualificatif de *présidentialisme* entendu comme une somme de régimes politiques qui dérivent certes du régime présidentiel mais n'en respectent pas la règle d'or, à savoir le partage équilibré des pouvoirs entre les organes de l'État en créant un déséquilibre favorable au président.

L'observation de l'évolution de la pratique déviante du régime présidentiel autorise à distinguer le présidentialisme consulaire du présidentialisme parlementaire.

1. Le présidentialisme consulaire

Déformation autoritaire du régime présidentiel, le présidentialisme consulaire est encore d'application en Amérique Latine et en Afrique. Il contribue au renforcement exagéré des pouvoirs de l'exécutif aux dépens des autres organes de l'État et, notamment, du parlement.

Le présidentialisme sud-américain est caractérisé par la prépondérance de fait de l'institution président de la République doublée de l'ingérence de l'armée dans le fonctionnement des pouvoirs.

La prééminence présidentielle est tributaire des facteurs aussi bien économiques et sociaux (pauvreté, explosion démographique, inégalités entre les classes sociales) que politiques (culte de personnalité et nécessité de faire du président de la République la personne clé du système institutionnel). Elle postule un recours régulier au service du législateur invité à prendre, en urgence, des lois conséquentes.

L'intervention de l'armée dans le fonctionnement des pouvoirs se justifierait par le besoin de rétablissement de l'ordre. Dans la pratique, en effet, le rétablissement de l'ordre s'était rarement accompagné de l'accroissement du niveau de vie des citoyens ou des valeurs démocratiques. Ayant pris le goût du pouvoir, l'armée a souvent eu envie d'y rester le plus longtemps possible.

Le présidentialisme africain a été dicté par la nécessité d'établir, à la faveur des fréquentes révisions constitutionnelles, un gouvernement suffisamment fort capable de surmonter les divisions ethniques, consolider l'unité nationale et imposer, au besoin, les sacrifices qu'exige l'accélération du développement économique.

Dans ce régime, les textes constitutionnels attribuent au chef de l'État des prérogatives exorbitantes qu'il ne saurait exercer en régime présidentiel classique, telles que l'initiative législative, le droit de dissolution, la fixation de l'ordre du jour des assemblées parlementaires... La prééminence présidentielle est, également, renforcée par l'institution des partis uniques qui a depuis les décennies 1990 progressivement et parfois théoriquement seulement disparu ; il y a eu également, comme en Ouganda, des velléités d'organiser l'État sans partis politiques.

2. Le présidentialisme parlementaire

Le présidentialisme parlementaire correspond à un régime mixte qui emprunte certains éléments du régime présidentiel (élection du chef de l'État par le peuple) et ceux du régime parlementaire (responsabilité du gouvernement devant le parlement). Parmi les pays occidentaux qui pratiquent ce type de régime, on cite, généralement, l'Autriche, la Finlande, l'Irlande, le Portugal et, bien entendu, la France.

L'apparition relativement récente de cette forme de régime politique dont l'implantation en Europe occidentale ne date que depuis un peu plus d'un demi-siècle pour la Finlande, nettement moins pour les autres pays et vingt-six ans seulement pour la France, ajouté au fait que tous les pays qui le pratiquent l'ont consacrée dans une Constitution écrite, induisent que son fonctionnement réel découle plus de la pratique du pouvoir[233] que d'une présentation doctrinale au demeurant théorique.

Frappée par la mixité relevée, depuis plus de quatre décennies, par Maurice Duverger[234] dans la présentation du régime français de la Ve République, une certaine doctrine n'a pas hésité à faire l'écho, en Afrique, d'un régime « *semi-présidentiel* »[235] qui s'appliquerait en France. Cette prise de position a conduit à une assimilation douteuse de cette forme de régime au parlementaire rationalisé[236].

La terminologie n'est pas, aux yeux de Marie-Anne Cohendet :

> *satisfaisante en ce qu'on ne peut pas à la fois affirmer que les régimes parlementaires se définissent par la responsabilité du gouvernement de-*

---

[233] PACTET P., MELIN-SOUCRAMANIEN F., *Droit Constitutionnel*, *op. cit.*, pp. 142-143.

[234] DUVERGER M., *Institutions Politiques et Droit Constitutionnel*, *op. cit.*, p. 227.

[235] Lire à ce propos, MPONGO BOKAKO BAUTOLONGA E., *Institutions Politiques et Droit Constitutionnel*, *op. cit.*, p.164 ; DJOLI ES'ENGEKELI J., *Droit Constitutionnel. Les principes structuraux*, *op. cit.*, pp. 212, 228-229 ; KABUYA LUMUNA SANDO C., *Manuel de sociologie politique*, Kinshasa, PUK, 2011, p. 211.

[236] KAMUKUNY MUKINAY A., *Droit constitutionnel congolais*, Kinshasa, EUA, Coll. Droit et Société, 2011, p. 155.

> *vant le parlement et prétendre, en même temps, que ces régimes ne font pas partie de cette catégorie alors qu'ils ont cette caractéristique.*

L'auteur indique que l'appellation :

> *tend à faire croire que ce ne sont pas des régimes parlementaires, alors que cela reste leur caractéristique essentielle. Ils sont une sous-catégorie des régimes parlementaires et non une catégorie intermédiaire entre le régime parlementaire et le régime présidentiel*[237].

Le régime français, ainsi qu'on le sait, est essentiellement parlementaire et majoritaire. Il peut, selon la conjoncture, fonctionner dans un système politique parlementaire ou présidentialiste[238].

§2. La collaboration des pouvoirs ou le régime parlementaire

À la différence du régime de séparation des pouvoirs, la collaboration exige une spécialisation souple des attributions et des moyens de pression réciproques entre les pouvoirs. C'est le régime parlementaire qui, par le fait de l'histoire, traduit parfaitement ce type de relations interinstitutionnelles.

En raison de la diversification des modalités dans sa mise en œuvre, le régime parlementaire a, au fil des siècles, subi des transformations qui ont, à ce jour, conduit à l'existence, non pas d'un seul mais de plusieurs régimes parlementaires.

L'examen des circonstances historiques à l'origine du régime parlementaire participe à la présentation de ses traits caractéristiques et son évolution actuelle.

A. Les origines historiques du régime parlementaire

Historiquement, le régime parlementaire est apparu en Grande-Bretagne au milieu du XVIIIe siècle, dans des circonstances bien précises. La France l'a institué au début du XIXe siècle. Ce régime s'est, un peu plus tard, étendu à d'autres pays d'Europe et, par l'effet de la décolonisation, à Afrique. Deux faits importants ont marqué sa naissance.

Le premier est à situer au moment du transfert du pouvoir royal aux assemblées représentatives et délibérantes en pleine expansion. Ce mouvement correspond au passage de la monarchie limitée à la démocratie moderne. L'apparition du régime parlementaire s'inscrit donc dans la droite ligne de la doctrine libérale.

L'ancrage de ce régime a été, ensuite, favorisé par le fait que ses mécanismes, tout aussi complexes que délicats, ont été assurés par une classe sociale, certes, moins nombreuse mais, politiquement, efficace, bien informée et éclairée : elle était composée de notables.

---

[237] COHENDET CHASLOT M.-A, *Le Président de la République*, *op. cit.*, pp. 4-5.
[238] *Idem.*

Le deuxième fait résulte de la mise en place, certes, lente mais progressive et empirique, du régime parlementaire. Cette observation qui traduit la situation de la Grande-Bretagne a eu un effet de contagion vers d'autres pays.

B. Les traits caractéristiques du régime parlementaire

Ils ne sont pas uniformes et diffèrent selon que le régime parlementaire est dualiste ou moniste.

1. Le parlementarisme dualiste

Le régime parlementaire dualiste ou orléaniste[239] est caractérisé par le bicéphalisme de l'exécutif, la séparation souple des compétences et l'existence des moyens d'action réciproques entre le gouvernement et le parlement.

1.1. Le bicéphalisme de l'exécutif

Cet élément induit l'existence, à côté, d'un chef de l'État politiquement irresponsable mais actif, d'un gouvernement simultanément dépendant du monarque et du parlement.

Généralement issu de la dynastie régnante, le monarque incarne la continuité de l'État, ce qui l'oblige à prendre une part active dans la conduite des affaires de l'État par la nomination et, éventuellement, la révocation du premier ministre et des ministres. C'est ce qui justifie son intervention personnelle dans la détermination de la politique de la nation qui conduit le gouvernement.

La double dépendance du gouvernement résulte du fait que, bien que jouissant d'une certaine autonomie vis-à-vis du chef de l'État, il est responsable devant lui et devant le parlement. Le gouvernement assure, par ailleurs, tant par sa composition que par sa situation, le relais entre le chef de l'État et le parlement. Cette double dépendance politique caractérise fondamentalement le parlementarisme dualiste ou orléaniste. La France, sous la IVe République, et la République Démocratique du Congo, en 1960, l'ont expérimenté.

1.2. La séparation souple des compétences

Par une séparation souple des compétences, le régime parlementaire assure une collaboration effective entre les pouvoirs. On admet ainsi que le pouvoir exécutif a le droit d'intervenir dans la législation par l'initiative des lois qu'il partage avec les membres des assemblées, la promulgation par le monarque des lois votées par le parlement. De son côté, le parlement est

---

[239] Du nom de son fondateur Philippe d'Orléans.

également fondé, par le contrôle qu'il exerce sur la politique du cabinet et la sanction qui peut en résulter, à s'assurer de la bonne gestion des affaires publiques.

1.3. L'existence des moyens d'action réciproques entre le gouvernement et le parlement

L'existence des moyens d'action réciproques autorise l'un ou l'autre organe de l'État d'exercer une pression sur l'autre. Si le parlement peut, en effet, mettre en jeu la responsabilité politique du gouvernement ou d'un ministre par l'usage d'une motion de censure ou de défiance, le pouvoir exécutif est, quant à lui, autorisé à dissoudre le parlement.

Historiquement, le régime parlementaire dualiste a souvent précédé le parlementariste moniste. Organisé dans la Constitution Française de 1958, ce régime a été, en raison des difficultés d'application dont il a fait l'écho et notamment dans la mise en œuvre de la politique gouvernementale, abandonné à la faveur de la révision constitutionnelle de 1962.

2. Le parlementarisme moniste

Le régime parlementaire moniste est celui dans lequel le chef de l'État s'efface de l'exercice du pouvoir au profit d'un gouvernement dirigé par un premier ministre ayant la confiance du parlement. L'unité de l'exécutif doublée de celle de l'action entre le gouvernement et le parlement caractérise donc ce régime.

Dans ce régime, le chef de l'État joue un rôle politique symbolique. Gardien des institutions, il ne participe pas à la conduite des affaires publiques. C'est au gouvernement qu'il revient de déterminer la politique de la nation dont il est comptable devant la majorité parlementaire. Le chef de l'État règne mais ne gouverne pas.

Issu du parlement, le gouvernement cesse d'être un élément de liaison entre cette institution et le chef de l'État, retiré désormais de la gestion des affaires publiques. Il forme plutôt une sorte de comité de la chambre basse du parlement, mieux « *un gouvernement des ministres responsables* ».

La responsabilité du gouvernement vis-à-vis du parlement s'accompagne de la procédure de contreseing, laquelle opère le transfert de responsabilité des actes du monarque et /ou du premier ministre aux ministres compétents.

Dans le régime parlementaire moniste, le gouvernement est dirigé par le premier ministre dont la désignation est subordonnée à une triple confiance, d'abord, du parti ou de la coalition majoritaire à la chambre basse du parlement (il doit, en principe, en être le leader ou présenté comme tel), ensuite, de la majoritaire parlementaire et, enfin, du monarque. Sans être imposé par le Roi, le premier ministre est, en tout cas, accepté par lui.

C. L'évolution du régime parlementaire

L'importance de plus en plus accrue accordée aux partis politiques, leur rôle sur l'échiquier national ainsi que les difficultés de la mise en jeu de la responsabilité politique du gouvernement ont, de manière significative, transformé la vision traditionnelle du régime parlementaire au point qu'à l'heure actuelle, on assiste à des variantes impressionnantes et diversifiées du régime parlementaire.

Le régime parlementaire peut, dans ce cas, être ou non majoritaire, équilibré ou déséquilibré ou encore rationnalisé.

1. Le parlementarisme majoritaire ou non majoritaire

Le régime parlementaire est dit majoritaire lorsque, durant toute la durée de la législature, le gouvernement bénéficie d'une majorité stable et cohérente lui permettant d'appliquer la politique de la nation telle que conçue ensemble avec sa majorité. S'exerçant généralement dans le cadre du bipartisme, ce régime conduit à la dictature de la majorité parlementaire et la mise en place d'un gouvernement de législature. La Grande-Bretagne et le Japon peuvent être cités en exemple.

Le régime parlementaire est qualifié de non majoritaire lorsqu'au moment de sa constitution, le gouvernement ne dispose pas d'une majorité cohérente et homogène à même de lui permettre de conduire et d'appliquer la politique de la nation.

L'instabilité gouvernementale qui favorise ce type de parlementarisme cohabite aisément avec le multipartisme intégral qui lui sert, par ailleurs, de support pour la constitution des gouvernements de coalition sous-tendus souvent par la formation de regroupements politiques habituellement faibles et circonstanciels.

2. Le parlementarisme équilibré ou déséquilibré

Dans le cadre de l'aménagement et l'exercice des actions réciproques entre le gouvernement et le parlement, on peut aboutir à un déséquilibre des forces et des moyens au profit du parlement.

Bien que d'essence parlementaire, ce régime conditionne l'action du gouvernement aux caprices de la majorité parlementaire qui peut, à tout moment, le renvoyer. La Belgique, l'Italie et les Pays-Bas ont, dans leurs histoires politiques et institutionnelles, connu quelques épisodes des régimes parlementaires déséquilibrés.

3. Le parlementarisme rationnalisé

La forme la plus convoitée du régime parlementaire est apparue sous la dénomination de parlementarisme rationnalisé. Ainsi, jadis considérés comme potentiellement antagonistes, le gouvernement et le parlement sont parvenus, par le jeu des partis politiques, à s'assurer une vie politique réciproque stable.

On note qu'issus des suffrages populaires, les membres des assemblées parlementaires ont pris conscience que c'est par leur appartenance à des formations politiques qu'est généralement fondée leur légitimité électorale. Il se crée ainsi un lien étroit entre l'appartenance à un parti politique et l'élection au parlement.

L'appel régulièrement fait au peuple pour le renouvellement de sa classe dirigeante et la mission que les partis politiques sont appelés à accomplir dans la stabilisation des institutions ont fait que le régime parlementaire quitte sa vision traditionnelle pour s'accommoder des nécessités d'équilibre et de stabilisation dans les rapports institutionnels.

Ainsi, au lieu d'être un régime de gestion des crises résultant de l'exercice réciproque des moyens de pressions entre le parlement et le gouvernement, le régime parlementaire les évite de manière préventive et anticipative : il devient rationnalisé.

Un autre fait, non moins important, qui affecte, actuellement le déclin du régime parlementaire traditionnel, tient aux difficultés de la mise en jeu de la responsabilité politique du gouvernement devant une assemblée, certes, élue au suffrage universel direct mais incapable, en raison de sa fidélité au président de la République, d'user de ses prérogatives constitutionnelles.

Actuellement, la responsabilité du gouvernement n'est presque plus mise en cause par les voies traditionnelles (refus de confiance, motion de censure ou de défiance), mais l'instabilité gouvernementale dans les pays qui pratiquent encore le régime parlementaire n'a pas diminué pour autant. Et pour cause, il arrive souvent que les crises politiques surviennent mais également se résolvent sans que l'assemblée ait eu la possibilité de se prononcer. L'exemple de l'Italie, jusqu'au moins en 1994, est à cet effet révélateur.

De part et d'autre, en effet, on observe que le besoin de stabilité institutionnelle et la gestion, au mieux de cette stabilité, des mécanismes traditionnels du contrôle du gouvernement ont contribué à la transformation de la vision traditionnelle du régime parlementaire.

§3. La confusion des pouvoirs ou régime d'assemblée

La notion de confusion des pouvoirs est diversement appréhendée. Il importe d'en préciser le contenu avant de dégager l'application qui en est faite en Suisse.

A. Notion de confusion des pouvoirs

Dans la doctrine, on a pris l'habitude d'attacher la notion de confusion des pouvoirs au seul régime d'assemblée qu'appliquerait encore aujourd'hui la Suisse. Une telle perception conduirait à considérer que seul ce pays s'accommoderait de ce type de régime.

Mais au paravent, il importe de dissiper ce malentendu par la clarification de la notion de confusion des pouvoirs. Ainsi, par régime de confusion des pouvoirs, on entend celui dans lequel l'exercice du pouvoir d'État est concentré par un seul organe constitué. Dans ce régime, en effet, il n'existe pas de séparation des pouvoirs ni d'indépendance d'un organe sur un autre.

La confusion des pouvoirs peut se réaliser en faveur de l'exécutif ou du législatif. Elle conduit, pour le premier cas, au présidentialisme et, le second, au régime d'assemblée. La première hypothèse ayant été suffisamment analysée à l'occasion de l'étude des déformations du régime présidentiel, c'est donc sous cette deuxième forme que portera l'examen de la confusion des pouvoirs.

Le régime d'assemblée est celui au sein duquel le parlement assure une double prépondérance, organique et fonctionnelle, sur le gouvernement qui est, régulièrement, soumis aux caprices des assemblées sans avoir la moindre possibilité de démissionner ni de les déstabiliser. Dans un tel régime, le gouvernement apparaît comme un simple organe d'exécution de la volonté parlementaire.

La subordination du gouvernement au parlement implique qu'il soit constitué d'une façon collégiale et que sa nomination soit faite par l'assemblée qui dispose, par ailleurs, du droit de le censurer à souhait. Cet assujettissement du gouvernement cohabite parfaitement avec son instabilité. La France de la troisième et la quatrième République et l'Union des Républiques Socialistes Soviétiques peuvent être citées en exemple. Il n'empêche que l'instabilité gouvernementale que ces régimes ont régulièrement connue les éloigne du régime essentiellement d'assemblée.

B. Les caractéristiques du régime d'assemblée

Certains traits permettent de distinguer le régime d'assemblée d'autres régimes politiques et, notamment, du régime parlementaire dont il est l'antithèse.

Du point de vue de son organisation, le régime d'assemblée encourage l'existence d'un exécutif collégial nommé par une assemblée qui dispose, par ailleurs, du droit de le révoquer et d'annuler ses décisions. Dans ces conditions, le gouvernement ne peut, sous peine de provoquer sa démission forcée, poser une question de confiance à l'assemblée.

Le déséquilibre que produit ce régime doublé de la fragilité d'un gouvernement dépendant totalement d'une assemblée très puissante induit sur son instabilité et sa transformation en régime parlementaire. La Suisse, erronément qualifiée de pratiquer un régime d'assemblée, constitue un exemple.

C. Le prétendu régime d'assemblée de la Suisse

Une certaine opinion présente le régime politique suisse comme celui d'assemblée. Cette interprétation semble reposer sur deux fondements, à savoir, la Constitution et les origines du système politique helvétique.

Sur le plan constitutionnel, le gouvernement suisse appelé « Conseil fédéral » est collégial, composé de sept membres élus par les deux chambres réunies, pour la circonstance, en Assemblée fédérale (art. 96). Sous réserve des droits du peuple et des cantons ainsi que des États membres de la fédération, l'autorité suprême de la confédération est exercée par l'Assemblée fédérale composée de deux sections ou conseils, à savoir, le conseil national et le conseil des États (art. 7).

D'autres dispositions constitutionnelles (art. 71 et 95) donnent au gouvernement un rôle plus ou moins égal à celui du parlement en même temps qu'elles reconnaissent au peuple et aux cantons le pouvoir de réduire la toute-puissance des chambres fédérales.

En rapport avec les origines du régime suisse, on retiendra que l'argumentaire repose sur un certain nombre de postulats, de motions et d'interpellations non prévues par la Constitution, mais par lesquelles les chambres donneraient des ordres au gouvernement.

En pratique, on observe qu'il s'agit, plutôt, d'une forme du droit d'initiative législative des parlementaires ou des manifestations d'opinions auxquelles répondent celles du gouvernement pour parvenir à des compromis entre les deux organes représentant le peuple.

Dans le cadre de la confédération, ensuite, beaucoup de petits cantons fonctionnaient sous le régime des démocraties directes. La démocratie semi-directe qui a succédé à ces derniers et qui existe actuellement, a seulement cherché à moderniser le rôle souverain du peuple. Il est vrai que les assemblées élues ne se voient reconnaître des pouvoirs qu'avec regret et méfiance. De ce fait, elles furent toujours soumises, en principe, à un étroit contrôle populaire et chargées par le peuple de contrôler le gouvernement. Depuis la naissance de l'État fédéral en 1848, le parlement fédéral est chargé de ses fonctions.

Il n'est pas possible de tirer de ces remarques la théorie de régime d'assemblée si abusivement induite du régime helvétique. Les gouvernements cantonaux sont élus par le peuple et non par les parlements cantonaux, et si le gouvernement fédéral est élu par les chambres, c'est par dérogation aux formules suisses normales ; mais la Constitution fédérale a prévu les contrepoids qui évitent sa subordination aux chambres.

La philosophie politique suisse se méfie de tous les gouvernements mais tout autant des parlements. Sans doute, le parlement contrôle le gouvernement et il en est ainsi dans tous les régimes démocratiques. Aussi, n'est-il pas surprenant qu'une telle philosophie n'ait pas donné prépondérance à l'un ou l'autre : c'est le peuple qui tranche à dernière analyse par référendum si bien que tant au niveau fédéral qu'à celui de cantons, le régime suisse est équilibré.

De même qu'aux États-Unis, le régime suisse est un régime de séparation des pouvoirs bien caractérisé mais la collaboration des pouvoirs s'inspirant largement des techniques américaines reposent sur l'organisation de l'État fédéral et d'autres typiquement suisses et très originales : celles-ci sont les résultats de la démocratie semi-directe fondée sur l'initiative populaire ou sur les obligations constitutionnelles en certaines matières. Elles sont également le produit des innombrables diversités de la Suisse, qui font du régime de ce pays, la démocratie reposant sur les minorités, où seules les minorités peuvent construire les majorités.

Le prétendu régime d'Assemblée suisse n'a jamais existé en pratique. Le seul auteur qui s'était chargé d'en faire la publicité, Jean Jacques Rousseau, lui a plutôt rendu un mauvais service au point d'empêcher la Suisse d'exporter ses propres formules politiques.

Comme l'assemblée fédérale ne siège pas en permanence (courte session qui, au total n'excède pas deux à trois mois par an), il en résulte que, en raison de la continuité essentielle de la fonction exécutive, un parlement siégeant une courte période chaque année ne peut prétendre exercer le contrôle sur l'exécutif même par personne interposée. Car, il n'a pas le moyen d'assurer un contrôle constant : en fait, l'Assemblée fédérale est obligée de laisser gouverner le Conseil fédéral.

En Suisse, en effet, l'organe exécutif est uni alors que sur la Convention, meilleur exemple de gouvernement d'assemblée, il avait plusieurs comités à côté du comité de salut public. D'autre part, dans la Convention, l'assemblée était unique alors que le parlement Suisse est composé de deux chambres qui n'ont pas forcément le même point de vue, ce qui donne plus d'aisance de manœuvre et par suite plus d'autorité à l'exécutif.

Le Conseil fédéral, organe exécutif unique, jouit d'une grande stabilité. Élus pour 4 ans, mais en fait, les Conseillers fédéraux sont indéfiniment réélus et certains vont jusqu'à trente ans. En dehors de cette permanence, le Conseil fédéral dispose des bureaux : par conséquent de la compétence technique, ce qui assure aux membres du Conseil fédéral une autorité considérable en face des assemblées. Dans ces conditions, le Conseil fédéral n'est pas commis. Il a le droit d'initiative en matière législative, ce qui ne rentre pas dans le schéma du gouvernement d'assemblée. On peut alors dire que c'est la pratique de la démocratie semi-directe qui constitue les spécificités suisses et qui réduisent le caractère de régime d'assemblée.

À tout bien considéré, malgré la prééminence constitutionnelle et juridique de l'Assemblée fédérale, grâce surtout à la stabilité du Conseil fédéral en face d'une assemblée aux sessions très brèves, tous ces traits instaurent une forme spéciale de collaboration des pouvoirs dans laquelle l'exécutif jouit d'une suffisante indépendance. Toutes ces raisons militent en faveur de la requalification du régime politique suisse comme un gouvernement directorial plutôt que celui d'assemblée. Cependant, en cas de dissentiment entre parlement et gouvernement, c'est ce dernier qui doit s'incliner. C'est donc un gouvernement de législature, qui, dans les circonstances importantes, accorde une certaine prééminence juridique à l'Assemblée fédérale.

Il en résulte qu'en Suisse, et pour autant que le gouvernement bénéficie de la confiance du parlement, il est assuré de rester le plus longtemps au pouvoir. Cette garantie de stabilité est, également, assurée par le fait qu'élus pour quatre ans par l'Assemblée fédérale, les Conseillers fédéraux restent en moyenne douze ans, voire trente ans en fonction. Le gouvernement est, enfin, gratifié d'une liberté d'action d'autant que le parlement ne siège que trois mois par an.

§4. Les régimes de type marxiste

En raison, d'une part, de l'effondrement, en Europe orientale et centrale ainsi qu'en Afrique du socialisme et d'autre part, spécialement de la disparition de l'empire soviétique, les régimes de type marxiste sont devenus, de nos jours, très peu nombreux. Même dans les pays qui prétendent encore les pratiquer (la Chine, la Corée du Nord, le Cuba ou le Vietnam), la tendance est à l'infléchissement sinon à l'abandon progressif de l'idéal initial.

Il importe, donc, de présenter brièvement les caractéristiques essentielles des régimes marxistes avant toute évaluation sur leur portée actuelle.

A. Les traits caractéristiques des régimes marxistes

Parmi les traits qui permettent d'expliquer la survivance des régimes marxistes, on retient l'absence d'un dispositif constitutionnel assurant la compétition politique et l'organisation centralisée de l'exercice du pouvoir.

1. L'absence d'un dispositif constitutionnel favorable à la compétition politique

L'ensemble de Constitutions de pays d'inspiration socialiste organise l'activité de l'État de telle sorte que l'essentiel du pouvoir est, si pas, détenu par le parti communiste, du moins orienté par lui. Le rejet de la diversité d'opinions que suggère le multipartisme rend hypothétique la compétition politique. Le dirigisme du parti communiste le place dans une position privilégiée de monopole dans la conduite et la gestion des affaires publiques. Car, c'est le parti qui régente la vie politique, répartit les responsabilités étatiques et gouvernementales et assure les équilibres institutionnels nécessaires à l'activité étatique.

Il s'ensuit, du point de vue de l'organisation et du fonctionnement de l'État, un dédoublement institutionnel avec en toile de fond l'imbrication des organes de l'État dans ceux du parti. Ce phénomène implique l'existence, à tous les échelons de l'administration, les organes du parti qui servent de courroie de transmission, au niveau inférieur, des décisions et des orientations arrêtées par les instances supérieures du parti communiste.

2. L'organisation centralisée de l'exercice du pouvoir.

Dans la quasi-totalité des pays attachés à la conception socialiste de l'État et du pouvoir, « le centralisme démocratique » est une règle d'or. Il permet au parti au pouvoir de former une sorte de bloc monolithique qui l'aide à renforcer et à consolider son autorité et l'efficacité de son action.

Le centralisme démocratique implique donc que tous les organes dirigeants du parti, de la base au sommet, soient issus du suffrage populaire. Ils doivent, par voie hiérarchique, rendre compte de leurs activités devant les instances du parti et d'autres structures instituées à cet effet. Le principe induit qu'une fois prises par les organes supérieurs du parti, les décisions sur l'orientation des affaires publiques obligent les organes inférieurs.

Dans un régime démocratique, le centralisme constitue une antithèse. La pluralité des partis politiques qu'encouragent la démocratie, postule, en même temps, une réelle et ouverte compétition politique. Le jeu n'est donc pas joué à l'avance et les électeurs ont la liberté de choix même si certains candidats bénéficient, au départ, de plus en plus d'avantages officiels.

Le respect des libertés publiques étant, en principe, effectif dans un régime démocratique, l'opposition peut librement se manifester dans la presse et l'organisation des réunions politiques. Ces opportunités qu'offre la démocratie semblent aller à contre-courant de l'idée de centralisme pour qu'une ligne de démarcation soit facilement faite entre deux principes censés poursuivre, dans un seul système politique, un même objectif.

On observe que l'organisation, dans les régimes marxistes, de l'élection de tous les organes de l'État cède volontiers la place, dans leur fonctionnement, à la substitution aux organes inférieurs par les organes supérieurs. Cette subordination intervient donc au détriment de la démocratie.

B. La portée actuelle des régimes marxistes

Les caractéristiques fondamentales des régimes dits marxistes ont été, depuis plusieurs décennies, scrupuleusement appliquées au point de constituer des dogmes comparables aux « *tabous constitutionnels et institutionnels* ».

L'évolution a permis de constater que rares sont les régimes marxistes qui pratiquent à la lettre les principes du socialisme. Ils ont, au contraire, pris de la distance vis-à-vis de ces tabous qui ne constituent, actuellement, plus qu'un arrière-fond doctrinal susceptible de diverses adaptations et différents réajustements. Ces derniers sont, de plus en plus, visibles du point économique, structurel et institutionnel.

S'agissant de la dimension économique de ce régime, on note que l'évolution de la doctrine socialiste tend à l'éloigner de sa vision initiale au profit, notamment, d'un socialisme empruntant les lois du marché. Il en est ainsi de la Chine qui applique déjà et de manière progressive cette orientation économique, d'abord, dans les milieux urbains et, ensuite, dans les milieux ruraux, pratiquant de plus en plus l'économie de marché en plus du capitalisme d'État.

Ce changement d'orientation s'explique particulièrement dans les pays à faible niveau de vie où le socialisme semble n'avoir apporté des solutions aux problèmes de production. À la place, est née l'idée de recourir aux investissements étrangers pour financer les économies des pays socialistes. La démarche conduit naturellement à des accommodations institutionnelles de plus en plus marquées par une attache capitaliste.

L'ouverture, au départ timide, mais réelle et progressive, des régimes marxistes au pluralisme d'opinions politiques même au sein du parti unique constitue une étape importante de l'infléchissement de la doctrine socialiste. Aussi, à l'unité conceptuelle qui a longtemps caractérisé ces régimes, s'est, de manière séquentielle, substituée la recherche des identités particulières à chaque pays mais toujours avec comme leitmotiv le pluralisme politique et le libéralisme économique.

§5. Les régimes politiques africains

En raison de diversités qui caractérisent le continent africain, se greffe celle des techniques d'aménagement, de dévolution et d'exercice du pouvoir. Il en découle que la nature des régimes politiques africains est loin d'obéir à une règle uniforme.

À l'aune des indépendances, par exemple, on note que pour surmonter les divisions ethniques et consolider l'unité nationale, les jeunes États africains s'étaient dotés des gouvernements suffisamment forts. L'organisation du pouvoir ainsi que le fonctionnement des institutions politiques se sont nettement éloignés de modèles classiques.

Loin d'être univoques ou homogènes, les régimes politiques africains se voulaient plutôt des applications déformées, des altérations et des déviations des régimes dits classiques. On y a vu une forte déformation des régimes traditionnels (présidentiel et parlementaire) avec en toile de fond le partage déséquilibré des pouvoirs entre le législatif et l'exécutif et la prééminence, de fait ou de droit, du président de la République.

Même si la géographie et la culture font naître des spécificités, il s'observe que le monopartisme a caractérisé, pendant plusieurs décennies, la plupart d'États africains dont les systèmes politiques ont fini par fonctionner, à raison des assises institutionnelles et sociologiques fragiles, à sens unique : l'hypertrophie des pouvoirs de l'exécutif.

Le renouveau démocratique amorcé depuis la décennie 1990 a été, au plan constitutionnel, accompagné par la rédaction des nouvelles Lois fondamentales qui ont organisé une autre forme d'aménagement des pouvoirs relativisant, du coup, le phénomène de concentration outrancière du pouvoir au bénéfice de l'exécutif.

Les régimes politiques instaurés par ces Constitutions tiennent donc aux spécificités politiques, culturelles et géographiques de chaque pays au point qu'ils se distancient des modèles classiques rendant, par là même, difficile une typologie inédite.

Quant à l'organisation et au fonctionnement du pouvoir et des institutions politiques, ils présentent des traits communs qui assurent leur unité géographique, politique et leur originalité.

Pour saisir cette similitude, il convient de se placer dans le contexte d'émergence de chaque espèce partant des particularités qui pourraient se cacher derrière les rapports constitutionnels et fonctionnels en vue de tenter une classification des régimes politiques africains.

À ce sujet et tenant compte, d'une part, de l'aménagement constitutionnel des pouvoirs et, d'autre part, du fonctionnement réel de l'autorité, quelques grilles, non exhaustives, de présentation peuvent se prêter à la réflexion.

La première décline les pays qui organisent, au point de vue constitutionnel, la séparation des pouvoirs doublée d'une certaine hyperprésidentialisation du régime sans que l'on débouche nécessairement au présidentialisme. La Constitution béninoise du 11 décembre 1990 qui fait du président de la République la clé de voûte de l'architecture institutionnelle du pays[240], peut être citée en exemple. Détenteur du pouvoir exécutif, le président béninois est le chef du gouvernement, détermine et conduit la politique de la Nation. Il exerce le pouvoir réglementaire, nomme, après avis consultatif du Bureau de l'Assemblée Nationale, les membres du gouvernement dont les attributions sont fixées par lui.

La deuxième grille est offerte par la Loi fondamentale sud-africaine qui organise l'élection, par le parlement, du président de la République, ce qui devait lui conférer des prérogatives très limitées. La mise en mouvement des prérogatives présidentielles déborde le cadre strictement du régime parlementaire pour emprunter une voie présidentielle, sans toute fois, fléchir vers le présidentialisme.

Une troisième fournit l'expérience des pays dont les textes constitutionnels aménagent une collaboration particulière entre le président de la République et le parlement dans la désignation du premier ministre avec un clin d'œil fait au parlement dépourvu, par ailleurs, du droit de démettre le gouvernement dont la dépendance à l'égard du président de la Répu-

[240] Art. 54, al. 1, 2 et 3.

blique n'établit pas un régime parlementaire de type classique (Burkina Faso, Gabon, Mali, Niger…).

Dans la perspective du renforcement des pouvoirs présidentiels issus des suffrages universels directs, quelques pays (Côte d'Ivoire, Ghana, République du Congo, Ruanda, Ouganda, Sénégal ou Zimbabwe) instaurent, en dépit de la séparation des pouvoirs, des formes variées de régime quasi présidentialiste.

Assurant la collaboration des pouvoirs, d'une part, entre le président de la République et le gouvernement (dans la détermination de la politique de la Nation) et, d'autre part, entre lui et le parlement, notamment, dans la dissolution de l'Assemblée nationale, certains pays comme le Lesotho ou la République Démocratique du Congo instaurent un régime parlementaire rationalisé.

De ces constatations, il est permis d'affirmer que les régimes politiques africains sont diversifiés comme l'est l'Afrique.

CHAPITRE VII

LES PARTIS POLITIQUES ET LES GROUPES DE PRESSION

Les partis politiques et les groupes de pression sont les principales organisations qui animent le jeu politique. La structure, le rôle et les fins des partis politiques ont, de nos jours, acquis, dans la vie politique, une importance telle qu'à bien des égards c'est d'eux seuls que dépend aujourd'hui la qualification du régime politique. Ce sont ces organisations politiques (partis politiques) et sociales (groupes de pression) qu'il convient, à présent, d'étudier.

Section 1 : Les partis politiques

Une bonne perception de différents systèmes de partis et de leur fonction nécessite que soient, préalablement, fixées les idées sur la notion même de parti politique. En raison de spécificités qui entourent, régulièrement, leur organisation et leur fonctionnement, les partis politiques africains nécessitent une étude séparée.

§1. La notion de parti politique

La notion de parti politique n'est pas facile à définir. Historiquement, le concept s'apparente à un club, une ligue, mieux, un espace dans lequel une opinion particulière, dissidente ou partagée peut s'exprimer. La définition d'un parti politique sera suivie de l'étude de ses origines et de ses fonctions.

A. La définition d'un parti politique

Plusieurs approches ont été imaginées pour pénétrer en profondeur le phénomène parti politique. Du point de vue juridique, un parti politique fait appel à une union de volontés, un accord intervenu entre les membres d'un groupe de personnes : il se décline en un mode d'organisation sociale et sociétale. L'approche fonctionnelle met l'accent sur les buts, les objectifs poursuivis par un regroupement d'individus, par exemple, la conquête et l'exercice du pouvoir ou la sélection des personnes devant faire partie de la classe dirigeante. L'approche génétique insiste sur l'origine du rassemblement des individus.

De ces différentes approches, Raymond Aron a pu définir un parti politique comme « *les regroupements volontaires, plus ou moins organisés, qui prétendent, au nom d'une certaine conception de l'intérêt commun et de la société, assurer seuls ou en coalition, les fonctions du gouvernement* ».

Pour Daniel-Louis Seiler,

> *un parti politique est une organisation qui vise à mobiliser des individus dans une action collective menée contre d'autres, pareillement mobilisés, afin d'accéder, seuls ou en coalition, à exercer des fonctions de gouvernement. Cette action collective et cette prétention à conduire la marche des affaires publiques sont justifiées par une conception particulière de l'intérêt général*[241].

De cette définition, Célestin Kabuya Lumuna Sando a pu dégager quatre logiques tenant, successivement, à l'objectif poursuivi, à l'organisation, à la mobilisation et à l'idéologie qui sous-tend l'action d'un parti politique[242].

Actuellement, la perception d'un parti politique s'organise autour d'un certain nombre d'éléments. Il doit, d'abord, s'agir d'une organisation, une structure dont l'espérance de vie politique doit être supérieure à celle de ses dirigeants, c'est-à-dire créée sans considération de personne. Cet élément permet de distinguer un parti politique de simples clientèles, factions ou cliques constitués autour d'individus et qui disparaissent avec leurs fondateurs ou animateurs.

Dans la pratique, il arrive que, même fondé par un chef charismatique et autour de lui, un parti politique parvienne par la suite à s'institutionnaliser et à survivre à son initiateur.

Cette organisation doit, ensuite, être suffisamment structurée (du niveau local au niveau national) et durablement établie avec possibilité de favoriser des rapports réguliers et variés entre les deux niveaux. Ce critère éloigne le parti politique d'un simple groupe parlementaire qui n'existe que, périodiquement, au niveau national à l'issue des élections.

Le parti politique est, en outre, constitué avec une volonté délibérée de conquérir, d'exercer et, au besoin, de conserver le plus longtemps possible, le pouvoir seuls ou avec d'autres, et non pas simplement d'influencer celui-ci.

Plus déterminant, ce facteur aide à différencier le parti politique d'un groupe de pression. On note à ce sujet qu'un parti politique a pour objectif direct de s'emparer du pouvoir ou de participer à son exercice. Un groupe de pression cherche, en revanche, à influencer simplement l'action des

---

[241] SEILER D.-L., *Les partis politiques*, Paris, Armand Colin, 1993, p. 22

[242] KABUYA LUMUNA SANDO C., *Manuel de sociologie politique*, *op. cit.*, pp. 326-327.

détenteurs du pouvoir, à faire pression sur eux. Si les partis politiques recherchent le pouvoir, les groupes de pression cherchent à agir sur le pouvoir, à l'influencer, tout en demeurant en dehors du jeu politique.

La conquête du pouvoir par un parti politique doit, enfin, se faire avec le soutien permanent du peuple à travers les élections régulièrement organisées. Cet élément permet d'opposer les partis politiques aux clubs « politiques » qui, même s'ils ne participent pas aux élections et à la vie parlementaire, font tout de même pression sur les partis politiques, le gouvernement et l'opinion publique.

Tout aussi important est l'élément psychologique dans la différence entre les partis politiques et les groupes de pression. Les premiers reposent sur une solidarité générale, la promotion de telle ou telle conception de l'intérêt général alors que les seconds se fondent sur des sympathies particulières, la défense d'intérêts particuliers.

Il en découle que le parti politique est une réalité relativement récente qui n'apparaît que dans le courant du XIXe siècle et surtout dans sa seconde moitié. Cette apparition tardive suppose que soit atteint un certain niveau de développement socio-économique et politique.

B. L'origine des partis politiques

Ainsi circonscrite, la naissance d'un parti politique peut avoir une origine électorale et parlementaire ou extra-électorale.

1. Les partis d'origine électorale et parlementaire

Avec la démocratie représentative et l'extension des prérogatives parlementaires doublées du suffrage populaire, naissent et se développent les partis politiques d'origine électorale et parlementaire.

Ensuite, l'accroissement du rôle des assemblées a fait que les élus de même tendance ont pris souvent l'habitude de se réunir pour agir ensemble en vue de la constitution des groupes parlementaires. L'extension, enfin, du droit de suffrage nécessite la canalisation des votes au bénéfice des comités électoraux dont le rôle revient à soutenir les candidats et leurs campagnes électorales en vue de leur élection ou réélection.

L'efficacité d'une telle entreprise exige l'établissement d'une liaison permanente entre ces deux éléments dans le sens de former une cohérente fédération des actions, à la base, entre les comités électoraux et les électeurs et, au sommet, entre lesdits comités et les élus. C'est de l'institution d'une coordination permanente et des liens réguliers entre ces deux cellules (groupes parlementaires et comités électoraux) que sont nés les premiers partis politiques.

Il en résulte que les partis politiques modernes sont apparus à la faveur de la promotion et de la valorisation du rôle du parlement (formation des groupes parlementaires qui réunissent les élus par affinités politiques) ainsi que de l'extension du droit du suffrage (constitution des comités électoraux encadrant les nouveaux électeurs).

2. Les partis politiques de création extérieure

Les partis politiques d'origine extérieure sont essentiellement établis par une institution préexistante dont l'activité propre se situe en dehors des élections et du parlement. Ces groupements et organismes extérieurs sont, notamment, constitués des syndicats, des sociétés de pensée, des groupements professionnels paysans, des Églises et des groupements religieux, des associations d'anciens combattants, des groupements clandestins ou secrets et des groupements industriels et financiers.

En dépit de la diversité de leur origine, ces partis politiques présentent quelques traits communs qui les distinguent des partis politiques de provenance parlementaire et électorale, lesquels se caractérisent par leur nature plus centralisée, disciplinée doublée de leur cohérence plus forte, la prépondérance interne des dirigeants et la défiance envers le jeu parlementaire.

Cette présentation ne permet pas d'expliquer de manière satisfaisante la difficile naissance et l'organisation des partis politiques des pays en développement et notamment, d'Afrique. Il faut donc tenter d'expliquer cette spécificité.

La maturation politique qui a facilité le processus de création des partis politiques en Occident semble faire défaut dans les jeunes États dans lesquels, les partis politiques naissent en même temps que l'État dans une sorte de vide institutionnel.

L'observation met en évidence deux éléments déterminants en Afrique, à savoir, d'une part, la nécessité d'ajouter le phénomène des partis politiques qui naissent de la fusion ou de la scission d'autres partis ou groupes de partis et, d'autre part, le faible pourcentage des partis d'origine parlementaire.

Trois raisons peuvent justifier cet état de choses. On signale, d'abord, que les mouvements nationalistes qui ont souvent précédé la naissance des partis politiques africains ne s'accommodent pas toujours du système parlementaire. L'hostilité du colonisateur à l'égard des mouvements d'émancipation nationaliste les a, ensuite, poussés à se réfugier dans la clandestinité. Il est, enfin, des cas où les partis politiques de masses apparaissent en l'absence de tout système colonial ou parlementaire.

Aussi, en l'absence d'un héritage politique clairement identifié, les personnalités charismatiques dans les États nouveaux ont, en un moment donné, apparu comme un moyen certes transitoire mais efficace à la solution de la crise de l'identité nationale. C'est la raison par laquelle après la présentation générale des partis politiques, il sera nécessaire d'analyser les caractéristiques des partis politiques africains.

§2. Les fonctions de parti politique

Traditionnellement, les partis politiques s'occupent essentiellement de la formation de l'opinion, de la sélection des candidats et de l'encadrement des élus. On admet, actuellement, que les partis politiques remplissent également la fonction de représentation nationale.

1. La représentation nationale

La première fonction d'un parti politique est d'assurer la représentation nationale qui découle de sa mission principale qui est celle de conquérir et d'exercer le pouvoir avec le soutien permanent du peuple à travers les élections régulièrement organisées.

Une fois le pouvoir conquis, le parti politique doit, par ses élus interposés, assurer un mandat de représentation nationale. Ce mandat est, en tous les cas, non impératif. Aussi, pour garantir efficacement cette fonction, le parti politique doit-il disposer d'une organisation suffisamment cohérente et durable établie du niveau local à celui national et capable de favoriser des rapports réguliers et variés entre les deux niveaux.

2. La formation de l'opinion

La deuxième fonction d'un parti politique est de fournir à ses électeurs, à ses élus et, au besoin, à l'opinion nationale, une formation idéologique et civique adéquate. Cette formation s'opère par le biais de l'information et de l'éducation que le parti politique met à la disposition de ses membres ou militants, ce qui leur permet d'avoir une conscience politique individuelle et collective indispensable à l'exercice de leurs droits et libertés politiques.

La formation de l'opinion se réalise, également, par un encadrement thématique, doctrinal ou idéologique des électeurs et des candidats avant, pendant et après les élections. Grâce, en effet, aux thèmes conçus, arrêtés et développés au sein du parti, un débat politique s'y installe, il s'éclaircit et s'alimente.

Bien informé du programme d'action ou du projet politique de son parti, l'électeur est correctement outillé avec les idées et les programmes des candidats qui sont, en réalité, ceux du parti. Son vote devient, dans ce cas, un choix non seulement d'un candidat mais également de l'option politique de son parti.

La fonction de programmation et de structuration du vote à laquelle les partis politiques sont tenus de remplir donne au suffrage des électeurs un vocabulaire riche, elle constitue en même temps un potentiel d'indicateurs capables de jouer un rôle décisif au moment des élections futures.

3. La sélection des candidats

Dans une démocratie représentative, ce sont, en effet, les partis politiques qui désignent la plupart des candidats aux différents scrutins (présidentiels, législatifs, européens, régionaux, municipaux ou locaux). Ils participent de ce fait à la fonction de recrutement politique.

Dans la pratique, la sélection du personnel politique par les partis est susceptible de contribuer, par la concurrence interne, à la démocratie et à la gestion transparente des enjeux électoraux. Mal organisée, elle peut conduire à la mise en place de certaines oligarchies professionnelles à caractère tribal, ethnique ou religieux.

4. L'encadrement des élus

Une autre fonction d'un parti politique est d'assurer l'encadrement civique et politique des élus en maintenant un contact permanent entre, d'une part, les élus et les électeurs[243] et, d'autre part, entre les élus par l'organisation des concertations ou rencontres régulières au sein du groupe parlementaire.

Pour ce faire, une discipline rigoureuse doit être observée au sein des partis politiques, exigence qui fonde la distinction entre les partis souples et les partis rigides. Si, en effet, la discipline de vote prévaut dans bon nombre de partis de gauche (communiste ou socialiste), certaines formations politiques du centre et même de droite s'en sont quelques fois servis ; il en est ainsi du Parti conservateur, en Grande-Bretagne, de la CDU, en Allemagne, ou de l'UDR français.

Ainsi que l'on le constate, cette distinction (fondée sur la discipline de vote) qui pourrait guider l'action des partis politiques ne coïncide que partiellement avec celle entre partis de cadres et partis de masses, car si tous les partis de masses peuvent être rigides, certains partis politiques de cadres le sont également tel le parti conservateur britannique.

§3. Les partis politiques africains

Forces sociales de canalisation des intérêts communautaires, les partis politiques africains se découvrent par un certain nombre de traits spécifiques qui, d'une part, les distinguent de formations politiques du monde occidental et, d'autre part, induisent certaines fonctions spécifiques aux partis africains.

A. Les caractéristiques des partis politiques africains

Ainsi qu'ils sont créés à travers le continent, les partis politiques connaissent, schématiquement, trois générations. Si la première dévoile les partis dont l'existence dérive de la constitution des mouvements associatifs à la veille des indépendances, la deuxième et la troisième renvoient, res-

[243] C'est, en effet, par les militants ou membres que se construisent des liens ascendants ou descendants entre les différents organes des partis politiques.

pectivement, à la fondation des partis à la suite des processus de démocratisation et des alliances électorales ou postélectorales.

Quelles que soient leurs générations, les partis politiques africains présentent certains traits communs tels l'absence d'idéologie ou de discipline, l'organisation autocratique et conjoncturelle.

Le manque de programme d'action original et de projet de société précis vient à l'appui du vide ou du flou idéologique de ces formations politiques et démontre à suffisance ce déficit de leur influence sur l'idéal de la représentation nationale, la formation de l'opinion et l'encadrement des élus.

Le vagabondage en vue d'un positionnement politique selon les intérêts personnels traduit l'absence de discipline au sein des partis politiques et retarde sensiblement l'accès à la fonction émancipatrice et civilisatrice des formations politiques africaines.

Ainsi, loin d'être un patrimoine commun à tous les membres, les partis politiques africains passent, dans l'ensemble, pour des propriétés privées de chefs fondateurs ou initiateurs au point qu'à la disparition de ces derniers, se constate la guerre d'héritage qui, à défaut de permettre d'assurer la succession patrimoniale ou maritale, conduit à des scissions au sein d'une même formation politique.

L'autarcisme des partis politiques africains émiette les efforts communs pour n'apparaître que comme des phénomènes conjoncturels résultant de la recherche sans freins des intérêts personnels.

Cette communauté de caractères est, de toute évidence, loin d'occulter les éléments distinctifs entre les trois générations des partis politiques africains.

Si les partis constitués à partir de l'éveil patriotique des libérations nationales (première génération), d'implantation partielle, sont marqués par un nationalisme tribal, ethnique ou régional doublé d'une incompétence, tout au moins, d'une impréparation pour l'exercice du pouvoir, ceux nés des mouvements des renouveaux démocratiques (deuxième génération), généralement, sans impact certain sur les populations et pratiques démocratiques en leur sein, se trouvent, en revanche, dominés par la politique du ventre ou poursuivent, sans gêne, le partage du pouvoir ; d'où, leur inconstance.

Les partis dérivés des alliances électorales ou postélectorales (troisième génération) aux étiquettes idéologiques diamétralement opposées se font et se défont au gré des intérêts partisans. L'intérêt général qu'ils préconisent dans leurs discours est fréquemment absent dans leurs actions.

B. Les fonctions des partis politiques africains

En Afrique, les partis politiques exercent, généralement les fonctions déterminées par loi ou celles dictées par les nécessités institutionnelles. Légales ou institutionnelles, ces fonctions peuvent être *manifestes* (opposition à certains aspects de l'ordre politique établi plutôt qu'à l'ordre lui-même), *latentes* (canalisation des revendications pour légitimer l'ordre politique) ou *spécifiques* (éducation des citoyens ou reconnaissance d'un régime après le coup d'État).

S'agissant des fonctions établies par la loi, on note que l'exercice de leurs activités se fait dans le respect de l'intégrité territoriale et de la souveraineté nationale[244], elle couvre également le domaine de l'éducation civique.

Pour ce qui est des fonctions institutionnelles, les partis sont astreints à produire des programmes d'action originaux (fonction programmatique) à même de participer à la sélection des gouvernants (fonction gouvernementale) ou à légitimer l'ordre politique créé après l'accession du fondateur au pouvoir.

Tel qu'opéré par les partis politiques africains, l'exercice de ces trois fonctions conduit, souvent, à l'agrégation d'intérêts plutôt qu'à la poursuite de l'intérêt général.

C. La question de la transhumance politique

Empruntée du vocabulaire agro-pastoral, la transhumance est une réalité dérivée de la combinaison de deux mots latins, à savoir, *trans* qui signifie de l'autre côté et *humus* comme pour dire la terre ou le pays.

La transhumance décline ainsi ce processus de migration périodique et pendulaire du bétail (bovidés, équidés, cervidés et ovins) de la plaine vers la montagne et vice-versa. Les abeilles se livrent également à ce mouvement d'errance d'une région à une autre en fonction de conditions climatiques et, donc, de saisons.

Transposé dans le domaine politique, le concept désigne une réalité qui caractérise le comportement des personnes qui, au gré de vagues, changent de partis ou d'alliances politiques ; elle renvoie à l'attitude changeante d'un homme politique qui migre, pour des intérêts personnels, d'un parti politique vers un autre.

À la faveur de cette réalité, le transhumant ou le nomade politique quitte son parti au bénéfice d'un autre plus alléchant ou plus offrant en se réservant, toutefois, le droit d'y retourner si la « *météo politique* » lui paraît plus favorable.

Dans la pratique, la transhumance politique se présente sous plusieurs formes[245], elle survient généralement à l'approche ou à l'issue d'une élection. Ce phénomène d'errance et, donc, de vagabondage politique répond plus à la recherche des intérêts personnels qu'à une conviction politique bien élaborée capable de se transporter de générations en génération.

---

[244] En République Démocratique du Congo, le cas du CNDP transformé plus tard en à M23 fait exception parce que ce mouvement politico-militaire s'est assigné comme objectif de prendre le pouvoir d'État et de l'exercer en violation de la Constitution en recourant aux armes, entreprise qui menace l'intégrité territoriale et la souveraineté nationale.

[245] Tels que les reniements épisodiques, les renversements des alliances politiques, les débauchages politiques, les scissions au sein de partis politiques ou encore le besoin de positionnement politique.

Le multipartisme intégral, le recours fréquent à la politique du ventre et l'absence quasi permanente de discipline au sein des partis politiques africains se présentent en un indicateur important de la généralisation, somme toute inquiétante, du phénomène à travers le continent.

L'observation incite à soutenir l'idée qu'en plus de la réorganisation des systèmes de partis, la reconfiguration des alliances politiques par l'adoption des codes électoraux l'exigeant, la discipline au sein des partis politiques pourra constituer une recette servant à contenir autant que faire se peut, les effets pervers du vagabondage politique des dirigeants africains.

§4. Le système de partis politiques

Il existe divers types de relations entre les partis politiques. Leurs nombre, dimensions et alliances ainsi que leurs stratégies constituent un ensemble de rapports relativement bien établis qui forme ce que l'on peut appeler le système de partis.

Parmi les divers systèmes, on distingue le parti unique du bipartisme et du multipartisme. Mais la classification fondée sur la distinction entre les systèmes compétitifs et les systèmes non compétitifs paraît mieux rendre compte, dans sa globalité, du phénomène partisan.

A. Les systèmes compétitifs

Dans l'échelle de régression de la concurrence politique, les systèmes compétitifs se déclinent en système multipartisan, bipartisan ou en celui qui consacre la domination d'un parti sur d'autres.

1. Le multipartisme

À l'exception de quelques pays anglophones[246], la plupart des États européens[247] et d'Afrique[248] organisent le système à plusieurs partis politiques. Il suffit de rechercher les raisons de l'engouement au multipartisme pour qu'une esquisse de ses effets puisse être facilement envisagée.

1.1. Les raisons de l'enthousiasme au multipartisme

Plusieurs facteurs justifient, de nos jours, l'engouement au multipartisme. Ils ont une nature à la fois sociale, idéologique, religieuse, historique, nationale et institutionnelle.

---

[246] L'Australie, le Canada, les États-Unis d'Amérique, la Grande-Bretagne ou la Nouvelle-Zélande.

[247] Notamment l'Allemagne, l'Autriche, la Belgique, la France, l'Italie et les Pays-Bas.

[248] Jusqu'en 1990, on ne connaissait pas plus de trois pays africains qui pratiquaient le multipartisme. Aujourd'hui, la plupart d'États africains ont adopté le système. On cite, en exemple, l'Afrique du Sud, le Bénin, le Burkina Faso, le Burundi, le Cameroun, la Côte d'Ivoire, l' Égypte, le Gabon, le Ghana, le Kenya, le Libéria, le Mali, la Mauritanie, le Niger, l'Ouganda, la République Centrafricaine, la République Démocratique du Congo, la République du Congo, le Ruanda, le Sénégal, le Tchad, la Zambie ou encore le Zimbabwe.

1.1.1. Les motivations d'ordre social

En démocratie, le rôle du système de partis politiques est de modérer et de contenir les conflits de classes. La stratification sociale offre ainsi un terrain propice pour l'émergence du multipartisme.

Dans une approche purement marxiste, les partis politiques sont l'expression politique des classes sociales, leur structure économico-sociale permet une répartition binaire. Au XIXe siècle, par exemple, les partis politiques de cadres traditionnels traçaient la configuration d'un conflit larvé mais limité entre l'aristocratie et la bourgeoisie. Le conflit conservateurs-libéraux qui opposait les partis de cadres entre eux s'est, facilement, estompé en faveur d'un autre entre capitalistes et socialistes ou entre les partis de cadres et ceux de masses.

L'apparition du socialisme a, par la suite, placé les libéraux devant un dilemme de collaborer avec les socialistes contre les conservateurs ou se réconcilier avec les seconds contre les premiers. À l'analyse, la seconde solution a paru la mieux adaptée eu égard au fait que les libéraux appartenaient à la bourgeoisie, classe sociale que les socialistes combattaient comme leur adversaire principal, de ce point de vue, soutenir une alliance entre bourgeois et prolétaires est contre nature. Cette conclusion ne couvre certainement pas toutes les hypothèses d'usage dans la mesure où l'association entre bourgeois et socialistes peut, à d'autres égards, offrir des possibilités d'expérimentation. C'est ainsi qu'en un moment donné de leur histoire, les bourgeois et les ouvriers ont eu à lutter ensemble contre les conservateurs, notamment pendant les années qui ont précédé le développement de la grande industrie et du socialisme.

Si pendant la révolution de 1789, on a pu déceler des conflits entre les deux classes, ces derniers ont été secondaires par rapport à leur coalition commune contre l'aristocratie, ce qui leur a fourni des opportunités d'aligner des victoires révolutionnaires. Ces luttes avaient, également, permis de développer, dans la fraction de gauche des libéraux, une compréhension relative des problèmes économiques et sociaux.

Dans cette perspective, si les libéraux et les socialistes ont pu être, quelquefois, en désaccord sur les buts lointains, cette distance ne concernait pas le domaine de certaines réformes. C'est dans ce sens qu'il convient d'inscrire les objectifs principaux de l'action politique menée par les libéraux et qui ont conduit à la suppression des inégalités de naissance, à l'établissement du suffrage universel, à l'instauration des libertés politiques et au renforcement des pouvoirs du parlement.

Contrairement aux socialistes, les libéraux se sont tout de même réservés d'aller jusqu'au bout de leur démarche laissant la possibilité aux socialistes de croire encore à la lutte même si à leurs yeux, l'égalité et la liberté ne peuvent se réaliser qu'à partir du moment où l'exploitation de l'homme par l'homme aura pris fin.

Aussi, l'établissement d'une liberté et d'une égalité purement juridiques fournit-il, dans ce cas, des maigres résultats pour combattre la lutte de classes et l'exploitation de l'homme par l'homme.

En pratique, cependant, le choix des libéraux dépendait de la situation du moment. En tout état de cause, leur alliance avec les socialistes ne pouvait être que provisoire car, d'une façon générale et c'est dans les pays où les conservateurs détenaient encore le pouvoir et où la liberté et l'égalité politiques n'existaient pas au moment où le socialisme commençait à se développer que les libéraux s'alliaient aux socialistes.

Cette évolution s'explique, d'une part, par la faiblesse de l'organisation de la société socialiste et, d'autre part, par la perte d'influence de la philosophie libérale et son corollaire, l'aristocratie.

Il en résulte que ni cette évolution ni encore moins le choix initial d'une tendance n'a pu suffire pour résoudre définitivement le problème de la lutte de classes, ce qui a été à la base des scissions au sein des partis libéraux en fractions de gauche qui se sont efforcées de collaborer avec les socialistes ou tout au moins de garder l'indépendance et en fractions de droite cherchant à rejoindre les conservateurs.

Ainsi qu'on le voit, la lutte de classes et, notamment, le clivage conservateurs-libéraux et socialistes-capitalistes a largement laminé les partis libéraux. Il importe d'observer que le conflit socialisme-capitalisme a évolué de deux manières : il a, d'une part, été perturbé par la révolution soviétique de 1917 qui a entraîné un schisme à l'intérieur du socialisme et, d'autre part, atténué en raison de l'évolution du socialisme vers le réformisme.

Dans cette perspective, il n'est pas faux d'affirmer que la lutte de classes et, conséquemment celle des partis, a été un indicateur important dans l'instauration, en Europe occidentale comme ailleurs, du multipartisme.

1.1.2. Les facteurs idéologiques et religieux

L'avènement, en Russie en 1917, du marxisme-léninisme a provoqué au sein des partis socialistes une forte division notamment de la part de ceux qui ont refusé de se rallier à la IIIe Internationale dirigée par Moscou.

Cette lecture divergente d'approches et d'options a favorisé l'apparition, à côté des partis socialistes, des partis communistes. Il en est de même de l'idéologie fasciste qui est venue compliquer le paysage de la droite en Italie (fascisme), en Allemagne (nazisme) et en Belgique (rexisme).

Malgré les échecs et les crimes de Mussolini et d'Hitler qui ont porté un coup dur au fascisme, les partis fascistes ont continué à garder, longtemps, une audience certes limitée mais réelle dans le paysage politique.

Dans certains cas, on a observé le fait que les partis démocrates-chrétiens ont accentué le multipartisme pendant que dans d'autres, ils ont fini par supplanter ou absorber les tendances conservatrices ou libérales préexistantes de droite[249] ou du centre[250]. Dans ces dernières hypothèses, le cléricalisme latent des partis démocrates-chrétiens peut maintenir ou ranimer de vieilles querelles et nuire ainsi à la simplification de l'échiquier politique.

Prenant en compte les facteurs idéologiques, on peut soutenir que les partis politiques jouent, aujourd'hui, le rôle que tenaient, hier, les religieux. Dans les pays à pluralisme religieux, les conflits entre Églises se superposaient aux conflits proprement politiques et entraînaient l'éclatement d'une même tendance en plusieurs partis.

1.1.3. Les raisons historiques et nationales

Chaque nation trouve dans son histoire et dans sa culture des particularismes qui constituent son originalité et suscitent, en même temps, des divisions partisanes supplémentaires.

En France, par exemple, on signale qu'au XIXe siècle, les circonstances historiques ont suscité des querelles de légitimité au point de conduire à la division de la droite en trois tendances composées des légitimistes, des orléanistes et des bonapartistes. Cette situation a longtemps pesé sur la balance pour une organisation solide et efficace de la droite française.

Dans l'espace scandinave, il fut noté l'existence de partis paysans, inexistants dans le reste de l'Europe occidentale. Dans la France de l'ancien régime, la paysannerie ne possédait pas de représentation autonome, de même que les états généraux ne comptaient que trois ordres, à savoir le clergé, la noblesse et le tiers état essentiellement représenté par la bourgeoisie urbaine. Dès lors, la paysannerie ne s'organisa pas au XIXe siècle dans des partis distincts : elle servit de classe de soutien, à l'aristocratie, d'abord, et à la bourgeoisie, ensuite.

En Suède et dans l'ensemble de pays nordiques d'Europe où l'on n'a pas connu la féodalité, la classe paysanne se trouvait déjà dotée d'une représentation distincte, ce qui a facilité la formation, par la suite, de partis paysans et l'originalité des systèmes de partis scandinaves, fondés, cette fois-ci, sur l'existence de quatre partis principaux que sont les conservateurs, les libéraux, les socialistes et les agrariens.

L'existence, dans certains pays, de groupes nationaux spécifiques, qui s'organisent dans des partis nationalistes pour mieux revendiquer leur indépendance constitue un autre type de particularisme générateur de divisions partisanes supplémentaires. De même, cette situation est fréquente dans les pays jadis colonisés en lutte pour leur indépendance nationale. Dans ces pays, en effet, l'engouement au multipartisme est dicté

---

[249] Tels que les Partis chrétiens-sociaux belge et hollandais, le Parti populiste autrichien ou la CDU en Allemagne.
[250] Notamment la Démocratie chrétienne en Italie.

moins par rapport aux considérations nationalistes que par le besoin de positionnement politique.

1.2. Les facteurs institutionnels

Des systèmes électoraux ont pu favoriser la multiplication du nombre des partis. Le choix, par exemple, du système de représentation proportionnelle avec application de la règle du plus fort reste et celle de la plus forte moyenne conduit à l'émiettement de l'échiquier politique à plusieurs tendances et partis politiques, facteur indispensable au multipartisme, cela a été suffisamment illustré par ce mode de scrutin.

1.3. Les effets du multipartisme

Par comparaison au bipartisme, le multipartisme intégral comporte trois types de conséquences.

La première tient au fait qu'à l'opposé du bipartisme, le multipartisme ne favorise pas l'agrégation des intérêts. Le bipartisme incite chacun des deux partis en compétition à étendre, au maximum, son assiette électorale, en incorporant à son programme les « demandes » qui bénéficient d'un large soutien populaire. Ainsi, les multiples revendications disparates, qui avaient d'intérêts divergents, se trouvent homogénéisées, harmonisées, transmutées en quelques options synthétiques. La multiplicité des exigences particulières se trouve ainsi réduite à quelques objectifs collectifs.

Dans un tel système, les décideurs ne sont pas submergés par l'amas des demandes sectorielles qu'ils reçoivent mais obtiennent tout de même une vue globale des exigences initialement formulées par de nombreux groupes sociaux, ce qui est susceptible d'accroître l'efficacité de son action et sa capacité de réponse aux demandes formulées.

La situation n'est pas la même dans un système multipartisan avec un grand nombre de petits partis où chacun aura une position tranchante et exprimera les exigences d'une subculture ou d'une clientèle limitée. Sans guère se préoccuper d'harmoniser ces exigences avec celles d'autres catégories, chaque formation politique cherchera à devenir le porte-parole d'une catégorie particulière, à l'instar de groupes d'intérêts. Dans ce cas, la fonction d'agrégation des intérêts qu'il devait remplir cède la place à celle d'articulation d'intérêts.

En rapport avec la fonction de réduction des exigences, chacun de deux grands partis, dans un système bipartisan, désire élargir au maximum sa base électorale et procède aux synthèses nécessaires. En revanche, en multipartisme, chaque parti se contente souvent de transmettre telles quelles les exigences exprimées par sa clientèle propre.

La deuxième conséquence procède de la médiatisation des choix politiques que favorise le multipartisme. Dans ce système, en effet, l'électeur a formellement le choix entre une multitude de programmes. Cette liberté de choix est, en fait, illusoire car loin de décider directement de son destin, d'arrêter les grandes décisions nationales, l'électeur s'en remet à des médiateurs que sont les députés qui décideront, ensuite, à sa place, en fonction de coalitions et de compromis rendus possibles par les résultats électoraux.

Il en résulte que dans un multipartisme intégral, l'électeur ne fait que distribuer les cartes du jeu politique et tout dépendra, en réalité, des combinaisons et des alliances parlementaires que contracteront les partis. Ce système conduit non à la démocratie directe mais plutôt à une sorte de démocratie médiatisée ou biaisée.

La troisième conséquence est que le multipartisme intégral ne favorise pas la formation d'une majorité parlementaire stable et cohérente capable de soutenir fidèlement et durablement l'action gouvernementale. L'instabilité gouvernementale est la rançon du multipartisme intégral.

Pour contourner cette difficulté, on conseillera le regroupement sous une forme binaire des tendances politiques par l'instauration d'une discipline de vote au sein des partis politiques.

Si cette discipline est réelle, la formation d'alliances interpartisanes modifie naturellement le visage du multipartisme. C'est par le choix du scrutin majoritaire à deux tours créant ainsi une bipolarisation proche du bipartisme que cette entreprise pourrait être réalisée.

Aussi et, dans l'échelle de régression de la concurrence politique, le multipartisme tempéré marque-il une étape intermédiaire entre multipartisme intégral et bipartisme.

2. Le bipartisme

La présentation préalable des facteurs qui donnent souvent naissance au bipartisme concourt à dégager, ensuite, ses conséquences et, enfin, ses différentes manifestations.

2.1. Les facteurs du bipartisme

Le bipartisme semble revêtir un caractère naturel tant et si bien que les options politiques se présentent d'ordinaire sous une forme dualiste : bonnes ou mauvaises, chaudes ou froides, fortes ou faibles, etc. On constate ainsi que toute politique implique un choix entre deux types de solutions. Que l'on songe, à cet égard, à une lutte de tendances (l'ordre contre le mouvement), de tempéraments (conservateur contre radical) ou de classes (bourgeoisie contre prolétariat).

Le dualisme correspond, ensuite, au cours de l'histoire. Dans le passé, toutes les grandes luttes de factions ont, généralement, emprunté une configuration dualiste. On cite en exemple les cas des armagnacs et des bourguignons, des guelfes et des gibelins, des catholiques et des protestants, des girondins et des jacobins, des conservateurs et des libéraux, des capitalistes et des socialistes, des occidentaux et des communistes.

Bien que découlant de la nature de choses, cette présentation est, doublement, contestable. Elle repose, d'une part, sur un postulat indémontrable. Comment s'assurer que, par nature, tout problème comporte seulement deux solutions ? On note, à ce sujet, qu'à côté des positions extrêmes, émergent des tendances centristes ou modérées empruntant des attitudes de l'une ou de l'autre disposition initiale. Cette constatation a, d'autre part, fait valoir l'importance du centre dans la vie sociale et politique. Dans la pratique, en effet, il arrive souvent que des batailles électorales dualistes conduisent à la constitution des majorités parlementaires centristes.

2.2. Les conséquences découlant de la pratique du bipartisme

En raison de son caractère fonctionnel, le bipartisme se prête à régenter la vie politique. Ses effets sont bénéfiques au bon fonctionnement d'un système politique. D'abord, le bipartisme facilite l'agrégation des intérêts et la réduction des exigences. Il démédiatise, ensuite, les options fondamentales en donnant la possibilité aux électeurs de choisir, eux-mêmes, les grandes options politiques et les gouvernants chargés de les appliquer. Le bipartisme garantit, enfin, la stabilité gouvernementale dans la mesure où le parti au pouvoir détient une majorité politique, généralement absolue, homogène et solide, au service de l'action gouvernementale. Il demeure que les effets du bipartisme varient avec ses différentes manifestations.

2.3. Les différentes manifestations du bipartisme

On distingue, habituellement, plusieurs formes du bipartisme, notamment le bipartisme rigide du bipartisme souple, le bipartisme parfait du bipartisme imparfait et le bipartisme équilibré du bipartisme dominé.

2.3.1. Le bipartisme rigide et le bipartisme souple

La distinction entre les formes du bipartisme tient au degré de discipline de vote. Le bipartisme rigide se démarque ainsi du bipartisme souple par une forte discipline imposée aux électeurs au moment du vote. Dans un bipartisme rigide, l'électeur ne vote que suivant les consignes et les orientations données par les deux partis en compétitions (les conservateurs et les travaillistes en Grande-Bretagne). Une telle éventualité n'est pas de mise dans un bipartisme souple (les républicains et les démocrates aux États-Unis d'Amérique).

Dans l'histoire des institutions politiques, on note que la Grande-Bretagne incarne le bipartisme rigide. La discipline des votes parlementaires (au moins dans les scrutins politiques importants) fonde la stabilité et l'autorité du gouvernement. L'État-major du parti majoritaire compose le gouvernement et les cadres de ce parti (les députés) obéissent docilement à ses consignes. La discipline du parti majoritaire au parlement réduit sensiblement la résistance de la chambre basse, en l'espèce la chambre des Communes, en une caisse de résonance du gouvernement.

Les États-Unis d'Amérique incarnent, en revanche, un bipartisme souple. Sur chaque problème, il y a une majorité et une opposition différentes qui ne coïncident pas avec la division de deux partis (Républicains et Démocrates).

L'absence de discipline de vote rapproche le bipartisme souple du multipartisme et pourrait, dans bien des cas, produire les mêmes conséquences (instabilité de l'exécutif) n'eût été la séparation organique des pouvoirs qui assure la stabilité et l'autorité de l'exécutif américain.

2.3.2. Le bipartisme parfait et le bipartisme imparfait

Comme il n'existe pas de bipartisme à l'état pur, il y a, nécessairement, à côté de deux grands partis qui dominent la scène politique, des partis qui surviennent au gré de l'environnement social et politique. Il importe donc de connaître leur poids politique et notamment la proportion des suffrages qu'ils ont obtenus à la suite des élections générales.

Ainsi s'opère une distinction (non pas qualitative mais quantitative) entre le bipartisme parfait (les deux partis en tête totalisent à eux seuls 90 % de voix ou davantage) et le bipartisme imparfait dans lequel, pour prétendre gouverner, l'un ou l'autre grand parti a besoin du concours d'un tiers parti. Avec le nombre de suffrages qu'il a obtenus à l'issue des élections générales, un tiers parti parvient à bousculer et à perturber le jeu de deux grands qui n'auront totalisé qu'entre 75 % à 80 % des suffrages.

Dans le bipartisme parfait, les deux partis sont si puissants électoralement que l'un ou l'autre possède normalement la majorité absolue des sièges parlementaires. Dans ce cas, le parti vainqueur a la possibilité de gouverner seul sans recourir à une quelconque alliance politique, les petits partis étant pratiquement mis hors du jeu politique. C'est le cas, en Grande-Bretagne, de la position qu'avait occupée le parti libéral en 1935.

Dans le cadre du bipartisme imparfait, le succès électoral auquel les deux partis en tête peuvent prétendre est moins pesant. Car même si les deux partis dominent la scène politique, aucun d'eux ne parvient à recueillir, à lui seul, la majorité absolue si bien que l'on est, parfois, obligé de compter sur une alliance que pourrait offrir le troisième parti ou une autre formée entre les deux partis, théoriquement, opposés.

Ce système dit « *para-dualiste* » a caractérisé pendant plusieurs années la situation politique de l'Allemagne fédérale et de la Belgique. Il convient de noter pour la Grande-Bretagne que depuis les élections anglaises du 28 février 1974, ce pays n'incarne plus continuellement le bipartisme parfait ; les résultats électoraux consacrant en grande partie la médiatisation du jeu politique et une certaine « latinisation » des alliances. Se constatent ainsi les attitudes et comportements politiques qui s'éloignent de la tradition anglo-saxonne pour se rapprocher de la vision latine de la question. Ce phénomène qui se manifeste tant au niveau parlementaire (indiscipline), électoral (rupture du consensus) que gouvernemental (risque d'instabilité et d'immobilisme) semble imputable aux difficultés économiques auxquelles la Grande-Bretagne est souvent confrontée.

2.3.3. Le bipartisme équilibré et le bipartisme dominé

À côté de deux précédentes modalités de bipartisme, se décline une autre fondée sur l'écart des voix et dans les rapports de forces entre deux partis. Dans le bipartisme équilibré, les deux partis sont de tailles et de forces à peu près égales, et alternent au pouvoir suivant l'humeur des électeurs marginaux. Le bipartisme dominé n'offre pas cette possibilité, l'écart entre les deux peut en effet être si considérable que le second est exclu durablement de l'espérance du pouvoir.

3. Les systèmes à parti dominant

Le système à parti dominant est celui dans lequel émerge, dans le cadre du multipartisme, un parti hégémonique qui cherche à absorber ou à éliminer les autres. Selon la puissance électorale du parti en tête, on distingue les partis dominants et les partis ultra-dominants.

3.1. Le parti dominant

Une précision sur la notion de parti dominant permet de dégager les avantages et les inconvénients que ce système partisan est susceptible de procurer.

3.1.1. La notion de parti dominant

Le parti dominant se définit, généralement, par ses traits caractéristiques et qui sont au nombre de deux, à savoir, d'une part, la vocation à surclasser nettement ses rivaux sur l'ensemble d'une période (même si, exceptionnellement, il lui arrive d'être distancé à une élection) et à s'identifier, d'autre part, à l'ensemble de la nation.

Cette position dominante d'un parti politique sur l'échiquier national a été constatée dans certaines démocraties occidentales comme au Danemark (avec le parti socialiste), en Islande, en Italie (avec le parti conservateur ou démocrate-chrétien), en Norvège et en Suède.

C'est donc par sa double dimension absolue et relative que se définit le parti dominant. Il doit, d'un côté, dépasser un certain seuil entre 30 et 35 % des suffrages exprimés ou davantage et, de l'autre, dépasser nettement ses rivaux. Dans les cinq pays multipartistes cités, il existe 4 ou 5 partis de moindre importance qui ne recueillent, chacun, qu'entre 10 et 20 % de suffrages.

Aussi, contrairement au parti unique qui fonde son monopole sur l'interdiction des autres formations, le parti dominant acquiert et conserve sa position hégémonique grâce à la multiplicité et à l'émiettement de ses adversaires. Il ne dispose pas nécessairement d'un pouvoir sur d'autres mais son autorité sur l'échiquier national est réelle.

3.1.2. Les avantages du système à parti dominant

Dans un système sociopolitique profondément divisé, l'existence d'un parti dominant contribue à la stabilisation du gouvernement dans la mesure où les différentes forces politiques ont la propension à se regrouper en tendance de gauche (le Danemark, la Norvège et la Suède), du centre (l'Italie) ou de droite (la France et l'Islande). L'absence d'un tel regroupement minimum conduit indubitablement au multipartisme et son inévitable instabilité (la France de la IVe République, la Finlande ou encore les Pays-Bas).

La seule présence au pouvoir d'un parti dominant n'est pas un facteur décisif de la stabilité gouvernementale. Il faut, en plus, penser à un facteur supplémentaire tiré du caractère rigide (la France) ou souple (l'Italie) du parti qui prend de la distance vis-à-vis des autres.

Pour ne prendre que l'exemple italien, on observe que, malgré son potentiel électorat (environ 40 % des suffrages exprimés), la multiplicité et la faiblesse des autres partis, la démocratie chrétienne n'était toujours pas parvenue à fonder un régime stable.

Souvent tributaire des divisions stériles au sein du parti dominant et des alliances circonstancielles qu'il est parfois obligé de tisser avec d'autres formations politiques, cette situation gratifie des crises gouvernementales en Italie.

3.1.3. Les inconvénients du système à parti dominant

La pratique du système à parti dominant présente une série d'inconvénients que l'on peut regrouper autour de trois paliers.

On observe, d'abord, le risque d'immobilisme du fait de l'usure du pouvoir et du bénéfice d'une « rente de situation électorale » que ce système peut engendrer et qui conduit, notamment, à faire sombrer le parti dominant dans une certaine torpeur. À vouloir gouverner sans concurrence, on court le réel risque de gouverner sans talent.

Le transfert de la politique sur d'autres sites qui découle d'une telle confiscation conduit, ensuite, vers une dépolitisation qui pourrait se produire en marge des mécanismes traditionnels. L'opposition trouvera ainsi des arguments de compensation en dehors du parlement.

Il faut, cependant, garder à l'esprit que ce transfert explique largement la pression exercée par les milieux d'affaires sur le parti dominant (parti socialiste suédois) ou celle des syndicats ouvriers sur le parti dominant de droite (France) et qui compense efficacement des catégories politiques exclues du pouvoir. Les partis d'opposition tendent alors à se transformer en groupe d'intérêts.

Le système de parti dominant favorise, enfin, la cassure du consensus national par l'errance d'une partie de l'opinion publique. Le fait de rejeter la moitié ou plus de l'électorat vers le non-pouvoir, le parti dominant rend peu crédible, par sa mauvaise suprématie, une revanche électorale de l'opposition. Faute d'alternative crédible, une opposition extraparlementaire trouve ainsi un terrain de prédilection pour se développer, confondant parfois le parti dominant avec le régime politique mis en place : on voit ainsi une opposition politique engager une lutte non plus au sein du régime mais plutôt contre celui-ci.

3.2. Le système à parti ultra-dominant

La différence essentielle entre le parti dominant et le parti ultra-dominant réside dans la dimension de la surface électorale et parlementaire des partis. Le parti dominant dépasse le seuil de 30 à 35 % des suffrages exprimés et obtient, généralement, 40 % des voix (cas de l'Italie) ou davantage. Il recueille rarement la majorité absolue des voix ou des sièges, sans doute le fait n'est-il pas inconnu (France en 1968) mais il reste exceptionnel.

Cette exception est la règle pour le parti ultra-dominant qui s'adjuge généralement la majorité absolue. Grâce à un système électoral favorable (scrutin majoritaire à un tour), le parti du Congrès de l'Inde dispose, régulièrement et à lui seul, de la majorité absolue des sièges à la chambre du peuple.

Le parti ultra-dominant représente ce système intermédiaire entre le pluralisme et le parti unique. Il consacre la prépondérance d'un parti à l'égard de ses rivaux dont l'existence ne constitue pas de barrière au contrôle par lui de la majorité absolue des sièges qu'il s'est octroyée au parlement. La présence effective des autres partis sur l'échiquier national est, tout de même, bénéfique à l'expression démocratique, car le parti dominant est appelé à subir les critiques d'une opposition qui maintient ainsi un contrôle sur l'action gouvernementale et, par voie de conséquence, un dialogue avec le pouvoir.

Il reste que le parti ultra-dominant peut être tenté d'abuser de sa puissance pour verser dans l'anarchie. À la faveur de cette position dominante, le parti hégémonique manifesterait des attitudes autoritaires pour se comporter comme un parti unique. Dans la pratique, l'existence du parti ultra-dominant n'est souvent qu'une étape vers le parti unifié ou le parti unique.

B. Les systèmes non compétitifs

Sur l'échelle de régression de la concurrence politique, le parti ultra-dominant s'apparente, en raison de l'abus de position dominante, au parti unique. Il constitue la limite extrême entre les systèmes compétitifs et les systèmes non compétitifs.

Dans une approche monopartisane, il convient de rapprocher la typologie des partis de celle des systèmes de partis pour dégager, d'une part, la signification du parti unique en général et, d'autre part, les fonctions que le parti unique africain était, depuis de décennies, censé assumer.

1. Le parti unique en général

En règle générale, c'est dans les systèmes communistes et fascistes que le parti unique a pu trouver un espace favorable à son expansion.

1.1. Les systèmes communistes

Dans les systèmes communistes, le parti est l'expression politique d'une classe sociale. Ainsi, à partir du moment où la révolution a unifié la société, supprimé les classes, il ne peut y avoir qu'un parti. Une société unanime possède nécessairement un parti unique.

Dans un tel système, le parti vise à contrôler toutes les activités sociales. Le parti constitue donc l'avant-garde de la révolution. La tâche de la conscientisation populaire incombe donc à une élite qui s'emploie à enseigner, à convaincre la masse et qui sert d'aiguillon à la société dans tous les domaines de l'activité collective.

En régime communiste, en effet, le parti est officiellement considéré comme le noyau dirigeant de toutes les organisations y compris étatiques : il est le moteur de l'État. Les grandes décisions sont préalablement débattues et arrêtées par les instances du parti puis par celles de l'État dont l'intervention ne se résume qu'en une sorte de ratification formelle.

1.2. Les systèmes fascistes

Les systèmes fascistes favorisent l'unité du parti par l'abandon du principe de la neutralité politique de l'État. Le pluripartisme est, dans ce cas, naturel parce que l'État est laïc et doit respecter les idéaux de tous les partis. Mais si l'État est porteur d'idéaux[251], il devient nécessairement intolérant vis-à-vis de la contestation que peuvent apporter d'autres partis.

---

[251] Ce furent, notamment, les cas de la CPP (Ghana), du MESAN (République du Tchad), du MNSD (République du Niger), du MPR (République du Zaïre), du PCT (République du Congo), PDCI (République de Côte d'Ivoire), du PDG (République du Gabon), du PDGE (République de la Guinée équatoriale), du PPT (de la République du Tchad), de l'UDPM (République du Mali) ou de l'UNC (République Unie du Cameroun).

Le parti fasciste n'a donc pas intérêt à éveiller la conscience politique des masses. La propagande qu'il utilise est destinée au viol des foules. Plus proche d'une organisation paramilitaire (l'aménagement d'un service militaire obligatoire), le parti unique se complaît à remplir surtout des tâches de sécurité et de police.

2. Le parti unique africain

L'originalité du parti unique africain est, à en croire Ahmed Mahiou, qu'il se définit par les fonctions qu'il s'est assignées ou qu'on lui a assignées, à savoir la réalisation de l'intégration nationale, la construction d'un État fort et l'édification de l'économie moderne[252].

2.1. L'intégration nationale

Le nationalisme africain a été, paradoxalement, qualifié d'un « nationalisme sans nations ». En Europe, par exemple, l'apparition, à la fin du XIXe siècle et au début du XXe siècle, des partis était postérieure à la naissance des nations et des États. En Afrique noire, en revanche, une fois nés, les partis commencent par affirmer l'existence potentielle d'une nation dont ils entendent assurer la réalité et l'unité. Cette démarche justifie ainsi la fonction d'intégration nationale assignée au parti unique africain.

Bien que le concept d'intégration soit assez vague, il peut être défini comme un vaste processus de subordination engagé par les partis dans deux directions essentielles. Dans le domaine territorial, l'intégration tend à réduire, *sur le plan horizontal,* les tensions et disparités culturelles et régionales en vue de créer une sorte de communauté territoriale homogène. Du point de vue politique, l'intégration tente de combler, *au plan vertical*, le fossé élite-masse par le développement progressif d'une action politique d'unification et une participation politique de la communauté.

Ainsi qu'on le sait, les peuples africains accèdent à l'indépendance dans le cadre des frontières arbitraires héritées de la colonisation. Les partis politiques se veulent alors les défenseurs de l'intégrité des territoires artificiels, certes, mais dans lesquels ils sont nés et dont ils ont épousé maintenant les dimensions.

Si l'on admet comme définition de la nation un vouloir vivre en commun qui ne peut reposer que sur des sentiments, des émotions et des représentations communes, le meilleur moyen de préserver ou de faire progresser l'unité consiste à monopoliser les grands thèmes et à les incarner.

---

[252] MAHIOU A., *L'avènement du parti unique en Afrique noire. L'expérience des États d'expression française*, Paris, LGDJ, Coll. Bibliothèque africaine et malgache Droit et Sociologie, 1969, pp. 193-288.

Ces thèmes s'ordonnent autour de trois idées accompagnées souvent de mythes. D'abord, le mythe de la colonisation responsable d'une grande partie des maux profonds qui affectent aujourd'hui le continent africain. Or, le multipartisme prôné par l'ancien colonisateur lui offre des possibilités de manœuvre et de décision auxquelles le parti unique permet d'opposer un front uni.

Ensuite, si le retour au passé glorifié est légitime dans le domaine culturel, il montre au niveau des institutions politiques un legs assez discutable. C'est sans cet éclairage qu'il faut comprendre le sort réservé au marxisme considéré comme formule d'auto-transformation des peuples en retard en nations modernes. L'idéologie marxiste est ainsi présentée comme une méthode ou une stratégie de lutte contre le sous-développement et, donc, de construction d'une société future.

Ces différents mythes passéistes ou futuristes incitent à opérer un transfert d'attention vers des questions qui transcendent les oppositions qui tenaillent l'État et, notamment, les oppositions ethniques.

L'absence de dimension nationale effective retentit nettement sur le jeu politique par l'existence et le rôle de l'opposition. En interdisant toute opposition parce qu'elle représente une menace contre l'unité nationale, le parti unique aboutit paradoxalement à la réintroduire sous des formes plus subtiles et plus dangereuses. L'opposition diffuse résultant d'un malaise permanent ne trouve aucun canal d'expression, opposition latente qui éclate profitant d'un incident banal pour déboucher sur des manifestations des rues.

Dans cette perspective, les forces organisées, tels les syndicats, peuvent en profiter et apparaître comme un refuge pour une opposition camouflée. La vulnérabilité du régime est alors mise à l'épreuve au point d'amener l'armée, force bien structurée et disciplinée, à canaliser le malaise social et politique latent qui affecte le pays et qui sert de moyen d'expression à une opposition en gestation. Elle peut offrir une solution de substitution aux faiblesses du parti dans la construction de l'État.

2.2. La construction d'un État fort

Alors qu'en Europe l'existence d'une communauté nationale et d'un appareil d'État est, sauf quelques rares exceptions, indispensable à la formation de la Nation, en Afrique, cet État n'existe pas au lendemain de l'indépendance. Il y a eu seulement un embryon d'administration dont la composition, l'organisation et le fonctionnement ne sont guère adaptés aux données de terrain largement tributaires du personnel, des méthodes et de buts de l'administration coloniale.

Les partis africains ne peuvent alors que constater la nécessité de mettre en place des structures ethniques et administrations nouvelles. D'où, le foisonnement des textes constitutionnels qui témoigne de la difficile recherche d'une formule d'organisation de l'État à partir des différents modèles qu'offrent la science politique et la pratique occidentale du pouvoir.

À l'arrière-plan de cette succession de textes et de révisions constitutionnelles, il est toutefois aisé de distinguer un principe moteur : l'affirmation de la prééminence du parti qui consolide son pouvoir par le renforcement en des institutions. Cette domination du parti sur l'appareil étatique sera réalisée par un aménagement institutionnel qui entraîne, ipso facto, la subordination du parlement, jusque dans le protocole.

Chef du parti, le chef de l'État, est, en sa qualité de leader national souvent autoproclamé, omnibuleux, par le culte de la personnalité, phénomène connu dans les régimes politiques contemporains et qui prend, en Afrique, des propensions particulières en raison d'un pourcentage élevé d'analphabètes et de l'importance traditionnelle accordée aux rapports personnels.

L'inévitable confusion entre les personnels administratif et politique aboutit à des situations parfois inextricables au point qu'en cas des conflits d'attributions ou de pouvoirs, on ne sait à quel saint se vouer. La conséquence pratique est que bien des conflits remontent jusqu'au gouvernement et au bureau politique qui se trouvent envahis par des problèmes des détails à régler pendant que les organes subalternes sont paralysés dans l'attente d'une solution parfois hypothétique.

La fragilité et, finalement, l'inefficacité du système politique sont l'échec du régime de parti unique qui doit affronter, pourtant, d'énormes tâches que représentent la construction d'une économie nationale et le développement du pays.

2.3. Le développement économique et social

Devant de multiples obstacles au développement (le maintien de structures traditionnelles, la faiblesse de l'intégration nationale sans oublier les causes extérieures résultant de la domination coloniale), les modèles autoritaires exercent un attrait particulier sur l'esprit des responsables africains et l'unicité du parti s'impose pour vaincre ces difficultés.

Le libéralisme est rejeté en raison du manque du personnage central de ce processus, à savoir l'entrepreneur schumpétérien. En l'absence de la bourgeoisie nationale au sens classique et économique de ce terme, sa fonction doit être exercée par l'État. Or, la faiblesse de l'État, tant au niveau de la volonté d'agir que dans celui des structures et des liaisons avec la population, est réelle. Le modèle socialiste, dont on ne retient que le schéma d'action et d'organisation, donne quelques espoirs de sortie de l'impasse mais la mystique du plan de développement en est la manifestation la plus évidente.

Il va de soi que la création d'une telle mystique ne peut souffrir d'aucune opposition ni d'aucune concurrence car la conséquence serait de mettre en cause l'action des autorités et, par-delà, le développement lui-même et l'avenir du pays.

La voie du développement socialiste sur la mobilisation des masses exclut donc le multipartisme, car elle ne tolère ni la contestation des buts ni celle des moyens mis en œuvre pour les atteindre. Il reste, pour se faire, que deux exigences doivent être remplies : l'option pour un développement socialiste planifié doit être nette et le parti mobiliser effectivement des masses. Or, aucune de deux conditions ne semble avoir été atteinte par le parti unique africain.

Tout bien pesé, et avec le recul dont on dispose, le bilan du parti unique africain n'aura pas considérablement soulevé les montagnes.

L'intégration nationale a, il faut le reconnaître, abouti à des résultats relativement satisfaisants. Le parti unique a, d'une certaine manière, contribué à créer effectivement un ensemble national à l'intérieur des limites artificielles héritées de la colonisation en suscitant le sentiment d'un destin commun et en s'opposant aux solidarités locales et tribales qui commencent, sur pied du multipartisme, à se faire jour dans le continent. On peut, cependant, déplorer l'exploitation maladroite du nationalisme qui s'oppose à la formation de grands ensembles dont l'utilité, sur le plan économique et social, est évidente.

L'entreprise de la construction d'un État moderne et fort suppose la stabilité du système institutionnel et celui du parti lui-même. Sur le premier point, on relève que le mouvement de production et de révision constitutionnelle intervenue, depuis les indépendances africaines, prouve à suffisance que les États africains sont à la recherche d'une forme d'organisation adéquate.

Cette situation traduit, de façon concrète et inquiétante, un vide institutionnel dont les conséquences sont lourdes. Elle est d'autant plus grave que les assisses du parti qui essaient de le combler sont chancelantes. À défaut d'une structure et d'une doctrine solide, le parti unique repose finalement sur un homme dont le sort détermine celui des institutions.

Devant cet état des choses, l'armée est souvent intervenue dans certains pays pour pallier la faiblesse d'un régime politique incapable de résister à un mouvement de mécontentement et d'être obéi. Loin de remettre de l'ordre, l'action militaire a été fréquemment à l'origine du désordre.

Quant au développement économique, il n'est pas, globalement, réalisé en Afrique noire. Les raisons sont nombreuses et certaines sont extérieures au continent tels le déséquilibre des échanges internationaux, les fluctuations des cours des produits de base, le poids de trusts internationaux ou l'action négative des multinationales qui financent les activités terroristes, les guerres et les rebellions en Afrique et qui, retardent en même temps, les efforts du développement.

Il n'en demeure pas moins que l'une des causes fondamentales du « sous-développement économique » du continent réside dans la faiblesse de l'encadrement et de la mobilisation des populations au soutien des politiques publiques des gouvernants.

3. La finalité du parti unique

Dans son fonctionnement, le parti unique africain s'est donné deux orientations visiblement opposées : assurer le changement par une dictature révolutionnaire ; or la dictature conservatrice qui, dans bien des cas, servit de moyen d'action au parti unique, a considérablement entravé cette évolution et maintenu, par la force, l'ordre traditionnel.

Aussi, est-on en droit de penser que la dictature conservatrice pourra difficilement se passer de la contrainte. Par sa nature même, elle ne peut qu'être provisoire dans la mesure où elle est l'anti-thème, par excellence, de la démocratie.

Section 2 : Les groupes de pression

Tout ce qui fonde la distinction entre un parti politique et un groupe de pression est bien connu : l'un et l'autre poursuivent un objectif différent, à savoir la conquête et l'exercice du pouvoir pour le parti politique et la contrainte sur les détenteurs du pouvoir en vue d'obtenir des décisions satisfaisantes à leurs intérêts économiques, sociaux ou culturels pour les groupes de pression.

Autrefois présenté comme décisif dans la distinction entre un parti politique et un groupe de pression, cet élément a, dans la pratique, une portée relative. Aujourd'hui plus qu'hier, il est rare de trouver de groupes de pression qui ne se limitent qu'à influencer le pouvoir[253].

Il s'observe, d'abord, que les partis vaincus aux élections se comportent parfois de la même manière que des groupes de pression, en tant qu'éléments de l'opposition au régime pour qu'il soit difficile de tracer la ligne de démarcation de leurs actions : s'agit-il des partis politiques au sens strict du terme ou de groupes de pressions déguisés, pour la circonstance, en partis politiques ? Pendant les campagnes électorales, ensuite, l'activisme de certains groupes de pression contribue de manière considérable à la réduction de la distance qui, jadis, les séparait des partis politiques. Dans la perspective de la participation démocratique à la gestion du pouvoir, il se constate, enfin, que les pressions n'émanent pas nécessairement des groupes de pression ; elles sont tantôt individuelles, tantôt issues de simples groupes avec un objectif politique voilé, à savoir la chute du gouvernement ou du régime en place.

Il importe de décrypter la notion de groupe de pression, ses fonctions, ses actions, ses relations avec la structure du pouvoir ainsi que le service qu'il peut offrir aux institutions d'appui à la démocratie.

---

[253] MOREAU J., DUPUIS G. et GEOGEL J., *Sociologie politique*, Paris, Cujas, 1966, p. 244.

§1. La notion de groupes de pression

Le phénomène de groupes de pression est difficile à appréhender tant ses structures sont de nature diverse et variée. Il convient de le situer dans son champ opératoire avant de tenter une classification.

A. La définition de groupe de pression

Un groupe de pression se définit par son objectif. Il est perçu comme une organisation constituée pour la défense d'intérêts et exerçant une pression sur les pouvoirs publics afin d'obtenir d'eux des décisions conformes auxdits intérêts[254]. De cette définition, on retient qu'un groupe de pression est organisé, il défend les intérêts de ses membres et exerce une pression sur le pouvoir.

1. Le groupe de pression est une structure organisée

Un groupe de pression réunit en son sein des personnes entretenant entre elles des relations spécifiques suffisamment fréquentes pour que s'en dégage un mode collectif de conduite. La considération et la nature des intérêts à défendre jouent un rôle important dans l'adhésion au groupe.

Structure suffisamment cohérente et durable, le groupe de pression a vocation de prendre en charge les intérêts bien légitimes des membres pour que s'installent entre eux non pas des rapports spontanés ou fugaces, mais des rapports collectifs stables. Sur ce point, le groupe n'est pas, toutes proportions gardées, très éloigné d'un parti politique.

Selon le degré de spécialisation de l'intérêt et de l'organisation du groupe, quatre types de groupes d'intérêts ont pu être identifiés. À côté des *groupes d'intérêts anomiques* formés des rassemblements spontanés et éphémères à caractère souvent violent (manifestations, émeutes...), naissent des *groupes d'intérêts non associatifs* représentés par les groupements informels, intermittents et non volontaires établis sur la base de la parenté ou de la religion et caractérisés par l'absence de continuité et d'organisation, des *groupes d'intérêts institutionnels* (partis, assemblées, administrations, armée, églises) remplissant d'autres fonctions que l'articulation des intérêts mais pouvant s'y livrer en cours ou en partie (clique d'officiers, état-major de parti, etc.) et *des groupes d'intérêts associatifs* constitués sous forme d'organisations volontaires et spécialisées dans l'articulation des intérêts. Toute cette variété de groupes d'intérêts devait aboutir à plus de cohésion et d'efficacité des actions à mener.

---

[254] MEYNAUD J., *Les groupes de pression*, Paris, PUF, Coll. Que sais-je ?, 1980, p. 47.

2. Le groupe de pression défend les intérêts de ses membres

Le concept d'intérêt doit être pris dans son sens le plus large prenant en compte sa dimension matérielle et morale. Se justifie la distinction des intérêts fondée sur la dynamique action intéressée ou non. De ce point de vue, on note d'une part, que certains groupes peuvent être amenés à défendre cumulativement les intérêts matériels et les causes morales[255] et d'autre part, le fait que quelques organisations dissimulent les objectifs concrets de leurs actions derrière des thèmes exclusivement moralisateurs (défense de la libre entreprise par les groupements patronaux, éloge de la propriété familiale par les syndicats agricoles) ; conduisant à la technique de camouflage mettant en avant des valeurs apparemment désintéressées (la liberté, la famille) pour dissimuler la demande des avantages matériels. Tout groupement, même désintéressé ou purement idéologique doit, pour vivre et faire ses idées, disposer de ressources matérielles. Très complexe, le concept « intérêt » prend en compte sa dimension matérielle et morale pour qu'il soit autorisé de parler plutôt de groupes d'intérêts, quitte à la morale de reconnaître sa part dans la configuration.

3. Le groupe de pression exerce une pression sur le pouvoir

Influencée par la pratique américaine en la matière, une certaine opinion est parvenue à distinguer les groupes d'intérêts de groupes s'occupant essentiellement de la pression induisant par-là que son activité sur le pouvoir n'est pas inéluctable. L'étude des groupes de pression suppose naturellement celle des groupes d'intérêts dans leur dynamique externe et, spécialement, dans leur activité politique. Ainsi, comme tout groupe d'intérêts est virtuellement un groupe de pression, les deux notions peuvent être tenues pour synonymes et la pratique tend à le confirmer.

B. La typologie de groupes de pression

Une meilleure perception de la typologie des groupes de pression passe nécessairement par le dévoilement du rôle qu'un groupe de pression peut être amené à jouer comme force politique[256].

1. Les groupes de pression en tant que forces politiques

La dimension et l'objet des groupes de pression ne se répercutent pas uniquement sur leur efficacité, ils le sont également sur leur nature intrin-

---

[255] Les syndicats d'enseignants souvent cités en exemple peuvent être amenés à défendre tantôt les intérêts corporatifs (traitements, conditions de travail), tantôt des revendications purement pédagogiques telle l'amélioration des méthodes d'enseignement.

[256] BURDEAU G., *Traité de science politique.* t. 2, *La dynamique politique*, Paris, 2e éd., LGDJ, 1968, pp. 212-223.

sèque. La détermination de celle-ci postule, donc, plusieurs approches qui peuvent et doivent être conjuguées.

Il importe de considérer, à cet égard, le degré d'intégration des membres car toutes les adhésions n'ont pas la même nature et la même qualité psychologique. La force du groupe est fonction des exigences incluses dans les mobiles d'adhésion de ses membres. Ce sont, en effet, ces revendications qui assurent la cohérence de l'ensemble et qui permettent au groupe d'imposer aux membres des conduites uniformes. On peut dire que la force du groupe est largement tributaire de la manière dont il est à même d'imposer une discipline à ses membres.

Dans cette perspective, il convient de tenir compte des incidences de la multiplicité des allégeances d'où résultent des conflits de loyauté. En raison de la pluri-appartenance simultanée et diversifiée de l'individu (une personne peut appartenir à plusieurs groupes d'intérêts au sein desquels elle assume d'importantes charges), ce dernier, tout en trouvant son plein épanouissement, peut éprouver des difficultés de satisfaire, au même moment, aux mêmes obligations. Cette situation pourra faire naître un dilemme : il arrive que les fins ne soient pas toujours convergentes et que chacune devient le centre de tensions contradictoires. Ce polymorphisme des aspirations et des besoins aboutit le plus souvent à la tiédeur des engagements. Aussi, l'efficacité des pressions exercées par les groupes sur les pouvoirs publics sera-t-elle affectée par la faiblesse de l'intérêt commun qu'ils prétendent, pourtant, promouvoir.

Il est important d'avoir à l'esprit que tout groupe de pression n'est pas institutionnalisé. Sans doute, beaucoup remplissent les conditions requises pour avoir une existence juridique mais d'autres agissent en dehors de tout cadre formel. Ils sont difficiles à repérer et on ne peut les définir que comme une tendance exprimant l'opinion d'un milieu nettement déterminé. Comme toute opinion, cette catégorie de groupes de pression ne se forme qu'en fonction des événements. Ils sont tantôt puissants, tantôt fugaces mais en tout cas faciles à exploiter que sensibles aux manœuvres de diversion, ce qui les oblige à plus de prudence et à limiter leur audience au cercle des adhérents. Plus que les groupes informels, ils sont exposés aux réactions des gouvernants et paraissent, en définitive, vulnérables.

Un autre élément indispensable à la perception du groupe de pression comme force politique est à rechercher dans les moyens dont il dispose pour en rentabiliser la pression. Ces moyens sont tantôt matériels (accumulation des ressources financières suffisantes au service de la cause qu'ils défendent), tantôt en personnel, tantôt psychologiques mais dépendant des virtualités de rayonnement inhérentes à l'objet du groupe.

Lorsqu'on considère la nature de l'intérêt, on arrive à envisager trois hypothèses. La première lie le poids de l'intérêt aux implications résultant de sa satisfaction ou du refus de le prendre en considération. Si les intérêts défendus ne concernent qu'un nombre limité de personnes, il faut tenir compte de la position stratégique qu'elles occupent, de l'interférence de l'intérêt pris en charge ; la puissance de pression d'un groupe n'étant pas nécessairement liée au nombre des personnes qu'il englobe. La deuxième vise à établir une corrélation entre la force du groupe et l'aptitude que présente l'intérêt qu'il soutient à se combiner ou se coaliser avec d'autres. Si la défense des intérêts matériels est assez mal vue dans l'opinion, les groupes de pression ont intérêt à associer leurs efforts. Dans cette alliance, la particularité des intérêts s'émousse. La troisième hypothèse mesure le degré du rayonnement du groupe au soutien qu'il apporte ou à l'intérêt qu'il soutient.

2. La classification proprement dite de groupes de pression

La classification des groupes de pression peut être établie à partir de la nature de l'intérêt, du cercle animateur du groupe, de la place de l'action politique dans l'activité du groupe, de la structure du groupe et des techniques utilisées.

2.1. La nature de l'intérêt

Sur pied de la nature de l'intérêt, on distingue les groupes constitués pour la défense d'un intérêt matériel désintéressé de ceux visant la défense d'un intérêt, certes, matériel mais intéressé.

Les limites de cette distinction étant précisées à propos de la définition des groupes d'intérêt, il suffit d'ajouter qu'il est rare que l'intérêt soit affiché comme tel. Il est, le plus souvent, enrôlé dans une doctrine, voire une conception de la vie où il n'apparaît plus que comme une conséquence d'un système idéologique.

2.2. Le cercle animateur du groupe

En considération de la nature de l'activité exercée par les membres du cercle dirigeant du groupe, les groupes privés se distinguent de groupes publics. Cette distinction n'est pas décisive, l'évolution des États modernes ayant réussi à l'affaiblir. Les frontières du public et privé étant de moins en moins nettes, beaucoup de groupes privés jouent, en réalité, un rôle public. Parmi les groupes d'intérêts institutionnels ou groupes publics, on dissocie les groupes civils de groupes militaires.

a. Les groupes civils

Les pressions auxquelles se livrent, habituellement, les groupes d'intérêts découlent soit de l'administration ou de services publics, soit de corps de fonctionnaires. Une institution du secteur public peut avoir tendance à défendre ses intérêts particuliers par rapport à ceux de l'État, gérant de l'intérêt général. À la limite, tel ministère peut s'ériger en défenseur zélé de ses administrés.

Organisés en syndicats et disposant notamment du droit de grève, les fonctionnaires et autres agents publics peuvent, dans l'exercice dudit droit, se comporter exactement comme un groupe de pression pour faire aboutir leurs revendications matérielles. Certains regroupements de fonctionnaires arrivent à se doter d'une technicité et d'une e cohérence qui leur procurent un fort esprit de corps au point d'infléchir les décisions des pouvoirs publics conformément à leurs vues. Tel est le cas, en France, d'anciens énarques ou les polytechniciens qui conservent, même placés dans des corps différents, une identité d'analyses et de préoccupations.

b. Les groupes militaires

Dans tous les pays, l'armée constitue, au même titre que l'Église, la puissance collective la mieux organisée. Cependant, durant la période moderne (il n'en fut pas ainsi dans l'Antiquité et au Moyen Âge), l'armée n'a été qu'exceptionnellement une force politique. Il demeure que l'apolitisme de l'armée n'a pas toujours été réel dans tous les pays et à tout moment. Plusieurs raisons expliquent, néanmoins, la distance que l'armée devait prendre vis-à-vis de la politique. On relève, d'abord, que l'État s'est formé sur la base d'une subordination du pouvoir militaire au pouvoir civil. L'apolitisme de l'armée a été, ensuite, longtemps tenu comme un élément intrinsèque qui renforce la discipline. Le service rendu à la nation comporte comme exigence la mise à l'écart de l'armée des luttes politiques qui pourraient servir d'aiguillon à affaiblissement. L'engagement politique d'un officier eût été, dans ce cas, une déchéance. L'activité politique était, enfin, tenue en piètre estime par les militaires et si on parlait de l'armée comme la grande muette.

Dans ce mutisme imposé à l'armée, il y a une part de mépris ; les tensions politiques internationales qui régnaient à l'état endémique, contraignaient les pouvoirs publics à maintenir à un haut niveau le potentiel militaire. Dans ces conditions, l'armée n'était pas tentée d'intervenir pour défendre son statut et ses ressources. Elle demeurait un instrument technique à la disposition des gouvernants, ce qui conduit à l'acceptation de sa subordination à l'autorité civile comme condition de son efficacité.

La perception de l'engagement de l'armée en faveur des contingences sociales et économiques eût provoqué les divisions qui auraient mis en cause l'ordre et la discipline qui constituent son leitmotiv. Mais au fur et à mesure que la politique se démocratisait, l'armée prend de la distance à l'égard des discussions qu'elle jugeait à la fois indignes de son rôle et dangereuses pour l'accomplissement de sa mission au point de situer sa grandeur dans sa subordination au pouvoir civil.

À l'épreuve de la première et surtout de la seconde guerre mondiale, l'aspect strictement militaire des conflits internationaux avait perdu son caractère décisif. Or, aujourd'hui, une guerre se perd ou se gagne en temps de paix. Dans ces conditions et comme l'armée est responsable de l'issue des conflits, il était inévitable qu'elle commence à s'ingérer dans les débats auxquels donnait lieu la mise en état de la nation pour affronter avec succès une guerre éventuelle, mieux vaut prévenir que guérir, dit-on. De ce point de vue, il exclut que l'armée se résigne au simple rôle de groupe de pression-client (arracher des crédits et obtenir un droit de regard sur les mesures relatives au potentiel industriel de la nation), elle s'intéresse à l'identification et à la définition de l'ennemi. Or, la définition de l'ennemi est inséparable d'une vision globale de l'intérêt national et, donc, de la politique.

Comme les tensions internationales sont commandées par les divergences idéologiques et que le problème de la décolonisation impliquait une prise de position sur la manière de concevoir l'intérêt national, l'armée crut qu'à ne pas prendre politiquement parti, elle aurait trahi l'idéal qui était sa raison d'être. La crise de conscience de l'armée n'est, en réalité, que l'incertitude dans la définition de son devoir. La remise en cause des valeurs qu'elle avait toujours servies l'a placée devant une alternative : soit défendre ces valeurs en influençant le pouvoir politique, soit si le pouvoir politique s'y refusait, s'en saisir à force ouverte. Dans la première hypothèse, on considère l'armée comme un groupe de pression dont l'objectif ne se limite pas à tirer seulement profit du pouvoir mais d'en définir la politique. Elle apparaît, dans ce cas, comme un interlocuteur valable de l'autorité politique. Se dessinent ainsi des relations privilégiées entre l'armée et l'autorité civile. Dans la formulation de ses intérêts, l'armée trouve, dans les milieux politiques, des défenseurs qui n'étaient pas toujours désintéressés mais efficaces. Il leur suffit de sensibiliser l'opinion à une menace extérieure, réelle ou imaginaire, pour que l'intérêt d'un corps devienne primordial pour la nation. Symbole d'une certaine politique nationale, l'armée jouit, désormais, d'une autorité dont il était bien difficile aux gouvernants de s'affranchir.

La conceptualisation de la défense nationale a été, pour une partie, provoquée par l'apparition des guerres révolutionnaires car, il s'agit de conflits dont l'aspect psychologique revêt un caractère capital dans la mise en condition de la population. Au moment du déclenchement des opérations, par exemple, l'armée semble la plus qualifiée pour accomplir cette tâche. Dans la préparation d'une attaque éventuelle, c'est toujours l'armée qui conditionne les esprits. Or, dans ce rôle, il faut identifier l'adversaire. Par hypothèse, l'affrontement étant de nature idéologique, l'armée est associée à l'effort accompli en vue de sauvegarder l'unité morale de la nation. Sur ce point précis, il ne fait l'ombre d'aucun doute que l'armée est d'autant plus qualifiée que les autorités politiques civiles gênées par les rivalités partisanes et le respect des institutions. Aussi n'osent-elles pas souvent assumer leur responsabilité.

Dans la production industrielle et la recherche scientifique, l'action de l'armée en tant que groupe de pression est de plus en plus sollicitée et implantée ; une bonne défense nationale impliquant la mise en place d'un fort potentiel industriel joint à une haute technicité de certaines productions. Se crée une sorte de complicité entre les industries de pointe, le pouvoir militaire et l'autorité politique. Le « complexe militaro-industriel » est né des accointances que développent certaines firmes privées (sociétés de construction aéronautique, industrie d'armement...) avec l'administration militaire. Ces industriels qui vivent des commandes de l'armée, parviennent à placer à leur tête d'anciens officiers de manière à maintenir les contacts et des relations et créer ainsi une communauté d'intérêts capable d'influer sur l'orientation de la politique extérieure d'un État.

La découverte de l'arme nucléaire semble avoir dépossédé l'armée de la compétence qui étayait jadis son autorité par rapport à une conception de la guerre qui la dépasse. Cette situation soulève tout de même deux interrogations. En cas de tension grave, l'armée ne sera-t-elle pas tentée de s'emparer de la totalité de pouvoir et retrouver l'autorité dont elle estimerait avoir été abusivement dépossédée ? Le renversement du pouvoir civil et son remplacement par un gouvernement militaire fait que l'armée devient, elle-même, une force politique à la faveur d'un coup d'État militaire dont la fréquence dans les pays d'Afrique et d'Amérique latine demeure une réalité permanente. En Amérique latine, notamment, il existe une technique moins brutale mais tout aussi efficace de prise de pouvoir par l'armée. C'est le pronunciamiento qui autorise l'armée à se prononcer en faveur de telle ou telle équipe de gouvernants. L'une ou l'autre ne fonde plus son pouvoir sur l'appui populaire mais sur le soutien de l'armée. Une technique plus perfectionnée s'y est encore développée, c'est le coup de caserne qui conduit à la prise du pouvoir sans effusion du sang. Dans ce système, les principaux chefs militaires se déclarent favorables à « *un clan politique* » par la mise dans la balance des effectifs qu'ils commandent. La victoire appartient à la tendance numériquement la plus forte, sans que les troupes quittent les casernes et sans combats.

Toute aussi importante est l'interrogation liée à l'accaparement par l'autorité civile de la totalité du pouvoir que comportent les opérations de guerre. Cette situation risque de favoriser la constitution, autour des militaires, d'une puissance plus dangereuse pour l'exercice des droits de l'homme et des libertés du citoyen.

De part et d'autre, en effet, l'incursion de l'armée dans la gestion, en temps de paix tout comme en temps de guerre, des affaires de l'État est loin de l'affranchir totalement de la politique : de sorte qu'en tout état de cause, son apolitisme ne peut avoir qu'une portée relative.

3. La place de l'action politique dans l'activité du groupe

Si certains groupes ont pour unique raison d'être l'intervention politique (groupes exclusifs ou d'action politique), d'autres n'agissent que de manière sporadique (groupes de pression intermittents). Il importe d'avoir à l'esprit que la plupart de groupes d'intervention politique ne sont animés par aucun intérêt matériel. Ils se limitent à peser sur les pouvoirs publics pour obtenir d'eux l'adoption de certaines réformes ou une certaine orientation de leur politique.

Actuellement, on dénombre encore des groupes qui poursuivent un objectif idéologique et dont l'action politique n'est qu'intermittente. S'inspirant des exigences d'une croyance religieuse ou des valeurs intellectuelles, les membres du groupe se recrutent dans les milieux universitaires. Les associations désintéressées constituent pour la plupart cette catégorie de groupes de pression.

4. La structure du groupe

Pour déterminer la nature du groupe, il faut se rapporter sur deux données, le nombre des individus qui le composent et les relations qu'ils entretiennent avec les partis politiques. De là découle la distinction forgée sur la structure du groupe et qui, à bien des égards, correspond à celle qui oppose les groupes de cadres de ceux de masses. À l'instar des partis de masses, les groupes de masses visent, en plus de leur organisation fortement hiérarchisée, à réunir le plus grand nombre d'adhérents, condition indispensable à la puissance de leurs actions. La loi d'airain de l'oligarchie tend à se trouver à l'intérieur de ces groupes de masse. Si les groupes de masses ne sont pas toujours liés à un parti, il reste qu'ils constituent une clientèle alléchante pour les partis qui s'efforcent de les coloniser. Leur efficacité est souvent conditionnée par la coordination de leurs efforts avec l'action d'un parti.

Les groupes de cadres se caractérisent, en revanche, par le nombre restreint d'adhérents et surtout par leur structure interne. Le nombre réduit d'adhérents tient tantôt à une volonté délibérée d'élitisme, tantôt au besoin d'efficacité. En tout état de cause, l'infériorité numérique des groupes de cadres est compensée par la puissance d'intérêts matériels en cause ou l'influence personnelle des adhérents. Ce caractère modèle la structure des groupes de cadres et commande son organisation qui demeure tout de même décentralisée et faiblement articulée.

5. Les techniques utilisées par le groupe

Elles se déclinent en une série d'actions directes sur les organes du pouvoir ou l'opinion afin qu'elle fasse à son tour pression sur les gouvernants.

Au terme de cette tentative de classification, il est permis de s'interroger si les groupes de pression ne sont que des clients avides ou des maîtres officieux. Les groupes de pression ne peuvent pas être définis par leurs seuls caractères propres : ils ne se qualifient qu'en fonction du régime politique qui autorise leur action et par rapport à l'efficacité qu'il leur assure.

Il y a des groupes dont l'ambition se borne à obtenir la prise en considération de leurs exigences, ce sont les clients avides ou groupes-clients. En dehors de ces quémandeurs, il en est d'autres qui, pour mieux obtenir du pouvoir ce qu'ils espèrent, tendent à s'introduire en lui, à se substituer à ses instruments ou à les subordonner.

Ce sont les groupes-maîtres qui prennent la décision que les organes officiels marqueront seulement de leurs empreintes formelles de la procédure légale. Le fait qu'ils exercent le pouvoir constitue le phénomène nouveau car ils apportent une perturbation naguère inconnue dans le fonctionnement des institutions politiques.

§2. Les fonctions des groupes de pression

Les groupes de pression ont pour principale fonction l'articulation d'intérêts, la présentation et la canalisation des revendications et, au besoin, la substitution des partis politiques. Leur examen permet d'apprécier le degré des griefs habituellement formulés contre les groupes de pression.

A. L'articulation d'intérêts

L'articulation est le processus normal par lequel les demandes individuelles et collectives sont adressées aux autorités politiques. L'exercice constitue la plaque tournante entre la société et le système politique. Il permet aux divers groupes d'intérêts de faire connaître leurs revendications.

À l'opposé, les partis politiques exerceront la fonction agrégative d'intérêts, fonction qui aide à réduire, sensiblement, la multiplicité des exigences particulières à quelques objectifs significatifs. C'est donc sur cette base que le gouvernement et le parlement arrivent à arrêter définitivement les choix politiques. La réalisation de cette fonction est largement tributaire de modes d'expression des demandes utilisés par chaque groupe d'intérêts. À ce sujet, quatre traits peuvent aider à caractériser le style par lequel s'exécute l'articulation d'intérêts :

- Les demandes sont tantôt manifestes (formulation explicite d'une revendication) tantôt latentes (vague mécontentement, ralentissements dans le travail) ;
- Elles peuvent être la résultante des déclarations diffuses qui n'indiquent qu'une simple insatisfaction et non les moyens pour y faire face ;
- Les demandes sont soit générales, soit particulières ;
- L'articulation d'intérêts est tantôt instrumentale (soutien financier contre l'adoption d'une telle mesure), tantôt affective (simple expression de gratitude, de colère, de désappointement ou d'espoir).

L'efficacité de la démarche dépend du style adopté. Plus le style est latent et diffus, plus il sera difficile d'agréger les intérêts et de les traduire en décisions politiques. À l'inverse d'un style plus pragmatique et instrumental, les objectifs idéologiques et rigides, les demandes particulières et les expressions émotionnelles rendent, souvent, ardue la conciliation des divers intérêts.

B. La présentation et la canalisation des revendications

Selon Jean Meynaud[257], les groupes de pression assument, en plus des fonctions traditionnelles, deux autres fonctions supplémentaires dont l'une manifeste de revendication et l'autre latente d'intégration des intérêts des membres.

1. La fonction manifeste de revendication

En rapport avec la fonction revendicative d'intérêts, les groupes de pression servent de relais à la fourniture d'une information, soit complète, soit circonstanciée pour permettre aux décideurs d'appréhender le sens et le contenu des mesures à prendre. La recherche d'une adhésion volontaire aux mesures envisagées par les pouvoirs publics, convie les responsables à se tenir au service des membres pour favoriser leur exacte application.

Cette fonction d'acquiescement-participation consolide l'harmonie et le consensus au sein du groupe. La canalisation des revendications rationalise les aspirations et des mouvements qui, sans une bonne organisation, prendraient une forme désordonnée si pas violente. Ce rôle modérateur contribue à anticiper sur les excès auxquels peut conduire une revendication sauvage.

2. La fonction latente d'intégration

C'est une fonction qui, sans être comprise ni voulue, contribue à l'adaptation, tout au moins, à l'ajustement du système. À ce sujet, justement, on observe que certains syndicats ouvriers exercent simultanément la fonction manifeste de revendication et celle latente d'intégration. Ils servent indirectement et, de façon inattendue, le système établi en canalisant, au besoin, les flux revendicatifs ainsi dépouillés de leurs virtualités révolutionnaires.

Ce dilemme contestation-intégration vise surtout les organisations ouvrières et explique, pour une part importante, l'ambivalence de leur lutte. Il en découle une distorsion entre le sommet et la base, les militants répondant quelque fois par des grèves sauvages aux actions des autorités politiques.

Si les dirigeants syndicaux sont régulièrement portés à accepter une politique contractuelle de négociations périodiques avec d'autres partenaires

---

[257] MEYNAUD J., *Les groupes de pression, op. cit.*, p. 127.

sociaux (gouvernement et patronat) pour fixer les augmentations de salaires, la base récuse, souvent, ce type d'accord intégrateur et les satisfactions quantitatives qu'il procure pour privilégier les revendications qualitatives. Celles-ci, espèrent-ils, modifieraient la condition salariale par le développement du contrôle ouvrier au sein même de chaque entreprise.

C. La substitution fonctionnelle aux partis politiques

L'incapacité des partis politiques à assurer convenablement la fonction agrégative d'intérêts amène les groupes de pression à jouer le rôle de substitution. Cette situation est fréquente lorsque le système de partis juxtapose une pléiade de formations d'opposition à côté d'un parti dominant de droite ou du centre et qui, par la force de chose, devient un parti attrape-tout. À l'inverse, le fait que les formations d'opposition fortement divisées ont tendance à radicaliser devant une majorité qui trop embrasse, la fonction agrégative n'est plus opérationnelle.

Faute de synthèse préparée par les partis politiques, les gouvernants se trouvent submergés par une multitude de demandes non coordonnées présentées en vrac par les divers groupes d'intérêts. Ce faisant, les groupes de pression introduisent dans leur démarche une certaine cohérence dans l'expression de leurs demandes. À la rigueur, ils peuvent se substituer aux partis politiques peu habiles à agréger les intérêts au point d'amener le gouvernement à les reconnaître comme des interlocuteurs valables pour engager avec eux une politique de concertation.

D. Les griefs formulés contre les groupes de pression

Les avantages que procure l'action de groupes de pression ne sont pas dépourvus de critiques qui, il faut le reconnaître, ne sont pas toutes fondées. Deux d'entre elles semblent présenter une importance indéniable, à savoir la désagrégation de l'intérêt général et le déséquilibre social.

1. La désagrégation de l'intérêt général

La désagrégation de l'intérêt général procède de l'intensification des contacts avec les différents groupes socioprofessionnels aux dépens de dialogue avec les partis politiques et, parfois, avec les parlementaires. Dans ce cas, la conscience pour une solidarité nationale cède le pas à l'individu en tant qu'agent socio-économique attaché aux intérêts de sa catégorie.

Bien qu'en partie fondée, cette analyse est loin d'être, dans tous les cas, décisive car elle omet d'intégrer dans la démarche un élément de taille. De 1968 à 1973, on a assisté à l'accaparement par le parti dominant de centre-droite du jeu parlementaire français reléguant, du coup, plusieurs couches socioprofessionnelles qui s'expriment par des forces de substitution, dans le non-pouvoir. Le changement de cap de l'opposition peut, dans ce cas, contribuer au maintien du système. De façon latente, elle est tentée d'intégrer des forces sociales qui se dresseraient contre un système qui les sous-représente n'eût été la possibilité de trouver des pouvoirs de compensation en dehors du parlement.

2. Le déséquilibre social

Le deuxième grief adressé à l'action du groupe de pression, c'est de servir de parchemin au déséquilibre social qui est, par ailleurs, favorisé soit par le protectionnisme social (tendance des groupes à revendiquer la sauvegarde des droits acquis), soit par l'immobilisme gouvernemental, soit encore par le refus des disciplines collectives (chaque groupe essayant de reporter sur d'autres la contribution aux charges nationales), ce qui conduit à l'altération des forces.

Comme chaque groupe possède des moyens d'influence inégaux, ils sont les uns à l'égard des autres dans une position de différence de traitement, ce qui risque d'altérer l'équilibre entre les divers intérêts en présence.

§3. L'action des groupes de pression

Si les groupes d'intérêts anomiques pratiquent les démonstrations physiques et parfois violentes, il n'en est pas de même pour d'autres. C'est ainsi que les groupes non associatifs utilisent plutôt les relations personnelles tandis que les groupes institutionnels et associatifs préfèrent les procédures de représentation.

Dans les systèmes politiques modernes, il n'existe pas de nombreux canaux d'accès formels et institutionnels qui permettent aux groupes de pression d'entrer en contact avec les élites politiques, leurs décideurs. Il faut savoir déceler les points d'intervention des groupes de pression. Or, le centre de gravité du pouvoir varie d'un système politique à un autre. Dans cette tactique, il faut notamment tenir compte de la structure des institutions, du système de partis, du régime électoral et du statut de la fonction publique. De même et selon l'ampleur des intérêts en cause, les niveaux d'intervention peuvent être locaux, sectoriels, nationaux ou généraux.

Cette interaction émane parfois d'organes spécialisés dans la technique de la pression. C'est le cas, aux États-Unis, des lobbies dont l'activité est plus visible dans les couloirs des bâtiments officiels. Le lobbying consiste, donc, à faire les couloirs du Congrès ou de l'Administration pour intervenir auprès des hommes politiques ou des fonctionnaires. Les bureaux spécialisés se sont progressivement constitués dans le lobbying et ils louent leurs services aux groupes désireux d'exercer une pression. Ce lobbying s'exerce sur le pouvoir, les partis politiques et l'opinion publique.

A. L'action sur le pouvoir

La pression qui s'exerce sur le pouvoir touche essentiellement les parlementaires, les cabinets ministériels, les hauts fonctionnaires et toute l'administration, en général. À tous ces stades, chaque groupe de pression tente de faire prévaloir ses intérêts. Il demeure que si l'action des groupes est clandestine, l'opinion ne pourrait pas apprécier les retombées positives des processus décisionnels. Dans ces conditions, la façade des institutions représentatives risque de dissimuler le jeu des forces réelles œuvrant souvent pour des intérêts particuliers ; l'essentiel consistant à réduire la fonction de groupes de pression à la seule revendication à l'exclusion de tout exercice d'un véritable pouvoir de décision derrière le décor des institutions officielles.

À l'inverse, dès qu'une action est connue à l'avance, elle cesse d'être dangereuse parce que préalablement prise en charge. Depuis 1946, les États-Unis d'Amérique ont entrepris de recourir fréquemment à la puissance de la publicité pour obtenir l'officialisation du lobbying (déclaration des lobbies, indication du personnel et des moyens mis en œuvre) ; celle-ci pouvant couvrir une action ouverte ou occulte.

1. L'action ouverte

L'action ouverte s'exerce par l'information, la consultation et, en cas de non-satisfaction, la menace.

Plus répandue, l'information est une technique qui vise à faire connaître ses désirs à l'autorité compétente ; elle permet d'établir un dialogue avec l'autorité à qui on remet une documentation détaillée souvent préparée par des experts qualifiés. D'un ton étant généralement courtois, modérée et d'apparence objective, une information peut être orientée aux faits une tout autre présentation conforme aux intérêts du groupe.

Par la consultation, les organismes publics s'emploient à officialiser de manière occasionnelle, permanente ou institutionnelle les contacts initialement pris avec les groupes de pression. Il arrive que, dans la pratique, l'administration consultative soit envahie par une pléthore d'organismes qui ouvrent un nouveau canal d'accès aux intérêts organisés sans, naturellement, entrer en conflit ouvert avec la fonction de contestation qu'assumeraient les syndicats ouvriers. Se cristallise ainsi une tension entre deux éléments (participation et contestation) d'une même réalité (la défense des intérêts) car la base peut être amenée à condamner le bien-fondé de la politique d'intégration que mènerait la direction de la confédération syndicale.

Un groupe de pression peut faire peser une menace sur les parlementaires ou les fonctionnaires. À l'égard des parlementaires, elle peut consister à des engagements extorqués des candidats aux élections, des lettres adressées aux élus à la veille de scrutins importants avec menace d'entraver leur réélection en cas de vote défavorable aux intérêts du groupe ou à des visites domiciliaires nocturnes jusqu'à l'occupation des tribunes ou des manifestations devant le siège des assemblées. Vis-à-vis des fonctionnaires, la menace porte souvent sur le déroulement ou la gestion de leur carrière. L'efficacité est toutefois tributaire de garanties statutaires accordées aux agents publics.

2. L'action occulte

Indépendamment du chantage que l'on peut officiellement exercer sur tel ou tel politicien, d'autres techniques toutes aussi puissantes ont pu être développées. Leur efficacité tient compte des relations privées que l'on entretient avec les milieux officiels et de l'usage de la corruption.

Favorisant les contacts personnels avec les parlementaires, les ministres et les hauts fonctionnaires de l'administration, des relations privées influent considérablement sur les décisions à prendre. En Italie, par exemple, les rapports de clientèle ou de parenté établissent une intervention entre les groupes d'intérêts et l'administration. En France où les syndicats ne sont pas toujours traités sur un pied d'égalité quand il s'agit de négocier avec l'administration, les relations entre les hauts fonctionnaires et les dirigeants industriels ou bancaires créent une communauté de milieu, de langage, d'attitudes intellectuelles et assurent aux dirigeants une sorte d'action par sympathie. L'influence de l'ENA dans le fonctionnement de l'administration publique française, les cabinets ministériels et le monde des affaires est à ce point révélatrice pour ne pas être escamotée. En effet, à cause de la prépondérance des enfants des classes aisées parmi les reçus au concours d'admission à cette école, celle-ci a dû être fermée de 1958 à 1970. Mais fournissant l'essentiel des membres des grands corps, le concours d'étudiants à l'ENA, au demeurant réservée à une certaine classe sociale, n'y a laissé entrer que moins de trois fils d'ouvriers. Se dessine ainsi le « triangle du pouvoir » qui favorise une symbiose entre le pouvoir politique, la haute administration et le monde des affaires. Si, les cabinets ministériels sont largement composés de membres des grands corps, les directions ministérielles qui ouvrent la voie aux postes de commandement de l'administration reviennent de plus en plus et prioritairement aux anciens membres des cabinets ministériels. En application de la politique dite de « pantouflage », plusieurs membres des grands corps quittent l'administration pour des emplois importants dans le secteur privé pour que se développe une sorte de parenté d'origine entre les décideurs (le ministre et son cabinet), les exécutants (les directeurs de ministères) et les concernés qui les ont parfois inspirées (les milieux d'affaires). Il en découle que le pouvoir politique, la haute administration et le monde des affaires tendent à se compénétrer pour former un triangle du pouvoir, une caste dirigeante.

Le recours à la corruption reste déterminant dans l'action de groupes de pression. Si la corruption individuelle paraît rare sous sa forme classique, elle se présente, néanmoins, sous d'autres formes plus subtiles telles que les cadeaux offerts en fin d'années, les invitations, les voyages, les chasses ou les vacances. Dans sa forme collective, la corruption se réalise par le financement public des activités et, notamment des campagnes électorales est plus fréquente. S'exécutant souvent sous l'apparence d'une association d'études, une classe électorale qui recueille et distribue les fonds, elle procure un double avantage par rapport à l'action isolée de tel ou tel groupe, à savoir une pression plus efficace et plus discrète.

C'est dans ce cadre que s'observe l'engouement trop prononcé pour les candidats qui multiplient des adressées en direction des milieux d'affaires en vue du financement de leur campagne. Il faut garder à l'esprit que ces « faiseurs d'hommes politiques » considèrent leur contribution comme un placement avec l'espoir que l'élu saura se montrer reconnaissant, car l'État peut accorder au secteur privé toutes sortes de faveurs ou de contreparties (subventions, dégrèvements fiscaux...). Se pose alors le problème du financement des partis et des dépenses électorales avec son corollaire le blanchiment d'argent. Plusieurs solutions sont envisageables : on peut souscrire à l'idée d'accentuer la publicité de façon à permettre à l'électeur de pouvoir voter en connaissance de cause, en sachant qui finance (Allemagne fédérale et Grande-Bretagne), à la fixation du plafond des dépenses électorales pour éviter les campagnes somptuaires (États-Unis d'Amérique et Grande-Bretagne) ou au financement des dépenses électorales par l'État (Allemagne, Cameroun, France ou l'Italie).

B. L'action sur les partis

Dans la couverture de l'action de groupes sur les partis politiques, ces derniers peuvent être dans la dépendance de groupes de pression, ceux-ci dans celle de ceux-là et le cas d'une possible collaboration égalitaire.

Les partis qui dépendent de groupes de pression sont généralement de création extérieure et apparaissent, officiellement ou non, comme une annexe au groupe de pression. Les partis qui influent sur les groupes de pression sont de gauche (partis socialiste et communiste) qui inspirent des organisations annexes, liées étroitement à un parti et dociles à ses directives. La collaboration égalitaire est soit provisoire, soit durable et devient organique. C'est le cas, dans les pays scandinaves, du parti socialiste et des syndicats ouvriers, mutuels et coopératifs qui coopèrent étroitement et sur un pied d'égalité.

C. L'action sur l'opinion publique

Influencer l'opinion publique équivaut à impacter indirectement sur l'activité du pouvoir. En pesant par un détour sur la position des pouvoirs publics, ceux-ci vont, difficilement, prendre des décisions hostiles aux intérêts d'un groupe qui bénéficie d'un fort courant d'opinion favorable. Cette action peut se réaliser par la contrainte et la persuasion.

Au bénéfice de l'opinion publique, certaines contraintes adressées aux autorités publiques les incitent à céder devant la puissance de la pression surtout si le mouvement qui l'exerce a l'appui de la population. Dans ce cas, et pour éviter aux citoyens des inconvénients excessifs et immérités, les autorités publiques sont obligées de se soumettre.

Les groupes de pression peuvent limiter leur action à la persuasion, mieux à convaincre l'opinion publique du bien-fondé de leur entreprise ; ce type de contrainte supposant au préalable l'intensification des contacts ciblés avec une partie de l'opinion présentée comme redoutable ou septique. La propagande, l'information et l'emprise des intérêts industriels et financiers jouent dans ce cas un rôle de première importance.

La propagande est une technique qui a vocation consiste à faire valoir auprès du public, les besoins et les vœux des groupes concernés. Elle peut revêtir diverses formes qui vont de la création des quotidiens, mieux des journaux syndicaux ou corporatifs, en passant par tout autre matériel rédactionnel pré-élaboré jusqu'à la location de pages de journaux, le but poursuivi étant de passer le message auprès d'un public relativement nombreux et varié.

Plusieurs organes d'information n'ont qu'une indépendance limitée envers les groupes industriels et financiers. Cette indépendance relative peut résulter de diverses causes dont l'emprise des intérêts industriels et financiers, le poids de la publicité ainsi que la concentration des entreprises de presse. Ainsi, pour accroître leur influence sur le public et le pouvoir, les grands industriels ou les banquiers ont pris l'habitude d'assurer un contrôle régulier des informations que diffusent les organes de presse.

Bien que réelle, cette dépendance n'est pas sans limite. Le journal Monde, par exemple, a su conserver son indépendance grâce à la qualité du personnel et surtout à l'autorité et à la rigueur de ses dirigeants. Il demeure que la situation financière favorable de ce quotidien est révélatrice de son indépendance. Du fait du coût relativement élevé de l'outil de production et des frais de distribution, le prix de vente des journaux, surtout des quotidiens, peut procurer aux organes de presse des recettes suffisantes. Mais pour éviter le déficit dans ce domaine ou, au besoin, l'atténuer, la plupart des titres s'emploient à rechercher une augmentation des recettes en recourant à la publicité.

Plus difficile à obtenir avec la rivalité des organes de presse qui drainent une partie de leurs budgets, la publicité est bienfaisante et redoutable. Bienfaisante puisqu'elle permet de maintenir un faible prix de vente et d'assurer, par voie de conséquence, l'équilibre budgétaire. Se consolide ainsi l'indépendance financière du journal à condition de bénéficier d'annonceurs diversifiés. Le caractère redoutable de la publicité tient, pour une bonne partie, à deux raisons inégalement valables. D'abord, on peut craindre que la rédaction ne se soumette à des consignes dictées directement ou indirectement par tel ou tel annonceur. Ce type de pression est actuellement à déconseiller ; les annonceurs étant soumis aux impératifs commerciaux, se préoccupent plus de rendement que d'influence, ce qui justifie la régularité des contacts qu'ils ont avec les organes de grande diffusion ou ceux ayant pignon sur rue. Ensuite, et c'est le second danger réel, les ressources publicitaires varient en fonction du pouvoir d'achat prouvé ou présumé des lecteurs de chaque titre. Elles varient surtout en fonction de la vente. Dans ce cas, les annonceurs préfèrent canaliser leurs publicités autour des mécanismes qui favorisent les lois de la concentration.

Comme l'argent va à l'argent et que le succès appelle le succès, on assiste à un processus cumulatif qui emporte une conséquence déplorable. La conservation ou l'accroissement des chiffres d'affaires résultant de la vente et des recettes publicitaires incitent souvent au conformisme. Cette pratique aboutit à écarter les attitudes critiques ou réformistes pour ne choquer personne, question de privilégier le maintien des institutions établies et des valeurs traditionnelles. Cette recherche de l'opinion moyenne favorise le conservatisme tout en réduisant, au maximum, l'indépendance des organes de presse.

Une autre grille de recette que fournissent les rapports entre les groupes de pression et les organes de presse résulte de la forte concentration desdits organes dans certains États industrialisés tels que les États-Unis et la Grande-Bretagne. La pression des organes d'information peut être passive (pression subie) ou active (pression exercée) en tout cas déterminante parce que façonnant les attitudes ou les convictions du public ; influence qui lui vaut le qualificatif de quatrième pouvoir, puissance avec laquelle il faut compter.

§4. Les groupes de pression et la structure du pouvoir

À l'égard de la structure du pouvoir, la pression qu'exercent les groupes de pression soulève la question fondamentale de la connaissance des personnes ou structures qui, dans les sociétés modernes, détiennent la réalité du pouvoir.

Si on admet que dans une société, le pouvoir de direction est en fait exercé par des minorités, les controverses apparaissent lorsqu'il faut déterminer la nature de ces minorités dirigeantes ; les problèmes posés induisant en même temps la diversité d'approches au sujet de la coexistence entre les groupes de pression et l'exercice de la démocratie.

A. Les problèmes posés

La diversité d'approches a été utilisée pour appréhender le phénomène de leadership alliant à la réputation, la nature de la décision, la position de l'auteur et l'activité sociale visée. L'approche réputationnelle repose sur l'idée que le pouvoir ne s'exerce pas dans la clandestinité, il se vit. Un simple contact avec la population permet d'identifier les personnes qui ont la réputation d'être autoritaires. Il faut avoir à l'esprit qu'il existe une nette distinction entre la réputation de puissance et le pouvoir réel ; celle-là pouvant être surfaite pour que l'on obtienne l'idée la plus répandue et non une réponse rigoureuse et scientifique.

L'approche décisionnelle permet d'identifier à partir d'un certain nombre des décisions, les dirigeants ou les groupes dont l'influence a été déterminante. La méthode met l'accent sur ce qui est fait, moins sur la réputation ou la position formelle des dirigeants.

Dans l'approche positionnelle, les leaders sont classés en regard des positions occupées dans leurs zones institutionnelles d'influence. Si la méthode est simple et moins arbitraire, elle ne fournit que peu d'indications sur les phénomènes de pouvoir ou de pression qui ne se manifestent pas publiquement.

L'approche par l'activité sociale autorise à demander aux personnes découvertes par l'étude décisionnelle de remplir un questionnaire portant sur leur situation sociale et leurs différentes activités. Elle suppose que soient particulièrement indiquées le degré de la liberté d'adhésion à une association, la fixation d'un indice brut global de l'activité volontaire par l'addition du nombre d'adhésions pour chaque personne et la détermination des individus les plus actifs.

Tout en conservant sa part de vérité dans la perception du phénomène leadership communautaire, ces approches sont loin de présenter des résultats convergents ; d'où la présentation des solutions diversifiées.

B. La diversification des solutions

L'intégration des groupes de pression dans l'État nécessite deux types de solution susceptibles d'être combinées : l'institutionnalisation et l'arbitrage.

L'institutionnalisation insiste sur le besoin de reconnaître les groupes d'intérêts en leur assurant une certaine représentation au sein des instances consultatives ; la formule permettant de consulter les groupes d'intérêts et d'atténuer la violence de leurs revendications en leur fournissant une occasion pacifique et permanente de s'exprimer. Par elle, les groupes d'intérêts sont, en amont, associés, aux discussions sur certaines décisions à divers échelons.

L'arbitrage est une fonction importante qui ne peut être confiée qu'à une autorité indépendante pour s'élever au-dessus des féodalités économiques. Si en Grande-Bretagne, l'arbitrage entre les intérêts particuliers s'opère au sein des partis politiques fortement disciplinés et structurés, aux États-Unis, en revanche, c'est au niveau de l'exécutif, fort de l'investiture populaire, qu'intervient la conciliation.

§5. Les groupes de pression au service des institutions d'appui à la démocratie

L'étude de l'indépendance et de la neutralité des institutions d'appui à la démocratie suivra celle de la notion elle-même.

A. La notion d'institution d'appui à la démocratie

Les institutions d'appui à la démocratie tirent leur origine dans l'engagement des acteurs non étatiques dans la gestion des affaires de l'État, engagement justifié par la situation du sous-développement des populations pauvres d'Europe orientale, d'Afrique, d'Amérique latine et d'Asie. Cet engouement est, d'une part, dû à l'exclusion des acteurs sociaux dans la conduite, au niveau des États, des affaires publiques et, d'autre part, de leur « *domestication* » par les hommes politiques au pouvoir.

L'implication des acteurs sociaux dans le domaine politique les pose comme une force alternative pour relever le défi du développement durable. Elle induit, en même temps, un tissu aussi dense d'associations actives dans divers domaines de la vie sociale.

Agissant comme groupe de pression, ces acteurs non étatiques vont, par la suite, former ce qu'il est convenu d'appeler société civile. Celle-ci, plurielle et, à travers ses composantes nationales et surtout internationales, va s'employer à convaincre les institutions internationales telles que la Banque mondiale et le Fond monétaire international, de la nécessité d'institutionnaliser sa participation dans la conception, la planification et l'application des programmes de développement.

S'est ainsi justifiée, dans le cadre de la coopération entre les institutions de Breton Wood et les pays en développement, l'instauration ou la conception de la politique de réajustement structurel. Ce programme a, comme on le sait, conduit la communauté internationale à abandonner l'idée que seuls les pouvoirs publics ou les acteurs étatiques sont capables de produire des transformations sociales des pays du monde, en général, et ceux en développement, en particulier.

Il en est résulté un rapprochement entre certains acteurs de la communauté internationale, les acteurs avec ceux sociaux au niveau des États et qui ont pu, dans le cadre de l'aide directe au développement, bénéficier de l'appui des premiers dans divers secteurs vitaux de la vie. Cette situation a presque forcé la concertation et la participation des acteurs non étatiques dans la mise en pratique des politiques publiques au développement.

Mise en exergue, la réorientation de l'aide au développement coïncidera, quelques années plus tard, avec le renouveau démocratique dont la plupart des pays africains ont fait écho à partir des années 1990 et qui ont, considérablement, contribué à la remise en question de la gestion autocratique des pays africains.

C'est dans ces circonstances que la communauté internationale va être sensibilisée pour soutenir les actions de la société civile désormais considérée comme acteur de développement dans les secteurs aussi divers tels l'organisation des élections, la promotion et la protection des droits humains et des libertés publiques, la réconciliation des populations meurtries par les guerres civiles et les conflits armés ainsi que la gestion de l'information au bénéfice des citoyens.

Se dessine alors la cartographie d'institutions d'appui à la démocratie et qui se décline dans la création des commissions aux différentes dénominations chargées de l'organisation, en lieu et place des administrations traditionnelles, des élections (Commission électorale indépendante, Commission électorale nationale indépendance, Commission électorale nationale autonome et permanente, etc.), de promouvoir et de protéger les droits de l'homme (Commission ou observatoire national des droits de l'homme), de la résolution des conflits ou différends entre individus ou communautés (Commission vérité et réconciliation) ou de la gestion et de la régulation des médias et, en général, de l'information (Commission ou Conseil de régulation des médias).

Il importe de noter qu'aussitôt installées, ces institutions d'appui à la démocratie sont, dans bien des cas, entrées en conflit de compétence avec les institutions étatiques traditionnelles (départements ministériels du gouvernement). Cet état de choses devra inciter à la réorganisation de l'activité de ces institutions dont le bilan en matière d'accompagnement ou de consolidation de la démocratie ne peut, en raison de l'absence d'un recul suffisant, qu'être provisoire.

B. La problématique de l'indépendance et de la neutralité des institutions d'appui à la démocratie

Plus que des partis politiques ou groupes de pression, les institutions d'appui à la démocratie remplissent, par leur participation à la gestion des affaires publiques, une fonction d'essence politique se manifestant, souvent, par le désir d'assurer l'agrégation des intérêts au bénéfice des citoyens.

Généralement prévues par la Constitution, ces institutions sont organisées et fonctionnent suivant les lois de leur création. Celles-ci consacrent, habituellement, leur indépendance et leur neutralité qui découle du fait que ces institutions ne sont et ne doivent être qu'au service de la seule démocratie et des citoyens. Elles ne doivent ni soutenir le pouvoir en place encore moins travailler contre l'opposition.

L'indépendance des institutions d'appui à la démocratie évoque l'idée d'absence d'injonction, dans leur organisation et fonctionnement de la part des institutions traditionnelles desquelles elles relèveraient ou de la classe politique. Elles sont ainsi autonomes. Cette autonomie se révèle au double point de vue organique et fonctionnel. Organique, parce que les lois qui créent ces institutions déterminent leurs structures et leurs compétences ; fonctionnelle, du fait que, dans l'exécution de leurs tâches, aucune immixtion n'est, en principe, tolérée.

S'occupant de la politique, ces institutions se trouvent, dans la pratique, obligées de s'ouvrir, en raison notamment de leurs domaines d'intervention, aux acteurs politiques en vue de les convaincre du bien-fondé de leurs missions et de l'issue heureuse. Dans ces conditions, l'indépendance et l'autonomie des institutions d'appui à la démocratie demeure relationnelle, formelle et, donc, relative parce que tributaire de l'environnement et du rôle qu'on veut bien leur faire jouer dans divers domaines de la vie sociale et politique.

C. Le rôle des Églises dans la vie politique

Depuis la nuit de temps, l'Église a toujours joué un rôle de première importance dans l'organisation de la société et, notamment dans la vie politique. Elle s'est, quotidiennement, intéressée à la politique. Et pour cause, l'Église croit engager par ses décisions et choix, la vie mieux l'avenir de ses âmes et fidèles.

Dans le domaine de l'organisation de la société politique, l'Église se voit confier un rôle social, ses membres étant des citoyens jouissant des droits et des privilèges. En tant que courroie de transmission des revendications de leurs membres, l'Église remplit la fonction de groupe de pression sur le pouvoir, les partis politiques et l'opinion publique. Comme tel, elle influe notablement sur le pouvoir politique pour que son apolitisme quitte le stade de l'absolu. En Occident comme dans le reste du monde, certains partis politiques ont résolu de se doter des dénominations religieuses sans pour autant pratiquer la religion dans les relations entre leurs membres avec les tiers et, notamment le pouvoir politique.

L'implication de l'Église dans la vie politique a, toutefois, créé une brèche en direction du pouvoir politique qui s'emploie à l'associer, dans la conduite des affaires publiques pour, soit atteindre ses objectifs, soit conditionner, dans certaines circonstances les populations désabusées, soit, enfin, dans la résolution des crises internes ou des conflits internationaux.

L'association de l'Église dans la gestion et, au besoin, la prévention des conflits est d'autant révélatrice que bon nombre d'hommes politiques qui les créent proviennent d'elle. En Afrique par exemple, le rôle accompli au cours de la décennie 1990, par les Églises, chrétiennes dans la présidence ou la conduite des travaux des Conférences nationales[258] ou de forums de sortie de crise est à ce point révélateur.

Aussi loin que l'on remonte dans la période de la colonisation, on admet la participation politique jouée, notamment, par l'Église catholique dans la facilitation et la consolidation de l'action colonisatrice et « civilisatrice » des pulsations indigènes africaines.

Lorsqu'une mésintelligence éclate entre l'Église et le pouvoir politique, celle-là est parfois obligée de se comporter comme un groupe de pression au service de l'opposition. Au Royaume-Uni, par exemple, un conflit religieux doublé d'une crise politique a, longtemps, affecté les relations entre le monarque Jean Sans Terre et le Pape Innocent V au sujet de la désignation de l'archevêque de Canterburry.

En cas d'entente avec le pouvoir politique, l'Église est appréhendée travailler au bénéfice des gouvernants pour perpétuer, comme il en est souvent dans les pays en voie de développement, l'ordre décrié par l'opposition et, plus généralement, les masses populaires.

Ce rôle ambivalent de l'Église dans ses relations avec la politique dévoile l'absence de neutralité dans son action, mieux sa force politique dans la conquête et la prise du pouvoir ou dans le maintien au pouvoir des hommes politiques.

Il demeure que dans la justification de son implication dans la vie politique, l'Église fait souvent recours à la religion qu'elle nie, pourtant, dans ses actions et gestes. Aux États-Unis, par exemple, le fait pour le président élu de prêter serment la main posée sur la bible accrédite l'idée du puritanisme américain. Le blasphème, en 2011, par le film islamophobe d'un réalisateur américain suivi de la caricature par le quotidien français Charlie hebdo du prophète Mohammed ont, dans certains milieux islamiques, suscité diverses revendications à caractère certes religieux mais qui cachaient des opinions de conflits politiques contre l'impérialisme occidental et, notamment, américain.

Ainsi qu'on le voit, l'Église n'est toujours pas au service de l'impartialité religieuse dont les diversités réduisent parfois l'efficacité de l'action entant que force sociale d'encadrement et de protection de troupeaux.

La politique étant, par nature, exempte de neutralité, les statures sociales qui s'y intéressent, ne fût-ce que de manière non officielle comme l'Église, ne peuvent nullement prétendre à un détachement absolu ; car si on peut admettre que la politique n'est pas totalement éloignée de l'Église, celle-ci doit s'interdire d'exercer directement le pouvoir politique.

---

[258] On cite notamment le cas des conférences nationales (du Bénin, de la République du Congo, de la République du Zaïre ou du Togo) présidées par le clergé catholique.

BIBLIOGRAPHIE INDICATIVE

A

ABDELWAHAD B., *Droit international humanitaire*, Paris, 2e éd., Ellipses, Coll. Mise au point, 2006.

ARDANT P., *Institutions politiques et Droit constitutionnel*, Paris, 17e éd., LGDJ, 2005.

ARDANT P. et MATHIEU B., *Institutions politiques et Droit constitutionnel*, 24e éd., LGDJ/Lextenso Éditions, 2012.

B

BADINTER R. et alii, *Contrôle de la constitutionnalité par voie préjudicielle en France : quelles pratiques* ?, Paris, Presses Universitaires d'Aix-Marseille, 2009.

BARTHELEMY C., *Le régionalisme institutionnel en Europe. Droit comparé en Belgique, Espagne, Italie, Royaume-Uni et France*, Paris, L'Harmattan, Coll. Logiques Juridiques, 2009.

BEAU O., *Droit constitutionnel et Institutions politiques*, Paris, LGDJ, 2002.

BELANGER M., *Droit international humanitaire*, Paris, éd. Gualino, Coll. Mémentos, 2007.

BENDJAOUI M., *Droit international : bilan et perspectives*, t. 2, Paris, Pédonne et Unesco, 1991.

BONASSIES P. et SCAPEL P., *Traité de droit maritime*, Paris, 2e éd. LGDJ/Lextenso, 2010.

BOSHAB E., *République Démocratique du Congo entre les colombes et les faucons où vont les partis politiques ?*, Kinshasa, PUC, 2001.

BRETON P., *Les partis politiques*, Paris, Montchrestien, Coll. Clefs politiques, 1999.

BUIRETTE P. et LAGRANGE P., *Le Droit international humanitaire*, Paris, Décantons, Coll. Repères, 2008.

BURDEAU G., *Traité de science politique*. t. 2, *La dynamique politique*, Paris, 2e éd., LGDJ, 1968.

BURDEAU G. et alii, *Manuel de Droit constitutionnel*, Paris, 26e éd. LGDJ, 1999.

C

CAUCHOIS H., *Guide du contentieux électoral*, Paris, 2e éd., Berger-Levrault, 2005.

CHANTEBOUT B., *Droit constitutionnel*, Paris, 23e éd., Sirey, 2006.
CHANTEBOUT B., *Droit constitutionnel*, Paris, 22e éd., Armand Colin, 2005.
CHEVALIER J., *État de droit*, Paris, Montchrestien, 2003.
COHENDET CHASLOT M.-A., *Les méthodes de travail en droit public*, Paris, 3e éd., Montchrestien, 1998.
COHENDET CHASLOT M.-A., *Le président de la République*, Paris, 2e éd., Dalloz, Coll. Connaissance du droit, 2001.
COHENDET CHASLOT M.-A., *Droit Constitutionnel*, Paris, 5e éd., Montchrestien/Lextenso Édition, 2011.
COMMAILLE J., DUMOULIN L. et ROBERT C. (dir.), *La juridicisation du politique*, LGDJ/Lextenso, Paris, Coll. Droit et Société, 2010.
CONSTATINESCO V. et CAPS SP., *Droit constitutionnel*, Paris, 3e éd., PUF, Coll. Thémis, 2007.
CRETIEN P. et CHIFFLOT N., *Droit administratif*, Paris, 13e éd., Sirey, 2012.

D

DEBBASCH C. et alii, *Droit constitutionnel et Institutions politiques*, Paris, Economica, 1990.
DEBBASCH R., *Droit constitutionnel*, Paris, 2e éd., Litec, 2001.
De GAUDUSSON J.-B., « Le mimétisme postcolonial et après ? », *La démocratie en Afrique, Pouvoirs*, n° 129, 2009.
De GUILMLENCHMIDT M., *Droit constitutionnel et Institutions politiques*, Paris, Economica, 2005.
DISANT M., *Droit de la question constitutionnelle de constitutionnalité. Cadre juridique Pratiques jurisprudentielles*, France, Lamy/Wolters Kluwer, Coll. Axe Droit, 2011.
DJOLI ES'ENGEKELI J., *Droit constitutionnel*, t. 1, *Principes structuraux*, Kinshasa, Éditions Universitaires Africaines, 2010.
DRAGO G., *Contentieux constitutionnel français*, Paris, PUF, Coll. Thémis, 2006.
DUHAMEL O., *Droit constitutionnel*, Paris, Seuil, 2009.
DUVERGER M., *Institutions politiques et Droit constitutionnel*, Paris, 18e éd., PUF, 1996.

E

ECK L., *L'abus de droit en droit constitutionnel*, Paris, L'Harmattan, 2010.
ESAMBO KANGASHE J.-L., *La Constitution congolaise du 18 février 2006 à l'épreuve du constitutionnalisme. Contraintes pratiques et perspectives*, Louvain-la-Neuve, Academia-Bruylant, Coll. Bibliothèque de droit africain, 2010.
ESPLUGAS P. et alii, *Droit constitutionnel*, Paris, Ellipses, 2004.

F

FAVOREU L. et alii, *Droit constitutionnel*, Paris, Dalloz, 2006.

FEYERABEND P., *Contre la méthode, l'esquisse d'une théorie anarchiste de la connaissance*, Paris, Seuil, Coll. Sciences, 1979.

FOILLARD P., *Droit constitutionnel et Institutions politiques*, Paris, Paradigme, 2009-2010.

FOILLARD P., *Droit constitutionnel et Institutions politiques*, Paris, Paradigme, 2008-2009.

G

GICQUEL J. et GICQUEL J.-E., *Droit constitutionnel et Institutions politiques*, Paris, 20e éd., Montchrestien, 2005.

GINESTE.H S, *Le Droit constitutionnel en schémas*, Paris, 2e éd., Ellipses, 2008.

H

HAMON F., TROPER M. et BURDEAU G., *Droit constitutionnel*, Paris, 27e éd., LGDJ, 2001.

I

IHL O., *Le vote*, Paris, 2e éd., Montchrestien, Coll. Clefs Politique, 2000.

J

JACQUE J.-P., *Droit constitutionnel et Institutions politiques,* Paris, 4e éd., Dalloz, 2000.

K

KABUYA LUMUNA SANDO C., *Manuel de sociologie politique*, Kinshasa, PUK, 2011.

KAMUKUNY MUKINAY A., *Droit constitutionnel congolais*, Kinshasa, EUA, Coll. Droit et Société, 2011.

KATUALA KABA KASHALA J.-M., *La jurisprudence électorale, congolaise commentée*, Kinshasa, 2007.

L

LECLERCQ C., *Droit constitutionnel et Institutions politiques*, Paris, 5e éd., Litec, 1992.

Le POURHIET A.-M., *Droit constitutionnel*, Paris, 2e éd., Economica, 2008.

M

MADIOR FALL I., *Évolution constitutionnelle du Sénégal de la veille de l'indépendance aux élections de 2007*, Dakar, CREDILA, 2007.

MAHIOU A., *L'avènement du parti unique en Afrique noire. L'expérience des États d'expression française*, Paris, LGDJ, Coll. Bibliothèque africaine et malgache Droit et Sociologie, 1969.
MALIGNER B., *Droit électoral*, Paris, Ellipses, 2007.
MARTIN P., *Les systèmes électoraux et les modes de scrutin*, Paris, 3e éd., Montchrestien, Coll. Clefs Politique, 2006.
MEYNAUD J., *Les groupes de pression*, Paris, PUF, Coll. Que sais-je ?, 1980.
MORANGE J., *Libertés publiques*, Paris, PUF, 1985.
MOREAU J., DUPUIS G. et GEOGEL J., *Sociologie politique*, Paris, Cujas, 1966.
MPONGO BOKAKO BAUTOLINGA E., *Institutions politiques et Droit constitutionnel, t. I. Théorie générale des institutions politiques de l'État*, Kinshasa, EUA, Coll. Droit et Société, 2001.

N

NGONDANKOY NKOY-ea-LOONGYA P.-G., *Droit congolais des droits de l'homme*, Louvain-la-Neuve, Academia-Bruylant, Coll. Bibliothèque de droit africain, 2004.
NTUMBA LUABA LUMU A., *Droit constitutionnel général*, Kinshasa, EUA, 2005.

P

PACTET P., *Institutions politiques et Droit constitutionnel*, Paris, 13e éd., Masson, 1994.
PACTET P., *Institutions politiques et Droit constitutionnel*, Paris, 15e éd., Armand Colin,
1996.
PACTET P. et MELIN SOUCRAMANIEN F.-M., *Droit constitutionnel*, Paris, 25e éd., Sirey, 2005.
PACTET P. et MELIN SOUCRAMANIEN F.-M., *Droit constitutionnel*, Paris, 30e éd., Sirey, 2011.
PRELOT M., *Institutions politiques et Droit constitutionnel*, Paris, 5e éd., Dalloz, 1984.
PRIERRE M., *Les systèmes électoraux et les modes de scrutins*, Paris, 3e éd., Montchrestien, Coll. Clefs Politique, 2006.

R

ROUSSEAU C., *Le droit international public*, Paris, 7e éd., Dalloz, 2004.
ROUSSEAU D., *Droit du contentieux constitutionnel*, Paris, 9e éd., Montchrestien/Lextenso Editions, 2010.
ROUVILLOIS F., *Droit constitutionnel. Fondements et Pratiques*, Paris, Flammarion, 2002.

S

SAYEMAN B., *Le nouveau droit de la mer dans le contexte économique du Zaïre,* Kinshasa, NORAF, 1992.

SEILER D.-L., *Les partis politiques*, Paris, Armand Colin, 1993.

T

TRÉTAIRE F., *Campagnes électorales*, Paris, Gualino/Lextenso, 2012.

TORRELLI M., *Le droit international humanitaire*, Paris, 2e éd., PUF, Coll. Que sais-je ?,n° 2211, 1989.

TOUVET L. et DOUBLET Y.-M., *Droit des élections,* Paris, Economica, 2007.

TURPIN D., *Droit constitutionnel*, Paris, 1e éd., Quadrique/PUF, 2003.

V

VERPEAUX M. et MATHIEU B., *Droit constitutionnel*, Paris, PUF, Coll. Droit fondamental, 2004.

VERPEAUX M., *Manuel de droit constitutionnel*, Paris, PUF, 2010.

VERPEAUX M., de MONTALIVET P., ROBLOT-TROIZIER A. et VIDAL NAQUET A., *Droit constitutionnel. Les grandes décisions de la jurisprudence*, Paris, Thémis, 2011.

W

WETSH'OKONDA KOSO SENGA M., *Les perspectives des droits de l'Homme dans la Constitution congolaise du 18 février 2006,* CDHC, 2006.

Z

ZOLLER E., *Droit constitutionnel*, Paris, 2e éd., PUF, 1999.

INDEX ALPHABÉTIQUE

C

E

F

Q

R

TABLE DES MATIÈRES

CHAPITRE II

CHAPITRE IV

Achevé d'imprimer par Corlet Numérique - 14110 Condé-sur-Noireau
N° d'Imprimeur : 714658 - Avril 2017 - Imprimé en France

www.ingramcontent.com/pod-product-compliance
Lightning Source LLC
LaVergne TN
LVHW050632051026
849532LV00002B/361
* 9 7 8 2 8 0 6 1 0 1 0 1 3 *